學術論文集叢書

# 第五屆《群書治要》與《貞觀政要》國際學術研討會暨經典現代化論壇論文集

黃聖松　主編

主辦單位：國立成功大學中國文學系
合辦單位：財團法人臺南市至善教育基金會、
　　　　　財團法人中華教育研究院學術教育基金會

# 目次

## 一 《群書治要》、《貞觀政要》之表達藝術

《群書治要》與《貞觀政要》「譬喻之說」的藝術探析 ⋯⋯⋯⋯⋯ 潘筱蒨　3

論《群書治要》與《貞觀政要》對「奪嫡之爭」的書寫 ⋯⋯⋯⋯ 林盈翔　17

## 二 《群書治要》、《貞觀政要》之歷史影響

《群書治要》選錄《國語》的宗旨
　　——兼論《貞觀政要》中的政治理想落實度 ⋯⋯⋯⋯⋯⋯⋯ 黃絹文　43

## 三 《群書治要》與《貞觀政要》所反映之政治觀點

治國典範與政治文化資本的傳承與轉移
　　——從《群書治要》到《貞觀政要》 ⋯⋯⋯⋯⋯⋯⋯⋯⋯⋯ 林朝成　65

敦煌寫本《帝王論》（伯二六三六）與《貞觀政要》 ⋯⋯ 黃人二、費俊聰　93

## 四 《群書治要》、《貞觀政要》與史學之交涉

帝冑貴族的治國教材：論《群書治要》的教育意義 ⋯⋯⋯⋯⋯⋯ 潘銘基　117

數位人文視野下的《群書治要》與《貞觀政要》比較初探 ⋯⋯⋯ 邱詩雯　137

## 五 《群書治要》與典籍之互涉

《群書治要‧莊子》之文本對比與字詞現象管窺 ⋯⋯⋯⋯⋯⋯⋯ 龐壯城　159

論君臣
　　——《貞觀政要》與《荀子》比較研究 ⋯⋯⋯⋯⋯⋯⋯⋯⋯ 牟曉麗　193

## 六 《群書治要》編纂典籍之探析

《群書治要》選錄《桓子新論》之「術」思想探析 ⋯⋯⋯⋯⋯⋯ 江伊薇　223

## 七　《群書治要》與《貞觀政要》之經營策略

省察臣道：從《群書治要》與《貞觀政要》反思中階經理人的
　角色與使命 ………………………………………………… 劉正山　247

從《貞觀政要》談領導藝術 ………………………………… 鄧文龍　261

從〈金鏡〉與《帝範》看唐太宗的領導哲學
　——用以檢視《貞觀政要》中的實踐 …………………… 吳秋育　275

《群書治要》現代化意義與實踐舉隅 ……………… 洪儒瑤、洪裕琨　289

## 八　《群書治要》之文獻學研究

敦煌遺書與《群書治要‧左傳》的流佈 …………………… 聶菲璘　309

尋繹義理：論戈直《貞觀政要集論》的治道反省 ………… 楊朝閎　327

## 附錄

圖版 …………………………………………………………………… 345

一　《群書治要》、《貞觀政要》之表達藝術

# 《群書治要》與《貞觀政要》「譬喻之說」的藝術探析

### 潘筱蒨

新紀元大學學院國家教育學院副教授

## 摘要

「以史為鑒」向來是中國古代文人、帝王對待歷史的態度。《群書治要》與《貞觀政要》都反映了這個特點。政治的興衰也是中國古代文人、帝王認為成敗的所在,「修身、齊家、治國、平天下」的儒家信念,也成了中國古代文人、帝王評判自己(朝代的更替)成敗的道德標準。《群書治要》裡所收錄的經典,都有著中國古人說話的藝術、書寫的藝術、文學的藝術,即「譬喻之說」。「譬喻之說」的藝術,繼承在歷代飽讀詩書的中國古代文人、帝王身上,形成自然而然的說話藝術,甚至是教育、教導方式。「以史為鑒」,即需要這個藝術,傳達出來,才能達到「鑒」的意義。譬喻,從文學角度而言,即是一種藝術的聯想。聯想法亦是中國古代文人教導與學習的方法,譬如《論語》所記載孔子所說的「繪事後素」、「舉一隅不以三隅反」(聯想)等等的譬喻教法。本文嘗試從《群書治要》里所摘錄的經典要義中的「譬喻之說」,進一步解析「譬喻之說」的藝術亦繼承在《貞觀政要》中的帝王說法藝術、教導方式;君臣之間的對話藝術與臣子的進諫藝術,由此可知古代文人、帝王的「譬喻之說」的學養。從這學養,可探析到古代學者的思維特點。這個思維特點,說明了中國古代文人的聯想、善喻的思維特點。

**關鍵詞**:譬喻之說、善喻、聯想法、譬喻教法

## 一　前言

　　陳望道《修辭學發凡》一書認為,「思想的對象同另外的事物有了類似點,說話和寫文章時就用那另外的事物來比擬這思想的對象的,名叫譬喻。現在一般稱為比喻。」[1]《漢語修辭格大辭典》解釋:「比喻(比,打比方。譬,譬喻)通過兩類不同事物的相似點,用乙事物來比甲事物。即用乙事物來揭示與其本質不同而又有相似之處的甲事物。」[2] 修辭是屬於語言藝術,一般用在文藝中的語言。譬喻是一種語言藝術,在中國古代文人中是常用的一種語言表現手法。觀察歷代的古代文獻記載,留下了眾多豐富多彩的譬喻語言表現手法的例子。《群書治要》與《貞觀政要》亦不例外。

　　《群書治要》序曰:「爰自六經,迄于諸子。上始五帝,下盡晉代。凡為五帙,合五十卷,本求治要,故以治要為名。」[3]《群書治要》是屬於聖賢教育的書籍系列,內容聚集了從六經開始至諸子百家的著作,時間跨度上自五帝,下至晉朝的聖賢智慧結晶。「治」為治理國家,由此所擷取的內容都是與修身、齊家、治國、平天下相關的聖賢智慧。這是古代文人修身養性而又兼濟天下的理想,企圖通過建立聖賢的朝政,以此為世代帝王,建立千秋萬世朝政。魏徵序言:「用之當今,足以鑒覽前古;傳之來葉,可以貽厥孫謀,……觀彼百王,不疾而速。崇巍巍之盛業,開蕩蕩之王道。可久可大之功,並天地之貞觀。日用日新之德,將金鏡以長懸矣。」[4] 這亦是很典型的古代文人以史為鑒的傳統修身、治學、治國的思想。對歷史的反思與借鑒,是中國古代優良的傳統教育思想。

## 二　《群書治要》與《貞觀政要》內容與體例

　　宋維哲〈《群書治要》引經述略〉一文認為,《群書治要》是唐太宗時所編纂的類書,文中分析了其類書的體例。[5]《群書治要》的內容豐富,一共可分類為經、史、子的內容,然而主要以經為主。《群書治要譯註》序言認為:「《治要》體例,分經、史、子三部,以經為本,以史為鑒,以子為術,備為政治國之綱目。」[6] 由此,《群書治要》五十卷所涵蓋的典籍如下表:

---

[1] 陳望道著:《修辭學發凡》(上海:上海教育出版社,1997年),頁72。
[2] 譚學純主編:《漢語修辭格大辭典》(上海:上海辭書出版社,2010年),頁1。
[3] 唐・魏徵、褚亮、虞世南、蕭德言合編,《群書治要》學習小組譯註:《群書治要譯註》第1冊(北京;中國書店,2011年),頁47。
[4] 唐・魏徵、褚亮、虞世南、蕭德言合編,《群書治要》學習小組譯註:《群書治要譯註》第1冊,頁49。
[5] 宋維哲:〈《群書治要》引經述略〉,《有鳳初鳴年刊》第2期(2006年),頁147-160。
[6] 唐・魏徵、褚亮、虞世南、蕭德言合編,《群書治要》學習小組譯註:《群書治要譯註》第1冊,頁32。

## 表一　《群書治要》典籍分類表[7]

| 序號 | 經 | 史 | 子 |
|---|---|---|---|
| 1. | 《周易》（卷1） | 《史記》（上）（卷11）<br>《史記》（下）（卷12） | 《六韜》（卷31） |
| 2. | 《尚書》（卷2） | 《吳越春秋》（卷12） | 《陰謀》（卷31） |
| 3. | 《毛詩》（卷3） | 《漢書》（一）補（卷13）<br>《漢書》（二）（卷14）<br>《漢書》（三）（卷15）<br>《漢書》（四）（卷16）<br>《漢書》（五）（卷17）<br>《漢書》（六）（卷18）<br>《漢書》（七）（卷19）<br>《漢書》（八）補（卷20） | 《鬻子》（卷31） |
| 4. | 《春秋左氏傳》（上（補）、中、下）（卷4、5、6） | 《後漢書》（一）（卷21）<br>《後漢書》（二）（卷22）<br>《後漢書》（三）（卷23）<br>《後漢書》（四）（卷24） | 《管子》（卷32） |
| 5. | 《禮記》（卷7） | 《魏志》（上）（卷25）<br>《魏志》（下）（卷26） | 《晏子》（卷33） |
| 6. | 《周禮》（卷8） | 《蜀志》（卷27） | 《司馬法》（卷33） |
| 7. | 《韓詩外傳》（卷8） | 《吳志》（上）（卷27）<br>《吳志》（下）（卷28） | 孫子兵法（卷34） |
| 8. | 《周書》（卷8） | 《晉書》（上）（卷29）<br>《晉書》（下）（卷30） | 《老子》（卷34） |
| 9. | 《國語》（卷8） | | 《鶡冠子》（卷34） |
| 10. | 《孝經》（卷9） | | 《列子》（卷34） |
| 11. | 《論語》（卷9） | | 《墨子》（卷34） |
| 12. | 《孔子家語》（卷10） | | 《文子》（卷35） |
| 13. | | | 《曾子》（卷35） |

---

[7] 表為筆者自製。資料來源根據：唐・魏徵等編撰，劉余莉主編：《群書治要譯註》總目（北京：中國書店，2012年），頁1-3。

| 序號 | 經 | 史 | 子 |
|---|---|---|---|
| 14. | | | 《吳子》（卷36） |
| 15. | | | 《商君子》（卷36） |
| 16. | | | 《尸子》（卷36） |
| 17. | | | 《申子》（卷36） |
| 18. | | | 《孟子》（卷37） |
| 19. | | | 《慎子》（卷37） |
| 20. | | | 《尹文子》（卷37） |
| 21. | | | 《莊子》（卷37） |
| 22. | | | 《尉繚子》（卷37） |
| 23. | | | 《孫卿子》（卷38） |
| 24. | | | 《呂氏春秋》（卷39） |
| 25. | | | 《韓子》（卷40） |
| 26. | | | 《三略》（卷40） |
| 27. | | | 《新語》（卷40） |
| 28. | | | 《賈子》（卷40） |
| 29. | | | 《淮南子》（卷41） |
| 30. | | | 《鹽鐵論》（卷42） |
| 31. | | | 《新序》（卷42） |
| 32. | | | 《說苑》（卷43） |
| 33. | | | 《桓子新論》（卷44） |
| 34. | | | 《潛夫論》（卷44） |
| 35. | | | 《崔寔政論》（卷45） |
| 36. | | | 《昌言》（卷45） |
| 37. | | | 《申鑒》（卷46） |
| 38. | | | 《中論》（卷46） |
| 39. | | | 《典論》（卷46） |
| 40. | | | 《劉廙政論》（卷47） |
| 41. | | | 《蔣子萬機論》（卷47） |
| 42. | | | 《政要論》（卷47） |
| 43. | | | 《體論》（卷48） |

| 序號 | 經 | 史 | 子 |
|---|---|---|---|
| 44. | | | 《時務論》（卷48） |
| 45. | | | 《典語》（卷48） |
| 46. | | | 《傅子》（卷49） |
| 47. | | | 《袁子正書》（卷50） |
| 48. | | | 《抱朴子》（卷50） |
| 共計 | 12部（卷1-10） | 8部（卷11-30） | 48部（卷31-50） |

從表一《群書治要》典籍分類表，可知《群書治要》收錄的典籍共六十八部。張瑞麟〈轉舊為新：《群書治要》的編纂與意義〉一文對經、史、子的統計，乃是根據《隋書・經籍志》的分部。其文中認為，卷一至卷十所收為屬於「經」的十二部著作，卷十一至卷三十，所收為屬於「史」的八部著作，而卷三十一至卷五十所收為屬於「子」，計四十八部著作。[8] 筆者參考了這說法繪製出「表一《群書治要》典籍分類表」。雖然《群書治要》是「以經為本，以史為鑒，以子為術」，但經部的典籍僅有十二部，而歷史則為八部，最多的則屬子部的典籍，共有四十八部。但從經部所選的典籍內容來看，內容已經包含了哲學思想、歷史，甚至是文學的內容，即蘊含了五經「詩、書、禮、易、春秋」的內容。這可作為修身與治國的根本依據。從這六十八部典籍的摘錄來看，足以窺探到古人的語言說話譬喻藝術，這亦是中國古代文人的聯想思維特點。

古人的典籍歷代相承，也讓歷代帝王、臣子習讀，譬如《貞觀政要》記載，在貞觀九年，唐太宗閱讀《治要》的感受，「少從戎旅，不暇讀書，貞觀以來，手不釋卷，知風化之本，見政理之源。行之數年，天下大理，風移俗變，子孝臣忠，此又文過於古也。」[9] 又《答魏徵上〈群書理要〉手詔》：「朕少尚威武，不精學業，先王之道，茫若涉海。覽所撰書，博而且要，見所未見，聞所未聞，使朕致治稽古，臨事不惑。其為勞也。不亦大哉！」[10] 由此典籍所具有的「譬喻之說」的藝術思維特點，也影響了後代的文人與學者、帝王與臣子。

《貞觀政要》則依照內容主題將其分類，如下表：

---

8 張瑞麟：〈轉舊為新：《群書治要》的編纂與意義〉，《文與哲》第36期（2020年6月），頁86-88。
9 唐・吳兢撰，謝保成集校：《貞觀政要集校》（北京：中華書局，2021年），頁603。
10 清・董誥等編：《全唐文》卷9（北京：中華書局，1983年），頁106。

表二　《貞觀政要》內容主題表[11]

| 卷 | 內容主題 | | | | | 主題數 |
|---|---|---|---|---|---|---|
| 卷一 | 《君道》 | 《政體》 | | | | 2 |
| 卷二 | 《任賢》 | 《求諫》 | 《納諫》 | | | 3 |
| 卷三 | 《論君臣鑒戒》 | 《論擇官》 | 《論封建》 | | | 3 |
| 卷四 | 《論太子諸王定分》 | 《論尊敬師傅》 | 《論教戒太子諸王》 | 《論規諫太子》 | | 4 |
| 卷五 | 《論仁義》 | 《論忠義》 | 《論孝友》 | 《論公平》 | 《論誠信》 | 5 |
| 卷六 | 《論儉約》 | 《論謙讓》 | 《論仁惻》 | 《慎所好》 | 《慎言語》 | 9 |
| | 《杜讒邪》 | 《論悔過》 | 《論奢縱》 | 《論貪鄙》 | | |
| 卷七 | 《崇儒學》 | 《論文史》 | 《論禮樂》 | | | 3 |
| 卷八 | 《務農》 | 《論刑法》 | 《論赦令》 | 《論貢賦》 | 《興亡》 | 5 |
| 卷九 | 《論徵伐》 | 《論安邊》 | | | | 2 |
| 卷十 | 《論行幸》 | 《論畋獵》 | 《論災祥》 | 《論慎終》 | | 4 |
| 共計 | | | | | | 40 |

　　《貞觀政要》是唐玄宗時期，史臣吳兢（670-749）編撰的一部政論性的歷史文獻，是對貞觀之治的歷史經驗的系統總結合全面介紹。《貞觀政要》是一部「治國安邦」內容的書，書中反映出某些思想，如對人才的重視，對好的意見採取「從善如流」的態度，精簡機構以提高行政效率的措施，都具有進步性和現實意義。[12]由此，表二《貞觀政要》內容主題表，顯示了建國安邦、改善措施、人才重視等相關的內容。從這些內容，可見證了唐太宗在位期間的政治業績，且被歷來的史家所讚譽的「貞觀之治」。《貞觀政要》透露了社會昇平富足的情況，即政治修明，經濟有所發展，吏治良好，社會安定。這些內容留下了很多政論性的君臣對話，在君臣對話之際，運用了「譬喻之說」的說話藝術。由此君王得到臣子的敬愛，臣子的進諫也獲得君主的鑒賞。

# 三　《群書治要》與《貞觀政要》「譬喻之說」藝術的運用

　　過去不少學者都注意到譬喻在古代文獻的應用，如張焱〈孔子譬喻與中國方法〉、金承光與劉佳〈孟辯譬喻技巧與法律論辯〉、鄭可菜〈譬喻與說理：賞析諸子的說理特

---

[11] 表為筆者自製。資料來源根據：唐‧吳兢撰，謝保成集校：《貞觀政要集校》目錄（北京：中華書局，2021年），頁1-4。

[12] 唐‧吳兢編纂，葉光大等譯注：《貞觀政要譯註》前言（成都：四川人民出版社，1987年），頁3-4。

點〉、劉琳娜〈譬喻法在王陽明道德教育中的運用〉、王曉哲〈譬喻在《論語》中的作用〉、耿振東〈隱語和譬喻文化視野中的春秋賦詩〉、卜繁飛〈淺釋《孟子》運用譬喻的背景和分類〉、俞發亮與汲安慶〈孟子的譬喻長於何處〉、胡博越〈《孟子》的譬喻探析〉、蔣銀坤〈向墨子討教譬喻之法——新古文運動寫作教學系列研究其三〉、李青苗〈從《左傳》辭令的譬喻手法看先秦漢民族「象喻」的思維認知特點〉、張涵韻〈從「譬喻」修辭看孔子啟發式教育的話語方式〉、陳曦〈《孫子》譬喻的歷史文化闡釋〉、李秩匯〈《莊子》與印度的寓言譬喻相似性研究〉、嚴林芳〈《勸學》譬喻論解讀〉、安小利〈《戰國策》中的譬喻探究〉與李安竹〈論《尚書》譬喻取「象」的禮俗性特徵〉等等。[13] 雖然這些文章僅是單篇期刊論文的討論（甚至部分是屬於高中階段的語言探討），但可發現「譬喻之法」在中國古代典籍，譬如《孟子》、《論語》、《墨子》、《孫子》、《莊子》、《左傳》與《戰國策》等的運用。這些典籍代表了中國傳統文化與思想，當中所記載的、摘錄的智慧體現了中國古人譬喻的思維特點。這思維特點，運用在教育，成了譬喻教法，運用在君臣的對話中，則形成了譬喻的藝術語言。這藝術語言可達到良好的勸說、進諫、自我闡述立場等等的藝術效果，也可使君臣之間的矛盾關係得到緩解。

## （一）譬喻教法的運用與中國傳統教育的思維特點

譬喻，反映了中國古代文人的思維特點，即文藝、語言的連想法，在教育中形成了一種譬喻教法。孔子是其中一位善於運用譬喻教法的教育者，在《論語》中也多處記載

---

[13] 張焱：〈孔子譬喻與中國方法〉，《寧夏社會科學》第2期（2023年），頁40-47。金承光、劉佳：〈孟辯譬喻技巧與法律論辯〉，《貴州警官職業學院學報》（2014年第26期），頁120-124。鄭可菜：〈譬喻與說理：賞析諸子的說理特點〉，《語文教學通訊》2022年第1期，頁31-33。劉琳娜：〈譬喻法在王陽明道德教育中的運用〉，《依大中文與教育學刊》（2021年第3期），頁138-149。王曉哲：〈譬喻在《論語》中的作用〉，《學理論》（2010年第11期），頁155-156。耿振東：〈隱語和譬喻文化視野中的春秋賦詩〉，《殷都學刊》2007年第4期，頁73-76。卜繁飛：〈淺釋《孟子》運用譬喻的背景和分類〉，《語文學刊》（2009年第8期），頁140-141。俞發亮，汲安慶：〈孟子的譬喻長於何處〉，《廈門廣播電視大學學報》（2009年第3期），頁61-64。胡博越：〈《孟子》的譬喻探析〉，《黑龍江史志》2014年第12期，頁51-52。蔣銀坤：〈向墨子討教譬喻之法——新古文運動寫作教學系列研究其三〉，《中學語文》2018年第19期，頁25-28。李青苗：〈從《左傳》辭令的譬喻手法看先秦漢民族「象喻」的思維認知特點〉，《長春教育學院學報》第33卷第8期（2017年8月），頁33-35。張涵韻：〈從「譬喻」修辭看孔子啟發式教育的話語方式〉，《文教資料》2012年第23期，頁98-99。陳曦：〈《孫子》譬喻的歷史文化闡釋〉，《解放軍藝術學院學報》（2010年第2期），頁31-36。李秩匯：〈《莊子》與印度的寓言譬喻相似性研究〉，《船山學刊》2013年第2期，頁117-122。嚴林芳：〈《勸學》譬喻論解讀〉，《新世紀智能》，（2022年第35期），頁30-32。安小利：〈《戰國策》中的譬喻探究〉，《呂梁教育學院學報》第38卷第4期（2021年12月），頁144-146。李安竹：〈論《尚書》譬喻取「象」的禮俗性特徵〉，《牡丹江教育學院學報》第6期（2020年），頁1-4。

其教導學生對詩解讀的聯想法。

《論語・學而篇》：「子貢曰：『貧而無諂，富而無驕，何如？』子曰：『可也；未若貧而樂，富而好禮者也。』子貢曰：詩云：『如切如磋，如琢如磨』，其斯之謂與？」子曰：「賜也，始可與言詩已矣，告諸往而知來者。」[14]楊伯峻在《論語譯註》說：「孔子讚美子貢能運用《詩經》作譬，表示學問道德都要提高一步看。」[15]孔子倡導學生可以以譬喻之法來進行思考，同時自己在給予學生教導與思想交流時，也多用譬喻之說，如《論語・為政篇》曰：「子曰：為政以德，譬如北辰，居其所而眾星共之。」[16]以譬喻之說來表達思想，企圖達到教育的效果，這樣的例子不僅出現在《論語》，甚至在其他古代典籍亦然，如漢趙岐在《孟子注題辭》曰：「孟子長於譬喻，辭不迫切而意已獨至」。[17]《孟子》是繼孔子之後的儒家思想的教育者，其譬喻之說，亦是為了表達自己的政見，企圖通過此給予當政者良好的建議。

孔子倡導閱讀詩得具有藝術的聯想法，聯想法[18]是一種感悟與啟發，而譬喻就是一種具有聯想思維的語言藝術，其本身也具有啟發性、感悟性的本質。然而閱讀《詩三百》對於孔子而言，就是需要這樣的能力，同時亦可培養人們具有這樣的能力。在《論語・八佾篇》子夏曰：「巧笑倩兮，美目盼兮，素以為絢兮。何謂也？」子曰：「繪事後素。」曰：「禮後乎？」子曰：「起予者商也！始可與言《詩》已矣。」[19]由此，譬喻性所體現出來的是舉一反三的能力，就如子夏以「禮後乎？」來回應孔子所說的「繪事後素」。孔子亦通過這樣的譬喻思考，表明了詩具有「引譬援類」的思想啟迪的教育效用。

由此，在《群書治要》之《孔子家語》記載：「魯定公問於顏回曰：『子亦聞東冶畢之善御乎。對曰：善則善矣。雖然，其馬將必逸，公不悅，其後三日，東冶畢之馬逸，公聞之，促駕召顏回，顏回至。公曰：前日寡人問吾子以東冶畢之善御，而子曰其馬將逸，不識吾子奚以知之。』顏回對曰：『以政知之而已矣。昔者，帝舜巧於使民，而造父巧於使馬，舜不窮其民力，造父不窮其馬力，是以舜無逸民，造父無逸馬，今東冶畢之禦也。歷險致遠，馬力盡矣。然而其心猶求馬不已，臣以此知之。公曰：善哉。吾子之言，其義大矣。願少進乎。』顏回曰：『臣聞之，鳥窮則啄，獸窮則攫，人窮則詐，馬窮則佚。自古及今，未有窮其下而能無危者也。』」這段對話記載了顏回以「御馬」

---

[14] 楊伯峻譯註：《論語譯註》（北京：中華書局，2006年），頁10。

[15] 楊伯峻譯註：《論語譯註》，頁10。

[16] 楊伯峻譯註：《論語譯註》，頁11。

[17] 《十三經注疏》整理委員會整理，李學勤主編：《十三經注疏》（北京：北京大學出版社，1999年），頁10。

[18] 西方亞里斯多德曾提出三種聯想形式：類似聯想、對比聯想和相鄰聯想。大衛・休謨則提出三種聯想形式：相似聯想、時空相鄰聯想和因果聯想。由於本文專注在譬喻法在古代教育與說話藝術的運用，因此並不展開各種形式的聯想法的討論。

[19] 楊伯峻譯註：《論語譯註》，頁27。

來譬喻治理國家。最後也以「鳥窮則啄，獸窮則攫，人窮則詐，馬窮則佚」為譬喻，意思不可將人逼迫至走投無路，否則國家會出現危險。這樣的譬喻，魯定公聽後非常開心，也很受用。這也需要有一定的聯想思維才能體悟這個譬喻之說。顏回運用這個「譬喻之說」的藝術也達到了啟迪教育的效果。於此同時，《群書治要》之《文子》同樣記載這個譬喻例子：「治世之職易守也，其事易為也。……雖峻法嚴刑，不能禁其奸，獸窮即觸，鳥窮即啄，人窮即詐，此之謂也。」[20]由此可見，以「譬喻之說」進行的教誨的例子，具有影響力與繼承性的。這進一步說明了中國古人傳統的思維特點。

在《貞觀政要》中，唐太宗以自己身為君主為例，來教導大臣們凡是都得以百姓為主，不可損害百姓來奉養自己。當中就運用了譬喻之說，雖是自我表白，但達到了譬喻的教育效果，如《貞觀政要》之《君道》曰：「貞觀初，太宗謂侍臣曰：『為君之道，必須先存百姓，若損百姓奉其身，猶割股以啖腹，腹飽而身斃。若安天下，必須先正其身，未有身正而影曲，上治而下亂者。朕每思傷其身者不在外物，皆由嗜欲以成其禍。若耽嗜滋味，玩悅聲色，所欲既多，所損亦大，既妨政事，又擾生民。且復出一非理之言，萬姓為之解體。怨讟既作，離叛亦興。朕每思此，不敢縱逸。』」[21]唐太宗以大腿的肉來譬喻百姓，說明了百姓與自己是一體的，為了填飽肚子而損害了大腿的肉，其實就等於損害了自己的生命。這樣的譬喻之說，形象化強，給予臣子們很好的教育啟迪，理解到百姓對於君主的意義。

## （二）君臣譬喻的對話藝術與中國傳統君臣矛盾關係的緩解

帝王需具備一定的說話之術，才能更好的管理臣子，也能獲得良臣的協助。君王不一定僅是修習具有厲害關係的帝王之術（如《韓非子》所言的「術」），但可以是譬喻之說的說話藝術。由此可以緩解中國傳統以來君臣之間存在的矛盾關係，既有互相制約的又相依相偎的關係。若巧妙處理好君臣的矛盾關係，是可以達到互助互利的效果。在《群書治要》之《文子》曰：「故號令能下究而臣情得上聞，百官修通，群臣輻湊，喜不以賞賜，怒不以罪誅，……法令察而不苛，耳目達而不暗，善否之情。日陳於前而無所逆，是故賢者盡其智，而不肖者竭其力，……近者安其性，遠者懷其德，……用人之道也。」[22]這裡首先以「君臣擁護君主如同車輻條集中於車輪軸心」的譬喻之說，以此來表達君主對待臣子應有的態度，即君主不能因為高興就自行賞賜臣子，也不因為憤怒

---

20 唐・魏徵、褚亮、虞世南、蕭德言合編，《群書治要》學習小組譯註：《群書治要譯註》第21冊，頁46-47。

21 唐・吳競撰，謝保成集校：《貞觀政要集校》修訂本（北京：中華書局，2021年），頁2-3。

22 唐・魏徵、褚亮、虞世南、蕭德言合編，《群書治要》學習小組譯註：《群書治要譯註》第21冊，頁53。

就給予臣子責罰，無論臣子稟報上來的好壞情況，皆可不抗拒、牴觸。這樣才是君主良好的用人之道。由此，這可讓君主明白臣子對於君主而言，是如同車輪與車輻條的關係，這是一種相依相存的關係。

《貞觀政要》之〈任賢〉：太宗曰：「『朕拔卿於讎虜之中，任卿以樞要之職，見朕之非，未嘗不諫。公獨不見金之在鑛，何足貴哉？良冶鍛而為器，便為人所寶。朕方自比於金，以卿為良工。雖有疾，未為衰老，豈得便爾耶？』徵乃止。」[23] 由於唐太宗善用譬喻的說辭，讓本打算辭職的魏徵停止了辭官的要求。唐太宗以金來譬喻自己，又以良工來譬喻魏徵，顯然是在不失自己尊嚴的同時，又可給予良臣才能的肯定。以金玉美石來譬喻自己，表示自己具有良好的德行，這是唐太宗給予自己的美稱。這例子的譬喻在《貞觀政要・政體》亦有記載：「貞觀七年，太宗與秘書監魏徵從容論自古理治政得失，⋯⋯因謂群臣曰：『貞觀初，人皆異論，云當今必不可行帝道、王道，惟魏徵勸我。⋯⋯』顧謂徵曰：『玉雖有美質在於石間，不值良工琢磨，與瓦礫不別。若遇良工，即為萬代之寶。朕雖無美質為公所切磋，勞公約朕以仁義，弘朕以道德，使朕功業至此，公亦足為良工爾。』」[24] 唐太宗在這對話中以美玉來譬喻自己，以雕琢美玉的良工來譬喻魏徵。

這譬喻之道，在《貞觀政要》之〈求諫〉亦記載，其文曰：「『朕又聞龍可擾而馴之，然頷下有逆鱗。觸之則殺人，人主亦然。卿等遂不避犯觸，各進封事。常能如此，朕豈慮宗社之傾敗！每思卿等此意，不能暫忘，故詔卿等設宴為樂。』仍賜帛有差。」[25] 唐太宗以龍、逆鱗的譬喻自己身為國君的身分。這無疑讓他在求諫的時候，可在不失帝王的威嚴下，又能獲得臣子的進諫與敬愛。由此，這「譬喻之說」的語言藝術巧妙的緩和了君臣之間存在著的矛盾的關係（即相依相存之際，又有互害互殘的利害關係，當然作為帝王往往佔上風），同時讓帝王達到了其所要的目的。與此同時，唐太宗也運用譬喻的說辭，表明了君臣的關係，《貞觀政要》之〈政體〉曰：「惟君臣相遇，有同魚水，則海內可安。朕雖不明，幸諸公數相匡救，冀憑直言鯁議，致天下太平。」[26]

## （三）臣子的譬喻進諫藝術與中國傳統臣子的說服效果

臣子給予君主的進諫，是需要一定的智慧的，不可過於急進，亦不可過於迂迴，兩者都會破壞進諫的說服效果。由此，臣子以「譬喻之說」的進諫藝術對君主表達勸誡，可達到進諫的良好效果，又可安身保命。譬如《貞觀政要・政體》記載：「貞觀六年，

---

23 唐・吳兢撰，謝保成集校：《貞觀政要集校》修訂本，頁60。
24 唐・吳兢撰，謝保成集校：《貞觀政要集校》修訂本，頁30-31。
25 唐・吳兢撰，謝保成集校：《貞觀政要集校》修訂本，頁92-93。
26 唐・吳兢撰，謝保成集校：《貞觀政要集校》修訂本，頁86。

上謂侍臣曰:『看古之帝王,有興有衰,猶朝之有暮,皆為蔽其耳目,不知時政得失,忠正者不言,邪諂者日進,既不見過,所以至於滅亡。……』魏徵對曰:『自古失國之主,皆為居安忘危,處理忘亂,所以不能長久。今陛下富有四海,內外清晏,能留心治道,常臨深履薄,國家歷數,自然靈長。』臣又聞古語云:『君,舟也;人,水也。水能載舟,亦能覆舟。』陛下以為可畏,誠如聖旨。」[27]

在此魏徵運用古語中的一句話,這句話本身就具有譬喻的含義。由此形成了譬喻的進諫藝術。然而這句古語亦記載在《群書治要》之《孔子家語》:「孔子曰:『夫君者舟也,民者水也;水可載舟,亦以覆舟。君以此思危,則危可知也。』」君與民的關係,恰如舟與水。這樣的譬喻,可讓君主常常自我警惕,不可放縱樂逸。

在《群書治要》之〈晏子〉記載了景公向晏子詢問治國之道,晏子給予勸諫,運用了譬喻的解說,使得勸誡更具有形象性,說服力更強。譬如《群書治要·晏子》記載:「景公問晏子曰:『治國之患,亦有常乎?』對曰:『佞人讒夫之在君側者,好惡良臣,而行與小人,此治國之常患也。……讒夫佞人之在君側者,若社之有鼠也,不可熏去。讒佞之人,隱君之威以自守也,是故難去也。』」[28]晏子以「土地廟裡有了老鼠」的譬喻之說,來形容邪惡讒佞之人和善讒言之人在君主身邊的狀況。這使得景公對於讒佞之人在君主身邊所帶來的危害之理解。

## 四　結論

綜上所述,從《群書治要》與《貞觀政要》的記載,可知「譬喻之說」的說話藝術,一直都有被中國古人承繼。君臣間的對話、帝王的說話之術、賢者給予思想教育啟迪的說話之術,都會運用「譬喻之說」的藝術。這形成了君臣間的譬喻對話之術、帝王的譬喻說話之術與賢者的譬喻教法。這無疑都透露了中國古代傳統文人與學者、帝王與臣子們所具有的譬喻思維。譬喻思維是一種把某一種事物形象化,使之達到說話者所要的目的。因此,臣子的進諫,帝王可以欣然接受;帝王的尊嚴,可以獲得臣子的尊重;教育者的思想,可以得到準確的表達,使聆聽者更容易得到思想的啟迪。譬喻思維,是一種藝術化的思維,依靠人們的聯想能力,這亦是中國古人獨特的思考方式。

---

27　唐·吳兢撰,謝保成集校:《貞觀政要集校》修訂本,頁27。
28　唐·魏徵、褚亮、虞世南、蕭德言合編,《群書治要》學習小組譯註:《群書治要譯註》第20冊(北京:中國書店,2011年),頁49。

# 徵引文獻

## 一　原典文獻

唐・魏　徵、褚亮、虞世南、蕭德言合編，《群書治要》學習小組譯註：《群書治要譯註》，北京；中國書店，2011年。
唐・魏　徵等編撰，劉余莉主編：《群書治要譯註》，北京：中國書店，2012年。
唐・吳　兢撰，謝保成集校：《貞觀政要集校》，北京：中華書局，2021年。
唐・吳　兢編纂，葉光大等譯注，《貞觀政要譯註》，成都：四川人民出版社，1987年。
清・董　誥等編：《全唐文》，北京：中華書局，1983年。

## 二　近人論著

安小利：〈《戰國策》中的譬喻探究〉，《呂梁教育學院學報》第38卷第4期，2022年12月，頁144-146。
卜繁飛：〈淺釋《孟子》運用譬喻的背景和分類〉，《語文學刊》2009年第8期，頁140-141。
陳望道著：《修辭學發凡》，上海：上海教育出版社，1997年。
陳　曦：〈《孫子》譬喻的歷史文化闡釋〉，《解放軍藝術學院學報》2010年第2期，頁31-36。
耿振東：〈隱語和譬喻文化視野中的春秋賦詩〉，《殷都學刊》2007年第4期，頁73-76。
胡博越：〈《孟子》的譬喻探析〉，《黑龍江史志》2014年第12期，頁51-52。
蔣銀坤：〈向墨子討教譬喻之法——新古文運動寫作教學系列研究其三〉，《中學語文》2018年第19期，頁25-28。
金承光、劉佳：〈孟辯譬喻技巧與法律論辯〉，《貴州警官職業學院學報》2014年第26期，頁120-124。
李青苗：〈從《左傳》辭令的譬喻手法看先秦漢民族「象喻」的思維認知特點〉，《長春教育學院學報》第33卷第8期，2017年8月，頁33-35。
李秩匯：〈《莊子》與印度的寓言譬喻相似性研究〉，《船山學刊》2013年第2期，頁117-122。
李安竹：〈論《尚書》譬喻取「象」的禮俗性特徵〉，《牡丹江教育學院學報》第6期，2020年，頁1-4。
劉琳娜：〈譬喻法在王陽明道德教育中的運用〉，《依大中文與教育學刊》2021年第3期，頁138-149。

宋維哲：〈《群書治要》引經述略〉，《有鳳初鳴年刊》第2期，2006年，頁147-160。

譚學純主編：《漢語修辭格大辭典》，上海：上海辭書出版社，2010年。

《十三經注疏》整理委員會整理，李學勤主編：《十三經注疏》，北京：北京大學出版社，1999年。

王曉哲：〈譬喻在《論語》中的作用〉，《學理論》2010年第11期，頁155-156。

嚴林芳：〈《勸學》譬喻論解讀〉，《新世紀智能》2022年第35期，頁30-32。

楊伯峻譯註：《論語譯註》，北京：中華書局，2006年。

俞發亮、汲安慶：〈孟子的譬喻長於何處〉，《廈門廣播電視大學學報》2009年第3期，頁61-64。

張涵韻：〈從「譬喻」修辭看孔子啟發式教育的話語方式〉，《文教資料》2012年第23期，頁98-99。

張　焱：〈孔子譬喻與中國方法〉，《寧夏社會科學》第2期，2023年，頁40-47。

鄭可菜：〈譬喻與說理：賞析諸子的說理特點〉，《語文教學通訊》2022年第1期，頁31-33。

# 論《群書治要》與《貞觀政要》對「奪嫡之爭」的書寫

## 林盈翔

東吳大學中國文學系助理教授

### 摘要

吳兢與魏徵同為個性耿直、善善惡惡的忠諫之士，且皆為一流史臣。《群書治要》與《貞觀治要》的成書目的，也近乎相同。《群書治要》與《貞觀政要》有著極高的對照性，兩相比較、對讀下，也能開展出有趣的研究視野。本文藉由「鑒覽前古——《群書治要》『奪嫡之爭』的筆削取義」、「垂世立教——《群書治要》、《貞觀政要》的勸懲當世」兩節的考論，研究發現，兩書皆極為重視「奪嫡之爭」此一議題，而皇位繼承的不穩定、武力奪嫡，也正是有唐一朝難解的政治問題。魏徵編纂《群書治要》時面對的是玄武門之變，吳兢則是中宗以降的神龍政變、唐隆之變與先天之變。是以面對此一現世問題，兩書在「覽前王得失」與「遵太宗故事」的敘事策略分野之下，而有「傾向編採收錄勸諫之言」與「呈現貞觀君臣正面形象」的各自偏重。但最終呈現共同的價值判斷，即為「尊嫡卑庶」、「立嫡以長不以賢，立子以貴不以長」。

**關鍵詞**：《群書治要》、《貞觀政要》、奪嫡之爭、魏徵、吳兢

## 一　前言

　　國立成功大學中國文學系於二〇一九年始,逐年舉辦「《群書治要》國際學術研討會」,於二〇二三年邁入第五屆。在研討會的帶領下,學者投入研究、切磋琢磨。除了目前已經出版的兩本會後論文集外,[1]也能觀察到,自研討會後,便陸續有以《群書治要》為主題的研究論文,相繼於學報刊出。如林朝成先生關注《群書治要》與貞觀之治間的關係;[2]潘銘基先生則著力於《群書治要》與《史》、《漢》的研究,[3]且在研討會前,便早已投入《群書治要》版本學的研究;[4]張瑞麟先生主要接受史的角度,對《群書治要》做出多向的研究;[5]再如王三慶先生、[6]張素卿先生、[7]高佑仁先生、[8]邱詩雯先生[9]、黃麗頻先生[10]等,則是以自身學術的視域,觀察、切入《群書治要》。於此僅是略

---

[1] 林朝成、張瑞麟主編:《第一屆《群書治要》國際學術研討會論文集》(臺北:萬卷樓圖書公司,2020年)。黃聖松主編:《第二屆《群書治要》國際學術研討會論文集》(臺北:萬卷樓圖書公司,2021年)。

[2] 林朝成:〈《群書治要》與貞觀之治——從君臣互動談起〉,《成大中文學報》第67期(2019年12月),頁101-141。林朝成:〈《群書治要》與貞觀之治——以「牧民之道」為例〉,《成大中文學報》第68期(2020年3月),頁115-154。

[3] 潘銘基:〈日藏平安時代九条家本《群書治要》研究〉,《中國文化研究所學報》第67期(2018年7月),頁1-40。潘銘基:〈《群書治要》所載《文子》異文研究——兼補王利器《文子疏義》以《群書治要》校勘《文子》例〉,《興大中文學報》第44期(2018年12月),頁1-27。潘銘基:〈論《群書治要·經部》所見唐初經學風尚〉,《書目季刊》第53卷第3期(2019年12月),頁1-27。

[4] 潘銘基:〈《群書治要》所錄《漢書》及其注解研究——兼論其所據《漢書》注本〉,《成大中文學報》第68期(2020年3月),頁73-114。潘銘基:〈《群書治要》引《史記》研究〉,《輔仁國文學報》第50期(2020年6月),頁47-88。潘銘基:〈論《群書治要》去取《史記》之敘事原則〉,《嶺南學報》第14期(2021年11月),頁149-171。

[5] 張瑞麟:〈《群書治要》選編《墨子》的意蘊:從初期墨學的解讀談起〉,《成大中文學報》第68期(2020年3月),頁1-42。張瑞麟:〈立名存思:關於《群書治要》的編纂、傳播與接受〉,《東華漢學》第33期(2021年6月),頁1-46。張瑞麟、林朝成:〈《左傳》接受與貞觀視角——以《群書治要》截錄「華元食士」為例〉,《人文中國學報》第34期(2022年7月),頁71-111。

[6] 王三慶:〈試論魏徵等編纂《群書治要》及《勵忠節》之關涉和影響〉,《敦煌學》第38期(2022年8月),頁1-32。

[7] 張素卿:〈《群書治要》君臣觀取鑒之《左傳》要義〉,《成大中文學報》第74期(2021年9月),頁17-46。

[8] 高佑仁:〈金澤本《群書治要·吳越春秋》字詞研究〉,《中正漢學研究》第40期(2022年12月),頁147-183。

[9] 邱詩雯:〈治要與成一家言:論《群書治要》對《史記》的剪裁與再造〉,《成大中文學報》第68期(2020年3月),頁43-72。

[10] 黃麗頻:〈論《群書治要》對《老子》的取徑與實踐——以貞觀之治為證〉,《東華漢學》第31期(2020年6月),頁1-31。

述，[11]但已可見，《群書治要》相關研究的多元開展與豐碩成果。

此前筆者的研究注意到，《群書治要》選錄《三國志》陳思王植、中山恭王袞兩傳篇幅相加達五千字，主要內容則為曹丕對曹植與曹袞的壓迫與猜忌，且保留陳壽「骨肉之恩乖，棠棣之義廢」之評。《群書治要》大幅刪落《三國志》原文，所收錄的史臣評曰只有三條，另兩條為劉備與諸葛亮，乃重視兩人間的魚水相知、君臣相得。相互對照下，此處〈武文世王公傳〉與陳壽評曰的選錄，便顯得相當醒目。[12]讓人好奇，《群書治要》此處對於曹丕、曹植間奪嫡之爭的編採收錄，是否是別有用心。

也確實，皇權繼承人的確立，在古代帝制王朝中，是朝政穩定的重要因素，是備受重視的課題。加之唐太宗登大寶的關鍵，正是骨肉相殘的玄武門之變。晚年亦遭遇子嗣奪嫡，太子李承乾與魏王李泰互起干戈。《貞觀政要》中便載，唐太宗於貞觀十六年（西元642年）認為以「太子、諸王，須有定分，陛下宜為萬代法以遺子孫」[13]為當今國家最急之務。

由此觀察，《群書治要》與《貞觀政要》如何書寫「奪嫡之爭」此一課題，便具有討論意義。是則本文主要爬梳《群書治要》史部[14]與《貞觀政要》對於「奪嫡之爭」的相關書寫，提煉出兩書編寫者，蘊含其中的「時代眼光」與「贊治意義」，並就相關問題進行討論。以下便以「鑒覽前古——《群書治要》『奪嫡之爭』的筆削取義」、「垂世立教——《群書治要》、《貞觀政要》的勸懲當世」兩節，次第論述。

## 二　鑒覽前古——《群書治要》「奪嫡之爭」的筆削取義

史傳記載，漢高祖劉邦晚年寵愛戚夫人，欲立其子劉如意，史公於〈呂太后本紀〉詳載其事：

> 孝惠為人仁弱，高祖以為不類我，常欲廢太子，立戚姬子如意，如意類我。戚姬幸，常從上之關東，日夜啼泣，欲立其子代太子。呂后年長，常留守，希見上，益疏。如意立為趙王後，幾代太子者數矣，賴大臣爭之，及留侯策，太子得

---

[11] 文獻回顧亦可參郭妍伶、何淑蘋：〈民國以來（1912-2020）《群書治要》研究論著目錄〉，《書目季刊》第55卷第1期（2021年6月），頁99-119。

[12] 林盈翔：〈論《群書治要》對《三國志》的筆削與取義〉，《成大中文學報》第81期（2023年6月），頁1-32。

[13] 唐·吳兢撰，謝保成集校：《貞觀政要集校》（北京：中華書局，2021年），卷4，頁233。

[14] 《左傳》多載春秋時期奪嫡、弒君之事，如陳萱綹研究統計便有27件因奪嫡而起的弒君爭端。然一者，事件數量繁多，若要細論則需另謀成篇。二者，春秋時期畢竟為諸侯國，與後世帝制王朝仍有制度上的差異。綜合考量下，本文先以史部為考論範圍，《左傳》內容或可留待日後再行研究。前揭書參陳萱綹：《《左傳》弒君考》（新北：花木蘭文化出版社，2015年），頁233-243。

母廢。[15]

劉邦一是寵愛戚夫人，二則嫌棄嫡長「孝惠為人仁弱」，偏愛庶子如意，「幾代太子者數矣」。此奪嫡之爭最後是由呂后、惠帝劉盈獲得勝利，保其大位，「呂后真而主矣」，[16]而於劉邦死後，趙王劉如意遭呂后酖殺、戚夫人淪為「人彘」。[17]「留侯策」事見〈留侯世家〉，即張良請商山四皓調護太子。[18]「賴大臣爭之」，此大臣當為叔孫通，於時為太傅。《群書治要》在《史》、《漢》本紀的剪裁上，《史記》不收漢代帝王，而今本《群書治要》卷十三「《漢書》一」也不幸亡佚。故惠帝廢立之事是否記載，也未能一窺究竟。然《群書治要‧漢書》則有採錄叔孫通勸諫廢立之辭：

> 叔孫通，薛人也。為太子太傅，高帝欲以趙王如意易太子。通諫曰：「昔者，晉獻公，以驪姬故廢太子立奚齊，晉國亂者數十年，為天下笑。秦以不早定扶蘇，胡亥詐立，自使滅祀，此陛下所親見。今太子仁孝，天下皆聞之，呂后與陛下攻苦食啖，其可背哉。陛下必欲廢嫡而立少，臣願先伏誅，以頸血污地。」高帝曰：「公罷矣。吾特戲耳。」通曰：「太子，天下本，本壹搖，天下震動，奈何以天下戲。」高帝曰：「吾聽公。」[19]

叔孫通先以驪姬之亂的歷史教訓，說明廢嫡立庶之不智。再引秦始皇未能早定扶蘇，而使胡亥有詐立之機，自使滅祀。最末直言勸諫：「必欲廢嫡而立少，臣願先伏誅，以頸血污地。」於此尚可注意者，《群書治要‧史記》所收張良事蹟約莫二五〇字，敘事著重在對劉邦咸陽之役的諫言，並未記錄對其奪嫡之爭的參與和出謀劃策。誠然，《群書治要》透過經典的選錄，展示貞觀時期魏徵等人蘊含「轉舊為新」與「著重實踐」的思維內涵，絕非徒是遍採兼收。[20]而林朝成先生的研究亦已指出，「直言受諫」為《群書治要》編纂的重要主題與標準。[21]這樣的提法，當也已是目前學界對《群書治要》的研究共識，〈群書治要序〉：

---

[15] 西漢‧司馬遷著，南朝宋‧裴駰集解，唐‧司馬貞索隱，唐‧張守節正義：《史記》（北京：中華書局，2008年），卷9，頁395。

[16] 西漢‧司馬遷著，南朝宋‧裴駰集解，唐‧司馬貞索隱，唐‧張守節正義：《史記》，卷55，頁2047。

[17] 西漢‧司馬遷著，南朝宋‧裴駰集解，唐‧司馬貞索隱，唐‧張守節正義：《史記》，卷9，頁397。

[18] 西漢‧司馬遷著，南朝宋‧裴駰集解，唐‧司馬貞索隱，唐‧張守節正義：《史記》，卷55，頁2047。

[19] 唐‧魏徵、褚遂良、虞世南等編著：《群書治要‧漢書》（臺北：世界書局，2011年），卷16，頁190。

[20] 張瑞麟：〈轉舊為新：《群書治要》的編纂與意義〉，《文與哲》第36期（2020年6月），頁81-134。

[21] 林朝成：〈《群書治要》與貞觀之治——從君臣互動談起〉，《成大中文學報》第67期（2019年12月），頁101-142。

用之當今,足以鑒覽前古;傳之來葉,可以貽厥孫謀。引而申之,觸類而長,蓋亦言之者無罪,聞之者足以戒。[22]

「用之當今、傳之來葉」,「聞之者足以戒」,《群書治要》的選文偏好,確實為有益治道的勸諫之文。是以就此處而言,比起在〈留侯傳〉載錄歷史的發生經過,編撰者更傾向在〈叔孫通〉傳記錄下臣子的勸諫之言。

三國時期也因社會局勢較為混亂,群雄並起,奪嫡之爭更顯頻繁,歷來討論較盛,共有四者:袁紹子袁譚、袁尚;劉表子劉琦、劉琮;曹操子曹丕、曹植;孫權子孫和、孫霸。以下便次第析論,先是袁譚、袁尚之爭。一如前述,《群書治要》較不重視史部實錄之用,而重在「本求治要」[23]的勸諫之功。故《群書治要・魏志》記袁紹事,便也刪略其生平始末,而專注載錄其對於嫡庶問題的處置:

> 袁紹,字本初,汝南人也。領冀州牧,轉為大將軍,出長子譚為青州,沮授諫紹必為禍始,紹不聽。《九州春秋》載授諫辭曰:「世稱一兔走,萬人逐之,一人獲之,貪者悉止,分定故也。且年均以賢,德均則卜,古之制也。願上惟先代成敗之戒,下思逐兔分定之義。」紹曰:「孤欲令四兒各據一州,以觀其能。」授出,曰:「禍其始此乎。」[24]

依《三國志》記載,袁紹之所以「出長子譚為青州」,其背後動機之一實為「紹愛少子尚,貌美,欲以為後而未顯。」[25]袁譚雖為袁紹嫡長子,然袁紹卻有以庶子、幼子袁尚為繼承人的意圖。然官渡之戰軍敗後,袁紹發病憂死,是以雖未有廢立,但也未及將繼承人之位交與袁譚。因此導致日後兩派爭權,終至傾覆:「審配、逢紀與辛評、郭圖爭權」、「緣紹素意,乃奉尚代紹位」、「由是譚、尚有隙」。[26]換言之,袁紹勢力衰弱的原因固然複雜,然袁紹生前嫡庶不定,以致身後奪嫡亂起、自相攻伐,誠是敗亡的重要因素之一。《群書治要》於此採錄《三國志》裴松之注引《九州春秋》,補充沮授對於袁紹的諫言,「上惟先代成敗之戒,下思逐兔分定之義」,面對袁紹不從後,沮授更是直接嘆曰:「禍其始此乎。」

曹丕於《典論》中,也同是將袁氏覆亡的關鍵,繫於未能「抑遏愚妻,顯別嫡庶」之上,《群書治要・典論》:

---

22 唐・魏徵、褚遂良、虞世南等編著:《群書治要》,頁14。
23 「爰自六經,訖乎諸子,上始五帝,下盡晉年,凡為五表,合五十卷。本求治要,故以治要為名。」參:唐・魏徵、褚遂良、虞世南等編著:《群書治要》,頁14。
24 唐・魏徵、褚遂良、虞世南等編著:《群書治要》,卷25,頁308。
25 晉・陳壽著,南朝宋・裴松之注:《三國志》(北京:中華書局,2003年),卷6,頁201。
26 晉・陳壽著,南朝宋・裴松之注:《三國志》,卷6,頁201。

袁紹之子，譚長而慧，尚少而美。紹妻愛尚，數稱其才，紹亦雅奇其貌，欲以為後。未顯而紹死，別駕審配，護軍逢紀，宿以驕侈，不為譚所善。於是外順紹妻，內慮私害，矯紹之遺命，奉尚為嗣。潁川郭圖、辛評，與配、紀有隙，懼有後患，相與依譚。盛陳嫡長之義，激以紲降之辱，勸其為亂。而譚亦素有意焉，與尚親振干戈，欲相屠裂⋯⋯當此之時，無敵於天下，視霸王易於覆手，而不能抑過愚妻，顯別嫡庶，婉戀私愛，寵子以貌，其後敗績喪師，身以疾死，邪臣飾奸，二子相屠，墳土未乾，而宗廟為墟，其誤至矣。[27]

「嫡長之義」的制度建立，便是為了避免兄弟「親振干戈，欲相屠裂」，是以若未能「抑遏愚妻，顯別嫡庶」，則不免「墳土未乾，宗廟為墟」了。《典論》所述言簡意賅、切中問題，《群書治要》於此收錄，亦是成其勸諫君王、經世贊治之意。

次者，劉琦、劉琮奪嫡之事，《群書治要‧魏志》未收。然《群書治要‧典論》有約略提及，其敘事重心在蔡瑁、張允乃讒邪小人，圖毀劉琦、稱美劉琮，致使劉表最後以劉琮為嗣，論曰：「容刀生於身疏，積愛出於近習。」[28]《群書治要‧魏志》則收錄了賈詡對於曹操勸諫之言：

賈詡，字文和，武威人也。為大中大夫，是時，文帝為五官將，而臨淄侯植才名方盛，各有黨與，有奪宗之議，太祖嘗問詡，詡嘿然不對。太祖曰：「與卿言而不答何也。」詡曰：「屬適有所思，故不即對耳。」太祖曰：「何思。」詡曰：「思袁本初，劉景升父子。」太祖大笑，於是太子遂定。文帝即位，以詡為太尉。[29]

賈詡在面對曹丕與曹植「各有黨與，有奪宗之議」的現況，其以「思袁本初，劉景升父子」此種近觀當代的方式勸諫曹操，也達到了「太子遂定」的效果。

有趣的是，《三國志‧陳思王植傳》記載了曹丕與曹植奪嫡互角、終定勝負的過程。[30]但《群書治要》全數刪落，卻保留了〈求存問親戚疏〉(〈求通親親表〉)、〈陳審舉表〉兩篇長文，都是在談骨肉疏親，欲求用事，認為重用兄弟公族，方能藩屏王室。以下各擷取兩段：

骨肉之恩，爽而不離，親親之義，實在敦固。

願陛下沛然垂詔，使諸國慶問得展，以敘骨肉之歡恩，全怡怡之篤義。

三監之釁，臣自當之；二南之輔，求必不遠。華宗貴族，藩王之中，必有應斯舉者。

---

[27] 唐‧魏徵、褚遂良、虞世南等編著：《群書治要》，卷46，頁618。
[28] 唐‧魏徵、褚遂良、虞世南等編著：《群書治要》，卷46，頁618。
[29] 唐‧魏徵、褚遂良、虞世南等編著：《群書治要》，卷25，頁310-311。
[30] 晉‧陳壽著，南朝宋‧裴松之注：《三國志》，卷19，頁557-561。

蓋取齊者田族，非呂宗也。分晉者趙魏，非姬姓也，唯陛下察之。苟吉專其位，凶離其患者，異姓之臣也；欲國之安，祈家之貴，存共其榮、沒同其禍者，公族之臣也。[31]

第一，《群書治要》此處刪略事件經過、採錄勸諫之文的做法，仍是服膺於整體重在「本求治要」的脈絡。第二，曹植動之以情、說之以理，列舉成辭人事，亟言宗室對於曹氏政權的重要性。然就歷史的發展脈絡言之，曹丕並未接受曹植諫言，而是貶抑削弱諸王。最後司馬懿發動高平陵之變，「欺他孤兒寡婦」，[32]導致曹魏滅亡，也正是因為沒有「三監之釁、二南之輔」等宗室在外輔弼，是以一朝事變，便無力回天，再次應驗了「取齊者田族、分晉者趙魏」的歷史教訓。第三，曹植陳表的意圖自是在欲求用事，但除卻曹丕的猜忌性格，曹植不得其用的原因，有很大部分仍可視為奪嫡之爭的遺緒，曹丕忌憚骨肉兄弟，擔心政治權力遭受威脅。

《群書治要》對於曹魏諸王，僅收〈陳思王植傳〉與〈中山恭王袞傳〉，其餘一皆不取。曹袞與捲入奪嫡、事後一心求用，而略顯天真的曹植不同。他對於曹丕多疑器狹的性格，有更確切的掌握，是以「修身自守」、「戒慎敬慎」。[33]但仍被曹丕壓迫而多所憂懼：「來朝，犯京都禁」、「袞憂懼，戒敕官屬愈謹」。[34]《群書治要》於後引陳壽〈武文世王公傳〉之評：

評曰：魏氏王公，徒有國土之名，而無社稷之實。又禁防擁隔，同於囹圄，位號靡定，大小歲易。骨肉之恩乖，棠棣之義廢，為法之弊，一至於此乎。[35]

並再選錄曹冏的〈六代論〉，此文多達兩千五百字，《群書治要》仍是全篇選錄。〈六代論〉以「必建同姓以明親親，必樹異姓以明賢賢」為題幹，詳舉夏、商、周、秦、漢、魏六代，析論「臣聞公族者，國之枝葉」之理，認為曹魏政策有失：「今魏尊尊之法雖明，親親之道未備」、「宗室子弟，曾無一人間廁其間，非所以強幹弱枝，備萬一之虞也」。[36]

可以發現，《群書治要》此處筆削去取的重心，便是藉由〈求存問親戚疏〉、〈陳審舉表〉、〈六代論〉此些勸諫之文，暢談曹丕兄弟在奪嫡之爭後，「骨肉之恩乖，棠棣之

---

31 唐・魏徵、褚遂良、虞世南等編著：《群書治要・魏志》，卷26，頁321-323。
32 石勒：「朕若逢高皇，當北面而事之，與韓彭競鞭而爭先耳。脫遇光武，當並驅于中原，未知鹿死誰手。大丈夫行事當礌礌落落，如日月皎然，終不能如曹孟德、司馬仲達父子，欺他孤兒寡婦，狐媚以取天下也。」參唐・房玄齡等著：《晉書》（北京：中華書局，2003年），卷105，頁2749。
33 晉・陳壽著，南朝宋・裴松之注：《三國志》，卷20，頁583。
34 晉・陳壽著，南朝宋・裴松之注：《三國志》，卷20，頁583。
35 唐・魏徵、褚遂良、虞世南等編著：《群書治要》，卷26，頁324-325。
36 唐・魏徵、褚遂良、虞世南等編著：《群書治要》，卷26，頁325-326。

義廢」，而終至國家傾覆、宗廟墮頹。以篇幅精簡為特色的《群書治要》，大幅刪落《三國志》原文，僅存約原書的百分之六。而陳思王植、中山恭王袞兩傳篇幅相加達五千字，對回《三國志》原書，保留比例約百分之三十，兩相對照下便顯得相當醒目。《群書治要》所收錄的《三國志》陳壽評曰更是只有三條，另兩條為劉備與諸葛亮，乃重視兩人間的魚水相知、君臣相得。君臣關係本就為《群書治要》所重，是以〈武文世王公傳〉陳壽評，能為《群書治要》收錄，便也能看出編纂者對「骨肉之恩乖，棠棣之義廢」此一議題的重視。

　　三國時期年代最後的奪嫡之爭，則發生在東吳，為孫和、孫霸之間的衝突，史稱二宮之爭。孫權晚年昏聵，在立嫡庶子嗣的問題上更是顛頇不堪。孫權長子孫登、次子孫慮早夭，故依長幼次序立三子孫和為太子。但孫權寵愛四子孫霸，隨即封為魯王，並對其奪嫡舉動不加節制。雙方的支持者也各自站隊，陸遜、顧譚、朱據與諸葛恪等支持太子孫和，魯王孫霸則以全寄、吳安、孫奇、楊笁等為黨羽。加之東吳的政治體制，孫家與地方世族大姓彼此間多有複雜的姻親關係，也使得東吳小朝廷幾乎全面捲入二宮之爭的黨爭漩渦，持續近十年。最終孫和被廢、孫霸賜死，改立未滿十歲的幼子孫亮。陳壽《三國志》詳載相關事件細節，並於〈孫權傳〉末評曰：「至于讒說殄行，胤嗣廢斃，豈所謂貽厥孫謀以燕翼子者哉？其後葉陵遲，遂致覆國，未必不由此也。」[37]陳壽批評孫權「胤嗣廢斃」，便是具體指涉二宮之爭此一奪嫡事件，「後葉陵遲，遂致覆國，未必不由此也」，筆下褒貶可謂嚴於斧鉞。相關人物事件較為複雜、冷僻，故也以下圖一表示，方便讀者：

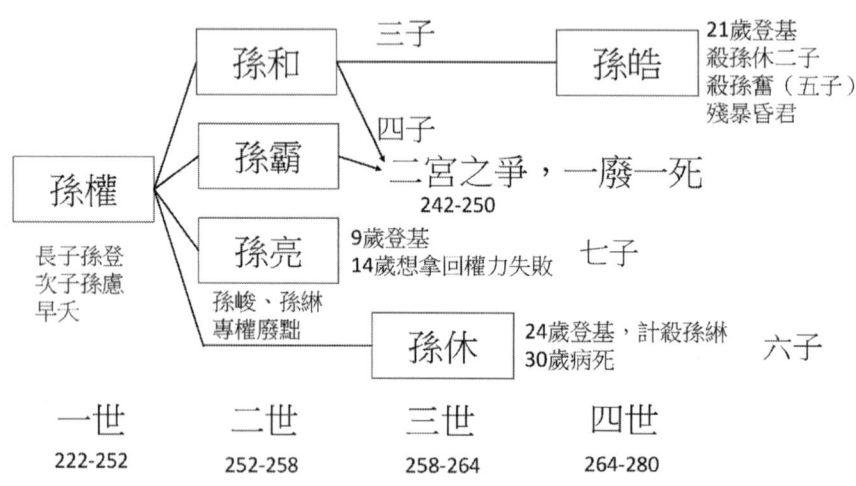

圖一　二宮之爭與東吳帝王世系關係圖

---

37 晉‧陳壽著，南朝宋‧裴松之注：《三國志》，卷47，頁1149。

《群書治要》亦是選錄二宮之爭，事件梗概見於〈孫和傳〉、〈孫霸傳〉。[38]但一如前文所述，《群書治要》仍是將敘事重心放在「本求治要」的勸諫之上，如〈顧譚傳〉便僅選錄勸諫孫權廢立嫡庶之事，《群書治要·吳志》：

> 顧譚，字子默，吳郡人也，祖父雍卒，代雍平尚書事。是時魯王霸有盛寵，與太子和齊衡。譚上疏曰：「臣聞有國有家者，必明嫡庶之端，異尊卑之禮，高下有差，階級逾邈，如此則骨肉之恩生，覬覦之望絕。昔賈誼陳治安之計，論諸侯之勢。以為勢重，雖親必有逆節之累；勢輕，雖疏必有保全之祚。故淮南親弟，不終饗國，失之於勢重也。吳芮疏臣，傳祚長沙，得之於勢輕也。今臣所陳，非有偏，誠欲以安太子而便魯王也。」由是霸與譚有隙。[39]

「是時魯王霸有盛寵，與太子和齊衡」，是以顧譚上疏勸諫孫權，力陳「有國有家者，必明嫡庶之端，異尊卑之禮」、「如此則骨肉之恩生，覬覦之望絕」、「安太子而便魯王」。然孫權未能納諫，結果僅是導致「霸與譚有隙」。此一事件還必須對照〈陸遜傳〉，《群書治要·吳志》：

> 赤烏七年，為丞相。先是二宮并闕中外職司，多遣子弟給侍。全琮報遜，遜以為子弟苟有才，不憂不用，不宜私出以要榮利。若其不佳，終為取禍。且聞二宮勢敵，必有彼此，此古人之厚忌也。琮子寄，果阿附魯王，輕為交構。遜書與琮曰：「卿不師日磾而宿留阿寄，終為足下門戶致禍矣。」琮既不納，更以致隙。及太子有不安之議，遜上疏陳：「太子正統，宜有盤石之固。魯王藩臣，當使寵秩有差，彼此得所，上下獲安。謹叩頭流血以聞。」書三四上，及求詣都，欲口論嫡庶之分，以匡得失。既不聽許，而遜外甥顧譚、顧承、姚信并以親附太子，枉見流徙。太子太傅吾粲，坐數與遜交書，下獄死。權累遣中使責讓遜，遜憤恚致卒也。[40]

「先是二宮并闕中外職司，多遣子弟給侍」，奪嫡之爭往往動盪朝廷，也正是因為雙方支持者會各自黨附、伐異同己。陸遜便建議全琮勿讓子弟黨附，「聞二宮勢敵，必有彼此，此古人之厚忌也」、「終為足下門戶致禍」，全琮不聽，全寄最終果隨孫霸敗亡而被誅殺。陸遜更是屢次上書孫權，「陳太子正統，宜有盤石之固」，眼看無效，更欲詣都，

---

38 張珮瑜對此議題有初步討論，結論認為「《群書治要》對唐太宗起到警惕作用，是故唐太宗堅持嫡長子李承乾繼立，直至李承乾謀反事敗，才改立李治。」本文對此持相反立場，詳見後文討論，但是文相關梳理仍具參考價值。參張珮瑜：〈論《群書治要》引《吳志》所見「嫡庶觀」〉，「2022道南論衡全國研究生學術研討會」，主辦單位：國立政治大學中國文學系，2022年11月5日。
39 唐·魏徵、褚遂良、虞世南等編著：《群書治要》，卷27，頁345。
40 唐·魏徵、褚遂良、虞世南等編著：《群書治要》，卷28，頁350。

當面「口論嫡庶之分，以匡得失」。然正因孫權昏聵，未能雅納建言，甚至「累遣中使責讓遜」，讓一代名臣、名將，最終「憤恚致卒」。筆者在此前的研究發現，《群書治要》在歷史事實的客觀呈現之外，編纂者更是隱隱然將治亂之道，與人君是否廣納建言兩件事，互為表裡，歸於一揆。[41] 此處對於二宮之爭的筆削棄採，亦有相同作用，呈現出孫權晚期奪嫡之爭所造成的混亂，乃與其未能察納顧譚、陸遜等人的諫言，有所相關。

《群書治要·晉書》則收錄賈南風弄權，廢立、殺害太子之事：

> 惠皇帝諱衷，字正度，武帝太子也。永平元年，遷皇太后於永寧宮，賈后諷群臣奏廢皇太后為庶人，居於金墉城。九年，賈后誣奏皇太子有悖書，帝幸式乾殿，召公卿百官皆入，詔賜太子死，以所謗悖書及詔文遍示諸王公。司空張華曰：「此國之大禍，自漢氏以來，每廢黜正嫡，恒至喪亂，且晉有天下日淺，願陛下詳之……而王公百官竟無言，免太子為庶人，幽於金墉城……賈后使黃門孫慮賊太子於許昌。」[42]

晉惠帝只有司馬遹一男，故永熙元年（西元290年）繼位時便策立為太子。然元康九年（西元299年）賈南風欲「謀廢太子，以所養代立」，[43] 便「誣奏皇太子有悖書」、「詔賜太子死」，司空張華諫言：「此國之大禍，自漢氏以來，每廢黜正嫡，恒至喪亂。」最終仍被廢為庶人。然賈后依舊不放心，隔年使人賊殺司馬遹。此次的奪嫡之爭，實由賈后發起，而晉惠帝的無能與昏昧，也使於時年約二十、羽翼未豐的太子，任人魚肉、無由抵抗。而最終引致八王之亂、西晉覆亡，似乎也印證了張華「每廢黜正嫡，恒至喪亂」之識。

總此，在古代帝制王朝下，繼承人的接續、政權的穩定，確實是重要的課題。考論相關載記，《群書治要》對於「奪嫡之爭」此一議題，也確實有所重視，而多所選錄、保留。並且在筆削去取之時，會特別著重、凸顯臣子對於君主的諫言，並且立場皆是以嫡長為尊。在史部、具體的歷史事件外，《群書治要》所收子部典籍，亦可見對於「尊嫡別庶」的論述，如《群書治要·管子》：

> 國之所以亂者四……庶有疑嫡之子，此家亂也……故妻必定，子必正，相必直立以聽，官必忠信以敬。[44]

《群書治要·慎子》：

---

[41] 林盈翔：〈論《群書治要》對《三國志》的筆削與取義〉，《成大中文學報》第81期（2023年6月），頁20。

[42] 唐·魏徵、褚遂良、虞世南等編著：《群書治要·晉書》，卷29，頁363-364。

[43] 唐·房玄齡等著：《晉書》，卷35，頁961。

[44] 唐·魏徵、褚遂良、虞世南等編著：《群書治要·管子》，卷32，頁411。

立嫡子者，不使庶孽疑焉。疑則動，兩則爭，雜則相傷，害在有與、不在獨也……子有兩位者，家必亂，子有兩位，而家不亂者，親猶在也。恃親而不亂，失親必亂。臣疑其君，無不危之國，孽疑其宗，無不危之家。[45]

兩段引文敘事結構相近，皆強調嫡庶尊卑之重要，若嫡庶不分，則必至危亂：「庶有疑嫡之子，此家亂也」、「子有兩位者，家必亂」。再如《群書治要‧政要論》：

凡光祖禰、安宗廟、傳國土、利民人者，在於立嗣繼世。繼世之道，莫重於尊嫡別庶也。故聖人之制禮貴嫡，異其服數，殊其寵秩，所以一群下之望，塞變爭之路，杜邪防萌，深根固本之慮。歷觀前代後妻賤而姪勝貴，太子卑而庶子尊，莫不爭亂以至危亡，是以周有子帶之難，齊有無知之禍，晉有莊伯之患，衛有州吁之篡。故《傳》曰：「並后匹嫡、兩政耦國，亂之本也。」[46]

「繼世之道，莫重於尊嫡別庶」，唯有如此方能「一群下之望，塞變爭之路」，而後例舉興亡教訓，增強說服力，並引《左傳》桓公十八年語作結：「並后、匹嫡、兩政、耦國，亂之本也。」匹嫡者，便是不別嫡庶，使兩者權力相近。

通觀《群書治要》所呈現的立場，確實相當一致，皆同於《公羊》「立適（嫡）以長不以賢，立子以貴不以長」，[47]此種以嫡長為尊的價值判斷。古人在總結歷史教訓、相權利弊後，認為在當時帝制皇朝的政治架構下，比起「奪嫡之爭」所帶來的混亂，「尊嫡別庶」的繼承制度，更能「光祖禰、安宗廟、傳國土、利民人」。

## 三　垂世立教——《群書治要》《貞觀政要》的勸懲當世

經過前節考述，可以確定《群書治要》對「奪嫡之爭」此一議題的重視與所持立場，即尊嫡別庶、穩定政權。然而可以進一步觀察的是，武德九年（西元626年）的玄武門之變《舊唐書‧太宗本紀》：

九年，皇太子建成、齊王元吉謀害太宗。六月四日，太宗率長孫無忌、尉遲敬德、房玄齡、杜如晦、宇文士及、高士廉、侯君集、程知節、秦叔寶、段志玄、屈突通、張士貴等於玄武門誅之。甲子，立為皇太子，庶政皆斷決。[48]

---

45 唐‧魏徵、褚遂良、虞世南等編著：《群書治要》，卷37，頁484-485。
46 唐‧魏徵、褚遂良、虞世南等編著：《群書治要》，卷47，頁632-633。
47 東漢‧何休注，唐‧徐彥疏：《春秋公羊傳注疏》，收入清‧阮元校刻：《重栞宋本十三經注疏》（臺北：藝文印書公司，2011年），卷1，頁11-2；卷23，頁293-2。
48 後晉‧劉昫等撰：《舊唐書》（北京：中華書局，2012年），卷2，頁29。

《資治通鑑》詳載奪嫡之爭的經過，早在武德七年（西元624年），雙方便已有衝突，為楊文幹事件。[49] 而《資治通鑑》同時詳載「元吉伏護軍宇文寶於寢內，欲刺世民」、「建成夜召世民，飲酒而鴆之，世民暴心痛，吐血數升」[50]等，「皇太子建成、齊王元吉謀害太宗」在先的內容。是以李世民為求自保，不得已方有玄武門之變。但實際上，學界目前研究已指出，此些記載的可信度並不高。如李樹桐先生分析考辨後，認為建成、元吉謀害李世民，高祖三次許立太子等記載，皆是李世民事後命人造假。[51] 歷史事實可能更接近李世民為奪嫡而弒兄逼父，其行為並不具正當性。相關討論如黃永年先生〈李唐創業和玄武門之變〉：

> 由於這次政變李世民襲殺兄弟不是甚麼光明正大的事情，其陰謀密計事成後當然諱莫如深，今日已不可能盡發其覆。《舊唐書·建成傳》所稱……云云，均顯屬秦府黨羽或貞觀朝史官為政變找理由而編造。[52]

傅樂成先生〈玄武門事變之醞釀〉：

> 世民在京師之實力，既居劣勢；欲東出以待變，復不如願；而奪嫡之大慾，難以戢止；自身之實力，又將逐漸消失。最後只有行險徼倖，以圖一逞。所以必至喋血禁門，手刃骨肉者，其勢亦不得不然。[53]

唐太宗確實有其英才偉略，在君臣齊心協力下，開啟了貞觀之治的太平盛世。也因此後世史家在評論唐太宗時，泰半是褒多於貶，持正面評價。但誠如引文所論，前輩學者的研究皆已指出，唐太宗李世民的玄武門之變，本質上就是一場弒兄逼父的「奪嫡之爭」，其行動根本不具大義與正當性。《群書治要》成書於貞觀五年，[54] 於時相關假資料的變造、修改尚未開始。[55] 加上領銜編纂的魏徵本是李建成人馬，是以對玄武門之變的理解，當是更接近原始的樣態。

---

49 北宋·司馬光撰、南宋·胡三省注、章鈺校記：《新校資治通鑑注》（臺北：世界書局，1974年），卷191，頁5986-5987。
50 北宋·司馬光撰、南宋·胡三省注、章鈺校記：《新校資治通鑑注》，卷191，頁5985、5987、6004。
51 李樹桐：《唐史考辨·玄武門之變及其對政治的影響》（臺北：臺灣中華書局，1972年），頁153-191。李樹桐：《唐史考辨·唐高祖三許立太祖辨為》，頁192-213。李樹桐：《唐史索隱·玄武門之變的再認識——唐史考辨補篇之一》（臺北：臺灣商務印書館，1988年），頁32-49。
52 黃永年：《六至九世紀中國政治史》（上海：上海書店出版社，2004年），頁145。
53 傅樂成：《漢唐史論集》（臺北：聯經出版事業有限公司，1977年），頁154。
54 《唐會要》：「貞觀五年九月二十七日，祕書監魏徵撰《群書政要》，上之。太宗欲覽前王得失，爰自六經，訖于諸子；上始五帝，下盡晉年。徵與虞世南、褚亮、蕭德言始成，凡五十卷。上之。諸王各賜一本。」參北宋·王溥：《唐會要》（上海：上海古籍出版社，2006年），卷36，頁759。
55 唐太宗要求觀看、修改《起居注》與《實錄》，其時約在貞觀十年後。此事易見，參《舊唐書·褚遂良傳》、《貞觀政要·論文史第二十八》、《資治通鑑》卷196等。

《群書治要》的成書目的乃是「用之當今,足以鑒覽前古;傳之來葉,可以貽厥孫謀」,是以即便是玄武門之變讓李世民得以登大寶,而後君臣同心戮力,有所作為。但這並不能保證之後的唐室繼承者,也都能在奪嫡之爭後獲得相同的成功。是以在立嗣繼世、奪嫡之爭此一重大議題上,《群書治要》並沒有因李世民的玄武門之變而有所迴避,仍然主張「立嫡以長不以賢,立子以貴不以長」、「尊嫡別庶」,此種對於國家社會更加安定的繼承制度。這當也能視為是《群書治要》、貞觀史臣,「忠直無隱、事無不言」[56]的態度展現。

猶可申論者,太宗晚年確也是同樣遇到子嗣奪嫡的問題,《舊唐書·恆山王承乾傳》:

> 承乾先患足,行甚艱難,而魏王泰有當時美譽,太宗漸愛重之。承乾恐有廢立,甚忌之。泰亦負其材能,潛懷奪嫡之計。於是各樹朋黨,遂成釁隙。[57]

《群書治要》成書於貞觀五年(西元631年),於時衝突尚未發生,李泰在貞觀十年(西元636年)方徙封魏王,十五年左右(西元641年)奪嫡之爭才顯劇烈,而褚遂良、魏徵等,也皆上言勸諫太宗,當尊嫡卑庶。[58]是以《群書治要》奪嫡之爭的筆削取義,並非是有意勸諫太宗處理子嗣問題而收錄,當是更具普遍性的,就當時帝制皇朝的政治架構,提出足以為百世法的最佳判斷。再進一步觀察《舊唐書·濮王泰傳》:

> 太宗以泰好士愛文學,特令就府別置文學館,任自引召學士。又以泰腰腹洪大,趨拜稍難,復令乘小輿至於朝所。其寵異如此……時皇太子承乾有足疾,泰潛有奪嫡之意……承乾懼其凌奪……十七年,承乾敗,太宗面加譴讓。承乾曰:「臣貴為太子,更何所求?但為泰所圖,特與朝臣謀自安之道。不逞之人,遂教臣為不軌之事。今若以泰為太子,所謂落其度內。」太宗因謂侍臣曰:「承乾言亦是。我若立泰,便是儲君之位可經求而得耳。泰立,承乾、晉王皆不存;晉王立,泰共承乾可無恙也。」乃幽泰於將作監。[59]

冰凍三尺,非一日之寒,奪嫡之爭的發生,乃是長時間的點滴積累,即《易》「臣弒其

---

[56] 宋代名臣包拯:「臣聞唐太宗英明好諫之主也,魏元成忠直無隱之臣也,故君臣道合,千載一時,事無不言,言無不納是致貞觀之風,與三代比盛,垂三百年抑有餘矣。」參明·黃淮,明·楊士奇等編:《歷代名臣奏議》,卷202,頁50。收入清·紀昀等纂:《文淵閣四庫全書》,迪志文化出版有限公司出版之《文淵閣四庫全書電子版(內聯網版)》,該系統使用臺灣商務印書館1986年出版之《景印文淵閣四庫全書》。

[57] 後晉·劉昫等撰:《舊唐書》,卷76,頁2648。

[58] 後晉·劉昫等撰:《舊唐書》,卷76,頁2654-2655。

[59] 後晉·劉昫等撰:《舊唐書》,卷76,頁2655。

君，子弒其父，非一朝一夕之故，其所由來者漸矣」[60]之義。李泰的「奪嫡之意」，在一定程度上，正是來自太宗長久以來的「寵異」。是以太宗有能力、也應當及早處理，「尊嫡別庶」，以「塞變爭之路」。可惜太宗未能如此，其結果是李承乾、李泰雙雙被廢，多少也應驗了《群書治要》編纂史臣們的擔心與遠見，尊嫡別庶便是要避免「儲君之位可經求而得」所帶來的混亂。最後，太宗立了晉王李治，是為高宗。依史傳所載，太宗乃為保全諸子，但黃永年先生的判斷也十分有趣：

> 隋文帝楊堅的結局，唐高祖李淵當太上皇的滋味，李世民是一清二楚的，他自己就是深於此道的過來人，現在也看到自己的兒子向父輩學習，以承乾為首的小集團已準備向自己下手，魏王泰小集團也難保不來這一著，為自己免當楊堅、李淵起見，不如當機立斷，忍痛割愛，把這兩個小集團同時粉碎。[61]

當奪嫡之爭越演越烈，首當其衝者，不僅是奪嫡諸子，連在位的皇帝也會捲入其中。李世民在玄武門之變奪嫡成功後逼退其父李淵，便是最好例證。是以綜觀整體利弊得失，《群書治要》對於奪嫡之爭的重視，與尊嫡別庶的價值判斷，對皇權政治的穩定性，確實是重要且有利的。

然則陳寅恪先生《唐代政治史述論稿》論曰：

> ……皇位繼承之無固定性及新舊君主接續之交，輒有政變發生，遂為唐代政治史之一大問題也。唐自開國時建成即號為皇太子，太宗以功業聲望卓越之故，實有奪嫡之圖謀，卒釀成武德九年六月四日玄武門之事變，已詳前述，且其事為世所習知者也。太宗立承乾為皇太子，承乾乃長孫皇后之長子，既居長嫡之位，其它諸子又無太宗之功業聲望可以啟其窺伺之心者。然承乾終被廢棄，而諸子爭立，太宗心中之苦悶及其舉止之失態，觀《兩唐書·長孫無忌傳》所載可知矣。[62]

第一，尊嫡別庶或許最能避免奪嫡之爭、穩定朝政，但有太多難以控制的因素，個人好惡、外在環境等等。是以道理雖明，然現實情況卻往往多變。李世民自身便是「以功業聲望卓越之故，實有奪嫡之圖謀」、「卒釀成玄武門之事變」，李世民以奪嫡登大寶，故當子嗣李承乾、李泰步此後塵、捲入奪嫡之爭，李世民也難有堅實立場，可以責難他人，其「心中之苦悶及其舉止之失態」，可想而知。也一如陳寅恪先生的判斷：「皇位繼承之無固定性及新舊君主接續之交，輒有政變發生，遂為唐代政治史之一大問題也。」

---

60 魏·王弼、韓康伯注，唐·孔穎達等正義：《周易正義》，收入清·阮元校刻：《重栞宋本十三經注疏》，卷1，頁20-2。

61 黃永年：《唐史十二講·論武德貞觀時統治集團的內部矛盾和鬥爭》（北京：中華書局，2007年），頁25。

62 陳寅恪：《隋唐制度淵源論稿；唐代政治史述論稿》（臺北：里仁書局，1994年），頁209。

自太宗李世民玄武門之變始，有唐一朝，奪嫡之爭屢屢發生，誠為唐代政治不穩定的一大隱憂。先簡列太宗至玄宗朝，皇帝繼位情況如下表：

### 表一　太宗至玄宗朝皇帝繼位一覽表

| | |
|---|---|
| 武德九年（西元626年） | 玄武門之變，太宗李世民即位。（第二任皇帝） |
| 貞觀十七年（西元643年） | 唐太宗廢太子李承乾。[63]後立李治為太子，是為高宗。 |
| 貞觀二十三年（西元649年） | 高宗即位。（第三任皇帝） |
| 顯慶元年（西元656年） | 高宗李治廢太子李忠。[64] |
| 弘道元年（西元683年） | 中宗李顯即位。（第四任皇帝） |
| 嗣聖元年（西元684年） | 武則天廢中宗李顯帝位，[65]立睿宗李旦。（第五任皇帝） |
| 天授元年（西元690年） | 李旦禪位，武則天即位。 |
| 神龍元年（西元705年） | 中宗李顯起兵由玄武門入逼武后退位，史稱**神龍政變**，李顯復辟，第二次即位。[66]（第六任皇帝） |
| 景龍四年（西元710年） | 中宗病逝，殤帝李重茂即位。（第七任皇帝）李隆基與太平公主起兵，史稱唐隆之變，李重茂退位，睿宗再次即位。（第八任皇帝）[67] |

---

63 「齊王祐反於齊州。承乾謂紇干承基曰：『我西畔宮牆，去大內正可二十步來耳，此間大親近，豈可並齊王乎？』會承基亦外連齊王，繫獄當死，遂告其事廢承乾為庶人，徙黔州。」參後晉‧劉昫等撰：《舊唐書》，卷76，頁2649。

64 「忠年漸長大，常恐不自安，或私衣婦人之服，以備刺客。又數有妖夢，常自占卜。事發，五年，廢為庶人，徙居黔州，囚於承乾之故宅。」參後晉‧劉昫等撰：《舊唐書》，卷86，頁2825。

65 「元年二月，皇太后廢帝為廬陵王，幽於別所。」參後晉‧劉昫等撰：《舊唐書》，卷7，頁135。

66 「時張易之與弟昌宗潛圖逆亂。神龍元年正月，鳳閣侍郎張柬之、鸞臺侍郎崔玄暐、左羽林將軍敬暉、右羽林將軍桓彥範、司刑少卿袁恕己等定策率羽林兵誅易之、昌宗，迎皇太子監國，總司庶政。」參後晉‧劉昫等撰：《舊唐書》，卷7，頁135。

67 「中宗暴崩，韋后臨朝稱制於是分遣誅韋氏之黨，比明，內外討捕，皆斬之。乃馳謁睿宗，謝不先啟請之罪。睿宗遽前抱上而泣曰：『宗社禍難，由汝安定，神祇萬姓，賴汝之力也。』」參後晉‧劉昫等撰：《舊唐書》，卷8，頁166-167。

| 延和元年（西元712年） | 睿宗禪位，玄宗李隆基即帝位。（第九任皇帝）然權力受制於姑母太平公主，玄宗起兵奪回權力，史稱先天之變。[68] |

李樹桐先生指出，唐代二十帝中，弟繼兄五次、叔繼姪一次。子繼父則有十四次，其中以嫡長繼承者，僅有六帝：代宗、德宗、順宗、獻宗、懿宗，其餘八帝非嫡長繼承。而更重要的是，初唐前六任皇帝：太宗、高宗、中宗、睿宗、玄宗、肅宗，全非嫡長繼承，而太宗、中宗、睿宗、玄宗四人，皆是明顯以武力奪取帝位。[69]這四次的武力奪嫡，正是表格中強調的玄武門之變（太宗）、神龍政變（中宗）、唐隆之變（睿宗）與先天之變（玄宗）。而吳兢《貞觀政要》於開元十七年（西元729年）正式完成、奏進。[70]換言之，除太宗玄武門之變外，其餘中宗、睿宗、玄宗三朝的武力奪嫡，吳兢（西元670-749年）皆是親身經歷其時代。是以奪嫡之爭不斷，致使國朝動盪不安，也是吳兢與其《貞觀政要》所面對的，當世的重要課題之一。

再者，方震華先生研究指出，漢代以後的政府受儒家思想影響，多以堯舜三代為治國典範。而貞觀之治出現後，成為了另一種能夠「一統華夷」的盛世治國典範。而後世的文臣、人主，便依各自的政治思想與需求，在堯舜三代與貞觀之治兩種典範間有所選擇與依循。[71]實際上，貞觀君臣也同樣有著追模、比肩三代聖王的自覺與自許。太宗曾豪語欲作三代聖王：「每庶幾唐虞，亦欲公等齊肩稷契」，[72]魏徵亦有相同的目標與心志：「若君為堯、舜，臣為稷、契，豈有遇小事則變志，見小利則易心哉」、「以陛下之聖明，以當今之功業，誠能博求時俊，上下同心，則三皇可追而四，五帝可俯而六矣」。[73]而此種「貞觀之治」治國典範，也確實有其號召力，玄宗即位不久，便以「改中宗之政，依貞觀故事」，[74]宣示以「貞觀之治」為典範。

---

[68] 「先天二年七月三日，尚書左僕射竇懷貞、侍中岑羲、中書令蕭至忠崔湜、雍州長史李晉、左羽林大將軍常元楷、右羽林將軍李慈等與太平公主同謀，期以其月四日以羽林軍作亂。上密知之，因以中旨告岐王範、薛王業、兵部尚書郭元振、將軍王毛仲，取閑廐馬及家人三百餘人，率太僕少卿李令問、王守一、內侍高力士、果毅李守德等親信十數人，出武德殿，入虔化門。梟常元楷、李慈於北闕。擒賈膺福、李猷於內客省以出，執蕭至忠、岑羲於朝，皆斬之。」參後晉·劉昫等撰：《舊唐書》，卷8，頁169。

[69] 李樹桐：《唐史研究》（臺北：臺灣中華書局，1979年），頁1-61。

[70] 《貞觀政要》確切成書、獻書時間，學界仍有討論。本處時間引謝保成先生考證，參唐·吳兢撰，謝保成集校：〈貞觀政要集校敘錄〉，《貞觀政要集校》，頁25-47。

[71] 方震華：〈唐宋政治中的貞觀之治——治國典範的論辯〉，《臺大歷史學報》第40期（2007年12月），頁19-55。

[72] 蕭穎士〈為陳正卿進續尚書表〉：「臣嘗伏讀《貞觀實錄》，昔太宗因聽政之暇，觀覽《尚書》，謂侍臣曰：『朕每庶幾唐虞，亦欲公等齊肩稷契。』又曰：『令數百年外，讀我國史，豈獨窺兩漢哉？』」參清·董誥等編：《全唐文》（北京：中華書局，1983年），卷322，頁3268。

[73] 唐·吳兢撰，謝保成集校：《貞觀政要集校》，卷3，頁172-173。

[74] 唐·劉餗撰，程毅中點校；唐·張鷟撰，趙守儼儼點校：《隋唐嘉話·朝野僉載》（北京：中華書局，1979年），卷下，頁47。

理解此一背景後,再觀察吳兢〈上貞觀政要表〉:

> 臣愚比嘗見朝野士庶有論及國家政教者,咸云:「若陛下之聖明,克遵太宗之故事,則不假遠求上古之術,必致太宗之業。」故知天下蒼生所望於陛下者,誠亦厚矣。《易》曰:「聖人感人心而天下和平。」今聖德所感,可謂深矣。竊惟太宗文武皇帝之政化,自曠古而來,未有如此之盛者也。雖唐堯、虞舜、夏禹、殷湯、周之文武、漢之文景,皆所不逮也。[75]

吳兢上表解釋獻《貞觀政要》的目的,乃是希望「陛下之聖明,克遵太宗之故事」,就能「不假遠求上古之術,必致太宗之業」。文末更是大力推崇「太宗文武皇帝之政化」——即「貞觀之治」,認為「雖唐堯、虞舜、夏禹、殷湯、周之文武、漢之文景,皆所不逮也」。於此也同是將「貞觀之治」與儒家道德政治最高理想的「三代聖王」[76]相互比肩,甚至嘆其有過之而無不及。是以吳兢欲集結貞觀君臣談話對答的歷史記載,作為治世之道的津筏。〈貞觀政要序〉:

> 太宗時,政化良足可觀,振古而來,未之有也。至於垂代立教之美,典謨諫奏之詞,可以宏闡大猷,增崇至道者。爰命不才,備加甄錄,體制大略,咸發成規。於是綴集所聞,參詳舊史,撮其指要,舉其宏綱,詞兼質文,義在懲勸,人倫之紀備矣,軍國之政存焉。[77]

吳兢於〈序〉中盛讚貞觀之治,認為其「典謨諫奏」,足可「宏闡大猷,增崇至道」。故是書之所綴集,「撮其指要,舉其宏綱」,且「義在懲勸」,存軍國之政、備人倫之紀,此點自也可就其體例篇目結構得到印證。[78]

行文至此,可知吳兢《貞觀政要》乃「義在勸懲、垂代立教」,而其所綴集者,乃可與三代聖王比肩的「貞觀之治」。是以當吳兢面對奪嫡之爭的動盪,其也在貞觀君臣的典謨諫奏中,尋找相應答案。是以特立〈論太子諸王定分〉一目,收文四章。[79]此處不單是貞觀君臣所面對的問題,亦是開元君臣必須面對的問題,更是帝制皇朝所必須共同面對者。以下整理《貞觀政要》全書,可資討論者,並依時間先後繫年,製簡表如下:

---

75 唐・吳兢撰,謝保成集校:《貞觀政要集校》,頁1。
76 參王健文:《戰國諸子的古聖王傳說及其思想史意義》(臺北:國立臺灣大學出版中心,1987年)。
77 唐・吳兢撰,謝保成集校:《貞觀政要集校》,頁1-2。
78 參唐・吳兢撰,謝保成集校:〈貞觀政要集校敘錄〉,《貞觀政要集校》,頁14-25。
79 今存版本,〈論太子諸王定分〉有兩種不同收錄篇目,謝保成先生考證得當,今從其說。參唐・吳兢撰,謝保成集校:《貞觀政要集校》,卷7,頁227。

## 表二　《貞觀政要》貞觀君臣論「奪嫡之爭」繫年表

| 武德九年（西元626年） | 玄武門之變，太宗李世民即位。 |
|---|---|
| 貞觀初 | 太宗謂侍臣曰：「……又隋太子勇撫軍監國，凡二十年間，固亦早有定分。楊素欺主罔上，賊害良善，使父子之道一朝滅於天性，逆亂之源，自此開矣。隋文既混淆嫡庶，竟禍及其身，社稷尋亦覆敗……」（〈杜讒佞〉）[80] |
| 貞觀五年（西元631年） | 《群書治要》成書。 |
| 貞觀六年（西元632年） | 太宗謂侍臣曰：「自古人君為善者，多不能堅守其事。漢高祖，泗上一亭長耳，初能拯危誅暴，以成帝業，然更延十數年，縱逸之敗，亦不可保。何以知之？孝惠為嫡嗣之重，溫恭仁孝，而高帝惑於愛姬之子，欲行廢立……」（〈論慎終〉）[81] |
| 貞觀七年（西元633年） | 授吳王恪齊州都督。太宗謂侍臣曰：「父子之情，豈不欲常相見耶？但家國事殊，須出作藩屏。且令其早有定分，絕覬覦之心，我百年後，使其兄弟無危亡之患。」（〈論太子諸王定分〉）[82] |
| 貞觀十年（西元636年） | 李泰徙封魏王，寵愛日盛。 |
| 貞觀十一年（西元637年） | 侍御史馬周上疏曰：「漢、晉以來，諸王皆為樹置失宜，不預立定分，以至於滅亡。人主熟知其然，但溺於私愛，故前車既覆而後車不改轍也。今諸王承寵遇之恩有過厚者，臣之愚慮，不惟慮其恃恩驕矜也……」（〈論太子諸王定分〉）[83] |
| 貞觀十三年（西元639年） | 諫議大夫褚遂良以每日特給魏王泰府料物有逾於皇太子，上疏諫曰：「昔聖人制禮，尊嫡卑庶。謂之儲君，道亞霄極，甚尚崇重，用物不計，泉貨財帛，與王者共之。庶子體卑，不得為例，所以塞嫌疑之漸，除禍亂之源。而先王必本於人情，然後制法，知有國家，必有嫡庶。然庶子雖愛，不得超越嫡子，正禮特須尊崇……」（〈論太子諸王定分〉）[84] |
| 貞觀十五年（西元641年） | 太宗又令泰入居武德殿，侍中魏徵上奏曰：「伏見敕旨，令魏王泰移居武德殿。此殿在內，處所寬閒，參奉往來，極為便近。但魏王既是愛子，陛下常欲其安全，每事抑其驕奢，不處嫌疑之地。今移此殿，便在東宮之西， |

---

[80] 唐・吳兢撰，謝保成集校：《貞觀政要集校》，卷6，頁398。
[81] 唐・吳兢撰，謝保成集校：《貞觀政要集校》，卷10，頁601。
[82] 唐・吳兢撰，謝保成集校：《貞觀政要集校》，卷4，頁227。
[83] 唐・吳兢撰，謝保成集校：《貞觀政要集校》，卷4，頁228。
[84] 唐・吳兢撰，謝保成集校：《貞觀政要集校》，卷4，頁227。案，此段文字《舊唐書》繫在貞觀十五年，今從《貞觀政要》。

| | |
|---|---|
| | 海陵昔居，時人以為不可。雖時與事異，猶恐人之多言。又王之本心，亦不安息，既能以寵為懼，伏願成人之美。明早是朔日，或恐未得面陳，愚慮有疑，不敢寧寢，輕干聽覽，追深戰慄。」太宗並納其言。(《舊唐書‧濮王泰傳》)[85] |
| 貞觀十六年（西元642年） | 太宗謂侍臣曰：「當今國家何事最急？各為我言之。」尚書右僕射高士廉曰：「養百姓最急。」黃門侍郎劉洎曰：「撫四夷急。」中書侍郎岑文本曰：「《傳》稱：『道之以德，齊之以禮。』由斯而言，禮義為急。」諫議大夫褚遂良曰：「即日四方仰德，不敢為非，但太子、諸王，須有定分，陛下宜為萬代法以遺子孫，此最當今日之急。」(〈論太子諸王定分〉)[86] |
| 貞觀十七年（西元643年） | 太子李承乾奪嫡失敗，與李泰雙雙被廢，立李治為太子。 |

若單看《貞觀政要》的記載，則貞觀君臣的價值觀當為「尊嫡卑庶」。如臣子的幾番勸諫，馬周：「今諸王承寵遇之恩有過厚者，臣之愚慮，不惟慮其恃恩驕矜也」；褚遂良：「昔聖人制禮，尊嫡卑庶……知有國家，必有嫡庶。然庶子雖愛，不得超越嫡子」、「太子、諸王，須有定分，陛下宜為萬代法以遺子孫，此最當今日之急」；魏徵：「陛下常欲其安全，每事抑其驕奢，不處嫌疑之地」。[87] 面對此些諫言，太宗的反應皆是「甚嘉之」、「深納其言」、「此言是也」。太宗自身的發言，也是明別嫡庶：「隋文既混淆嫡庶，竟禍及其身，社稷尋亦覆敗」、「高帝惑於愛姬之子，欲行廢立」、「且令其早有定分，絕覬覦之心，我百年後，使其兄弟無危亡之患」。

但若對照時間序，十年，李泰徙封魏王，寵愛日盛；十三年，魏王泰府料物有逾於皇太子；十五年，太宗又令泰入居武德殿。唐太宗在行為上其實是越發寵愛李泰，且多次違制，沒有做到尊嫡卑庶。或許《貞觀政要》為顯貞觀之治的比肩三代，又或是為傳達正確的價值判斷，其在敘事呈現上，便也將此一歷史事實，隱略不書了。對唐太宗言，朝臣勸諫效果著實有限，也方會有貞觀十七年李承乾、李泰雙雙被廢的後果。

再進一步推論，高宗永徽四年（西元653年）所頒行，長孫無忌等人編訂的《唐律疏議‧戶婚上》「立嫡違法」條：

> 諸立嫡違法者，徒一年。即嫡妻年五十以上無子者，得立庶以長，不以長者亦如之。
>
> 「疏」議曰：立嫡者，本擬承襲。嫡妻之長子為嫡子，不依此立，是名「違法」，

---

[85] 後晉‧劉昫等撰：《舊唐書》，卷76，頁2654-2655。
[86] 唐‧吳兢撰，謝保成集校：《貞觀政要集校》，卷4，頁233。
[87] 此則出自《舊唐書》，然實也可收入《貞觀政要‧論太子諸王定分》，故於此一併討論，不會妨礙結論。

合徒一年……[88]

至少在高宗朝，唐律已明定以嫡長子承襲產業，「立嫡違法者，徒一年」。但一如前述，皇位繼承的嫡庶不分、朝政動盪，確是終唐之世皆難以處理。其中問題自有個人好惡，但隋唐承繼北朝部落氏族社會，一是母氏權力極大，二是立嫡立長的觀念相對淡薄。也因此皇儲繼承制度顯得相當不穩定，隋有楊廣廢弒楊勇，唐初則是太宗殺建成、元吉，李世民對子嗣的廢立也是舉棋不定。「自此以至終唐之世，迄無定制，而其間皇儲的廢立，皇位的繼承，與宗法長子一支的承繼制極相逕庭。」[89]故也如陳寅恪先生所論：

> 最可注意者，則為自寶應元年四月乙丑（十六日）事變張皇后失敗後，唐代宮禁中武曌以降女后之政柄，遂告終結。而皇位繼承之決定，乃歸於閹寺之手矣。[90]

李唐王朝皇位繼承的不確定性，與隨之而來的奪嫡之爭、權力把持、朝政動盪。或許在個人好惡外，也有其更深層的結構性問題吧。

總此，《舊唐書》本傳載吳兢「勵志勤學，博通經史」，[91]《新唐書》又載其屢次向玄宗抗顏極諫，倡言「夫帝王之德，莫盛於納諫」。且撰《武后實錄》，敘宰相張說醜事，張說向其施壓，卒不肯改，「聞者歎其直」、「世謂今董狐云」。[92]吳兢之人格行事，於此可見端倪。吳兢與魏徵同為個性耿直、善善惡惡的忠諫之士，且皆為一流史臣。《群書治要》與《貞觀治要》的成書目的，也近乎相同，不論是「覽前王得失」或「克遵太宗之故事」，皆是「以古為鏡，可以知興替」、[93]「六曰史，掌官書以贊治」。[94]藉由覽鑒前古，汲取過往歷史成敗教訓，而對此身存的現世，垂代立教、勸懲贊治。而對於本文主論的「奪嫡之爭」，兩書所持立場也一皆相同，即《公羊》「立嫡以長不以賢，立子以貴不以長」。[95]

---

88 唐・長孫無忌等撰，劉俊文箋解：《唐律疏議箋解》（北京：中華書局，1996年），卷12，頁943-945。
89 曾資生著，陶希聖編校：《中國政治制度史》（臺北：啟業書局，1979年），頁75。
90 陳寅恪：《隋唐制度淵源論稿；唐代政治史述論稿》，頁218。
91 後晉・劉昫等撰：《舊唐書》，卷102，頁3182。
92 北宋・歐陽修等著：《新唐書》（北京：中華書局，2003年），卷132，頁4525-4529。
93 「夫以銅為鏡，可以正衣冠；以古為鏡，可以知興替；以人為鏡，可以明得失。朕常保此三鏡，以防己過。今魏徵殂逝，遂亡一鏡矣！」參後晉・劉昫等撰：《舊唐書・魏徵傳》，卷71，頁2561。
94 東漢・鄭玄注，唐・賈公彥疏：《周禮正義》，收入清・阮元校刻：《重栞宋本十三經注疏》，卷3，頁47。
95 特約討論人黃麗頻教授指出，儒家禮樂制度的尊卑親疏，本就不論賢愚，只按照階級位置，名正言順，社會就有穩定的基礎，此亦即為儒家「正名定分」的觀念。於此亦頗堪參照，為之補充。

## 四　結語

　　魏徵與吳兢兩人同為耿直忠諫之士、一流史臣，而兩書的編纂目的其實也是相同，皆是希望帝王、讀者，能藉由汲取過往歷史的成敗教訓，進而面對所處時代、資鑒贊治。本文藉由「鑒覽前古——《群書治要》『奪嫡之爭』的筆削取義」、「垂世立教——《群書治要》、《貞觀政要》的勸懲當世」兩節的考論，研究發現，兩書皆極為重視「奪嫡之爭」此一議題，而皇位繼承的不穩定、武力奪嫡，也正是有唐一朝難解的政治問題。魏徵編纂《群書治要》時面對的是玄武門之變，吳兢則是中宗的神龍政變、睿宗的唐隆之變與玄宗的先天之變。是以面對此一現世問題，兩書在「覽前王得失」與「遵太宗故事」的敘事策略分野之下，而有各自的偏重。但最終呈現共同的價值判斷，即為「尊嫡卑庶」、「立嫡以長不以賢，立子以貴不以長」。以下也以對照表的方式，呈現本文的研究成果：

表三　《群書治要》、《貞觀治要》「奪嫡之爭」書寫比較表

|  | 《群書治要》 | 《貞觀政要》 |
| --- | --- | --- |
| 作者 | 魏徵、貞觀群臣 | 吳兢 |
| 成書時間 | 貞觀五年，西元631年 | 開元十七年，西元729年 |
| 成書目的 | 綴集所聞，義在懲勸 | 殷鑒前古，貽厥孫謀 |
| 治國典範 | 三代聖王 | 貞觀之治 |
| 預設讀者 | 唐太宗 | 唐玄宗 |
| 敘事策略 | 覽前王得失 | 遵太宗故事 |
| 敘事特色 | 傾向編採收錄勸諫之言 | 呈現貞觀君臣正面形象 |
| 面對之奪嫡事件 | 玄武門之變 | 神龍政變、唐隆之變、先天之變 |
| 重視奪嫡之爭 | 〈武文世王公傳〉大幅選錄 | 特立〈論太子諸王定分〉 |
| 奪嫡之價值判斷 | 尊嫡卑庶 | 尊嫡卑庶 |

由此表也不難發現，魏徵《群書治要》與吳兢《貞觀政要》兩書，有著極高的對照性，兩相比較、對讀下，也能開展出有趣的研究視野。本文僅是拋磚之作，相信日後學界對於兩書的比較研究，還有更精采的開展。

# 徵引書目

## 一　原典文獻

西漢・司馬遷著，南朝宋・裴駰集解，唐・司馬貞索隱，唐・張守節正義：《史記》，北京：中華書局，2008年。

東漢・何　休注，唐・徐彥疏：《春秋公羊傳注疏》，收入清・阮元校刻：《重栞宋本十三經注疏》，臺北：藝文印書股份有限公司，2011年。以下《重栞宋本十三經注疏》皆為此本，從省。

東漢・鄭　玄注，唐・賈公彥疏：《周禮正義》，收入清・阮元校刻：《重栞宋本十三經注疏》。

魏・王　弼、韓康伯注，唐・孔穎達等正義：《周易正義》，收入清・阮元校刻：《重栞宋本十三經注疏》。

晉・陳　壽著，南朝宋・裴松之注：《三國志》，北京：中華書局，2003年。

唐・吳　兢撰，謝保成集校：《貞觀政要集校》，北京：中華書局，2021年。

唐・房玄齡等著：《晉書》，北京：中華書局，2003年。

唐・長孫無忌等撰，劉俊文箋解：《唐律疏議箋解》，北京：中華書局，1996年。

唐・劉知幾著，清・浦起龍釋，白玉崢校點：《史通通釋》，臺北：藝文印書館，1978年。

唐・劉　餗撰，程毅中點校；唐・張鷟撰，趙守儼儼點校：《隋唐嘉話・朝野僉載》，北京：中華書局，1979年。

唐・魏　徵、褚遂良、虞世南等編著：《群書治要・漢書》，臺北：世界書局，2011年。

後晉・劉　昫等撰：《舊唐書》，北京：中華書局，2012年。

北宋・歐陽修等著：《新唐書》，北京：中華書局，2003年。

北宋・王　溥：《唐會要》，上海：上海古籍出版社，2006年。

北宋・司馬光撰，南宋・胡三省注，章鈺校記：《新校資治通鑑注》，臺北：世界書局，1974年。

明・黃　淮，明・楊士奇等編：《歷代名臣奏議》，卷202，頁50。收入清・紀昀等纂：《文淵閣四庫全書》，迪志文化出版有限公司出版之《文淵閣四庫全書電子版（內聯網版）》，該系統使用臺灣商務印書館1986年出版之《景印文淵閣四庫全書》。

清・董　誥等編：《全唐文》，北京：中華書局，1983年。

## 二　近人論著

方震華：〈唐宋政治中的貞觀之治——治國典範的論辯〉,《臺大歷史學報》第40期，2007年12月，頁19-55。

王三慶：〈試論魏徵等編纂《群書治要》及《勵忠節》之關涉和影響〉,《敦煌學》第38期，2022年8月，頁1-32。

王健文：《戰國諸子的古聖王傳說及其思想史意義》,臺北：國立臺灣大學出版中心，1987年。

李樹桐：《唐史考辨》,臺北：臺灣中華書局，1972年。

李樹桐：《唐史研究》,臺北：臺灣中華書局，1979年。

李樹桐：《唐史索隱》,臺北：臺灣商務印書館，1988年。

林盈翔：〈論《群書治要》對《三國志》的筆削與取義〉,《成大中文學報》第81期，2023年6月，頁1-32。

林朝成：〈《群書治要》與貞觀之治——從君臣互動談起〉,《成大中文學報》第67期，2019年12月，頁101-141。

林朝成：〈《群書治要》與貞觀之治——以「牧民之道」為例〉,《成大中文學報》第68期，2020年3月，頁115-154。

林朝成、張瑞麟主編：《第一屆《群書治要》國際學術研討會論文集》,臺北：萬卷樓圖書公司，2020年。

邱詩雯：〈治要與成一家言：論《群書治要》對《史記》的剪裁與再造〉,《成大中文學報》第68期，2020年3月，頁43-72。

高佑仁：〈金澤本《群書治要‧吳越春秋》字詞研究〉,《中正漢學研究》第40期，2022年12月，頁147-183。

張珮瑜：〈論《群書治要》引《吳志》所見「嫡庶觀」〉,「2022道南論衡全國研究生學術研討會」,主辦單位：國立政治大學中國文學系，2022年11月5日。

張素卿：〈《群書治要》君臣觀取鑒之《左傳》要義〉,《成大中文學報》第74期，2021年9月，頁17-46。

張瑞麟：〈《群書治要》選編《墨子》的意蘊：從初期墨學的解讀談起〉,《成大中文學報》第68期，2020年3月，頁1-42。

張瑞麟：〈轉舊為新：《群書治要》的編纂與意義〉,《文與哲》第36期，2020年6月，頁81-134。

張瑞麟：〈立名存思：關於《群書治要》的編纂、傳播與接受〉,《東華漢學》第33期，2021年6月，頁1-46。

張瑞麟、林朝成：〈《左傳》接受與貞觀視角——以《群書治要》截錄「華元食士」為例〉，《人文中國學報》第34期，2022年7月，頁71-111。

許冠三：《劉知幾的實錄史學》，香港：香港中文大學出版社，1983年。

郭妍伶、何淑蘋：〈民國以來（1912-2020）《群書治要》研究論著目錄〉，《書目季刊》第55卷第1期，2021年6月，頁99-119。

陳寅恪：《隋唐制度淵源論稿；唐代政治史述論稿》，臺北：里仁書局，1994年。

陳萱綸：《《左傳》弒君考》，新北：花木蘭文化出版社，2015年。

傅樂成：《漢唐史論集》，臺北：聯經出版事業有限公司，1977年。

曾資生著，陶希聖編校：《中國政治制度史》，臺北：啟業書局，1979年。

黃永年：《六至九世紀中國政治史》，上海：上海書店出版社，2004年。

黃永年：《唐史十二講》，北京：中華書局，2007年。

黃聖松主編：《第二屆《群書治要》國際學術研討會論文集》，臺北：萬卷樓圖書公司，2021年。

黃麗頻：〈論《群書治要》對《老子》的取徑與實踐——以貞觀之治為證〉，《東華漢學》第31期，2020年6月，頁1-31。

潘銘基：〈日藏平安時代九条家本《群書治要》研究〉，《中國文化研究所學報》第67期，2018年7月，頁1-40。

潘銘基：〈《群書治要》所載《文子》異文研究——兼補王利器《文子疏義》以《群書治要》校勘《文子》例〉，《興大中文學報》第44期，2018年12月，頁1-27。

潘銘基：〈論《群書治要・經部》所見唐初經學風尚〉，《書目季刊》第53卷第3期，2019年12月，頁1-27。

潘銘基：〈《群書治要》所錄《漢書》及其注解研究——兼論其所據《漢書》注本〉，《成大中文學報》第68期，2020年3月，頁73-114。

潘銘基：〈《群書治要》引《史記》研究〉，《輔仁國文學報》第50期，2020年6月，頁47-88。

潘銘基：〈論《群書治要》去取《史記》之敘事原則〉，《嶺南學報》第14期，2021年11月，頁149-171。

## 二　《群書治要》、《貞觀政要》之歷史影響

# 《群書治要》選錄《國語》的宗旨
## ——兼論《貞觀政要》中的政治理想落實度

### 黃絹文
成功大學中國文學系博士生

### 摘要

　　《群書治要》被視為唐代統治者的施政參考及政治理想，選錄唐以前經、史、子等著作精要，以剪裁手法突出編選要旨，具強烈主意性質。其中編選的《國語》，反映當時所欲提倡的君臣之道。《貞觀政要》書寫貞觀朝君臣政論、奏疏及重大政治措施，論述其時治國理想與落實此一理想的規範。二書內容均與治理國家密切相關。本文旨在揭示《群書治要》收錄《國語》之宗旨，再比對《群書治要・國語》中的核心理念與《貞觀政要》的政治措施，探究貞觀朝君臣在編選及落實政治理想的程度。經研究後發現，《群書治要・國語》的核心理念為「不以私利廢人道」，並以剪裁手法突出此一宗旨，聚焦討論君道與臣道，雖難免與原典產生距離，卻也彰顯其選錄核心。《貞觀政要》中所記史實，則與《群書治要・國語》的核心理念高度吻合，展現貞觀朝君臣積極實踐政治理想的一面。期此研究成果，能在《群書治要》、唐代《國語》接受、《貞觀政要》及貞觀朝施政方針等相關研究領域，產生積極且正面的推進效果。

**關鍵詞**：《群書治要》、《國語》、《貞觀政要》、類書、貞觀之治

## 一　前言

　　《貞觀政要》曾記載，唐太宗（西元598-649年）稱讀書能「知風化之本，見政理之源」，[1]而魏徵（西元580-643年）等人所編成的《群書治要》，很好的體現此一主張。《唐會要》如此記載《群書治要》成書的動機、收書的範圍、編書團隊及編成後的情形：

> 太宗欲覽前王得失。爰自六經，訖于諸子，上始五帝，下盡晉年。（魏）徵與虞世南、褚亮、蕭德言等始成，凡五十卷。上之。諸王各賜一本。[2]

此書編纂的動機為唐太宗「欲覽前王得失」，選書的範圍「自六經，訖于諸子」，含有經、史、子之內容。收書的年代「上始五帝，下盡晉年」，其範圍之大，年代之廣，可想而知。「覽前王得失」係為裨益理政所用，具有濃厚的政治意味；從六經、諸子中選取成書，共五十卷，可知編書團隊秉持某種編選理念，去蕪存菁之苦心；「諸王各賜一本」，揭示出《群書治要》的預設讀者本為統治階層，具有強烈的目的性與實用性。

　　此書編成以後，唐太宗在〈答魏徵上《群書治要》手詔〉中，大讚此書可供執政者「致治稽古，臨事不惑」，[3]視之為施政參考書，此外，《群書治要》收書並非全本收入，而是於各書中揀選合於理念、利於統治的段落合為一編，在資料去取之間突出此書「主意」性質，[4]呈現了以編代著的特色，也使「選」的中介角色顯得更為重要。

　　唐太宗強調以史為鑒，《群書治要》的編輯團隊繼承此主張，該編中自卷十一至卷三十皆選史書，其比例之重，可見一斑。目前學界對《群書治要》中所收史書的研究，或由版本文獻、[5]語言文字學、[6]爬梳《群書治要》之編選要旨[7]等角度切入，惟對《國

---

[1] 唐‧吳兢著，謝保成集校：《貞觀政要集校》（北京：中華書局，2003年），卷10，頁533。

[2] 宋‧王溥撰，牛繼清校證：《唐會要》（西安：三秦出版社，2012年），卷36，頁559。

[3] 唐‧李世民：〈答魏徵上《群書治要》手詔〉，收入清‧董誥等奉敕編：《全唐文》第1冊（上海：上海古籍出版社，1990年），卷9，頁40c。

[4] 聞一多曾指出，《群書治要》的主意質素與一般類書主事不同。詳見氏著：〈類書與詩〉，《聞一多全集》第6冊（武漢：湖北人民出版社，1993年），頁6。

[5] 相關研究成果，如林溢欣：〈從日本藏卷子本《群書治要》看《三國志》校勘及其版本問題〉，《中國文化研究所學報》第53期（2011年7月），頁193-216、潘銘基：〈《群書治要》所錄《漢書》及其注解研究——兼論其所據《漢書》注本〉，《成大中文學報》第68期（2020年3月），頁73-114、李洛旻：〈《群書治要》引《尚書‧堯典》注考論〉，《經學研究集刊》第22期（2017年5月），頁11-35等。林文乃從文獻的角度去比較《群書治要》與今本《三國志》的差異；潘文藉由比對《漢書》與《群書治要‧漢書》中所錄之注，意圖理清唐時《漢書》的全貌；李文則比對王肅注本、姚方興本及《群書治要》本中的注，追溯《群書治要‧尚書‧舜典》的注解來源。

[6] 相關研究成果，如邱詩雯：〈治要與成一家言：論《群書治要》對《史記》的剪裁與再造〉，《成大中文學報》第68期（2020年3月），頁43-72、張素卿：〈《群書治要》君臣觀取鑒之《左傳》要義〉，《成

語》的研究尚付之闕如。《國語》屬中國國別史之祖，記載周王室和魯、齊、晉、鄭、楚、吳、越等諸侯國之歷史，自有其特別的價值所在，本文即欲探討《群書治要》詮釋、形塑《國語》面貌之角度，揭示《群書治要》選錄《國語》之要義，進而與《貞觀政要》比對，以求得貞觀朝君臣的政治理想落實度。

研究步驟如下，第一，爬梳《群書治要》選取《國語》的內容，進一步分析《群書治要》去取之標準、所欲揭示之宗旨；第二，比對今本《國語》與《群書治要》的差異，探討當時編輯團隊如何剪裁原本，以實用性為出發點，對《國語》進行聚焦與再造；第三，以《貞觀政要》與《群書治要・國語》做比對，觀察此一施政理想在當時的實際執行狀況。本文所討論的內容，包含《群書治要》的選錄宗旨、《國語》在貞觀朝的接受、貞觀朝的政治理想等議題，期此研究成果，能在《群書治要》、唐代《國語》接受、《貞觀政要》及貞觀朝施政方針等相關研究領域，產生積極且正面的推進效果。

## 二 《群書治要》選錄《國語》所欲揭示的宗旨

《群書治要》在編選之時，便呈現出強烈的實用取向與目的性，既以治要為名，便通編環繞政術，細談君臣之道，並於序中詳論君臣之不易為。以君而言，序中舉「屈己以救時」、[8]「在危而獲安」（頁40）、「得志而驕居」（頁40）、「業成以致敗」（頁40）等情境以彰「為君之難」（頁40），並直言「貞心直道」（頁41）、「忘軀殉國」（頁41）、「反白仰黑」（頁41）、「轉日迴天」（頁41）等抉擇，皆屬「為臣不易」（頁41）。基於此君道難而臣道不易之思考，遂須作書以「作訓垂範，為綱為紀」（頁42），《群書治要》因此成編，為唐代君臣「備勸戒」（頁42），是以此書主論君臣之道，為「崇巍巍之盛業，開蕩蕩之王道」（頁44），而替執政者指點迷津。

《群書治要》選錄《國語》，蓋基於「鑒覽前古」（頁44）之緣，論此君臣之道，至

---

大中文學報》第74期（2021年9月），頁17-46云云。邱文由《群書治要》的去取原則，爬梳《群書治要》的編纂理路，同時亦討論類書對原書的容受狀況；張文則通過今本《左傳》與《群書治要・左傳》之比較，爬梳出《群書治要》形塑《左傳》之樣貌、形塑之手法云云。

[7] 相關研究成果，如沈薑：《古寫本《群書治要・後漢書》異文研究》（上海：復旦大學中國文學研究所博士論文，2010年）、吳媛媛：《古寫本《群書治要・三國志》異文研究》（南寧：廣西大學中國文學研究所碩士論文，2018年）等等。沈文由語言文字學與抄本的角度，切入研究《群書治要・後漢書》中的俗字、通假字等等，以見詞義之歷史變遷；吳文所欲討論之議題與沈文相近，同樣在釐清古今異文及異體字。

[8] 唐・魏徵等編撰，劉余莉主編：〈《群書治要》序〉，《群書治要譯注》第1冊（北京：中國書店，2012年），卷前，頁40。以下有關《群書治要譯注》的資料，皆據唐・魏徵等編撰，劉余莉主編：《群書治要譯注》，北京：中國書店，2012年的版本，此一版本所據之底本為日本天明版《群書治要》，此書所節錄的《國語》內容，一依吳・韋昭注本。引用時，除首次作注將詳細注明出版項目，再次引用僅隨文標注頁碼，不另作注。

於該篇所論,係為君道、臣道的何種面向,即本節論述要點。細察其選錄內容可知,此書僅截取〈周語〉、〈楚語〉、〈晉語〉之內容,再就其中選錄資料之性質而言,其選錄宗旨,大致可以一言蔽之,即「不以私利廢人道」——當然,此處的「人」當指涉君與臣。本文中所謂私利,乃相對於公利而言,指攸關統治階層私人之利益,但凡是統治階層用以滿足自身私慾的產物——包括金錢、權力、榮譽、名氣、地位云云——皆在私利之範疇。換言之,此一利益涵蓋了具體的人、物,亦包含了抽象性的存在。本文所謂公利,指國家的共同利益,包括了國家發展、百姓、階級等生存的集體利益。人道,指的是身而為人,在進行一切活動時,所應遵循的規範。此一規範依個人社會身分不同,而有所差異。在此不妨把人道,視為某一身分的人所應負起的社會責任。國家社會係由不同身分階級的人們聚合而成的共同體,此一共同體中所有成員的利弊皆環環相扣,惟有在人們各司其職時,方能且有秩序地運轉,若有任何一方行為偏頗、破壞規矩,則會損害整個共同體的運作與利益,最終亦損害到自己。在說明私利、公利與人道之間的關係後,便能適宜的去分析《群書治要》中選錄的《國語》內容。由於《群書治要》早已框定了特定讀者,具有強烈的政治意圖,是以該編對於人道的討論,仍著重於「君道」與「臣道」。下試分點說明:

## (一)不以私利廢君道

君道者,即君王所應負起的社會責任。君王之責何其重、何其多,《群書治要·國語》在此則選錄〈周語〉及〈楚語〉,特別強調君主有責將百姓福祉置於個人耳目享樂之前。如〈周語〉中有周景王(?-西元前520年)鑄大錢之事,《群書治要》中的記載如下:

> 景王二十一年,將鑄大錢。單穆公曰:不可,古者天災降戾。(降,下也。戾,至也。災,謂水旱蝗螟之屬。)於是乎量資幣,權輕重,以振救民……故聖王樹德於民以除之。(樹,立也。除,除令不從之患也。)今王廢輕而作重,民失其貨能無遺乎。(廢輕而作重,則本竭而末寡也。故民失其貨。)若遺,王用將有所乏,(民財遺無以供上,故王用將乏也。)乏,則將厚取於民,(厚取,厚斂也。)民不給,將有遠志,是離民也……絕民用以實王府,(絕民用,謂廢小錢斂而鑄大也。)猶塞以原為潢污也。其竭也無日矣……王弗聽。(頁1043-1047)

周景王欲鑄大錢,單穆公(?-?)以此與古制不合而反對,惜「王弗聽」,仍鑄大錢。「量資幣,權輕重」的目的是在「天災降戾」時「救民」,且錢幣改制皆應以百姓合用與否為優先考量。在單穆公的論述中,百姓與君王雖有上下尊卑之分,可實際卻屬於互利共生的關係。王不樹德,則民失其貨。民失其貨則遺,遺則王乏所用。王乏所用則厚

取於民，民不堪厚斂則離，王無民則無以為王。單穆公反對鑄大錢的重點在反對「絕民用以實王府」，不願君王窮盡人民財用，以充實私有財物的府庫。就算暫且不論「廢輕而作重」的後果，單單思考改換國幣、鑄造金錢所要消耗的一切物質、人力成本，就是一種極其耗費民用民力的決定。絕民用與實王府，在此顯然是對立的狀態，絕民用有害公利，實王府則能滿足周景王個人私利，惟此個人私利僅是暫時性的滿足，不足取也。單穆公的聖王之論，透露出王與民之間密不可分的共生關係，指出君王應以施恩於民為己任。若能以民為貴、採取公利為上的施政態度，君王亦能從中取得長久益處。

除了鑄大錢，單穆公勸周景公鑄無射之事，也是基於不以私利廢人道的理由：

> 二十三年，王將鑄無射，（無射，鐘名，律中無射。）單穆公曰：不可，作重幣以絕民貨，又鑄大鐘以鮮其繼，（鮮，寡也。寡其繼者，用物過度，妨於財也。）若積聚既喪，又鮮其繼，生何以殖，（積聚既喪，謂廢小錢也。生，財也。殖，長也。）今王作鐘也。無益於樂而鮮民財，將焉用之……夫樂不過以聽耳，而美不過以觀目，若聽樂而震，觀美而眩，患莫甚焉……若視聽不和，而有震眩，於是乎有狂悖之言，有眩惑之明，出令不信，（自轉易也。）刑政放紛，動不順時，民無據依，不知所力，各有離心，（不知所為盡力。）上失其民，作則不濟，求則不獲，其何以能樂，三年之中，而有離民之器二焉。（二，謂作大錢鑄大鐘。）國其危哉。（頁1047-1049）

無射，大鐘也。周景王鑄造大鐘的決定，再度為單穆公所反對。單穆公還持君民互利共生的概念，以為鑄鐘之舉「無益於樂而鮮民財」，不過是君王用以聽耳、觀目的個人物質享受罷了。若以私利為先，則使「民無據依，不知所力，各有離心」。此一短暫享樂，卻使「上失其民，作則不濟，求則不獲」，扣回前文可知，在此惡性循環下，自然如「塞以原為潢污也，其竭也無日矣。」《群書治要·國語》接著選錄：

> 王弗聽，問之伶州鳩，（伶，司樂官，州鳩，名也。）對曰：夫遺財用，疲民力，以逞豁心，（逞，快也。）聽之不和，比之不度，無益於教，而離民怒神，非臣之所聞也。王不聽，卒鑄大鐘……二十五年，王崩，鐘不和。（王崩而言不和，明樂人之諛。）（頁1050-1051）

周景王又以此事問之伶州鳩（？-？）。伶州鳩與單穆公持類似論調，王鑄鐘一事，不過是為了「聽樂而震，觀美而眩」的「豁心」之舉，乃因私害公之事，與君道相背——君王理應施恩於民，才能避免「離民怒神」的後果。《群書治要·國語》中特別著錄了「二十五年，王崩，鐘不和」一事，此「不和」之意，乃委婉點出鑄鐘一事，乃國君不合君道，「遺財用，疲民力」以為滿足一己之私，「王崩」二字，強調廢人道者，將承受不好的後果。周景王之事並非《群書治要·國語》中的孤證，類似記載又如〈楚語〉中

建章華臺之事，此與周景王鑄鐘、鑄大錢之舉性質類似，皆為「遺財用，疲民力」，以「聽耳」、「觀目」，滿足楚王個人的私欲，（詳見頁1059-1062）足為後世所戒。

除了特別拈出君主不君之例，以君民互利共生之論，廓清「不以私利廢人道」的重要性外，〈楚語〉中王孫圉（？-？）論國寶之事，則以臣子身分，藉由區分公、私利之高低差異，反映臣下對君道的看法：

> 王孫圉聘於晉，（王孫圉，楚大夫也。）定公饗之。趙簡子相問於王孫圉曰：楚之白珩猶在乎。（珩，佩上之橫者。）對曰：然。簡子曰：其為寶也幾何矣。（幾何，世也。）曰：未嘗為寶，楚之所寶者觀射父，（言以賢為寶也。）能作訓辭，以行事於諸侯，（言以訓辭交結諸侯也。）使無以寡君為口實，（口實，毀弄也。）又有左史倚相，能道訓典以敘百物，（敘，次也。物，事也。）以朝夕獻善敗於寡君，無忘先王之業，又能上下悅於鬼神，（悅，媚也。）使神無有怨痛於楚國，（痛，疾也。）又有雲夢日，金木竹箭之所生也。（楚有雲夢藪澤，名也。）龜珠齒角，皮革羽毛，所以備賦，以戒不虞者也。（龜所以備吉凶，珠所以衛火災，角所以為弓弩，齒所以為弭，賦，兵賦也。）所以供幣帛以亨於諸侯，（亨，獻也。）寡君其可以免罪於諸侯，而國民保焉。（保，安也。）此楚國之寶也。若夫白珩，先王之玩也。何寶焉。（玩，玩弄之物也。）（頁1067）

王孫圉聘於晉時，與趙簡子（？-西元前476年）展開一場「何為國寶」的議論。趙簡子以楚之白珩為寶，王孫圉則以觀射父（？-？）、左史倚相（？-？）兩位賢大夫，還有物產豐饒的雲夢藪澤為寶，二者對寶之定義不同，實建基於兩人對公私利之側重。對趙簡子而言，白珩稀有，具有收藏、賞玩之價值，但對王孫圉而言，白珩之用，不過為王所玩，僅能滿足王一己之私，不足稱之為寶。所謂寶者，指有益於國家，足以促進公利的人、事、物，因此無論是善於外交的觀射父、以史為鑒的左史倚相，又或是物產豐饒之雲夢藪澤，皆為使「寡君其可以免罪於諸侯，而國民保焉」的「楚國之寶」。雖然白珩與雲夢藪澤所產之金木竹箭、龜珠齒角、皮革羽毛同屬物品，甚至能值更高價的金錢，但彼此間的用途差異，造就了王孫圉評價它們的重要因素。基於「龜所以備吉凶，珠所以衛火災，角所以為弓弩，齒所以為弭」，具有「備賦」、「戒不虞者」、「供幣帛以亨於諸侯」諸多實際功用，得以維繫國家良善運作、有效促進公利，進而能獲得長久益處。白珩單價雖高，卻只能供王室賞玩，屬私利範疇，獲得的不過短暫耳目之娛，兩相比較，高下自現。

仔細比對《群書治要》所收〈周語〉及〈楚語〉的內容可知，編者是以國君為出發點，利用正反面論述，說明君王盡君道及廢君道之後果。《群書治要》藉選錄《國語》之事，指出君民共生之理，強調君主應以國家百姓為念，不可貪圖個人短暫的享受，清楚拈出君道應著眼於克制私慾、促進公利之面向。

## （二）不以私利廢臣道

　　《群書治要‧國語》所收之〈晉語〉，將關注的焦點投向臣子之道。事君以忠，施政以賢，能比而不周地將國家公利置於自己身家性命之前，是編者所欲強調的臣道。以前者而言，《群書治要》拈出欒共子（？-西元前709年）之事，說明臣子有忠君死節的義務：

> 武公伐翼，弒哀侯。止欒共子曰：苟無死，（共子，晉大夫共叔成也。）吾以子為上卿，制晉國之政。辭曰：成聞之，民生於三，事之如一，（三，君，父，師也。如一，服勤至死也。）父生之，師教之，君食之，（食，謂祿也。）唯其在，則致死焉。（在君父為君父，在師為師也。）人之道也。臣敢以私利廢人道乎。（私利，謂不死為上卿也。）君何以訓矣。（無以教為忠也。）從君而貳，君焉用臣，（貳，二心也。）遂鬭而死。（頁1053）

　　晉武公（？-西元前677年）殺晉哀侯（？-西元前709年）時，以任命欒共子為上卿，令他接管晉國國政優渥條件，試圖阻止晉國大夫欒共子為晉哀侯盡忠而死。欒共子則以「民生於三，事之如一」為由，主張「從君而貳，君焉用臣」，寧願「鬭而死」，也不願失忠於晉哀侯。「無死」、「制晉國之政」皆為個人私利，而「唯其在，則致死焉。人之道也」則是欒共子個人所認定的，身為人臣，或身為一個人應盡的責任與義務。欒共子不為重利所誘，置生死於度外，實現了更崇高的忠君之理想，不僅展示了高尚的人格精神，也為後世人臣立下典範。《群書治要》選錄此則內容，顯然站在統治者的角度，藉由「選」的中介角色，標舉了人臣死節的精神與義務。

　　人臣除了有死節的責任外，賢明地執法施政，亦為《群書治要‧國語》所欲強調的臣道，該編將此一宗旨，收束在公正執法與明確區分黨、比之間的差異上。《群書治要》以趙盾（？-西元前601年）推舉韓厥（？-西元前566年）為司馬之事，解釋公正執法的重要性，以及黨、比間的不同：

> 趙宣子言韓獻子於靈公，以為司馬，（宣子，晉正卿趙衰之子，宣孟也。獻子，韓萬之玄孫，子輿之子，厥也。靈公，襄公子夷皋也。司馬，掌軍大夫。）河曲之役，趙孟使人以其乘車干行，（干，犯也。行，軍列也。）獻子執而戮之，宣子召而禮之。曰：吾聞事君者，比而不黨，（比，比義也。阿私曰黨。）夫周以舉義，比也。（忠信曰周。）舉以其私，黨也。夫軍事有死無犯，犯而不隱，義也。（在公為義。）吾言汝於君，懼汝不能也。舉而不能，黨孰大焉。事君而黨，吾何以從政，勉之，苟從是行也。（勉之，勸修其志，是行，今所行也。）臨長晉國者，非汝其誰。（臨，監也。長，帥也。）（頁1055-1056）

趙盾提拔韓厥，當屬韓厥的貴人，但他上任之後，便戮殺趙盾使者，此等行徑卻為趙盾所讚許，原因無他，只因韓厥能做到「比而不黨」，這種置公利於前的態度，恰好證成趙盾知人善任。《群書治要》選錄此篇，乃是藉韓厥之舉，作為比而不黨的範例，並藉趙盾之口，傳達「事君者，比而不黨」之義。比者，「周以與義」也，周者，忠信也；義者，在公也。換言之，比是能忠於國、君，在公領域上確實落實法律，不為私利、私情而有所讓步，損害公利。黨者，阿私也，或私情，或私利，皆是為了滿足一己之私慾——無論是情感或是實質利益——而傷害公利。「事君而黨，吾何以從政」之句，正是《群書治要》藉趙盾之口，大聲疾呼臣道之所忌——若是時時以徇私之心，行偏袒之事，以謀求某種私利者，便失去事君、從政的資格。此一比、周、黨的定義，不僅同於後人孔安國（？-？）等人所語，[9] 同時也為《群書治要》的編輯團隊所肯定，故而將韓厥公正執法、趙盾對比、黨的見解，原本錄下，供唐代執政者參考。

類似的討論，又如叔向（？-西元前528年）論比與黨：

> 叔向見司馬侯之子。撫而泣之曰：自其父之死，吾莫與比而事君矣。昔者，其父始之，我終之，（謂有所造為及諫爭，相為終始成其事也。）我始之，夫子終之，無不可，（無不可，言皆從。）藉偃在，曰：君子有比乎。（君子周而不比，故偃問之。）叔向曰：君子比而不別，比德以贊事，比也。（贊，佐。）引黨以封己，（引，取也。封，厚也。）利己而忘君，別也。（別為朋黨。）（頁1057）

在此則資料中，藉偃（？-？）基於「忠信為周，阿黨為比」的思考，先從《論語》中「君子周而不比」的記載中，對叔向提出「君子有比乎」的質疑。叔向則對比提出了另一種定義：結成同夥，協力以德輔佐君王，是為比。援引私黨，為自己取得厚利，則為別。由此可知，叔向是以公利與私利的角度，區別比與黨——臣子事君，雖不應結而為黨，但這並非要臣子們切斷與其他人的來往，在政事上孤軍奮戰。事實上，人臣當然可以彼此交流合作，只是，人臣在交流時，當以促進公利為動機，持「比德以贊事」之態度相互合作事君。若是為了從中撈取私利，彼此營私，才結為同夥，則為忘君之「朋黨」，非人臣之道。若以「促進公利」的面向為思考點，則趙宣子等人主張「忠信為周」的概念，同於叔向「比德以贊事，比也」之義。同樣的，若以「結黨營私」的思考點切入的話，則「阿黨為比」的概念，便同於「利己而忘君，別也」之義。此則資料，可與前一條趙宣子論比與黨的資料相對照，雖用語不同，但主張重視公利與人臣之道的核心精神無異。

---

[9] 孔安國的論語注本，今已亡佚，唯能從《論語注疏》中見到相關記載，在說解「君子周而不比」時，引孔安國語曰「忠信為周，阿黨為比也。」此同於趙宣子對比、周、黨的定義。詳見〔先秦·佚名著，魏·何晏注，宋·邢昺疏：《論語注疏》，收入《十三經注疏》第19冊（臺北：新文豐出版公司，2001年），卷2，頁46。

要言之,《群書治要》以選代著,以中介的角色、去取的標準,突顯選錄時所欲揭示的宗旨。綜觀《群書治要》選錄《國語》的要旨,可濃縮為「不以私利廢人道」一句,人道的主張,則由〈周語〉及〈楚語〉說明人君之道,當以國家人民之整體利益,作為施行一切政策的主要考量點,否則將有災難降臨,具有威嚇之效;〈晉語〉則主要闡釋人臣之道,以為人臣有忠君之義務,而忠君之舉有二,其一是從君不貳,其一是比而事君,兩者皆置私利於公利之後,強調了遵循人道的重要性。

## 三 《群書治要》形塑《國語》的方法

「本求治要,故以治要為名」(頁42),《群書治要》在編書時具有明確的目的性,基於「聖思所存,務乎政術」(頁40)的思考,編者們遂於諸書之中,選取有利於治的段落,剪裁、匯集成書:

> 欲令見本知末,原始要終,並棄彼春華,采茲秋實……用之當今,足以殷鑒前古;傳之來葉,可以貽厥孫謀。引而申之,觸類而長。蓋亦言之者無罪,聞之者足以戒。(頁43-44)

為使讀者能明確「見本知末,原始要終」,《群書治要》於選錄去取之際採「棄彼春華,采茲秋實」的態度,為免「窮理盡性,則勞而少功;周覽汎觀,則博而寡要」(頁38),遂於全書中採錄「足以殷鑒前古;傳之來葉,可以貽厥孫謀。引而申之,觸類而長」的精華要點,收入《群書治要》之中。成書目的,是為了以史為鑒,使讀者能從中汲取歷史教訓,達到「言之者無罪,聞之者足以戒」之境。至於《群書治要》是以何手法「棄彼春華,采茲秋實」,突顯「治要」的功能性?林朝成有云:

> 在「采摭」與「翦截」的過程中,編撰者的詮釋自然就融入其間……將《群書治要》所選錄的內容與原作全本相互比對,鮮明的裁截跡象就呈現了出來。此跡象,也同樣表現在正文間的夾注上。魏徵等人以「意」篩選資料,雖用「各全舊體」的形式呈現……呈顯多元而不同的思想內涵,足見開闊氣象。參考體系的構成及內容的安排,實為編纂者的詮釋和文本互相對話的結果,故裁截鮮明,更足以顯示其詮釋的地位。[10]

《群書治要》存在「采摭」與「翦截」的狀況,在去取之際,呈現出編撰者的詮釋,以「治要」為去取標準的「主意」收書之法,使該書展現出鮮明裁截跡象,對原文進行再

---

[10] 林朝成:〈《群書治要》與貞觀之治——以「牧民之道」為例〉,《成大中文學報》第68期(2020年3月),頁122-123。

造，展示出與原書不同的面貌。此舉雖難免與原書旨趣產生歧異，但更突顯了該書的詮釋地位。

《群書治要》係為政事型類書，有明確的主題思想，此一「要」字，反映出該書擇取精華、聚焦選題的運作形式，若將今本《國語》與《群書治要》中的《國語》作比較，便可清楚發現該編撰者確實圍繞、聚焦在「不以私利廢人道」的主旨上進行筆削，以突顯君道與臣道。經爬梳後可知，《群書治要》為凝聚論述核心，剪裁時大抵遵循以下模式，試分點說明之。

## （一）原始要終

《群書治要》所謂「見本知末，原始要終」者，即保留事件始末經過，使讀者得以快速理解事件的起源與結果，進入《群書治要》的語境。舉例而言，〈周語〉中周景王欲鑄大鐘一事，今本與《群書治要》本的差異如下（徵引內容以今本《國語》為主，並以底線加粗標示《群書治要》的引用部分）：

> 二十三年，王將鑄無射而為之大林……單穆公曰：不可，作重幣以絕民資，又鑄大鐘以鮮其繼，（鮮，寡也。寡其繼者，用物過度妨於財也。）若積聚既喪，又鮮其繼，生何以殖，（積聚既喪，謂廢小錢也。生，財也。殖，長也。）且夫鐘不過以動聲（動聲謂合樂以金奏而八音從之）若無射有林，耳不及也。（若無射復有大林以覆之，無射，陽聲之細者，林鐘，陰聲之大者。細抑大陵，故耳不能聽及也）夫鐘聲以為耳也，耳所不及，非鐘聲也。（非法鐘之聲也）猶目所不見，不可以為目也……王弗聽。[11]

「見本」、「原始」者，「二十三年，王將鑄無射」，單穆公所言者，乃此事件主要轉折處，「知末」、「要終」者，即「王弗聽」。簡言之，此則記載，便是一場由周景王意圖鑄鐘所引發的朝堂風波，單穆公的諫言為編者所欲強調的核心，最後以周景王不聽作結。類似的例子又如：

> 鬭且廷見令尹子常，（鬭且，楚大夫，子常，子囊之孫，囊瓦。）子常與之語，問蓄貨聚馬。歸以語其弟曰：楚其亡乎。不然，令尹其不免乎。吾見令尹，問蓄聚積實，如餓豺狼，（實，財也。）殆必亡者……今子常，先大夫之後，（先大夫，子囊也。）而相楚君，無令名於四方，是之不恤，而畜聚不厭，其速怨於民多矣。（速，召也。）積貨滋多，蓄怨滋厚，不亡何待？……期年，乃有柏舉之

---

[11] 先秦・佚名著，徐元誥集解，王樹民、沈長雲點校：〈周語下〉，《國語集解》（北京：中華書局，2002年），頁107-109。

戰，子常奔鄭。[12]

「見本」、「原始」者，「鬬且廷見令尹子常……子常與之語，問蓄貨聚馬」，而鬬且「歸以語其弟」之論，則為本文所欲突出的要點，並得出「不亡何待」的結論。「知末」、「要終」者，「期年，子常奔鄭」。要言之，事件的開端，是鬬且與囊瓦（？-？）見面，議論的核心，圍繞著子常問蓄貨聚馬之事，最後以子常奔鄭作結。

就上述兩例看來，《國語》之記載，相對詳細，而強調「治要」之用的《群書治要》，在去取之時，仍保留事件始末，僅對中間內文進行剪裁，以凝練之筆，作成相對短小的篇幅，立體勾勒出事件始末，有助於讀者在有限的篇幅中，快速理解該事件的起承轉合，足知《群書治要》謹守「見本知末，原始要終」之例。

## （二）聚焦

《群書治要》為合「治要」之名，為凝聚焦點，自需「棄彼春華，采茲秋實」。「春華」者，乃與「治要」不相關或關聯較小者，故棄之。「秋實」者，足呈現編者所欲彰顯之要旨者，故採之，透過剪裁以凝聚焦點、重詮文本，以形塑出符合《群書治要》選錄核心的樣貌。以凝聚焦點而言，有直接刪除不害理解本意之注釋者：

景王二十一年，將鑄大錢。（景王，周靈王之子，景王貴也。二十一年，魯昭之十八年也。錢者，金幣之名，所以貿買物，通財用也。古曰泉，後轉曰錢。賈侍中云：虞夏商周，金幣三等，或赤或白或黃，黃為上幣，銅鐵為下幣，大錢者，大於舊，其貫重也。唐尚書云：大錢重十二銖，文曰大泉五十。鄭後司農說：周禮云：錢始蓋一品也，周景王鑄大錢，而有二品，後數變易，不識本制。至漢唯五銖久行，王莽時，錢乃有十品。今存於民多者，有貨布大泉。貨泉大泉徑寸二分，重十二銖，文曰大泉五十，則唐君所謂大泉者，乃莽時泉，非景王所鑄，明矣。又景王至赧王十三世，而周亡後，有戰國秦漢幣物，改轉不相因，先師所不能紀，或云大錢，文曰寶貨，皆非事實。又單穆公云：古者有母平子、子權母而行。然則二品之來，古而然矣。鄭君云：錢始一品，至景王有二品，省之不孰耳。）[13]

就此則內容而言，比對今本《國語》與《群書治要》內容可知，兩者最大的差異在注之去取。注者，對字句的註解，藉由詳實註解本文中所提及之字義、制度、物件、時代等，俾使讀者能精確理解本文語境、脈絡及意思。《國語》中的注，先簡介周景王的身世與事件發生的時代背景，隨後大篇幅的解釋「錢」的沿革史，以利讀者理解大錢是為

---

12 先秦・佚名著，徐元誥集解，王樹民、沈長雲點校：〈楚語下〉，《國語集解》，頁521-523。
13 先秦・佚名著，徐元誥集解，王樹民、沈長雲點校：〈周語下〉，《國語集解》，頁105。

何物。對於《群書治要》而言,選錄這則資料的用意乃為說明君道,大錢的沿革史無益於《群書治要》凝聚「不以私利廢人道」的宗旨,在「棄彼春華,采茲秋實」的原則下,編者僅取《國語》本文,以交代事件開端,捨棄文後注釋,以簡練篇幅。類似的例子又如:

> <u>武公伐翼,弒哀侯。</u>(武公,曲沃桓叔之孫,莊伯之子,武公稱也。翼,晉國都也。哀侯,晉昭侯之孫,鄂侯之子,哀侯光也。初,昭侯分國以封叔父桓叔為曲沃伯,曲沃盛彊,昭侯微弱,後六年,晉潘父殺昭侯,而納桓叔,不克。晉人立昭侯之子孝侯于翼,更為翼侯,後十五年,桓叔之子莊伯伐翼,殺孝侯,翼人立其弟鄂侯。鄂侯生哀侯,魯桓三年,曲沃武公伐翼,殺哀侯,後竟滅翼。侯之後而兼之。魯莊公十六年,王使虢公命武公以一軍為晉侯,遂為晉祖。)[14]

本則記載同樣是《國語》詳而《群書治要》略。《國語》的注,先簡介晉武公、晉哀侯與翼之所在,再細數曲沃代翼始末。對《群書治要》而言,收錄此則內容,係為借欒共子言行,說明臣子有死節之義務,「武公伐翼,弒哀侯」雖是為「原始」而存在,但曲沃伐翼之事並非編者所欲突出的要點,因此刪去《國語》的部分注釋,將篇幅用以建構欒共子之忠,傳遞出臣事君不貳的選錄要旨。

除了刪除與核心宗旨關聯不大的內容外,《群書治要》亦會適當剪裁內容,突顯所欲強調之重點,避免冗長論述,使讀者可以快速進入該編所欲形塑的語境,如楚王建章華臺之事:

> <u>先君莊王為匏居之臺,</u>(匏居,臺名。)<u>高不過望國氛,</u>(氛,祲氣也。)<u>大不過容宴豆,</u>(言宴有折俎籩豆之陳。)<u>木不妨守備,</u>(不妨城郭守備之材。)<u>用不煩官府,</u>(財用不出府藏。)<u>民不廢時務,官不易朝常</u>,問誰宴焉?則宋公鄭伯。(言二國朝事楚。)問誰相禮?則華元駟騑。(相,相導也。華元,宋卿華御,事之子右師。元也,騑鄭穆公之子,子駟也。)問誰贊事,則陳侯蔡侯許男頓子(贊,佐也)其大夫侍之。(各侍其君。)<u>先君是以除亂克敵而無惡於諸侯,今君為此臺也,國民疲焉、財用盡焉、年穀敗焉、</u>(敗廢民之時務也。)<u>百官煩焉。</u>(為之徵發。)舉國留之(留,治之也)<u>數年乃成</u>,願得諸侯與始升焉。諸侯皆距,無有至者,而後使太宰啟彊請於魯侯,(啟彊,楚卿薳子也。魯侯,昭公也。事在昭七年)懼之以蜀之役,(蜀,魯地。魯宣公使求好於楚,楚莊王卒,宣公薨,不克作好。至成公即位,受盟於晉,楚子怒使公子嬰齊,帥師侵魯,至蜀,魯人懼,使孟孫略楚以請盟,在魯成二年。)而僅得以來,(僅猶劣也。)使富都那豎贊焉,(富,富於容貌。都,閒也。

---

14 先秦・佚名著,徐元誥集解,王樹民、沈長雲點校:〈晉語一〉,《國語集解》,頁47-48。

那,美也。豎,未冠者也,言取美好不尚德也。)而使長鬣之士相焉。(長鬣,美須鬣也。) 臣不知其美也。[15]

以上引文,為《國語》中伍舉(?-?)諫楚靈王(?-西元前591年)建章華臺之事,並舉楚靈王(?-西元前529年)建臺事與楚莊王兩相對比,詳實地從建臺目的、過程、與會者、結果等面向切入詳述兩者間的差異,以得出「臣不知其美」的結論。作為史書,《國語》盡可能的詳細將史事記錄清楚,而注者亦周詳地解釋本文中的字句、背景等知識,以利後人閱讀理解。而對政書型類書的《群書治要》而言,選錄楚王建章華臺之事,實為勸諫在位者不可以私利廢君道,並藉伍舉之口,以對比的手法,強調先君楚莊王建臺是為了公利,而楚靈王則是為了滿足一己之私慾而建臺,突顯出兩人的差異性,以突顯盡君道與不盡君道的落差。為了強調此一落差,加深讀者們的印象,《群書治要》刪去了部分內容,僅保留楚莊王「用不煩官府,(財用不出府藏。)民不廢時務,官不易朝常」與楚靈王「國民疲焉。財用盡焉。年穀敗焉。(敗廢民之時務也。)百官煩焉。(為之徵發。)」的記載。在相對短小的篇幅中比對楚國兩位君主建臺之事,強化此一對比性,得以更聚焦於「公利考量/盡君道」、「私利考量/廢君道」之議題。類似的例子又如:

> 單穆公曰:不可,作重幣以絕民資,又鑄大鐘以鮮其繼,(鮮,寡也。寡其繼者,用物過度妨於財也。)若積聚既喪,又鮮其繼,生何以殖,(積聚既喪,謂廢小錢也。生,財也。殖,長也。)且夫鐘不過以動聲(動聲謂合樂以金奏而八音從之)若無射有林,耳不及也。(若無射復有大林以覆之,無射,陽聲之細者,林鐘,陰聲之大者。細抑大陵,故耳不能聽及也。)夫鐘聲以為耳也,耳所不及,非鐘聲也。(非法鐘之聲也。)猶目所不見,不可以為目也。……今王作鐘也,聽之弗及,(耳不及知其清濁也。),比之不度,(不度不,中鈞石之數。)鐘聲不可以知龢,(耳不能聽,故不可以知和。)制度不可以出節,(節謂法度量衡之節。)無益於樂而鮮民財,將焉用之。[16]

對《國語》而言,詳盡的交代史事是史書的職責,而對《群書治要》來說,突顯治要之宗旨才是終極目的。本則重點,在於說明作重幣與鑄大鐘之害,既已點出「絕民資」、「鮮其繼」,便刪減單穆公說解鐘聲只足一慰耳目私慾的長篇大論,以「無益於樂而鮮民財,將焉用之」收束,簡潔有力,可免去內容發散之弊,收得聚焦之功。

總的而言,《群書治要》使用了剪裁的手法,突顯出該書所要凝聚的主旨,即使在剪裁的過程中,改動、轉換了原書的本意,與原典產生距離,但也反映出《群書治要》

---

15 先秦・佚名著,徐元誥集解,王樹民、沈長雲點校:〈楚語上〉,《國語集解》,頁494-495。
16 先秦・佚名著,徐元誥集解,王樹民、沈長雲點校:〈周語下〉,《國語集解》,頁108-109。

以「治要」為核心的文本詮釋面貌，加強了該書以編代著的主意特質。

## 四　《群書治要・國語》與《貞觀政要》的比較

　　《群書治要》編內皆存政術之要，詳論君臣之道，期能作為唐代君臣施政、行事之金針，共成「可久可大之功」。《群書治要》無疑是當朝執政者的參考書，反應出貞觀朝時對君臣之道的看法。貞觀朝作為唐代的施政典範，而在「欲復貞觀之政」[17]的玄宗朝時，吳兢（西元670-749年）便曾編撰《貞觀政要》，並上表詳述成書動機：

> 若陛下之聖明，克遵太宗之故事，則不假遠求上古之術，必致太宗之業……至如用賢納諫之美，垂代立教之規，可以宏闡大猷，增崇至道者，並煥乎國籍，作鑒來葉……其有委質策名，立功樹備，正詞鯁義，誌在匡君者，並隨事載錄，用備勸戒，撰成一帙十卷，合四十篇，仍以《貞觀政要》為目，謹隨表奉進。望紆天鑒，擇善而行，引而伸之，觸類而長之。[18]

　　吳兢在表中指出，唐玄宗（西元685-762年）以唐太宗作為君王典範效仿，即能創造盛世，故編著《貞觀政要》，記錄貞觀朝君臣言行，供唐玄宗作為施政參考。若比對〈上《貞觀政要》表〉與〈《群書治要》序〉可知，兩者用字、內容驚人相似，以前者而言，如表中「委質策名，立功樹備」，即序中「委質策名，立功樹惠」、表中「引而伸之，觸類而長之」即序中「引而申之，觸類而長」。以後者而言，表中「宏闡大猷，增崇至道」類於序中「宏獎名教，崇太平之基」，表中「垂代立教之規」類於序中「立德立言，作訓垂範」之意云云。要言之，《群書治要》與《貞觀政要》均以「治／政要」為著書核心理念，選錄前人與政術相關之記錄，供執政者參照、效仿之用。此二編最重要的差異，在於施政典範之選定，《群書治要》採「歷觀前聖」（頁36）的態度，廣選古今諸書，「遠求上古之術」，以「崇巍巍之盛業，開蕩蕩之王道」，《貞觀政要》則主張「克遵太宗之故事」，是以僅錄貞觀一朝君臣言行，將「致太宗之業」視為盛業、王道。

　　若將《群書治要》所錄視為貞觀朝君臣之施政理想，《貞觀政要》「隨事載錄，用備勸戒」的特質，無疑是一部貞觀朝施政簡史，以供後世君王借鏡，兩相比對，正足以用來檢視貞觀朝政治理想與實際施政的狀況。《群書治要》形塑《國語》的宗旨，係緊扣「不以私利廢人道」一旨說明君道與臣道。以君道而言，《群書治要・國語》強調君王當以全國臣民之利益為優先考量，萬不可為滿足私慾，勞民傷財。此一理念，恰與《貞

---

[17] 北宋・司馬光編著：〈唐紀二十七〉，《資治通鑑》第7冊（北京：中華書局，1996年），卷211，頁6729。

[18] 唐・吳兢：〈上貞觀政要表〉，收入周紹良主編：《全唐文新編》第6冊（長春：吉林文史出版社，2000年），卷298，頁3373。

觀政要》中的記載高度吻合。《貞觀政要》卷一便如此記載：

> 貞觀初，太宗謂侍臣曰：「為君之道，必須先存百姓。若損百姓以奉其身，猶割股以啖腹，腹飽而身斃。若安天下，必須先正其身，未有身正而影曲，上治而下亂者。朕每思傷其身者不在外物，皆由嗜欲以成其禍。若耽嗜滋味，玩悅聲色，所欲既多，所損亦大，既妨政事，又擾生民。且復出一非理之言，萬姓為之解體，怨讟既作，離叛亦興。朕每思此，不敢縱逸。」[19]

唐太宗將為君之道的根本，繫於存百姓之上，割股啖腹之語，透露出君民之間互利共生的觀念。割股者何？即「妨政事，擾生民」之舉。啖腹者何？即「耽嗜滋味，玩悅聲色」之私慾。身斃者何？即「萬姓為之解體，怨讟既作，離叛亦興」之後果。君應以公利為優先考量，若「耽嗜滋味」，則「所欲既多，所損亦大」。若將本則記載，與《群書治要・國語》中兩相對照，可發現許多相似之處，舉例而言，唐太宗對君民關係的見解，為「損百姓以奉其身，猶割股以啖腹，腹飽而身斃」，恰同於《群書治要・國語・周語》「且絕民用以實王府，猶塞川原而為潢污也。其竭也無日矣」之論，是警惕後人，不可貪圖眼前微小、短暫的享受，損害國家全體的利益。若是貪愛享受，傾一國之利，以滿足一己之私，將造成何種結果？唐太宗以為是「萬姓為之解體，怨讟既作，離叛亦興」，《群書治要・國語・周語》則直指「王用將有所乏，乏，則將厚取於民，民不給，將有遠志，是離民也……民離財匱，災至備亡」云云。可知，在君民關係及君道之論述來看，《貞觀政要》裡唐太宗所言與《群書治要・國語》所論，實具有高度一致性。若說此則記載，是唐太宗向外界宣告自己的見解，那麼以下這則內容，則記錄唐太宗落實其君道理念之行動。《貞觀政要・儉約》中有言：

> 貞觀元年，太宗謂侍臣曰：「自古帝王凡有興造，必須貴順物情。昔大禹鑿九山，通九江，用人力極廣，而無怨讟者，物情所欲，而眾所共有故也。秦始皇營建宮室，而人多謗議者，為徇其私欲，不與眾共故也。朕今欲造一殿，材木已具，遠想秦皇之事，遂不復作也。古人云：『不作無益害有益。』『不見可欲，使民心不亂。』固知見可欲，其心必亂矣。至如雕鏤器物，珠玉服玩，若恣其驕奢，則危亡之期可立待也。自王公以下，第宅、車服、婚嫁、喪葬，準品秩不合服用者，宜一切禁斷。」由是二十年間，風俗簡樸，衣無錦繡，財帛富饒，無饑寒之弊。[20]

唐太宗並不反對君王興造，他看重的是興造的背後動機及其所欲達成的目的，換言之，判斷興造合理與否的標準，一繫於公私利之上，並舉大禹（?-?）開通九山、疏通九

---

[19] 唐・吳兢著，謝保成集校：〈君道第一〉，《貞觀政要集校》，卷1，頁1。
[20] 唐・吳兢著，謝保成集校：〈論儉約第十八〉，《貞觀政要集校》，卷6，頁317-318。

江,與秦始皇（259 B.C.-210 B.C.）營建宮室之事相比,得出「物情所欲」者,用人而無怨讟,「徇其私欲」者,人必多謗議之結論。唐太宗以史為鑒,遂息徇私之心、停造殿之事,更「引而伸之,觸類而長」,下令禁斷王公一切驕奢之舉,取得「風俗簡樸,衣無錦繡,財帛富饒,無饑寒之弊」的施政成果。若將此則記載,與《群書治要·國語·楚語》中楚王造章華臺之事兩相比較,確實是遙相呼應。「秦始皇營建宮室,而人多謗議者,為徇其私欲,不與眾共故也」,恰類於「若於目觀則美,縮於財用則匱,是聚民利以自封而瘠民也,胡美之為？」之旨,秦始皇與楚靈王皆是徇私慾而逞民力、聚民利以自封,故而招致「人多謗議」與「胡美之為」之評。至於唐太宗所引之「古人云:『不作無益害有益』」,此無益及有益的判斷,亦是以公私利為評論基準點,若以「興造」為例,《貞觀政要》中唐太宗「恣其驕奢,則危亡之期可立待」之憂患意識,亦與《群書治要·國語》「今君為此臺也,國民疲焉,財用盡焉,年穀敗焉,百官煩也,數年乃成,臣不知其美也」之論相同。由上述兩則例子而言,《貞觀政要》中攸關唐太宗之言行,確有「不以私利廢人道」之意,與《群書治要·國語》中所欲宣揚之君道理念相合。

再就臣道而言,《群書治要·國語》中強調臣道為不以私害公,具體的行為,如為國、君死節、公正執法及明確區別周、比、別,若將此概念放入《貞觀政要》比較,大抵可個別分入魏徵的忠良之辯中:

> （魏徵曰:）「但願陛下使臣為良臣,勿使臣為忠臣。」太宗曰:「忠良有異乎？」徵曰:「良臣使身獲美名,君受顯號,子孫萬世,福祿無疆。忠臣身受誅夷,君陷大惡,家國並喪,獨有其名,以此而言相去遠矣。」[21]

以魏徵的理路而言,良臣能輔佐君王,達成君臣雙贏的局面,惟有「君陷大惡,家國並喪」之時,臣子方能藉由「身受誅夷」,以示其忠。此雖是魏徵論忠良之語,但一定程度上能作為《群書治要·國語》之印證。為國、君死節,即「身受誅夷」之忠臣,公正執法及明確區別比周,可「使身獲美名,君受顯號,子孫萬世,福祿無疆」,即良臣也。由此可知,《貞觀政要》與《群書治要·國語》即便所用之文字不同,可論述之主旨實極其相似。再進一步說明臣道之忠者,《貞觀政要》有記:

> 貞觀五年,太宗謂侍臣曰:「忠臣烈士,何代無之,公等知隋朝誰為忠貞？」王珪曰:「臣聞……有虎賁郎中獨孤盛在江都宿衛,宇文化及起逆,盛惟一身,抗拒而死。」太宗曰:「屈突通為隋將,共國家戰於潼關,聞京城陷,乃引兵東走。義兵追及於桃林,朕遣其家人往招慰,遽殺其奴。又遣其子往,乃云:『我蒙隋家驅使,已事兩帝,今者吾死節之秋,汝舊於我家為父子,今則於我家為仇

---

[21] 唐·吳兢著,謝保成集校:〈直諫〉,《貞觀政要集校》,卷6,頁124。

讎。』因射之，其子避走，所領士卒多潰散……此之忠節，足可嘉尚。」[22]

唐太宗與諸臣討論忠臣烈士，君臣各舉數例，其中獨孤盛（？-西元618年）為國死節，屈突通（西元557-628年）有死節之心，拒不受唐官。唐太宗以為這一類的人物「足可嘉尚」，對臣子忠於國、忠於君的行為，採高度讚賞。回過頭再與《群書治要・國語》兩相比較可知，《貞觀政要》「盛惟一身，抗拒而死」之舉，實同於〈晉語〉中欒共子「遂鬭而死」之事、唐太宗「遣其家人往招慰」的行為，類於晉武公承諾欒共子「苟無死，吾以子為上卿，制晉國之政」的招撫之舉、「我蒙隋家驅使，已事兩帝，今者吾死節之秋」一語，確實與〈晉語〉中欒共子「唯其在，則致死焉」的意義相同。

至於《群書治要・國語》中所強調的臣道之賢，落實於公正執法與區分周、比、別等行為。《貞觀政要》中亦有類似記載，以前者而言，有「公之於法，無不可也」[23]、「私之於法無可也」[24]之語，又如：

> 貞觀元年，吏部尚書長孫無忌嘗被召，不解佩刀入東上閣門，出後，監門校尉始覺。尚書右僕射封德彝議，以監門校尉不覺，罪當死，無忌誤帶刀入，徒二年，罰銅二十斤。太宗從之。大理少卿戴胄駁曰：「校尉不覺，與無忌帶入，同為誤耳。臣子之於尊極，不得稱誤，准律云：『供御湯藥、飲食、舟船，誤不如法者，皆死。』陛下若錄其功，非憲司所決；若當據法，罰銅未為得衷。」太宗曰：「法者非朕一人之法，乃天下之法，何得以無忌國之親戚，便欲撓法耶？」更令定議。[25]

長孫無忌（西元594-659年）帶刀入閣，觸犯法規之事，戴胄（西元573-633年）以為判決離於法規，有執法不公之嫌，遂直言上諫，而唐太宗認同戴氏之語，下令重新論罪。若將此則內容與《群書治要・國語》中趙盾與韓厥事相比可知，長孫無忌與趙盾皆為當時顯貴，戴胄直言「若當據法，罰銅未為得衷」，實同於韓厥「執而戮」趙盾使人一事，俱是出於不欲撓法之心。唐太宗對此的反應，是執「法者非朕一人之法，乃天下之法」之論，「更令定議」，與《群書治要・國語》所錄，趙盾對韓厥「召而禮之」之舉遙相呼應。

再就區別周、比、別而言，《貞觀治要》中亦借魏徵之口，著錄朋黨與同德之間的差異：

> 且世俗常人，心無遠慮，情在告訐，好言朋黨。夫以善相成謂之同德，以惡相濟

---

[22] 唐・吳兢著，謝保成集校：〈論忠義第十四〉，《貞觀政要集校》，卷5，頁259-260。
[23] 唐・吳兢著，謝保成集校：〈公平第十六〉，《貞觀政要集校》，卷5，頁295。
[24] 唐・吳兢著，謝保成集校：〈公平第十六〉，《貞觀政要集校》，卷5，頁295。
[25] 唐・吳兢著，謝保成集校：〈公平第十六〉，《貞觀政要集校》，卷5，頁280-281。

> 謂之朋黨，今則清濁共流，善惡無別，以告訐為誠直，以同德為朋黨……非國家之福，非為理之道。[26]

魏徵以為，常人好告訐、好朋黨，卻未解朋黨之真義，反將告訐視為誠直，同德以為朋黨，以為此非國家之福、為理之道。本則引文雖未提及比、周，但其內容實同於《群書治要・國語》所論之比周。就上述引文可知，同德者，以善相成也，此論與《群書治要・國語》所錄「比德以贊事，比也」之意義相同。又，朋黨者，以惡相濟一論，亦同於「引黨以封己，利己而忘君，別也」之語。可知，雖《貞觀政要》與《群書治要》所用之字不同，然其關於臣道之論述大意實無有變動。

《貞觀政要》中論周、比、別的類似記載，又如魏徵引《說苑》之語，向唐太宗說明臣子之道：

> 若勖之以公忠，期之以遠大，各有職分，得行其道……進之以六正，戒之以六邪，則不嚴而自勵，不勸而自勉矣。何謂六邪？……五曰專權擅勢，以輕為重，私門成黨，以富其家，擅矯主命，以自貴顯，如此者，賊臣也。六曰諂主以佞邪，陷主於不義，朋黨比周，以蔽主明，使白黑無別，是非無間，使主惡布於境內，聞於四鄰，如此者，亡國之臣也。[27]

魏徵以為，人君應勉勵臣子盡忠為公，使各官員盡其職務範圍內的責任，君王應進之六正，戒之六邪，並引《說苑》之語，說明六邪。六邪中，「私門成黨，以富其家」的賊臣，與「朋黨比周，以蔽主明」的亡國之臣，皆與朋黨相關。結黨營私，朋黨比周，或自富其家，或以蔽主明，都是為了經營私利，捨棄人臣之道，損害公利，甚至可能造成亡國的嚴重後果。回過頭比對《群書治要・國語》後可知，為魏徵所批判之賊臣與亡國之臣者，與趙盾「舉而不能，黨孰大焉。事君而黨，吾何以從政」一語，實有異曲同工之妙，皆標舉臣道中「比而不黨」、「周以舉義」的部分。換言之，「人臣不應結為朋黨，一旦朝中有朋黨出現，便會危害國家發展，損及公利」的思考，不僅見於《群書治要・國語》，亦落實於貞觀朝之君臣之間。雖然，將《貞觀政要》與《群書治要・國語》相比較後，可以發現周、比、別等字的古今詞義產生變化，但所持之主旨不變，無論是《貞觀政要》的「同德」，或是《群書治要・國語》的「比周」，都以為人臣有以公利為先，置私利於後的責任及義務。

綜上所述，《群書治要》係取歷代聖君良臣作為典範，作為唐代施政者之參考，更反映出貞觀朝君臣的施政理想，《貞觀政要》則取唐太宗一朝作為典範，記錄當時君臣言行，以為後代範式，惟此記言記行一舉，恰好能與《群書治要》作對照。經比對後可

---

[26] 唐・吳兢著，謝保成集校：〈公平第十六〉，《貞觀政要集校》，卷5，頁291-292。
[27] 唐・吳兢著，謝保成集校：〈論杜讒邪第二十三〉，《貞觀政要集校》，卷3，頁166-168。

知,《群書治要》所形塑之《國語》面貌,雖與原典有所出入,卻與《貞觀政要》中君臣的施政理想及實際治理狀況高度吻合,足以反映出當時君臣勵精圖治之決心,確實以行動落實其政治理想。

## 五　結語

　　《群書治要》為唐太宗下令編選之政事型類書,旨在以史為鑒,以供執政者施政參考。在「治要」的編選核心理念下,《群書治要》對典籍的選擇去取,皆反映出中介的權力,雖難免轉化原典本義,卻更強烈的展現了以編代著的特質,《群書治要・國語》便是一典型例證。經研究後,可得出以下研究成果:

　　一、《群書治要・國語》通篇探究君臣之道,所呈現出的核心理念為「不以私利廢人道」,私利乃相對於公利而言,指滿足一己私慾的利益,而人道,則指人所應遵循的道理,應盡的責任與義務,此指君道與臣道。《群書治要・國語》中所著眼之君道,即抑制私慾,著眼公利;臣道者,忠以事君、公正執法、區別周、比、別等。

　　二、為了突顯、形塑出選書要旨,《群書治要》採「原始要終」、「棄彼春華,采茲秋實」等編選原則詳加去取,以剪裁之手法,聚焦論題、突顯要旨,甚至改動原書本意,以符合選錄該書的主軸,彰顯了此書主意與實用之雙重性質。

　　三、若將《群書治要》視為施政的參考及理想,記錄貞觀朝君臣言行之《貞觀政要》,則足以檢視貞觀朝君臣的政治理想落實度。經比對後可知,二書雖存在古今詞義差異的狀況,但所持的理念大致相同,顯現了貞觀朝君臣確實勵精圖治、努力向政治理想邁進。

　　本文先閱讀《群書治要・國語》中的內容,再將之與今本《國語》比對,爬梳出《群書治要》聚焦、形塑其特殊的詮釋面貌,最後,則將之與《貞觀政要》相比,得出貞觀朝君臣高度落實政治之結論。本文研究所得的成果,可提供《國語》接受史、《群書治要》研究、貞觀朝君臣施政情形等相關領域的研究者參考,期能有助於學者對《國語》在貞觀朝的接受、《群書治要》以編代著的特質、操作的模式、貞觀朝君臣互動、政治風氣等等……有更進一步的瞭解。

# 徵引文獻

## 一　原典文獻

先秦・佚　名著，魏・何晏注，宋・邢昺疏：《論語注疏》，收入《十三經注疏》第19冊，臺北：新文豐出版公司，2001年。

先秦・佚　名著，徐元誥集解，王樹民、沈長雲點校：《國語集解》，北京：中華書局，2002年。

唐・吳　兢著，謝保成集校：《貞觀政要集校》，北京：中華書局，2003年。

唐・魏　徵等編撰，劉余莉主編：《群書治要譯注》，北京：中國書店，2012年。

宋・王　溥撰，牛繼清校證：《唐會要》，西安：三秦出版社，2012年。

清・董　誥等奉敕編：《全唐文》，上海：上海古籍出版社，1990年。

清・愛新覺羅・永瑢：《四庫全書總目》，收入《文淵閣四庫全書電子版3.0版》，香港：迪志文化出版公司，2007年。

## 二　近人論著

吳媛媛：《古寫本《群書治要・三國志》異文研究》，南寧：廣西大學中國文學研究所碩士論文，2018年。

李洛旻：〈《群書治要》引《尚書・舜典》注考論〉，《經學研究集刊》第22期，2017年5月，頁11-35。

沈　蕓：《古寫本《群書治要・後漢書》異文研究》，上海：復旦大學中國文學研究所博士論文，2010年。

林朝成：〈《群書治要》與貞觀之治──以「牧民之道」為例〉，《成大中文學報》第68期，2020年3月，頁115-154。

林溢欣：〈從日本藏卷子本《群書治要》看《三國志》校勘及其版本問題〉，《中國文化研究所學報》第53期，2011年7月，頁193-216。

邱詩雯：〈治要與成一家言：論《群書治要》對《史記》的剪裁與再造〉，《成大中文學報》第68期，2020年3月，頁43-72。

張素卿：〈《群書治要》君臣觀取鑒之《左傳》要義〉，《成大中文學報》第74期，2021年9月，頁17-46。

聞一多：《聞一多全集》，武漢：湖北人民出版社，1993年。

潘銘基：〈《群書治要》所錄《漢書》及其注解研究──兼論其所據《漢書》注本〉，《成大中文學報》第68期，2020年3月，頁73-114。

# 三 《群書治要》與《貞觀政要》所反映之政治觀點

# 治國典範與政治文化資本的傳承與轉移
## ——從《群書治要》到《貞觀政要》

### 林朝成
成功大學中國文學系教授

### 摘要

　　《貞觀政要》是解讀《群書治要》的入門磚。一般來說,解讀《群書治要》的編纂手法、聚焦的主題以及編纂的時代需求,魏徵（580-643）的序文是不容忽視的。魏徵序文言簡意賅,其核心意義在缺乏詳細的檢視、文本的比對、截錄群書手法的還原下,不容易清楚的把握,甚至跳過重要的提示,錯解了《群書治要》的編選策略。本文以「聖思所存,務乎政術」、「委質策名,立功樹惠」、「一書之內,牙角無遺;一事之中,羽毛咸盡」的詳解,分析《群書治要》的編纂風格與立言主題。

　　《貞觀政要》隨事截錄有用之文、有用之語,其風格與《群書治要》相應,吳兢（670-749）「直書」、「實錄」的「尚史」主張,乃鑒戒史學的典範,其所錄事,所載疏論,所記君臣對談,皆可找到相應《群書治要》的觀念和群書文句。因此,兩相合事析論,則可明晰其應用詮釋群書的實情。

　　本文以《群書治要》和《貞觀政要》二書共論的君臣關係的核心主題為例,二書合論「君臣一體」、「元首股肱」、「君臣同心」、「君臣共治」等觀念群,並由此引申,觸類旁通,論及「威權獨運」的慎防、「君尊臣卑」體離的戒慎和共治意識下勸諫與納諫的必要,由此而疏論「貞觀典範」的歷史發展和形塑。

**關鍵詞**:《貞觀政要》、《群書治要》、君臣一體、君臣共治、群書致用

# 一　前言：政治文化典籍的開採

貞觀初年，鑒戒史學濫觴，乃至興盛，其推動者正是唐太宗（598-649）君臣。太宗君臣論政，吸取儒家仁義治國與歷史的鑒戒教訓，在求治的共識下，從現實層面縱觀歷來各朝成敗興亡、施政得失，又從前人對政治得失的談論、評議、諫言，了解成敗之因果緣由，而取捨政術之道。[1]

成敗興亡的問題，不僅政治家感興趣，史學家也感興趣，各種政論、史論文字都不脫歷史教訓、歷史借鑑的評價和分析。魏徵（580-643）、虞世南（558-638）既是政治家，也是史學家，對於施政的得失、治道的總體內涵和「以民為本」的至公原則，當有更深切地體會。「通史致用」乃將歷史的經驗和教訓施用於今，敘述歷朝政策辯論的過程，以及主政者採用或不採用諫言的歷史效應和政治功過，這便是歷史敘述、群書典籍可能提供給政治決策的借鏡和貢獻。政治家慣以歷史為佐證資料，印證「先王」的真知灼見，以合理化或反省自己的決策和作為；史學家則好從龐大而歷時的動態觀察中，歸納出政治的通則，成敗的處境分析，以為現實決策的依據考量和建言。但「古」是否為「今」用，又是由諸多因素的條件所構成，人、事、制度、理念的交互引生、衝突和調和，總不是一條直線發展的路徑，其中又有人的私欲和公心的糾纏分界，有公心是否有公道，有公道是否發展為公制的實踐課題。「知之非艱，行之唯艱」應是政治實踐的困局，有責任意識的君臣需為施政理想找出達到理想的方法和手段。可惜的是，古代政治的理想層面和實際層面頗有距離，不能合而為一，「只問目的，忽略手段」或是標榜政治理想層面者的通病。[2]

太宗君臣，所以重視歷史鑒戒，實有感於強盛的隋朝（581-619）國祚只有短短不到四十年光景，因之深有警惕。戒懼意識唯有發自於太宗的衷心，方可見其求治之心切。《資治通鑑》擇錄一段太宗君臣的對話，頗能表達君臣的心境：

> 上謂侍臣曰：「人言天子至尊，無所畏憚。朕則不然，上畏皇天之監臨，下憚群臣之瞻仰，兢兢業業，猶恐不合天意，未副人望。」魏徵曰：「此誠致治之要，

---

[1] 牛致功先生認為「通過撰寫史書，間接為統治者總結經驗教訓，從中尋找借鑑，則是從初唐開始的。如果把這稱為鑒戒史學，那麼，魏徵總負責的《五代史》就是鑒戒史學的開端。」見氏著：《唐代的史學與《通鑑》》（西安：陝西師範大學出版社，1989年），頁5。鑒戒史學或可上推至《春秋》，《春秋》筆削，屬辭比事，因文取義，解經者以《春秋》書法考究鑒戒之意，然就鑒戒意識的全面開展，貞觀君臣實暢其風。

[2] 王壽南闡釋中國歷史中的君王論，通論中國古代政治的理想層面和實際層面二個層面，二者不能相合但又有互相提昇的限制和作用。參見氏著：《王的學問：中國歷史中的君王論》（臺北：臺灣商務印書館，2023年）。

願陛下慎終如始，則善矣。」[3]

「上畏皇天，下憚群臣，猶恐未副人望」，這樣的戒懼意識，正是《尚書》以來為政者的責任意識，太宗初踐祚時的自我省察、謙虛受諫、用史鑒戒，「以義制君」最關鍵的力量來自於太宗自身的戒懼意識。在中國君主專制政治形態下，天未必能控制君主，群臣未必可畏，戒懼意識出自於君王本身和政治理想的文化論述，並沒有客觀的制約力量或必然的動機。

切身的經驗，直接引發強烈的警惕之情，太宗以自己親見、親歷的隋朝政權的滅亡，訴說戒懼的現實感思：

> 朕見隋煬帝纂業之初，天下隆盛。棄德窮兵，以取顛覆。頡利近者足為強大，志意既盈，禍亂斯及，為臣於朕。……朕不能遠慕堯、舜、禹、湯之德，自睹此輩何得不誡懼乎？[4]

戒懼意識，使太宗慕堯舜之德，君與群臣共理天下為要務，君臣同心，以安天下。這時，從群書開發治道的資源，君臣共守共論，便有現實的意義和溝通對話的需求。

謝保成《隋唐五代史學》將唐初史學活動歸結為三類：

> 官修前代史，覽得失，為龜鑒；設館纂集實錄、國史，使「盛業宏勛」、「長懸楷則」；整理古籍、求「治要」，作「為治之具」，是唐初同時並舉、相互關聯的三項史學活動，對唐代乃至後代的史學發展，都產生著巨大影響。[5]

謝保成將設館纂集實錄國史視為唐初史學活動一類，唐太宗貞觀三年（629），正式確立史館修史制度，對修史的機構化和完善化，確實是一大建樹。但就史學的價值和內容體例的用途來說，並非同一層次的分類。概略而言，官修前代史，為修史；整理古籍求治要，為用史。修史、用史的主要目的，都與鑒戒、求治要相關聯。

修史工作，貞觀三年復修周、齊、梁、陳、隋等五代史之詔啟動修史大業，由魏徵與房玄齡（579-648）總監修撰。貞觀十年（636），五代史修成，太宗的嘉勉充分反映太宗修史的心思：

> 太宗勞之曰：「良史善惡必書，足為懲勸。秦始皇奢侈無度，志在隱惡，焚書坑儒，用緘談者之口。隋煬帝志在隱惡，雖曰好學，招集天下學士，全不禮待，竟不能修得歷代一史，數百年事殆將泯絕。朕今欲見近代人主善惡，以為身誡，故

---

[3] 宋・司馬光：《資治通鑑》（臺北：榮文出版社，1980年），卷192，頁6048。
[4] 唐・吳兢撰，謝保成集校：《貞觀政要集校》（北京：中華書局，2012年），卷1，頁43。為免繁複，以下引用本書，逕於文後標明頁數。
[5] 謝保成：《隋唐五代史學》（廈門：廈門大學出版社，1995年），頁112。

令公等修之，遂能成五代之史。深副朕懷，極可嘉尚。」(《貞觀政要集校》，頁389）

五代之史，可算是太宗君臣專屬歷史鑒戒教材，太宗是理想的讀者，修史欲見近代人主善惡，得為正史鑒戒史學的範例。

「用史」著重於將歷史的教訓，軌範制度和適當的作為施用於今，陳述其利弊得失，取捨效法之道，得以貞觀初年虞世南所撰《帝王略論》與貞觀七年（633）魏徵受命撰錄之《自古諸侯王善惡錄》為代表。

《帝王略論》之成書在太宗授意下編成，其撰寫的方式以公子（齊國公子，代表唐太宗）和先生（知微先生，代表虞世南）問對的形式呈現，也是出自於太宗的要求。〈帝王略論序〉以「先生曰」的口吻說出該書的旨趣：

> 曁乎三代，則主有昏明，世有治亂，興亡之運，可得而言。其明者可為軌範，昏者足為鑒戒。[6]

《帝王略論》有「略」有「論」，記帝王之事略，論帝王之賢愚昏明得失，「略」作為簡要敘述論史實，「論」則隨而論其治亂得失，因此是本書價值之所在，也是歷史鑒戒意識「用史」的實踐。而其所提的問題，不取守文承平的一般事務，專取足資鑒戒的關鍵問題。如公子對秦始皇所提的問題可為範例：

> 秦始皇起秦隴之地，吞食列國，遂滅二周而遷九鼎，併吞天下，平一宇內，其規摹功業亦已大矣！何為一身幾殞而至子而亡乎？[7]

這個關鍵問題，為貞觀的君臣所共同關心和論述，由此可見「用史」之大概。

魏徵《自古諸侯王善惡錄》的編撰，來自於太宗的旨意。教誡太子諸王，本就是個重要困難以有效達成的教育工作。太宗懇切檢討諸王教育的難題：

> 自古侯王能自保全者甚少，皆由生長富貴，好尚驕逸，多不解親君子遠小人故爾。朕所有子弟，欲使見前言往行，冀其以為規範。」因命徵錄古來帝王子弟成敗事，名為《自古諸侯王善惡錄》以賜諸王。(《貞觀政要集校》，頁214)

太宗顯然清楚了解所有皇室子弟的危機乃在於安逸太平環境下長大所養成的驕奢自是，君子小人難辨，親疏不分的問題，魏徵亦心領神會，故在序文中延續太宗觀點加以發揮，錄自古諸王行事得失，分為善惡各一篇，作為諸王立身之本，政事鑒戒，有所為而為，用史以達成教戒之目的。

---

6 唐·虞世南：《虞世南詩文集·帝王略論序》（杭州：浙江古籍出版社，2012年），頁118-119。
7 唐·虞世南撰，陳虎譯注：《帝王略論》（北京：中華書局，2008年）。

《帝王略論》和《自古諸侯王善惡錄》皆有明確的用史目標，在君臣相契下，編書完成太宗預想的滿意結果。那麼，《群書治要》呢？太宗對於編撰《群書治要》有其預先的設想，從文獻來分析研判，稍可詮解出「書用」的意圖。

　　根據《唐會要》的說法，《群書治要》一書是在貞觀五年（631）九月二十七日由魏徵等人編撰而成，並略論其內容：

> 太宗欲覽前王得失，爰自六經，訖於諸子，上始五帝，下盡晉年。徵與虞世南、褚亮、蕭德言等始成，凡五十卷，上之，諸王各賜一本。[8]

「欲覽前王得失」，目的和《帝王略論》同，但《帝王略論》專注於歷代帝王，《群書治要》則是從經、史、子群書中選編，體例不同，且「欲覽前王得失」不能涵蓋《群書治要》之整體內容。

　　對於編撰《群書治要》的目的，魏徵第一手的說法是「聖思所存，務乎政術，綴敘大略，咸發神衷」。[9]〈序〉的說法，太宗的目的是為了得到治國理政的方略，「政術」如果依照《群書治要》整體內容來判斷，可解為「治國安民的政治方略以達成『君臣一體』、『以民為本』的方法與存心。」編選的方法是從群書中選取重要的文段，編為文義聚焦的節文，這種刪節的方法，將意旨切要地表達出來，這是出自皇上（太宗）的主張。然太宗的主張止於此，具體的選編成文，則是魏徵等人從鑒戒史學進展為「鑒戒群書學」的成果，要進入貞觀君臣的政術方法和政治的精神世界，《群書治要》變成為可依循的文本。

　　然《群書治要》只是編選群書，未加任何評論、書論、案語或編者語，類近於編選政治思想文集，或政治類書，它又如何成為「用史」的進一步發展？這時，我們不可忽視編者運用的編纂手法，得詳解〈群書治要序〉，以作為打開編纂者「書用」學的入門。再者，魏徵等人透過截錄群書的方式來展現政術思想的各種面向，那麼，採取文獻比對的方法，比對截錄後的《群書治要》文本和當時現行本的群書原典，便能開顯魏徵等人編纂的用心、精彩和編選者的詮釋與企圖，所謂「以編代作」，闡明「書用」學的論述特質。三者，吳兢（670-749）的《貞觀政要》是最懂得善用《群書治要》的著作，透過《群書治要》與《貞觀政要》的關聯和互文性，發揮「書用學」的效用，以解析《群書治要》和《貞觀政要》所建立的治國典範，如何開採群書的政治文化思想，以探析群書所隱含的活的傳統和政治文化資本，彰顯《群書治要》政治實踐和政治詮釋的活動。

---

[8] 宋·王溥：《唐會要》（京都：株式會社中文出版社，1978年），頁651。《新唐書》卷198〈蕭德言傳〉亦採此說法。

[9] 唐·魏徵、褚亮、虞世南、蕭德言撰，蕭祥劍點校：《群書治要（校訂本）》（北京：團結出版社，2015年），卷前序，頁6。為免繁複，以下引用本書處，逕於文後標明頁數。

## 二　《群書治要》「書用」的編纂方式

　　《群書治要》是類書或「書用學」（「用史」）的書？學者因研究的角度有異，頗有爭論。一者，《群書治要》並不採《帝王略論》或《自古諸侯王善惡錄》的敘述形式，單純「用史」類著作的格式。再者，《群書治要》又不贊成《皇覽》、《遍略》等當時流行的類書形式，所以不可歸為類書。《皇覽》為魏武帝曹丕（187-226）編修，《遍略》為梁武帝蕭衍（464-549）下詔編修，二書部帙浩大，成為文學著述有用的工具書。類書的興起，源於文學形式上美的追求，逞才弄藻引事用典，有藉於類書，也因此類書竟成為另一類文治事業的表徵。魏徵認為類書的體裁，存在著無可避免的缺失，「隨方類聚，名目互顯，首尾淆亂，文義斷絕，尋究為難」（〈群書治要序〉，頁7），由於類書去脈絡化，文義難以完整呈現。就《群書治要》的編纂意圖來說，並不存在編成炫耀式的類書，彰顯博學、記事、泛覽之用而不求甚解。因此，對於「近古皇王」梁元帝蕭繹（508-555）的才藝技能，博總群書的成就，反成為治道的障礙，徒有文章而敗亂政事，其才反助長驕矜之心，間接促成滅亡之因。[10]就治要來說，政事為本，詞藻為末，故有意識地和類書劃分界限。若評定《群書治要》為類書，將完全和魏徵等人的編纂企圖相違。

　　《群書治要》不採取以「類目」為主的形式，而是以「書」為主的編列方式，卷下標示的是經、史、子的典籍名稱，它不求博綜異聞事類，而是以經書的治道傳統、歷史變革時的政治事件、政術政策的辯論和主張、仁義公信的政治倫理價值、君臣的倫理為核心，多面向的深入細節，使會歸到一政治行動系統來。這是群書經裁編之後的新文本所引生的詮釋效應。《新唐書》紀述《群書治要》上呈一事，又加添了太宗的評價：「帝愛其書博而要，曰：『使我稽古臨事不惑者，公等力也！』」[11]「稽古」為研讀《群書治要》的歷史知識的建構和政治文化資本的習得，[12]「臨事不惑」則是將此歷史與群書知識連結並應用至當身現世，使現實政治領域的政策決斷清明、有所依循；懲勸鑒戒的積極致用在現實政治領域真實發生；「以民為本」、「以民為先」的政治傳統成為政治效應的準則。「臨事不惑」可說是對「書用」實踐最高的禮贊。因此，有研究者從《群書治要‧史部》（第11卷至30卷）的角度，認為《群書治要》之纂集旨歸「用史」：

---

10 洪觀智對於《群書治要》非類書，「近古皇王」為梁元帝蕭繹的考辨，理據充分，且能釐清政事文學的本末關係，有助於我們了解《群書治要‧序》的實質意涵。參鑒洪觀智：《《群書治要》史部研究——從貞觀史學的致用精神談起》（臺北：國立臺灣大學中國文學系碩士論文，2015年），頁43-51。

11 宋‧歐陽脩等：〈蕭德言傳〉，《新唐書》（北京：中華書局，1975年），卷196，頁5653。

12 「政治文化」依余英時（1930-2021）的釋義，乃指政治思維的方式和政治行動的風格。詳見氏著：《宋明理學與政治文化》（臺北：允晨文化，2004年），頁20-24。

《治要》一書，因著貞觀君臣濃厚的歷史意識而產出，為貞觀「用史」行動最典型的代表。此書的內容全是典籍節抄，並未附加編者的意見或評論，表現出《治要》編者對典籍自身之「用」的高度信任。[13]

「用史」的觀念直指核心，但需把範圍擴大些，筆者稱為「書用」，而引文中講述的「典籍節抄」，實際上節抄有種種的操作方式和詮釋原則，方能達成「用史」或「書用」。至於對典籍自身之「用」的高度信任，此為君臣的共識，也是君臣共同開採群書政治文化資源的動機。太宗曾有如此誠懇自省式的表示：

> 貞觀二年，太宗謂房玄齡曰：「為人大須學問。朕往為群凶未定，東西征討，躬身戎事，不暇讀書。比來四海安靜，身處殿堂，不能自執書卷，使人讀而聽之。君臣父子，政教之道，並在書內。古人云：『不學，牆面，蒞事惟煩。』不徒言也。」（《貞觀政要集校》，頁349）

蒞事惟煩，不學政事如面牆而立，一旦面臨政事就會繁亂，不能處理。讀聽群書則「臨事不惑」，清明在躬。如此的研讀效果，對群書政治文化效用的肯定，「政教之道，並在書內」至晚在貞觀初年就已經確立了，所以編撰《群書治要》，源於開發群書典籍資源的高度信任和肯定，群書乃符合治道政術文化資本的需求。

那麼，如何編纂群書，才能達到「治要」之根本目的？從魏徵的序文已明白指出類書的體裁並不恰當。魏徵、虞世南並不排斥編撰類書，貞觀十五年（641）時，申國公高士廉（575-647）等撰《文思博要》成，魏徵、房玄齡等均參加撰修，為同撰人。虞世南在隋秘書郎任上編撰《北堂詩抄》，被譽為中國四大類書之一。因此，〈治要序〉評類書之失，主要是其體裁不能達到「治要」、「務乎政術」的編纂目的。

《群書治要》總共有50卷，依〈群書治要序〉的敘述，選錄經籍上從五帝，下至晉為止，選錄內容，從「六經」到「諸子」，包括了「經」12部著作，卷1至卷10，共10卷；「史」8部著作，卷11至卷30，共20卷；「子」48部著作，卷31至卷50，共20卷。比對魏徵等撰，貞觀10年成書的《隋書》，〈經籍志〉依經、史、子、集四部著錄當時考見現存的書籍，合計為14,466部，有89,666卷。《群書治要》選錄遍及經、史、子三部，可謂「博」；14,466部選68部群書，可謂「要」。依〈經籍志〉的觀點：「夫仁義禮智，所以治國也；方技數術，所以治身也；諸子為經籍之鼓吹，文章乃政化之黼黻，皆為治之具也。」[14]《隋書》廣義的解釋四部皆為治國之書，《群書治要》則以「政術」為考量，排除了方技數術、文章集部的選錄。橫跨三部的典籍，具體選錄的典籍如下表：

---

13 洪觀智：《《群書治要》史部研究——從貞觀史學的致用精神談起》，頁37。
14 唐・魏徵等撰：《隋書》（北京：中華書局，2020年），頁1029。

### 表一　《群書治要》選錄典籍一覽

| 次序 | 書名 | 次序 | 書名 | 次序 | 書名 | 次序 | 書名 |
|---|---|---|---|---|---|---|---|
| 1 | 周易 | 2 | 尚書 | 3 | 毛詩 | 4 | 左傳 |
| 5 | 禮記 | 6 | 周禮 | 7 | 周書 | 8 | 國語 |
| 9 | 韓詩外傳 | 10 | 孝經 | 11 | 論語 | 12 | 孔子家語 |
| 13 | 史記 | 14 | 吳越春秋 | 15 | 漢書 | 16 | 後漢書 |
| 17 | 魏志 | 18 | 蜀志 | 19 | 吳志 | 20 | 晉書 |
| 21 | 六韜 | 22 | 陰謀 | 23 | 鬻子 | 24 | 管子 |
| 25 | 晏子 | 26 | 司馬法 | 27 | 孫子兵法 | 28 | 老子 |
| 29 | 鶡冠子 | 30 | 列子 | 31 | 墨子 | 32 | 文子 |
| 33 | 曾子 | 34 | 吳子 | 35 | 商君書 | 36 | 尸子 |
| 37 | 申子 | 38 | 孟子 | 39 | 慎子 | 40 | 尹文子 |
| 41 | 莊子 | 42 | 尉繚子 | 43 | 孫卿子 | 44 | 呂氏春秋 |
| 45 | 韓子 | 46 | 三略 | 47 | 新語 | 48 | 賈子 |
| 49 | 淮南子 | 50 | 鹽鐵論 | 51 | 新序 | 52 | 說苑 |
| 53 | 桓子新論 | 54 | 潛夫論 | 55 | 崔寔政論 | 56 | 仲長子昌言 |
| 57 | 申鑒 | 58 | 中論 | 59 | 典論 | 60 | 劉廙政論 |
| 61 | 蔣子萬機論 | 62 | 政要論 | 63 | 體論 | 64 | 時務論 |
| 65 | 典語 | 66 | 傅子 | 67 | 袁子正書 | 68 | 抱朴子 |

選錄的典籍，大多有注，注文以小字來表示。注本的選擇將影響文本的理解詮釋，《群書治要》所選的注本以當時公認最佳的注本為主，如《尚書》孔安國（156 B.C.-74 B.C.）注、《周易》王弼（226-249）注、《呂氏春秋》及《淮南子》為高誘（？-212）注。但若有同時流行，且互有爭議的注本，則以其注是否能扣合治道為判準來做選擇，如《老子》王弼注和《老子》河上公注在唐初並行爭勝，然因河上公注更能申論治道的要義，治身治國平行又相互交涉，互有因果的一體結構，在治身治國一體的思維下，選錄了河上公的注本。[15]

漢末魏晉子書的選錄，和當時流行的玄學思潮並無直接相關，以政術鑒戒擇取政治文化的群書資本的角度，反玄的著作更是切合需要。唐初已走過了玄學的時代，淘汰留下來的子書，大多是針對時代的政治處境，批判、反省、建構治道與制度的論著。針對

---

[15] 參見林朝成：〈治身與治國：《群書治要・老子》文本的形成與應用詮釋〉，《第三屆《群書治要》國際學術研討會論文集》（臺北：萬卷樓圖書公司，2023年）。

漢末魏晉時期，《群書治要》選錄的著作，分別是《申鑒》、《中論》、《劉廙政論》、《蔣子萬機論》、《政要論》、《體論》、《時務論》、《體論論》、《傅子》、《袁子正書》等，在《隋書‧經籍志》中分屬儒家、法家、雜家，但就其精神和論題來說，可概括為通儒之作。崔寔（103-170）《政論》批判俗儒：「拘文牽古，不達權制。……惡足與論家國之大事哉。」（《群書治要》，頁1147）拘泥於成法，牽強復古者不足以論家國大事，應邵（140-206）言通儒：「儒者，區也。言其區別古今，居則玩聖賢之詞，動則行典籍之道，稽先王之制，立當時之事，綱紀國體，原本要化，此通儒也。」[16] 通儒不限於一般博學之士，在形式上能會通典籍之道，運用所學指導時事，實踐以成功業。《群書治要》所選魏晉子書，皆有此特質，固非醇儒，而是有敏銳政治現實感和治道政策的通儒，其所著書，乃偏重在關懷現實政治，談論政事制度的得失和為政之道的論書。

選定群書，魏徵等人如何翦截典籍，形成可供太宗君臣閱讀的理想文本，以供探求治國之道？魏徵等人編纂群書的首創體例是「各全舊體」，一律保持原書的體例，不更動篇章順序結構、行文表達方式。其目的是「欲令見本知末，原始要終」（《群書治要》，頁7）本末始終，指的是經翦截而成的選文，仍能看到文意的本幹枝末、因果源流，也就是仍保留文意的脈絡，以便保全原典意旨，避免孳生錯解或模糊的意涵。這是從「用」的角度來考慮截選文章的規範，也是和前段所言類書的缺失相對照而作的說明。

至於編纂的方法及其效用，序文這樣表示：

> 故爰命臣等，採摭群書，翦截淫放，光昭訓典。聖思所存，務乎政術，綴敘大略，咸發神衷；雅致鉤深，規摹宏遠，網羅政體，事非一日。……一書之內，牙角無遺；一事之中，羽毛咸盡。用之當今，足以鑒覽前古；傳之來葉，可以貽厥孫謀。引而申之，觸類而長，蓋亦言之者無罪，聞之者足以戒，庶宏茲九德，簡而易從。（《群書治要》，頁7）

太宗下詔從現存的經籍「採摭群書」，魏徵等人於是從五帝至晉為止的龐大典籍中廣泛選錄要籍，選錄結果為經十二部、史八部、子四十八部，總計六十八部著作。編選採用「翦截淫放」的手法，「淫」指過度修辭，包括文章排比引類、雕塑文句、敘述紛雜枝蔓；「放」是偏離主題、放失政術的論題，凡有一套抽象、宏大、玄遠的宇宙論、形上學的論述架構，或天人相應、神鬼命定等前提的設定鋪排，都被視為偏離政術主題。「翦」是刪除，直接刪除該篇章或段落；「截」是截斷，就所選的篇章段落，截除部分文句，取所要的重要段落。群書經由「翦截淫放」的手法，連綴成文，力求從政術的觀點摘取精華內容和深刻思想。那麼，文辭達意的新文本，就可以傳達古人治國的綱領和

---

[16] 南朝宋‧范曄撰，唐‧李賢等注：〈杜林傳〉，《新校後漢書注》（臺北：中華書局，2006年），卷57，頁5下。其中，〈杜林傳〉李賢注引自應邵《風俗通》。

方法。選取多家著作,就可以多方搜集古人的治術、為政方法,而不侷限在某一方面的論說和主張。

魏徵等人在「綴述」以成《群書治要》,「翦截」以成新文本時,原是以致用為本懷,群書為理政之資源,關切現實的治道,因而不是空洞地論治術,而是有其政治的根本關懷和核心的實踐課題、人事作為。在序文中,魏徵舉例明言,「為君難」、「為臣不易」為政術之核心關切之議題,學者初步研究,聚焦為君難、為臣不易、君臣共生、直言受諫、牧民、法制、戢兵七大主題關懷,為《群書治要》政術之核心課題。[17]對於治術的關心與界定,將影響《群書治要》的翦截取文、綴述成文,[18]這是否和「光昭訓典」有所距離?洪觀智的研究發現,《群書治要》以求治要為終極目的,編纂《群書治要》的任務,在在朝向他們所設定的治道來匯歸。得一主旨,發揚著群書致用的精神。然其節抄之文本,與司馬遷(145B.C.-?)、班固(32-92)以降的史學傳統並不緊密相合,不能說是擇取史書之精華,唯在治術的觀點下,才可以說是彰明、顯揚史書的精義。[19]

《群書治要》序文是用來說明該書的內容、體例和成就,讀者常不得確解,如「一書之內,牙角無遺;一事之中,羽毛咸盡」,《群書治要譯注》譯為:「一書之中,錄選的內容,結構完整;一件事情,錄選的內容,全面完整。」[20]這完全不能確指所言何事。錄選的內容,以治術為主題,可以保全舊體,但很難保全結構完整;一事經由錄選,往往只是事略,也談不上全面完整。「牙角」可用來比喻鋒芒,也可用來比喻端緒。比喻鋒芒,則表示全書的精采文章無有漏失;比喻端緒,「牙角無遺」則表示全書精妙的洞見和體察的文章沒有遺誤,要如何解釋,則需歸納《群書治要》翦截後的文本來決定。就《群書治要》整體而言,截錄許多談論治道的文章,這些文章歸向「致治」的宗旨。子書以此為勝場,史書也不例外。以《群書治要》所截選的《漢書‧賈誼傳》為例,除簡述賈誼(200B.C.-168B.C.)作者資料和時代背景的寥寥六十四字之外,所選的〈賈誼傳〉內容就是〈治安策〉。以晁錯(200B.C.-154B.C.)為例,晁錯〈上書言兵事〉、〈言守邊備塞務農力本當世急務二事〉、〈後言募民徙塞下〉、〈賢良文學對策〉等四文為〈晁錯傳〉之主幹,《群書治要》全部選錄其中。這種以文為主的選錄特徵乃《群書治要》常用的手法,奏疏、詔令、書、論等有用之言,既是精彩的大文章,又是有洞見的奏議章疏,多政事諫言,針砭時弊,議論政策得失,提出政策方向,《群書治要》大量選錄這些「牙角」,〈序言〉所說的「牙角無遺」應是指這個現象,這也成為《群書治要》選編對政術有用之文的原則。

---

[17] 張瑞麟:〈轉舊為新──《群書治要》的編纂與意義〉,《文與哲》第36期(2020年6月),頁81-134。
[18] 參考林朝成:〈治身與治國:《群書治要‧老子》文本的形成與應用詮釋〉,本文闡釋《老子河上公章句》經選編的手法,已被改編成「治國治身」的政治言說新文本。
[19] 洪觀智:《《群書治要》史部研究──從貞觀史學的致用精神談起》,頁194-197。
[20] 劉余莉主編:《群書治要譯注》(北京:中國書店,2012年),頁45。

「一事之中，羽毛咸盡」，羽毛可比喻人的聲望；羽毛亦可比喻外觀或比喻小而輕的事物。由事而明意，由事能知明智或昏庸、有道或無道、忠或奸、戒慎或淫樂，其敘事必須條理分明，情境描述生動逼真，可使讀者進入故事中，體會同情而明事理，做出相應的評價。因此，「羽毛」應指外顯的敘事。考察長於敘事的經、史，《左傳》、《史記》、《漢書》、《後漢書》等群書，《群書治要》的節選，保留敘事的場景和敘事的情節過程。翦截的處理手法，必存其事略，事略者，略述其事，勾勒整體的印象，掌握前後發展的趨勢及輪廓；呈現關鍵的事件和判斷，進而再現當時的情境，在動態的進展中，展露當事人的行動和判斷。勾勒整體印象的「事略」，包羅內容廣泛，大至國家成敗興亡之局、政策採行與否的諫爭，小至個人應對進退之舉、行動的品德操守和事件發展的個人判斷。這些事件的發展，如何外顯而為人所知所解，盡其必要的描述和取材，就是有關「一事之中，羽毛咸盡」所描述的選錄原則。

在《左傳》、《史記》、《漢書》、《後漢書》等敘事中，多有口語文字，記錄當時的對話，如機智的臨場應對和當機立斷的現場表現，這是「有用之語」的採擇。趙翼（1727-1814）言：「今以《漢書》各傳與《史記》比對，多有《史記》所無而《漢書》增載者，皆係經世有用之文，則不得以繁冗議之也。」[21]這個特色在《群書治要》的節文仍有存留，即「一書之內，牙角無遺」；至於事件故事中君臣之間的語言、臣對臣的往復論難，或是君臣之間的當廷進諫、覆答與詰問，以及各種推動事件情節的「有用之語」，使事件的真相和議論得以外顯出來，這便是所謂的「一事之中，羽毛咸盡」。這一段話表示編纂者對選編《群書治要》貼近群書原意的自信，也對《群書治要》轉舊為新，新文本的秋實成果做為鑒戒取法憑藉的說明，是以說明了《群書治要》的編纂方法及其預期的目的、效果。

## 三　《貞觀政要》與《群書治要》的交涉

身為諫官、忠臣的吳兢應是歷史上最了解《群書治要》的事業和意義的，[22]吳兢任史職，修《則天實錄》，稱「若取人情，何名為直筆」，自言直筆，抗拒玄宗當朝宰相兼修國史的張說（667-731）威誘刪掉武則天（624-705）斥責「張說翻覆小人」的記載。開元十三年（725），吳兢上〈請束封不宜射獵疏〉，依「貞觀故事」勸諫玄宗；開元十四年（726），上〈大風陳得失疏〉，進一步勸諫玄宗〈明選舉、慎刑罰、杜僥倖、存至公〉，表現他的直諫風範。吳兢修史，旨在「直書」、「實錄」，所以其一生相隨而編成的《貞觀政要》，也可信賴為實錄直筆之作。

---

21 清・趙翼著，王樹民校證：《廿二史劄記校證》（北京：中華書局，2007年），頁29-30。
22 有關吳兢編錄《貞觀政要》的研究，最為詳實可信的是謝保成的論著，本文以下有關吳兢的敘述，皆依謝保成《貞觀政要集校・貞觀政要集校敘錄》的考釋。見氏著：《貞觀政要集校》，頁1-48。

比對《群書治要》與《貞觀政要》，將發現二書的體例類似之處，也可發現引述的典籍文句有八十六則相同，而其口語轉述，採群書文意的更不在少數，這些互文的現象，可以說明《群書治要》對《貞觀政要》的影響，或在共取的政治文化資本上，有其相通的情懷和共識。至於《貞觀政要》十卷四十篇的類目，其聚焦的議題和《群書治要》多有相近的關懷課題，因此將《貞觀政要》視為《群書治要》的影響效應，亦不為過。

比對兩書，將兩相引述群書的情形，製表如下，以說明二者的緊密關聯：

### 表二　《群書治要》與貞觀之治[23]

| 《貞觀政要》引證內容 | 《群書治要》節錄資料 | 引述者 |
| --- | --- | --- |
| 為君難 ||| 
| 〈君道第一〉楚聘詹何問治國之要 | 卷34《列子》之〈說符〉<br>卷47《政要論》之〈治本〉 | 魏徵 |
| 〈君道第一〉明君兼聽與暗君偏信 | 卷44《潛夫論》之〈明暗〉 | 魏徵 |
| 〈納諫第五〉獻漢帝千里馬魏文帝求市大珠 | 卷18《漢書》（六）<br>卷24《後漢書》（四）之〈循吏傳〉<br>卷25《魏志》（上） | 魏徵 |
| 〈君臣鑒戒第六〉忘身 | 卷10《孔子家語》之〈賢君〉 | 魏徵 |
| 〈君臣鑒戒第六〉愛惡 | 卷7《禮記》之〈曲禮〉 | 魏徵 |
| 〈君臣鑒戒第六〉疑信 | 卷7《禮記》之〈緇衣〉 | 魏徵 |
| 〈擇官第七〉任官唯賢才 | 卷2《尚書》之〈咸有一德〉、〈周官〉<br>卷3《毛詩》之〈小旻〉 | 唐太宗 |
| 〈封建第八〉與時消息 | 卷1《周易》之〈豐〉 | 李百藥 |
| 〈尊敬師傅第十〉不愆不忘 | 卷3《毛詩》之〈假樂〉 | 唐太宗 |
| 〈忠義第十四〉豫讓為智伯報仇 | 卷12《史記》（下） | 魏徵 |
| 〈公平第十六〉禹、湯罪己 | 卷47《政要論》之〈臣不易〉 | 魏徵 |
| 〈誠信第十七〉、〈慎終第四十〉君使臣以禮 | 卷9《論語》之〈八佾〉 | 魏徵 |
| 〈誠信第十七〉民無信不立 | 卷9《論語》之〈顏淵〉 | 魏徵 |
| 〈誠信第十七〉同言而信 | 卷35《文子》之〈道德〉 | 魏徵 |

---

23 本表引自拙作〈《群書治要》與貞觀之治——從君臣互動談起〉及〈《群書治要》與貞觀之治——以「牧民之道」為例〉二篇文章並略作修正。見林朝成：〈《群書治要》與貞觀之治——從君臣互動談起〉，《成大中文學報》第67期（2019年12月），頁109-111；林朝成：〈《群書治要》與貞觀之治——以「牧民之道」為例〉，《成大中文學報》第68期（2020年3月），頁124-126。

| 《貞觀政要》引證內容 | 《群書治要》節錄資料 | 引述者 |
| --- | --- | --- |
| 〈誠信第十七〉害霸 | 卷43《說苑》之〈尊賢〉 | 魏徵 |
| 〈誠信第十七〉穆伯攻鼓 | 卷41《淮南子》之〈人間〉 | 魏徵 |
| 〈儉約第十八〉不作無益害有益 | 卷2《尚書》之〈旅獒〉 | 唐太宗 |
| 〈儉約第十八〉不見可欲 | 卷34《老子》之〈道經〉 | 唐太宗 |
| 〈謙讓第十九〉不矜不伐 | 卷2《尚書》之〈大禹謨〉 | 唐太宗 |
| 〈謙讓第十九〉人道惡盈、勞謙 | 卷1《周易》之〈謙〉 | 唐太宗 |
| 〈謙讓第十九〉鮮克有終 | 卷3《毛詩》之〈蕩〉 | 魏徵 |
| 〈慎所好第二十一〉君猶器 | 卷36《尸子》之〈處道〉 | 唐太宗 |
| 〈杜讒邪第二十三〉戒慎乎其所不睹 | 卷7《禮記》之〈中庸〉 | 魏徵 |
| 〈杜讒邪第二十三〉無信讒言 | 卷3《毛詩》之〈青蠅〉 | 魏徵 |
| 〈杜讒邪第二十三〉惡利口之覆邦家 | 卷9《論語》之〈陽貨〉 | 魏徵 |
| 〈杜讒邪第二十三〉放鄭聲 | 卷9《論語》之〈衛靈公〉 | 魏徵 |
| 〈悔過第二十四〉不學牆面 | 卷2《尚書》之〈周官〉 | 唐太宗 |
| 〈悔過第二十四〉復三年 | 卷46《中論》之〈復三年〉 | 唐太宗 |
| 〈奢縱第二十五〉京房謂漢元帝 | 卷19《漢書》（七） | 馬周 |
| 〈禮樂第二十九〉生我劬勞 | 卷3《毛詩》之〈蓼莪〉 | 唐太宗 |
| 〈刑法第三十一〉殷鑒不遠 | 卷3《毛詩》之〈蕩〉 | 魏徵 |
| 〈刑法第三十一〉安不忘危 | 卷1《周易》之〈繫辭〉 | 魏徵 |
| 〈征伐第三十五〉雖休勿休 | 卷2《尚書》之〈呂刑〉 | 充容徐氏 |
| 〈慎終第四十〉傲不可長 | 卷7《禮記》之〈曲禮〉 | 魏徵 |
| 君臣共生[24] |||
| 〈君臣鑒戒第六〉元首股肱 | 卷2《尚書》之〈益稷〉 | 魏徵 |
| 為臣不易 |||
| 〈君臣鑒戒第六〉晏子釋忠臣 | 卷33《晏子》之〈問上〉 | 魏徵 |
| 〈君臣鑒戒第六〉崔杼弒齊莊公 | 卷5《春秋左氏傳》（中） | 魏徵 |

---

[24] 張素卿教授在討論《群書治要》君臣觀的論文中，就本人〈《群書治要》與貞觀之治——從君臣互動談起〉一文中互見的資料僅發現1條，在張文注17中，建議依意擴充，「唯若不限於《貞觀政要》與《群書治要》互見之資料，後者所錄《尚書》、《左傳》、《禮記》、《孟子》及《蔣子萬機論》等，有不少類似說法，魏晉以後的論述尤為鮮明。」本人採納張教授之意見，故在本文以「君臣一體」為例，廣論《貞觀政要》對《群書治要》的應用詮釋。參見張素卿：〈《群書治要》君臣觀取鑒之《左傳》要義〉，《成大中文學報》第74期（2021年9月），頁17-46。

| 《貞觀政要》引證內容 | 《群書治要》節錄資料 | 引述者 |
| --- | --- | --- |
| 〈君臣鑒戒第六〉孟子言君臣 | 卷37《孟子》之〈離婁〉 | 魏徵 |
| 〈擇官第七〉六正六邪 | 卷43《說苑》之〈臣術〉 | 魏徵 |
| 〈貪鄙第二十六〉貪人敗類 | 卷3《毛詩》之〈桑柔〉 | 唐太宗 |
| 〈崇儒學第二十七〉雋不疑斷以蒯聵之事 | 卷19《漢書》（七） | 王珪 |
| 〈畋獵第三十八〉薛廣德直言 | 卷19《漢書》（七） | 魏徵 |
| 直言受諫 |||
| 〈君道第一〉何曾明於先見 | 卷29《晉書》上 | 唐太宗 |
| 〈求諫第四〉從諫則聖 | 卷2《尚書》之〈說命上〉 | 王珪 |
| 〈求諫第四〉信而後諫 | 卷9《論語》之〈子張〉 | 魏徵 |
| 〈納諫第五〉齊桓公問郭（《管子》） | 卷44《桓子新論》之〈譴非〉 | 王珪 |
| 〈納諫第五〉齊景公以馬死殺人 | 卷33《晏子》之〈雜上〉 | 皇后 |
| 〈納諫第五〉賈誼上書漢文帝 | 卷16《漢書》（四） | 魏徵 |
| 〈君臣鑒戒第六〉鮑叔牙言於齊桓公 | 卷32《管子》之〈小稱〉 | 魏徵 |
| 〈教戒太子諸王第十一〉受諫則聖 | 卷2《尚書》之〈說命上〉 | 唐太宗 |
| 〈謙讓第十九〉養正、蒞眾 | 卷1《周易》之〈蒙〉、〈明夷〉 | 孔穎達 |
| 〈安邊第三十六〉高祖賞婁敬 | 卷16《漢書》（四） | 唐太宗 |
| 〈安邊第三十六〉袁紹誅田豐 | 卷25《魏志》（上）之〈紀〉 | 唐太宗 |
| 〈畋獵第三十八〉袁盎攬轡 | 卷16《漢書》（四） | 魏徵 |
| 〈畋獵第三十八〉相如進諫 | 卷18《漢書》（六） | 魏徵 |
| 〈畋獵第三十八〉孝元帝射獵 | 卷19《漢書》（七） | 魏徵 |
| 牧民 |||
| 〈政體第二〉愛君畏民 | 卷2《尚書》之〈大禹謨〉 | 唐太宗 |
| 〈政體第二〉君舟民水 | 卷10《孔子家語》之〈五儀〉<br>卷38《孫卿子》之〈王制〉 | 魏徵 |
| 〈君臣鑒戒第六〉君舟民水 | 卷10《孔子家語》之〈五儀〉<br>卷38《孫卿子》之〈王制〉 | 魏徵 |
| 〈君臣鑒戒第六〉君心民體 | 卷7《禮記》之〈緇衣〉 | 魏徵 |
| 〈君臣鑒戒第六〉撫虐 | 卷2《尚書》之〈泰誓下〉 | 魏徵 |
| 〈教戒太子諸王第十一〉君舟民水 | 卷10《孔子家語》之〈五儀〉 | 唐太宗 |

| 《貞觀政要》引證內容 | 《群書治要》節錄資料 | 引述者 |
| --- | --- | --- |
| | 卷38《孫卿子》之〈王制〉 | |
| 〈儉約第十八〉勿施於人 | 卷9《論語》之〈衛靈公〉 | 唐太宗 |
| 〈辨興亡第三十四〉百姓不足 | 卷9《論語》之〈顏淵〉 | 唐太宗 |
| 〈行幸第三十七〉何草不黃 | 卷3《毛詩》之〈何草不黃〉 | 唐太宗 |
| 〈災祥第三十九〉愛君畏民 | 卷2《尚書》之〈大禹謨〉 | 岑文本 |
| 〈災祥第三十九〉君舟民水 | 卷10《孔子家語》之〈五儀〉<br>卷38《孫卿子》之〈王制〉 | 岑文本 |
| 〈慎終第四十〉以道導之 | 卷10《孔子家語》之〈致思〉 | 魏徵 |
| 〈慎終第四十〉民惟邦本 | 卷2《尚書》之〈五子之歌〉 | 魏徵 |
| 〈慎終第四十〉不貴異物 | 卷2《尚書》之〈旅獒〉 | 魏徵 |
| 法制 | | |
| 〈擇官第七〉禮法 | 卷7《禮記》之〈經解〉 | 魏徵 |
| 〈公平第十六〉亮之為政 | 卷27《蜀志》 | 唐太宗 |
| 〈公平第十六〉舉直錯諸枉 | 卷9《論語》之〈為政〉 | 房玄齡 |
| 〈公平第十六〉聽訟理獄 | 卷48《體論》之〈法體〉 | 魏徵 |
| 〈公平第十六〉灃水之深十仞（引《淮南子》） | 卷35《文子》之〈上禮〉 | 魏徵 |
| 〈禮樂第二十九〉禮云 | 卷9《論語》之〈陽貨〉 | 魏徵 |
| 〈刑法第三十一〉明德慎罰 | 卷2《尚書》之〈康誥〉 | 魏徵 |
| 〈刑法第三十一〉刑不煩 | 卷7《禮記》之〈緇衣〉 | 魏徵 |
| 〈赦令第三十二〉渙汗其大號 | 卷1《周易》之〈渙〉 | 唐太宗 |
| 〈赦令第三十二〉令出惟行 | 卷2《尚書》之〈周官〉 | 唐太宗 |
| 戰兵 | | |
| 〈征伐第三十五〉發兵頭白 | 卷21《後漢書》（一） | 唐太宗 |
| 〈征伐第三十五〉教民戰 | 卷9《論語》之〈子路〉 | 唐太宗 |
| 〈征伐第三十五〉知進退存亡 | 卷1《周易》之〈乾〉 | 房玄齡 |
| 〈征伐第三十五〉知止不殆 | 卷34《老子》之〈德經〉 | 房玄齡 |

統計二相引述群書，以《尚書》居首，共有十五則。《尚書》為先王治國之典範，貞觀君臣所重之治道，皆有取於《尚書》，而《貞觀政要》亦以此為尊、為典範。所以，《尚書》中以「元首股肱」說明君臣一體關係的身體化國體觀最常被運用，《群書治要》子

學著作《蔣子萬機論》、《體論》、《典語》都反覆闡明其意義,《貞觀政要》亦有三則以此為喻,論說君臣關係。

《漢書》共同被引用有九則,賈誼上書,太宗深有同感;劉邦(257B.C.-195B.C.)、項羽(232B.C.-202B.C.)爭霸的教訓,項羽以無仁信為高祖所奪;漢文帝儉約故事常為太宗主動提醒,高祖廣開言路,漢代教戒太子的事蹟是貞觀朝的用史教材。值得注意的是荀悅(148-209)《漢記》,彙整條理《漢書》歷史教訓的《漢記》,兩書皆使用二則材料做為申述治道的綱領,太宗並以此書一部賜李大亮(586-645),認為此書:「敘致簡要,議論深博,極為政之體,盡君臣之義。」(《貞觀政要集校》,頁104)可見太宗對《漢記》的高度評價。

《論語》共同被引用有十則,《毛詩》九則,《禮記》七則,《周易》六則,這些引用文句,皆可歸納為七大主題的範圍,可見《群書治要》經部仍是影響最為深廣的經典,其立足於政治文化也是貞觀君臣共同認可的文化資本。若不拘泥文句的互見,就其治道的闡釋,子書有提綱挈領的效應,尤其是魏晉的子書,其論題標目,多有和《貞觀政要》重疊之處,顯見其為共同論域。

就體例來說,《群書治要》各全舊體,六十八部書就有六十八種體例,多元紛雜;《貞觀政要》為類目編年體,共分四十類目,每一類目各自以貞觀年號先後排序。在不同的體例下,確有相似的編纂手法。

《貞觀政要》的體例以口語文字最多,幾乎近八成的章數都以口語的對話表達出來,口語上的政策辯論,如魏徵與封德彝(568-627)行王道或雜霸道的爭議,便是在論理政得失的場合下,進行了口語上的政策辯論。(見《貞觀政要集校》,頁36)又如「草創與守成孰難?」乃在太宗、房玄齡、魏徵三人的口語對談中,各給出了守成和草創難易的理由。(見《貞觀政要集校》,頁14-15)口語對話可表現個人的見解和態度,也因對話情境的襯托,個人的人格特質、理念、論題的溝通和說服,更能即刻地表現出來。《群書治要》選錄的口語文字不在少數;形式的靈活變化,不拘一格;題材的多元,延伸到整個政治領域所有問題;臨場的鮮活語言,氣勢生動,其精彩程度大多超過《貞觀政要》。然《貞觀政要》集中在政策核心問題的論辨,以太宗和魏徵等人為主角的對談,更能聚焦在政策的探問和回應,達到君臣溝通效果。[25]其檢討施政的成敗得失,乃可善用《群書治要》的題材,給予應用的詮釋。

《貞觀政要》口語的表達方式有三種方式:

(一)以「太宗謂某某」起頭,太宗發表意見之後,有大臣(如魏徵等)的「對曰」,有很多情況,只有「太宗謂」,而無人對答。「太宗謂」大多沒有特定對

---

[25] 毛漢光的研究揭露出《貞觀政要》所顯示的君臣溝通文化,無論在溝通對象、溝通內容、溝通採納之層次性等,成為中國君主專制政體之下君臣溝通的文化典範。見氏著:〈論《貞觀政要》中的君臣溝通文化〉,《國立臺灣大學文史哲學報》第41期(1994年6月),頁67-81。

象，可對侍臣（多數）或群臣，也有少數的情況，是針對個別大臣，如房玄齡、魏徵、褚遂良（596-658）等。

（二）以「太宗問」為起頭，太宗的問題往往是大哉問，且針對個別大臣，如問「何謂為明君暗君」、「比來朝臣都不論事，何也」，扣問詢答，給出了政策的大方向，或對施政風格給予診斷。

（三）以簡短事略起頭，接著有「太宗謂」，或「大臣諫」，或某大臣對該事略的討論得失或評價。

這三種方式，以「太宗謂」最多，約佔八成以上，「太宗謂」或「事略」起頭，各佔不到一成，但多是重大的政策的討論，引述群書，以申政論。吳兢在摘錄引用「有用之文」、「有用之語」，太宗的言論和扣問為首要，同台的主角則有魏徵、王珪（570-639）、房玄齡、杜如晦（585-630）、虞世南……等四十五位大臣共論國事治道。在體例上，《貞觀政要》口語引述群書或明其意，七成以上同出《群書治要》，可見高度的重疊性和書用的詮釋。

「太宗謂」以下所言的篇章，有六則是以太宗的讀書心得和識見為題材，如「觀古來人君，行仁義任賢良則理；……」（《貞觀政要集校》，頁134）；「朕歷觀前代撥亂創業之主，……逮乎繼世守文之君……」（《貞觀政要集校》，頁220）；「朕觀古來帝王，驕矜而敗者，不可勝數。……」（《貞觀政要集校》，頁49）；「頃讀周、齊史，末代亡國之主，為惡多相類也。……」（《貞觀政要集校》，頁356），這些讀書的識見，以綜論的形式來表達。太宗讀書的態度，吳兢選取的實錄有清楚的表明「朕近讀劉聰傳，……人之讀書，欲廣聞見以自益耳，朕見此事，可以為深誡。……遠想聰事，斯作遂止」（《貞觀政要集校》，頁321），取鑒史籍群書，以為深誡，乃鑒戒史學的「致用」精神。魏徵〈論時政第三疏〉云：「夫鑒形之美惡，必就於止水，鑒國之安危，必取於亡國，故詩曰：『殷鑒不遠，在夏后之世。』」（《貞觀政要集校》，頁441）亡國之世，《群書治要》擇取文本必詳，此為鑒戒之意，《貞觀政要》引秦朝之故事，始皇（259B.C.-210B.C.）、二世（230B.C.-207B.C.）等之作為共九則，以論為政者之貪欲和行苛政之失。就太宗君臣所親見之隋煬帝（569-618），共有十九則論及，可見貞觀君臣的歷史鑒戒意識，為《群書治要》和《貞觀政要》交涉互文的政治文化精神。

引錄「有用之文」的大文章，疏、表、論、議等，是《漢書》以來的傳統，《群書治要》選錄的大文章密度之高，更見特色。《貞觀政要》錄貞觀朝有用之文，約佔全書十分之一的篇幅，可見兩書的交涉和其時代精神。《貞觀政要》錄魏徵疏文序論全文，共十則，最能表現《貞觀政要》之意趣。錄張玄素（？-664）上書諫三則、于志寧（588-665）上書諫二則、房玄齡上表諫一則、虞世南進表一則、張蘊古（？-631）〈大寶箴〉則、王珪上封事切諫，雖未全文具引，但是在君臣對話中呈現，太宗的反應是「卿所論朕，皆中朕之失」、「卿若常居諫官，朕必永無過失」（《貞觀政要集校》，頁

67），可見其諫書、諫事的重要地位。

　　《貞觀政要》卷第二〈任賢〉，列房玄齡、杜如晦、魏徵、王珪、李靖（571-649）、虞世南、李勣（594-669）、馬周（601-648）、八位名臣傳，其中魏徵、虞世南、房玄齡三人皆有疏表全文錄入《群書治要》，太宗與王珪口語問對中表彰其諫官之功，這都可視為發揚《群書治要》錄大文章的風格，在貞觀君臣間，更顯其體例的用心。此外，關於后妃之德，《貞觀政要》也選擇從勸諫的角度表彰之，如太宗因駿馬無病而暴死，怒責養馬宮人，將殺之，皇后長孫氏（601-636）勸諫，太宗謂房玄齡：「皇后庶事相啟沃，極有利益爾。」（《貞觀政要集校》，頁99）又有賢妃充容徐氏（627-650），上疏諫興土木，申「有道之君，以逸逸人」之義，太宗善其言，優賜甚厚。（《貞觀政要集校》，頁492-494）《群書治要》后妃傳多取鑒戒之意，《貞觀政要》則從勸諫的角度，嘉善其言，正面表彰。由此，取法鑒戒相呼應，也是兩書另類的交涉影響。

　　無論從關切的治道主題、成書的體例、政事判斷的價值取向、君臣人格特質的評價，《群書治要》和《貞觀政要》共同交涉，呈現貞觀精神，故就治術的論述，二書交相引證，古今相互為用，是相應而順當的。

## 四　「君臣一體」與「共治」責任意識

　　君臣關係的規範和國體息息相關。〈群書治要序〉略述「為君之難」後，接著說「為臣不易」：

> 其委質策名，立功樹惠，貞心直道，亡軀殉國，身殞百年之中，聲馳千載之後，或大奸巨猾，轉日回天，社鼠城狐，反白作黑，忠良由其放逐，邦國因以危亡者，咸亦述其終始，以顯為臣不易。（《群書治要》，頁6-7）

策名委質乃任官的先行儀式，有如現代人的宣誓就職。《左傳・僖公二十三年》有言：「策名委質，貳乃辟也。」策名，名字書於策上也。古者始仕，必先書其名於策。委質，質附給主人，不再收還，以明繫屬之，無質即不能為人臣。貳乃辟也，委質為臣，如有二心，則為罪戾。[26]策名委質，故有忠之義務。甘懷真探索「國家」這一概念，界定中古時期「國家」乃是「君臣所結合的政治團體」的意義。他說：

> 在中國中古時期，國家作為一種公的機構，被理解為一個身體；……他們必須通過「委身」的儀式，即將原本屬於個人與私家的身體奉獻給國家，才成為國家之體的一部分，與君主「一體」。……國家是以皇帝為家長所組成的一個家，但此

---

26　楊伯峻：《春秋左傳注》（臺北：源流出版社，1982年），頁403。

家不等同於皇帝的私家。皇帝的私家規範在介入國家秩序時，有一定的限制。[27]
日本學者尾形勇則提出中國古代皇帝的統治是建立在一種以君臣關係為媒介的秩序構造上的理論。[28]由此一觀點，可用來支持「國家」乃是「君臣所結合的政治團體」的說法，而君臣關係乃為國家治理的核心課題。君臣一體，在可見的文獻中，最早見於《尚書》。因此，魏徵的序文其實是在《尚書》的大觀念下所撰寫的導論。[29]

做為「君臣一體」身體化的國體原型，《尚書·虞書·益稷》有五段重要的敘述：

> 帝曰：「臣作朕股肱耳目，予欲左右有民，汝翼。」（《群書治要》，頁25）

孔安國《尚書》注：「股肱耳目，言大體若身也。左右，助也，助我所有之民，富而教之，汝翼成我也。」（《群書治要》，頁25）股，整條人腿；肱，整條手臂。國之大體，猶如私人身體，四肢為人體提供支撐，大臣為國體之棟樑、股肱，比喻左右輔佐之臣，《尚書·商書·說命下》云：「股肱惟人，良臣惟聖。」（《群書治要》，頁33）孔注：「手足具乃成人，有良臣乃成聖也。」（《群書治要》，頁33）手足完備才能算是正常的人，具備良臣的才能成為聖君。二段合意，就是君臣一體，代天養民、教民。君是國家的象徵、代表，但君不即是國家，國家超越於君之上，合君與臣，才是國家；合元首和股肱，才是成人。三國杜恕（197-252）《體論》一書中，〈臣體〉章言之甚明：

> 凡人臣之於其君也，猶四肢之戴元首，耳目之為心使也。皆相須而成為體，相得而後為治者也。故《虞書》曰：「臣作股肱耳目。」而屠蒯亦云：「汝為君目，將司明也；汝為君耳，將司聰也。」然則君人者，安可以斯須無臣？臣人者，安可以斯須無君？斯須無君，斯須無臣，是斯須無身也。（《群書治要》，頁1242-1243）

君臣相須，是國家原型所引申出之治道的基本觀念，臣作為君之耳目，了解民情政事，這在《貞觀政要》中有多面向的應用詮釋和相關君臣互動的記載。

《尚書·益稷》在「臣作肱股耳目」的敘述後，接著記載三個頌歌：「乃歌曰：『股肱喜哉！元首起哉！百工熙哉！』皋繇拜手稽首。乃賡載歌曰：『元首明哉。股肱良哉。庶事康哉。』又歌曰：『元首叢脞哉。股肱惰哉。萬事墮哉。』帝拜曰：『俞，欽

---

[27] 甘懷真：〈中古時期「國家」的型態〉，《皇權、禮儀與經典詮釋：中國古代政治史研究》（臺北：喜馬拉雅基金會，2003年），頁220-248。

[28] 參見尾形勇著，張鶴泉譯：《中國古代的「家」與國家》（北京：中華書局，2010年）。

[29] 《尚書》的影響，在《群書治要》中處處可見，以魏徵的疏文為例，其和《尚書》的轉譯關聯，在《蔡根祥的研究中，便詳細說明〈諫太宗十思疏〉和《尚書》密切的關係。見氏著：〈魏徵〈諫太宗十思疏〉中「九德」辨義即其文中典出《尚書》語詞之研究〉，《第六屆通俗文學與雅正文學——文學與經學研討會論文集》（臺中：中興大學中國文學系，2006年），頁271-311。

哉！」」(《群書治要》，頁26）參考孔安國的注，可以更加理解這段生動的頌歌。首先歌頌股肱之臣，喜樂盡忠，君之治功乃起，百官之業乃廣。舜之大臣咎繇跪拜致禮，接受股肱以喜樂之心，助益教化之功的頌揚。「帝歌歸美股肱，義未足，故續歌先君後臣，眾事乃安，以成其義也」(《群書治要》，頁26），這是先歸功於臣、後歸功於君的原型。第三首頌歌則歌以申戒，「叢脞，細碎無大略也。君如此則臣懈惰，萬事墮廢，其功不成。」(《群書治要》，頁26）以此為原型，故有《論語》「無為而治者，其舜也與」(《群書治要》，頁233），「言任官得其人，故無為也」的治國理想，或《莊子》「上無為也，下亦無為也，是下與上同德；下與上同德則不臣。下有為也，上亦有為也，是上與下同道也；上與下同道則不主」(《群書治要》，頁929），郭象《注》云：「主上無為於親事，而有為於用臣，臣能親事，主能用臣，……若乃主代臣事，則非主矣。」(《群書治要》，頁929）這也是《群書治要》選輯《莊子》君無為的理念。《文子》、《淮南子》言「君臣異道」的政術走向和治道的詮釋。[30]

《尚書》治術的原型，在群書中有個關鍵的轉折，那就是專制政權的法家思想，這個因素，引起貞觀君臣的論辨，實際的影響不可謂不大。《群書治要》選錄法家的著作，以《管子》為主，獨占卷三十二全卷；《韓非子》和《三略》、《新語》、《賈子》合卷，載於卷四十，《韓子》卻佔不到四分之一卷。就君臣一體身體化的國體論述而言，法家則是君臣離體、機械化的國體論述。[31]

法家的君臣關係建立在「勢」的力量關係上，《管子‧法法》云：

> 凡人君之所以為君者，勢也。勢在下則君制於臣，勢在上則臣制於君，故君臣易位，勢在下也。(《群書治要集要》，頁761）

勢是治國理政的要素，唯有居上勢，才能掌握一切權位的分配和政治秩序的安排。權勢要為人主所獨守，失守則危。也因此，君臣的關係恆處於緊張、相互對立的狀態。

君臣的關係，上下虛懸，「君尊臣卑」，臣不再是股肱輔佐的支柱，而是處於卑下的地位：

> 人主者，擅生殺，處威勢，操令行禁止之本柄，以御其群臣，此主道也。人臣者，處卑賤，奉主令，守本性，治分職，此臣道也。[32]

出令之君，任立之臣；處威勢之君，處卑賤之臣；君臣異道，各自權責，清楚劃定，不

---

30 參見林朝成：〈貞觀視野下的《文子》：《群書治要‧文子》的接受與應用詮釋〉，《第四屆《群書治要》國際學術研討會論文集》（臺北：萬卷樓圖書公司，2023年）。

31 法家視國家為一機器（國家機器），其運作則依法得原則操作，而掌握操作權力的人，則是外在於臣、民，在臣民之上的君主。

32 黎翔鳳：《管子校注》（北京：中華書局，2017年），頁1208。

可逾越。而「法」是達成井然秩序、賞罰公正的統治工具，君臣良性互動，一體相須，非《管子》所著意的，單向的「制」、「御」能力，在君尊臣卑的「分位」、「法分」的外在規範下，以達成有效統治，富國強兵，順應民心，因應時勢，保有國政。

對於君尊臣卑，極權政治架構所造成的危機，魏晉諸子頗多評議駁辯。三國杜恕體離的焦慮給予法家嚴厲地批判：

> 有商鞅、韓非、申不害者，……其言云：「尊君而卑臣。」上以尊君，取容於人主；下以卑臣，得售其奸說，此聽受之端，參言之要，不可不慎。元首已尊矣，而復云尊之，是以君過乎頭也。股肱已卑矣，而復曰卑之，是使其臣不及乎手足也。君過乎頭而臣不及乎手足，是離其體也。君臣體離，而望治化之洽，未之前聞也。(《群書治要，頁1239》)

這段精彩的譬喻，貞觀君臣聽到了，在《貞觀政要》中給予回應並做出政體的慎重選擇。《貞觀政要》以〈君道〉、〈政體〉為基源問題，包含制度的安置、倫理的規範和國祚久長的考量和作為。君道以百姓為先，以百姓之心為心，務知百姓利害，政教得失。因君之身體不只是個人的身體，是掌有最高權力的身體，君主個人之貪欲縱情，禍亂易生。因此，修身、正身、治身，便和治國密切相關，而有治身為本的治國模式。魏徵〈論時政疏〉言：「彼煬帝豈惡天下之治安，不欲社稷之長久，故行桀虐，以就滅亡哉。恃其富強，不慮後患，驅天下以從欲，罄萬物以自奉，采域中之子女，求遠方之奇異。」(《貞觀政要集校》，頁16》)「驅天下以從欲，罄萬物以自奉」君子縱欲所以有如此巨大的禍害，是因為君主身體，不可不慎，故抑情損欲以求國治，方是君道。

隋煬帝前半期是盛世，後半期迅速亂亡，為何導致王朝崩潰？高明士從政治力和社會力的消長來檢討隋朝覆亡的關鍵成因。《貞觀政要》君臣的對話錄大多從治國的心態、君臣的信任關係和煬帝的貪欲縱情批評隋文帝、隋煬帝君道之缺失，這雖不是隋朝國政的全面現象，但正好可從貞觀君臣的眼光透視隋朝所以滅亡的部分原因，貞觀君臣所言，有一定的可靠性，[33]而其抑情損欲以求國治，實有其當代政治治理經驗的脈絡和鑒戒。

政體，即治理的主政群體，君和臣組成的政治統治體。在《貞觀政要》，發揮《尚書》「君為元首，臣為股肱」君臣一體的精神，在各項君臣的對話中，或對歷來君臣的評價中，彰顯其為一核心的政治認同和政治實踐的關係型態和建構。貞觀君臣頻繁地使用「股肱耳目」、「君臣一體」、「君臣同心」、「共理天下」等來自於《尚書》的君臣理念，一者敘述共同的治道關係論理；一者針對君主關係的個案加以評價，以知鑒戒取捨。

---

33 有關隋朝覆亡原因的研究，尤其是從《貞觀政要》看隋朝覆亡的論述。參見高明士：《中國中古政治的探索》(臺北：五南圖書出版公司，2006年)，第四章〈聖者的畫像〉縱論隋煬帝為暴君？明君的虛像與實像——論唐太宗的歷史地位二個章節的論說。

君主和大臣的個人關係，乃是君臣關係論理下的具體實踐，不可只視為個人恩德的庇護關係。太宗從君臣共理的角度，對於晉武帝重臣何曾（199-279）提出嚴厲的譴責評議。史書所載的何曾，守名教，欲擯斥阮籍（210-263），無令汙染華夏。何曾有觀照時政的智慧，在和晉武帝的互動中，從「世祖不論經國大事，但說平生常語」的施政作風中，察知國家未來的治亂與子孫的禍福，退謂其子何劭（236-301）言其事，指著諸孫曰：「此輩必遇亂死也。」晉史將此事記載下載，並引用了何曾之孫何嵩（？-？）的頌揚：「我祖其神乎！」（《群書治要》，頁697）對於晉史引何嵩語，推崇何曾時政判斷的先見之明中，隱含的卓越識見，太宗深不以為然。他嚴厲駁斥史論：

> 朕意不然，謂曾之不忠，其罪大矣。夫為人臣，當進思盡忠，退思補過，將順其美，匡救其惡，所以共為治也。曾位極台司，名器崇重，當直辭正諫，論道佐時。今乃退有後言，進無廷諍，以為明智，不亦謬乎！危而不持，焉用彼相？（《貞觀政要集校》，頁19）

太宗善讀書，從君臣共治的根本原則判斷史事之評價是非，亦由此引述，回應魏徵〈諫太宗十思疏〉之忠誠：「公之所陳，朕聞過矣。」其中所顯露的基本判準，即君臣一體、君臣共治的原則躍然詔書。該說的是，何曾乃護衛名教的大臣，雖明於先見，卻不涉身，自居於君臣的政治責任之外，此逸離君臣一體的共同治理、共同承擔的政治先見之明，是太宗期期以為不可的。

虞世基（？-618）為隋煬帝偏信之重臣，雖然隋煬帝性好猜防，護短拒諫，但在國事危急時，虞世基竟無一言，顯失大臣之責。「世基以帝惡聞盜賊，告者皆不以實聞。由是盜賊競起，陷沒郡縣，皆弗之知」（《貞觀政要集校》，頁14）。[34]查《隋史》，這是一段簡化的故事，虞世基遼東之役，果敢勸諫，解突厥之圍；煬帝南巡江都，世基以盜賊日盛，請發兵以備不患，煬帝不從，譏笑世基，「卿是書生，定猶恇怯」。世基知煬帝不可諫止，懼禍及身，方才閉口。太宗君臣乃針對世基無勸諫之言，甚至曲意迎合，給予嚴厲地指責。杜如誨言：

> 世基豈得以煬帝無道，不納諫諍，遂杜口無言？偷安重位，又不能辭職請退，則與箕子佯狂而去，事理不同。……虞世基位居宰輔，在得言之地，竟無一言諫諍，誠以合死。（《貞觀政要集校》，頁85）

太宗順著杜如誨之言，給予正面的贊揚，並引申為一般的原則：

> 若人主所行不當，臣下又無匡諫，苟在阿順，事皆稱美，則君為暗主，臣為諛臣，君暗臣諛，危亡不遠。朕今志在君臣上下，各盡至公，共相切磋，以成治

---

[34] 吳兢「諸侯攻城剽邑，亦不得知也」注。

道。公等各宜務盡忠讜，匡救朕惡，終不以直言忤意，輒相責怒。(《貞觀政要集校》，頁86)

在「共理天下」、「君臣一體」的前提下，太宗君臣建立起「勸諫」、「受諫」的責任共識，形成君臣互動的典範。

作為君臣一體、君臣共治的關係倫理，其言說無異於太宗和魏徵、杜如晦等人之對談和主張。對話的形式往往是以「太宗謂群臣曰」、「太宗謂侍臣曰」起頭，魏徵等大臣的上疏也收入到《貞觀政要》中。這些記錄下來的有用之文、有用之言，都可以觀察到君臣一體的論述已成為一治道之原則，不只侷限在個別的少數大臣。由此衍生出「求諫」、「納諫」、「君臣鑒戒」的篇章，以明君臣關係倫理運作的方式。

太宗坦言國君繫天下安危的責任，而大臣的責任也不小：「然耳目股肱，寄於卿輩，既義均一體。宜協力同心，事有不安，可極言無隱。儻君臣相疑，不能備盡肝膈，實為治國之大害也。」(《貞觀政要集校》，頁33) 除治國之大害，在於君臣共同的責任，然該負起更大責任者，創造有利於君臣共治的氛圍和制度，該是君主的信任和受諫。虞世基因隋煬帝拒諫，又聯想起高熲（541-607）、張衡（?-612）被殺的往事，他退怯了，變為唯諾取容的腴臣。魏徵「但願陛下使臣為良臣，勿使臣為忠臣」的意願，告誡太宗在君臣一體的關係下，君臣關係如何成全臣子盡責的回報：

> 良臣，稷、契、咎繇是也。忠臣，龍逢、比干是也。良臣使身獲美名，君受顯號，子孫傳業，福祿無疆。忠臣身受誅夷，君陷大惡，家國並喪，獨有其名。以此而言，相去遠矣。(《貞觀政要集校》，頁124)

良臣，以《尚書·虞書》所載的稷、契、咎繇為典範，該是「君臣一體」所嚮往的共享政權、共治天下的理想型態吧！

「君臣一體」的原型以及貞觀君臣的應用詮釋，使太宗不能同意獨裁式的專制政體。太宗曾經對凌煙閣二十四功臣之首的長孫無忌（594-659）言：

> 朕即位之初，有上書者非一，或言人主必須威權獨運，不得委任群下。(《貞觀政要集校》，頁290)

威權獨運，即徐復觀所言的一人專制，政治的「最後決定權操在皇帝一個人手上，皇帝的權力，沒有任何立法的根據及具體的制度可加以限制而言。」[35] 太宗時，「威權獨運」的一人專制思想仍盛行，太宗所以未完全採用「威權獨運」的統治形態，除了傳統經典的資源以及魏徵之力外，虞世南所編的《帝王略論》應該也有明察帝祚長短得失之

---

35 徐復觀：《兩漢思想史（卷一）：周秦漢政治社會結構之研究》（臺北：臺灣學生書局，1978年），頁134。徐復觀對典型專制政治的詮釋，為中國型態的專制政體的批判研究，樹立了典範。

功，太宗聲稱：「虞世南於我，猶一體也。拾遺補闕，無日暫忘，實當代名臣，人倫準的。」(《貞觀政要集校》，頁75)虞世南事功德行並重的帝王觀，對於太宗政體的選擇是有影響力的。然就政體來說，「威權獨運」所產生的君臣相離，互相對立猜忌，該是關鍵的考量，杜恕所謂的「君臣體離，而望治化之洽，未之聞也」(《群書治要》，頁1239)，太宗該是有所領悟的。

## 五　結論：治國典範的形塑

　　吳兢早居史職，對於貞觀朝事，隨事載錄，編成十卷四十篇的《貞觀政要》。《貞觀政要》詳述賢君(〈君道〉篇)、良臣(〈任賢〉篇)的言行，全書更在君臣的討論對話，留下豐富的記載。《貞觀政要》搜錄有用之言、有用之文，使貞觀朝重要的疏、論，得以在歷史的脈絡中呈現出來，合有用之言、有用之文，在具體的事略中可為鑒戒。而對於同類的政事，當代政策的決斷，「引而申之，觸類而長」(《貞觀政要集校》，頁4)引申事例政事的適用對象，增長對於同類事物(政策與人事)的認知，以為臨事判斷的依據。〈群書治要序〉魏徵率先做了同樣的聲稱：「用之當今，足以鑒覽前古，傳之來葉，可以貽厥孫謀，引而申之，觸類而長。」(《群書治要》，頁7)魏徵、吳兢同引《易經‧繫辭上》之文字，以作為用之當代，可加以引申、解決各方面同類問題的取鑒，這種「致用」的取徑，可以做為我們對比《群書治要》和《貞觀政要》，視《貞觀政要》為《群書治要》的應用詮釋，以當代的經驗和群書有用之文，交織成的治道之書，群書「觸類而長」的效用，更是二書的編纂旨趣。

　　吳兢於開元十七年(729)寫了〈上貞觀政要表〉，立「貞觀故事」之文本，期以貞觀之治為典範、舊業，可為玄宗(685-762)所取法。「其有委質策名，立功樹德，正詞鯁議，志在匡君者，并隨事載錄，用備勸戒」(《貞觀政要集校》，頁3)，吳兢嚴正地宣稱：「昔殷湯不如堯舜，伊尹恥之。陛下儻不修祖業，微臣亦恥之。」《貞觀政要集校》，頁4)可惜，後期的玄宗「對於吳兢總用『貞觀故事』進行規諫，越來越加厭煩」(《貞觀政要集校‧貞觀政要集校敘錄》，頁8)，太宗鼓勵直辭正諫、直言鯁議，不避逆鱗的受諫之風，已不被接納，玄宗故意忽視之。吳兢上呈《貞觀政要》，玄宗不僅不予理睬，還將吳兢本人「出為荊州司馬」，僅許以史稿自隨。

　　本文以《貞觀政要》為《群書治要》應用詮釋的典範，並以君臣關係為例，討論《尚書》君臣一體的原型，經由《群書治要》聚焦為「君臣共治」的典範，再由《貞觀政要》樹立起言說施政的範例。這就是文獻、思想的考察而得到的論典。若就歷史的實際歷程，並不是一路順遂。唐玄宗李隆基以「改中宗之政，依貞觀故事」做為政治號召，除去韋后，擁立睿宗即位。這時，「貞觀故事」的典範侷限在「祖德」，吳兢的上疏也僅稱為「祖業」，後期玄宗不以「貞觀故事」為意，甚至排斥。依方震華的研究，安

史之亂以後,「貞觀故事」成為昔日輝煌傳統的象徵,歌頌太宗的官員已不再視「貞觀故事」為李唐一朝的「祖德」,而是成為超越堯舜和三代,具有普遍意義的典範。[36]典範的形塑,其政治意涵至中唐才彰顯出來,元稹(779-831)、劉禹錫(792-842)等文人對貞觀施政的稱道,建立起唐王朝歷史傳統的優越感,成為一時的風評與自信。貞觀典範的建立,「君臣一體」的理念也為時人討論,並鞏固這個理念下的施政作為,晚了一甲子,吳兢的「貞觀故事」,終成治國典範。

---

[36] 方震華:〈唐宋政治論述中的貞觀之政——治國典範的論辨〉,《臺大歷史學報》第40期(2007年12月),頁19-55。

# 徵引文獻

## 一　原典文獻

南朝宋・范　曄撰，唐・李賢等注：〈杜林傳〉，《新校後漢書注》，臺北：中華書局，2006年。

唐・吳　兢撰，謝保成集校：《貞觀政要集校》，北京：中華書局，2012年。

唐・虞世南：《虞世南詩文集・帝王略論序》，杭州：浙江古籍出版社，2012年。

唐・虞世南撰，陳虎譯注：《帝王略論》，北京：中華書局，2008年。

唐・魏　徵、褚亮、虞世南、蕭德言撰，蕭祥劍點校：《群書治要（校訂本）》，北京：團結出版社，2015年。

唐・魏　徵等撰：《隋書》，北京：中華書局，2020年。

宋・王　博：《唐會要》，京都：株式會社中文出版社，1978年。

宋・司馬光：《資治通鑑》，臺北：榮文出版社，1980年。

宋・歐陽脩等：《新唐書》，北京：中華書局，1975年。

清・趙　翼著，王樹民校證：《廿二史劄記校證》，北京：中華書局，2007年。

## 二　近人論著

王壽南：《王的學問：中國歷史中的君王論》，臺北：臺灣商務印書館，2023年。

方震華：〈唐宋政治論述中的貞觀之政——治國典範的論辨〉，《臺大歷史學報》第40期，2007年12月，頁19-55。

牛致功：《唐代的史學與《通鑑》》，西安：陝西師範大學出版社，1989年。

毛漢光：〈論《貞觀政要》中的君臣溝通文化〉，《國立臺灣大學文史哲學報》第41期，1994年6月，頁67-81。

余英時：《宋明理學與政治文化》，臺北：允晨文化，2004年。

尾形勇著，張鶴泉譯：《中國古代的「家」與國家》，北京：中華書局，2010年。

林朝成：〈《群書治要》與貞觀之治——以「牧民之道」為例〉，《成大中文學報》第68期，2020年3月，頁124-126。

林朝成：〈《群書治要》與貞觀之治——從君臣互動談起〉，《成大中文學報》第67期，2019年12月，頁101-142。

林朝成：〈治身與治國：《群書治要・老子》文本的形成與應用詮釋〉，《第三屆《群書治要》國際學術研討會論文集》，臺北：萬卷樓圖書公司，2023年。

林朝成：〈貞觀視野下的《文子》：《群書治要‧文子》的接受與應用詮釋〉，《第四屆《群書治要》國際學術研討會論文集》，臺北：萬卷樓圖書公司，2023年。

洪觀智：《《群書治要》史部研究——從貞觀史學的致用精神談起》，臺北：國立臺灣大學中國文學系碩士論文，2015年。

徐復觀：《兩漢思想史（卷一）：周秦漢政治社會結構之研究》，臺北：臺灣學生書局，1978年。

高明士：《中國中古政治的探索》，臺北：五南圖書出版公司，2006年。

張素卿：〈《群書治要》君臣觀取鑒之《左傳》要義〉，《成大中文學報》第74期，2021年9月，頁17-46。

張瑞麟：〈轉舊為新——《群書治要》的編纂與意義〉，《文與哲》第36期，2020年6月，頁81-134。

劉余莉主編：《群書治要譯注》，北京：中國書店，2012年。

蔡根祥：〈魏徵〈諫太宗十思疏〉中「九德」辨義即其文中典出《尚書》語詞之研究〉，《第六屆通俗文學與雅正文學——文學與經學研討會論文集》，臺中：國立中興大學中國文學系，2006年。

黎翔鳳：《管子校注》，北京：中華書局，2017年。

謝保成：《隋唐五代史學》，廈門：廈門大學出版社，1995年。

# 敦煌寫本《帝王論》
# （伯二六三六）與《貞觀政要》

## 黃人二、費俊聰

華東師範大學中國語言文學系教授

### 摘要

本文書僅存約兩卷，無題記、年代、作者，至若篇名，書於第一卷之後，曰「《帝王論》」，重以寫本「略曰」之語，殆以《舊唐書》卷四十六《經籍志》之《帝王略論》五卷差可比擬，傳為虞世南撰作。本文取與《貞觀政要》，做比較研究。

**關鍵詞**：敦煌文書、帝王論、貞觀政要

## 一 前言

　　中國歷代治亂，治少亂多。以此之故，戰國時的韓非，很早就提出一套任「法」、「術」、「勢」的作法，以輔佐中等資材的君主。上智、下愚的人，總是較少。其用意良善，想在歷朝治亂興衰之中，跳脫一個恆常的盛衰定律，盡量讓治的時間，久一點、長一些。

　　眾所周知，唐貞觀元年（西元627年），唐太宗（西元589-649年）「欲覽前王得失」，命魏徵（西元580-643年）、虞世南（西元558-638年）、褚亮（西元560？-647年）、蕭德言（西元558-654年）等人，援引六經，迄於諸子，時代「上始五帝，下至晉代」，取材自一萬四千多部古籍，編纂成《群書治要》。引文多整段鈔錄，少有割裂改動痕跡，正文大字書寫，注文小字注出，貞觀五年（西元631年）成。

　　《貞觀政要》則以君臣對答的方式，分類編撰貞觀年間，唐太宗和大臣魏徵、王珪（西元570-639年）、房玄齡（西元579-648年）、杜如晦（西元585-630年）、虞世南（西元558-638年）、褚遂良（西元596-658年）、溫彥博（西元574-637年）、劉洎（？-西元646？年）、馬周（西元601-648年）、戴胄（西元573-633年）、孔穎達（西元574-648年）、岑文本（西元595-645年）、姚思廉（西元557-637年）等人的政論。編作者吳兢（西元670-749年）為史官、諫臣，於玄宗朝天下富足安樂的時代，曾經上呈給唐玄宗（西元685-762年），獲得貶官，原因或許可從《貞觀政要序》：「太宗時政化，良足可觀，振古而來，未之有也。」[1]所言，揣摩得知。在一片歌功頌德聲浪中，皇帝不喜歡聽忠言逆耳的話。「煌煌太宗業，樹立甚宏達」，[2]「貞觀之治在國史上，是很光輝的一頁。史家都讚揚它，讀中國歷史的學者都神往它。我們也因有貞觀之治而感到驕傲。但它不是奇蹟，而是時間、空間、人物、和情勢各項因素所配合而成的。那是一種天才政治的體現和政治藝術的傑作，無論如何，總是值得佩慰的。」[3]唐太宗能創建「貞觀之治」，確實有其獨到輝煌之處。

　　接著，法國國家圖書館藏敦煌西域文書伯希和編號第二六三六號《帝王論》，共存三百四十餘行文字。[4]先將文字轉錄於下，再予說明。

---

[1] 唐・吳兢編撰，許道勳注譯，陳滿銘校閱：《新譯貞觀政要》（臺北：三民書局，1995年），頁1。
[2] 清・楊倫：《杜詩鏡詮》（臺北：藝文印書館，1978年），頁332。
[3] 施義勝：《唐太宗與貞觀之治》（臺灣：臺灣商務印書館，1988年），頁1。
[4] 法國國家圖書館，上海古籍出版社編：《法藏敦煌西域文獻》（17）（上海：上海古籍出版社，2001年），頁30-34。

## 二　文本校錄

1　□□□
2　□刑此必然之理也。所謂禎祥〔者[5]〕
3　□□□之兆，□感傅巖之夢，是為嘉祥也。所謂妖孽者，
4　鬼哭山鳴，日聞星實，如周之褒姒，□之孫強，是其孽也。由
5　□天意人事相參而成，將為□說治乱（亂）之跡，賢愚二□
6　□皇五帝之君，德合天地，明並日月，窮機體睿微妙玄[6]
7　□凡庸所敢輕議，但略陳其事，存而不論，暨乎五代，則□
8　□世有治乱（亂）興亡之運，可得而言其明者，可為軌範[6]者
9　□鑒□（戒？）以某狂瞽[7]□論之。至於守文承平無咎無譽，非
10　所由者亦所不談也。
11　□帝　黃帝（三皇）少昊　顓頊　帝嚳　唐堯　虞舜　夏禹　太□（康）□
12　□□□（上）太戊（下）武丁　紂　周文王（上）武王　成王　厲王　宣王　幽王
13　□始王　二世
14　□〔略〕□〔曰〕:[8]帝庖犧氏，姓風。蛇身人首，有聖德，始作瑟卅五絃，制嫁娶
15　□有景龍之瑞，故以龍紀官，故曰龍師。仰則觀象於天，俯則
16　□〔觀〕□〔法〕□〔於〕[9]地，始作八卦，以通神明之德。結繩為治，為網罟，以田以漁，取犧牲以
17　□以號（號）曰庖犧氏，或號（號）伏犧。
18　□〔略〕□〔曰〕:□〔帝〕[10]神農氏，姓姜。人身牛首，始作五絃之瑟，斲木為耜，揉木為耒
19　始□天下種穀[11]，故號（號）神農，嘉禾生□〔殖〕□〔焉〕。□〔是〕[12]以日中為市，交[13]易而退，
20　各得其所，始畫八卦為六十四名。

---

5　此字依辭例擬補。
6　字原从艹，不从竹，今隸遂作此。
7　字之上部原从皷，今隸遂作此。
8　「略曰」二字乃擬補。
9　此處文字原不清，依辭例擬補。
10　「略曰帝」三字乃擬補。
11　此字疑从殼、从禾。
12　「殖焉是」三字不清，疑是，暫作。
13　此字似有誤摹，以辭例推作「交」，可參《潛夫論‧五德志》，其有類似字句。

21 □〔略〕□〔曰〕:[14]黃帝,軒轅氏,有熊國君,少典之子,姓公孫。始垂衣裳,造書契,□

22 史官。為舟楫[15],以濟不通,服牛乘馬,始有棟宇,專門擊□以待□客為

23 □□以利万(萬)民。作弧矢,以威天下諸侯。□〔凡〕[16]不服者,從而征之,凡五十二載

24 而草生於□,吳[17]人入則指之名曰屈軼之草。鳳皇築于河閣,麒麟

25 □於□。始作□管。興封禪之禮(禮),子青陽立,是為少昊帝。

26 □〔略〕□〔曰〕:[18]少昊,名摯,字青陽,號金天氏。有鳳鳥之瑞,故以鳥名官,□

27 □□其方,天下大治。

28 □〔略〕□〔曰〕:[19]帝顓頊,高陽氏,黃帝之孫,昌意之子,姓姬。平九黎之亂,

29 民神不雜,方物有序。

30 略曰:帝高辛氏,名□,姬姓。平共工之亂,制鞞鮁鍾磬重[20]蓆[21],鳳皇

31 □翼而儛。

32 略曰:帝堯,陶唐氏,名放勛,黃帝之孫,姓祁。聰明文思,允恭克

33 讓,以尹喜為師,許由為友。堂高三尺,茅茨不剪,土階三寸。夏曰

34 葛衣,冬曰鹿裘。有草生於階,以月□一日生一莢,至卅日之落一

35 莢。若月小則一莢而不落,名曰□莢。堯觀之以知旬朔。又生脯於

36 □,其形如蒦[22],名曰蒦[23]脯。暑夏之日,廚內常□於時景,星見甘。

37 □降醴泉,出朱草,生鳳皇,以是故,仲尼云:「唯天為大,唯堯則之,

38 蕩蕩乎民無能名焉,巍巍乎其有成功者也。」乃舉舜而禪天下

39 □崩,年百一十八歲。

40 略曰:帝舜,有虞氏,高陽之後,姓媯。瞽[24]叟之子,父頑、母嚚、弟傲。

41 舜少而至孝,堯聞其聰明,用之。舜乃舉禹為司空,以治水土。棄

---

[14] 「略曰」二字乃擬補。
[15] 此字原多一偏旁「戈」。
[16] 此字原空白,依辭例擬補。
[17] 此字原多一偏旁「人」。
[18] 「略曰」二字乃擬補。
[19] 「略曰」二字乃擬補。
[20] 字本从土、从重。
[21] 字本从竹、从席。
[22] 此字原从艹、从辵。
[23] 此字原从艹、从辵。
[24] 此字偏旁「鼓」,原作以「皮」代「支」,今逕隸此。

42　為右稷,以播百穀[25]。㝮(契)[26]為司徒[27],以教萬[28]民。皋陶為士師,以理獄訟。垂

43　為共工,以典工巧。益為朕虞,以育草木。伯夷為秩宗,以典三礼(禮)。夔

44　為樂正,以和神人。百僚咸得其才。堯乃禪以天下,太平乃作。哥(歌)曰:元

45　首明哉,股肱良哉,庶事康哉。又哥(歌)曰:元首叢脞哉,股肱惰哉,万(萬)事墮

46　哉。于時日月光華,□雲□□。彈五弦之琴,咏南風之詩,曰:「南風之薰

47　兮,可以解吾民之慍兮;南風之時兮,可以阜吾民之財兮。」作《蕭》、《韶》之

48　樂,鳳皇來儀[29],擊石撫石,百獸率儛。故仲尼曰:「《韶》,盡美矣,又盡善也。」

49　以位禪禹,年百歲崩。(右五帝)

50　略曰:伯禹,夏后氏,姓姒,名文命。高陽之孫,父鯀[30],治洪水九年,其功不成,

51　堯放之於羽山。舜乃舉禹治水,不貴尺璧,而重寸陰。櫛風沐雨□〔冠?〕

52　□不顧,履脫不納,其人可觀,其言可信。聲為律[31],身為度。一沐三□〔握?〕髮

53　一食而三起。陸行載車,水行載舟,□行乘橇[32],龍山行乘轎[33]。冶【治】水十

54　三年,三過其門,聞兒泣聲而不入也。於是鑿

55　龍門,闢伊闕,導九河,所存者七百國,河出圖[34]。年百歲崩,子啟

56　崩,子太康立。

57　公子曰:夏禹之德,何以不逮於堯舜?先生曰:昔者三五[35]雖為而不

58　□玄功潛運莫得為名,而是以帝堯之時,有老人擊壤。於略曰:

59　吾日出而作,日入而息。鑿井而飲,耕田而食。帝何力於我哉!由此言

60　之,至[36]聖德無跡可尋,故曰:至[37]人無己[38],神人無功,聖人無名。是以百姓日

---

25　此字原從殷、從禾,以意逕隸此。
26　此字即《漢書》卷二十《古今人表》第八「契」之古字,今逕隸此。參見漢‧班固著,唐‧顏師古注,中華書局編輯部點校:《漢書》(北京:中華書局,1962年),頁861。
27　此字原從人、從走。
28　字原作「万」。
29　此字原從彳、從義。
30　此字原從骨、從玄。
31　此字原從人、從聿。
32　此字原似從足、從三毛。
33　此字原從車、從高,疑讀作此。
34　此字原無從偏旁「口」。
35　案,「三五」,疑為三皇五帝之省稱。
36　此字不清,以形近下文「至人」之「至」,故作此。
37　此字奇詭,以辭例讀作「此」。
38　此字原作「巳」。

61 用而不知也。三代德衰,功用始顯,聞夫夏后之世,敷九土,乘四載,建
62 方國,定九州,栞木導川,其勤勞矣!故《左傳》云:嶽禹之功,吾其奐乎!
63 帝王之功,莫此為盛。
64 略曰:帝太康好田獵,田于有洛之表,十旬,不及厥弟,五人御其母以
65 從,五子咸愛,乃作歌曰:內作色㤁外作禽。㤁甘酒嗜音,峻宇雕
66 □。有一於此,未或弗亡,於是有窮之君曰羿,曰民弗忍,距之于河。太康
67 為羿所距,失位而崩,生帝相。相為羿所滅,羿又為其臣寒浞所滅,相
68 有遺腹子曰少康。
69 公子曰:天子有爭臣七人,雖無道,不失其天下。太康有五弟,如此竭忠盡
70 智以輔其君,上可以追堯舜之跡,下可以安民尊主,而無益於危亡,何也?
71 先生曰:何代無賢,用与(與)不用。屈原非不智也,見放於楚。子胥[39]非不忠
   也,流
72 尸於吳。使二主能用兩賢,則楚為七國之雄,吳作九州之伯矣。豈有入□發
73 憤,誦□長歎者乎!人主若能觀五子之□,以為鑒戒,欲求危哉,其可
74 得乎?箴規要功,極於此矣。
75 略曰:少康,帝相之子,母有仍氏女。相之遇害,其妃逃還,有仍生
76 少康,康長為仍牧正,寒浞聞其賢,使其子澆求之,少康懼逃,奔有
77 虞,為之庖正,其後逐滅,促澆還復禹跡,祀夏配天下,夫□初夏遺,
78 復興(論在漢光武章)。其後十六世至帝桀。
79 略曰:帝桀,名履癸,帝發之子也。桀方有力,能申鈎索鐵[40]。嬖妃曰
80 未(妹)喜,未(妹)喜所言,桀皆從之,為象廊、玉林、琁室、瑤臺、金柱三
   千。曰山
81 脯林。有諫者以為妖言,罪之。湯使人哭之,乃囚湯於夏臺,而後釋
82 之。[41]關龍逢引黃圖以諫,桀曰:「子又妖言矣!吾之有民,如天之有日,
83 日可亡乎?日亡,吾乃亡也。」於是焚黃圖,煞(殺)龍逢。兩日鬭[42],五星錯行,
84 鬼呼於國,枉矢流,大神見,立五十二年為湯所滅。(論在殷紂章)
85 殷略曰:殷湯,名履,姓子。契之後,王癸之子也。與葛伯為鄰,葛伯
86 不祀,湯使問之,答曰:無以供粢盛。湯使眾為之耕,童子餉食,葛伯
87 奪其食而煞(殺)之,湯乃征葛伯,東征,西夷怨[43];南征,北狄怨。曰:奚獨後?

---

[39] 此字原有誤摹。
[40] 此字原多一偏旁「金」。
[41] 《帝王世紀》卷4云:「及夏桀無道,湯使人哭之,桀囚湯於夏台而後釋之。」文字類似。參見晉·皇甫謐撰,清·宋翔鳳集校:《帝王世紀》(訓纂堂叢書本),卷4。
[42] 此字原多一偏旁「門」。

88　子若來，其秋[44]，出覯張羅者，呪其納曰：從天下者從地出，從四方來，
89　者，皆入吾納。湯曰：盡之矣。乃除其三面，留其一面，更呪曰：欲左者左，欲右
90　者右，欲南者南，欲北者欲，北[45]【北，欲】高者高，欲下者下，吾取其犯命者耳。諸侯
91　聞之，一時歸湯者卅六國。[46]有白狼銜鉤入於朝，及黃魚黑玉之瑞，以伊尹
92　為相，伐桀，放之南巢之山。其後七年，大旱，史卜云：當以人禱。湯乃剪髮斷爪，自
93　為犧牲，禱於桑林之社，言未已，而雨大至，方如千里。[47]踐天子位，十三年崩，九
94　世至太戊。
95　公子曰：成湯之德何者為首？先生曰：仁人也。公子曰：何謂仁人？先生曰：若夫解三
96　面之□，則□〔翔？〕飛□其澤；剪髮為犧牲，則黔首蒙其惠。仁人之利，不亦遠乎？
97　是以《易》曰：君子居其室，出其言，善則千里之外應之，況其迩者乎？此之謂矣。
98　公子曰：殷湯以武平亂，功絕天下，不稱其武，而語其仁，何也？先生曰：仲尼云：「驥不稱
99　其力，而稱其德。」夫葛伯不祀，失礼（禮）之至。夏桀狂暴，失道之君也。無礼（禮）則
100　乱（亂），□〔暴？〕則虐。亂虐之主，害及生民。湯救焚拯溺以安天下，是故東征西怨，此
101　□□□□□歟？
102　略曰：太戊，太康之子，有□□生於朝，旦而大拱，太戊懼而循德三年，□驛
103　而至者十六國，四世至祖乙，以巫咸為佐，殷道復興，六世至盤庚，始改
104　殷曰商，能循湯政殷道，復興，三世至武丁。（論見漢光武章）
105　略曰：武丁，小乙之子。有雉升鼎[48]，升而雊，武丁懼，而思道，夢天賜賢
106　人，使百工求之於傅巖之野，乃得悅（說），登以為相，殷道復興，後七世
107　至帝紂。
108　公子曰：伊尹相成湯於前，傅悅（說）佐武丁於後，二人功業孰者為優？

---

43　此字原似作「愛」，以辭例推之，疑讀「怨」。
44　此字原似作「秋」之古字，原从艹、从禾、从龜形。
45　此字當與前一字「欲」，為誤植，疑當互調作。
46　從第八十八行始，文字所載故事，略見於《呂氏春秋・異用》、《新序・雜事》。
47　從第九十二行「其後七年，大旱」始，文字略見於《說苑・君道》、《尸子》卷上、《帝王世紀》卷4、《文選・思玄賦》注引《淮南子》，此不贅引。
48　此字原多从一偏旁「斤」。

109　先生曰：文王卜而遇太公，武丁夢而求傅悅（說），若非今世太賢，德參
110　□象，豈能感斯□□懼自□□但遭遇異時，故功業不同耳。觀說
111　命之書，勸戒忠篤[49]，規摹（模）弘遠，□王佐之奇才，師□之明德，若使
112　□伊尹，同時共仕湯，世則必居佐相之任，□升陑之業矣。
113　略曰：帝紂，名辛，大名受。智足以□諫，辯足以識非，手搏[50]猛獸，撫
114　梁（樑）易柱，曳九牛以行。或於但（妲）巳【己】，造傾宮、瓊室、鹿臺，餝
　　　【飾】以美玉，[51]大宮百
115　□，宮中九市，車行酒騎行□，以一百廿日為一夜，与（與）崇侯費仲戲[52]戲
116　於□宮，為酒池、糟（槽）丘、肉林，男女躶（倮）而相逐其間。繩繫人頭，牽
　　　詣酒
117　池，一皷而牛飲者，三千餘人，醉而溺死時，与（與）妲巳【己】笑以為樂，以
　　　人食
118　獸，作熟，升使之輒爛[53]。手又為銅柱，以膏塗之，加于然（燃）炭之上，命人
119　緣焉，墜而燒死，名曰炮格之刑。[54]又醢鬼侯，脯刑（邢）侯。比干進諫，遂哭剖
120　其心。又剖婦人腹而觀其胎，斬朝涉者脛，而視其髓，六月雨雪，
121　又雨血，又雨名。雨日見鬼哭山鳴。即位卅二年，周武王代而煞（殺）之。
122　公子曰：視桀、紂二主，亦同稟五常之性，並有過人之才，何為昏乱（亂）以至
123　於此？先生曰：人有嗜慾之性，愚智所聞也。耳悅鏗鏘之音，目翫靡
124　□之色，口甘滋腴之味，身安逸樂之娛，此物之常情也。是故聖人制
125　礼（禮）作樂以防之，設師保以訓之，使人以名教自節[55]而趨仁義之道，唯
126　上聖，生知非因習染，自中智以降，皆為情之所引。彼二人者非布衣
127　草創之君，撥乱（亂）匡時之主，皆以承平繼業，漸漬膏腴，外無師傅
128　之嚴，內闕（缺）自然之質，不知稼穡之艱難，因識前代之成敗，及身居南
129　面，血氣方罡[56]（剛），富有區中，制御万（萬）物，威若雷達，勢逾風火，怒則
　　　伏戶，
130　百萬喜則賞踰千室，加以絲竹管絃乱（亂）其聽，粉黛羅綺或其情馳

---

49　此字原从艹。
50　此字原从木，今迻隸逕作从手。
51　《帝王世紀》卷4云：「紂果造傾宮，作瓊室、瑤台，飾以美玉。」文字類似。
52　此字下疑有重文符，故作此。
53　此字原从火、从蘭。
54　從第一一五行始，文字亦略見於《史記》卷3《殷本紀》、《漢書》卷85《谷永傳》、《列女傳·殷紂妲己》。
55　此字原从艹，而不从竹，今迻隸作此。
56　此字原多從一偏旁「刂」。

131 騁，弋□快其心，阿諛□媚從其欲，□息於九重之內，沉湎於酒色之
132 間，當此之時，自以為与（與）天地而永久，齊日月而為量，豈龍逢、比干
133 以區區之志，所能諫正者哉。其聞堯、舜之土階茅茨，禹、湯之愛人
134 罪曰【己】，孜孜然以百姓為心者，則大而笑之矣，安得不絕亡者哉？
135 周略曰：周文王，名昌，姓姬。其先出自帝嚳，帝嚳生棄焉，是為后稷。
136 父曰王季。文王出日，卜得賢人，遇呂望於渭濱，因以為相。紂用崇侯
137 之讒[57]，乃囚文王於羑里，作《周易》、《彖》[58]、《象》。為囚七年，諸侯皆從之囚
138 紂懼而釋之。出行，有祐骨，命吏葬之，吏曰：此無主矣！文王曰：吾即
139 其主也。參（叁）分天下而有其二，猶率殷之畔國以事紂，五□聚房，赤
140 雀銜書止於王屋，有虞、芮二國爭田，入于周境，見周人耕者，讓
141 畔行者【讓】[59]路，於是慙（慚）愧而退，遂為閑田百姓聞之，一時，歸周卅餘國。
142 年九十七而崩，子武王立。
143 公子曰：文王率殷之叛國以事紂，是助紂為虐，使紂得志天下。
144 □毒百姓，文王為也，何不仁之甚乎？熟（孰）若直辤（辭）正諫以匡其惡？先
145 生曰：夫機者，動之微[60]也，非聖人弗能見也。于時歷數雖改殷，眾
146 尚彊（強），紂罡（剛）[61]猛暴虎，鮮非距諫，豈文王所能動乎？及文王既歿，武王
147 為主，周公佐之，太公為將，猶且還師孟津，曰：紂惡未稔，三人尚存。文
148 王屈道事之，蓋時宜矣。龍蛇[62]之蟄，是其義乎？故《左傳》曰：「文王率
149 殷之叛國以事紂，聖知時也。」
150 略曰：武王，名發，文王之太子也，以周公旦、召公奭為佐，太公望為師，
151 以謀伐殷，遂起師至於鮪（洧）水，王韈（襪）解，五人御於前，莫肯為王結之，
152 皆曰：臣所以事王，非為結韈（襪）也，王乃釋旄俯而自結之，出，見謁[63]人停
153 車，扇之度（渡）河，白魚入于舟，伐紂既剋，乃封比干之墓，式商容之閭，釋
154 箕子之囚，歸傾宮之女，散鹿臺之錢，放馬華山之陽，休牛桃林
155 之塞，倒載干戈木，不復用。[64]年九十三而崩，太子立，是為成王。

---

57 此字原從言、從兩兔。
58 此字原似作「羕」，以辭例文意，暫作此。
59 此字疑為羨衍。
60 此字原多從一偏旁「山」。
61 此字原多從一偏旁「刂」。
62 此字原從魚、從也，疑即「蛇」字，故逕隸此。
63 此字原不從言，而從耳或日，不能確定，然不管作何？讀「謁」是也。
64 第154行「放馬於華山之陽」以下至此，文字亦略見《史記》卷4《周本紀》，其云：「縱馬於華山之陽，放牛於桃林之虛，偃干戈，振兵釋旅，示天下不復用也。」參見漢·司馬遷撰，南朝宋·裴駰集解，唐·司馬貞索隱，唐·張守節正義：《史記》（北京：中華書局，2013年），頁166。

156　公子曰：文王盛，三分之業，屈道以事殷。武王率八百之師，稱兵而滅[65]
157　紂。豈德有優劣，物運窮通何其二聖殊塗如斯之遠？若膴里
158　為是，則牧野為非。謂剪商為工，則事殷為屈。願[66]聞篤[67]論以釋
159　所疑。先生曰：夫四時平分，冬夏有暄寒之辯（辨）。五常歸[68]運，水火有
160　罡[69]（剛）柔之殊。至於利物成務，其道同矣。文王夷明，晦跡藏用，所以頭
161　仁。武王果□[70]，發揚龔（恭）行，所以靜乱（亂）。然則濟世庇民，其揆一也。奚
162　必脩文為是，而允武為非乎？期於至公而已矣。
163　略曰：成王，名誦，武王太子也。成王之時，周公為相，政致太平。有鳳皇
164　集於紫□，王乃作哥（歌）曰：鳳兮鳳兮集紫□，余何德子以感
165　靈。初周公作相，二弟管叔蔡叔謀，狹（挾）紂子武庚作乱（亂），周公誅之，
166　天下乃定。成王崩，太子立，是為康王。
167　公子曰：昔虞舜之弟曰象，恒以煞（殺）舜為事，及舜即位，而封之此，
168　亦聖人之教也，周公曷為不赦管蔡之罪而誅放之乎？先生曰：
169　象之害舜，舜之猶為布衣在田畝之間，此蓋一身之禍耳。至如管蔡
170　為乱（亂），則謀危社稷，周公之行戮，豈為身哉。蓋以救率主之命而
171　存宗周之紀，大義滅親，斯此之謂。是以《春秋》云：管蔡為戮，周公
172　右主，夫豈不愛王室，故也。
173　略曰：康王，名釗，成王太子也。自成王即位，迄於康王，刑厝（措）不用，八
174　世至厲王。（論見漢景帝章）
175　略曰：厲王，名故，夷王之太子也。厲王無道，國人謗之，王怒使衛巫監，
176　得謗，而煞（殺）之，百姓莫敢言，道路以目，於是作乱（亂），流王於彘而崩，
　　　（論見幽王章）
177　子宣王立。
178　略曰：宣王名靖，厲王太子也。召穆公為相，進用賢良，尹吉父、南仲、
179　方□等，周道中興，王不藉（籍）千畝，號文王[71]【公】諫不聽，又□□戎戰，敗績
180　于千畝，乃料[72]民于太原，仲山甫諫不聽，王政大□，立卅六年崩，太
181　子立，是為幽王。

---

65　此字原無从水。
66　此字原从兩頁，殆為誤摹，以辭例文意，逕隸此。或疑从員、从頁，仍讀「願」。
67　此字原从⺮，不从竹，逕讀為「篤」。
68　注腳標記見上頁。此字原从帚、从辵。
69　此字原多从一偏旁「刂」。
70　此疑為「敢」字，以不確定，故暫缺隸。
71　此字原作「王」，然疑應作「公」為是，見《史記》卷4《周本紀》。
72　此字原从米、从斤，字跡頗模糊，今逕隸此。

182 公子曰：周宣之德，其今主乎？先生曰：宣王為詩人所詠，其詞其美
183 □〔夷？〕其來久矣。重以厲王暴虎毒流，境內万（萬）姓嗷嗷息肩，無所想
184 逢寬政如農夫之望歲焉。及周宣即位，任用賢能，南服荊舒，北威獫
185 狁，天下翕然稱為至治，是以四牡翼翼，美征伐之功，鸞聲鏘鏘，歌礼（禮）
186 樂之盛，此則疲民易為仁也。其後□師千畝，料[73]民於太原，怨刺[74]之文，於
187 此而作。《詩》云：「靡不有初，鮮克有終。」蓋謂此也。
188 略曰：幽王名宮㝬[75]，宣王太子也。即位，三川震，岐山崩，王伐褒人，包人以襃
189 姒辞[76]（辭）之王。或於襃姒，襃姒讒申后及太子宜臼，王乃廢申后，遂[77]【逐】太子。又伐申
190 侯，申侯與犬戎伐周，煞（殺）幽王。初，幽王與諸侯約，有寇[78]則擊皷（鼓）舉烽[79]，諸侯來
191 赴，反[80]（返）。或於襃姒，姒不好笑，王欲其笑，乃擊皷（鼓）舉烽[81]，諸侯皆至，而無寇[82]。襃
192 姒乃大笑。又好聞裂繒之聲，王為發繒裂之，[83]以適順其意。及申侯及犬
193 戎兵至，王擊皷（鼓）舉烽[84]，諸侯以為如前見欺，無復至者，故遂敗滅。太子
194 王，是為平王。
195 公子曰：幽、厲二王，暴虐無道，觀其行事，足亡社稷，而宗廟（廟）猶存，國
196 不遂滅，何也？先生曰：夫源深者，其流必長德；厚者，其祚必遠。周自
197 后稷已（以）來，積仁累聖，澤及行葦[85]同姓兄弟，犬牙相制，內有凡名群
198 公，外有晉鄭諸國侯伯，歸[86]起□其盟會，宣力竭忠，同將王室，此具
199 所以不遂亡也。
200 略曰：平王，名宜咎（臼），幽王太子也。避犬戎之難，東遷洛陽，周室遂弱，後

---

73 此字原从米、从斤。
74 此字疑原从夾、从刂，或疑應讀為「刺」，依辭例，從後者。
75 幽王之名，古籍有作「涅」、「生」、「湦」者，與文書有異。
76 此字不清，疑為此字，故暫作。
77 此字本作「遂」，然頗不辭，疑為「逐」之誤摹。
78 此字疑為「寇」之誤摹，原「宀」下似為「攴」。
79 此字原从火、从夅。
80 寫本「及」、「反」二字，字形極為接近，依辭例，暫讀此為「反」。
81 此字原从火、从夅。
82 此字疑為「寇」之誤摹，原「宀」下似為「攴」。
83 古書中有異辭，《帝王世紀》卷3云：「妹喜好聞裂繒之聲，為發繒裂之。」
84 此字原从火、从夅。
85 此字不確定，暫作。
86 此字原从帝、从辵。

201　廿二世至赧（赦）王，為秦所滅。
202　公子曰：平王蹙[87]弱，東遷。□[88]棄豐、鄗（鎬）與夫布綱[89]治紀，不亦乖乎？先生曰：昔
203　紀拳以□入于齊，以存本國之祀，《春秋》善之。平王自徙國已（以）來，廿餘世，
204　子孫勿替，將三百年，此與大王居岐山，其義一也。度德量力，何所譏焉。
205　秦略曰：秦始皇，名政，庄（莊）襄王之太子也。秦氏始非自子封於秦，其後稍
206　大，至惠文王始稱王，五世至始皇。以李斯為相，蒙恬、王剪（翦）為將攻
207　六國，自號（号）帝。焚書坑儒，偶語者死，棄灰於道者刑，北築長城，南戍
208　五嶺，收太半之賦，作叄（參）夷之刑。又使徐福入海求蓬萊山，天下怨毒。
209　長子扶蘇[90]諫，始皇怒，乃使扶蘇監蒙恬築長城於上郡，有星墮
210　於地則為石，民刻其石曰：「始皇死而地分。」始皇怒，俱誅石傍（旁）家，焚其
211　石。卅七年，始皇東巡海上，少子胡亥、丞相李斯及車府令趙高從至
212　沙丘而崩，趙高与（與）李斯作為始皇遺詔，賜太子扶藉[91]【蘇】死，立少子
213　胡亥，是為二世皇帝。
214　略曰：二世立，趙高譖煞（殺）李斯，以高為丞相，專任刑誅，用法蓋酷，於是
215　陳勝等[92]起六国（國），各自立為王，項羽率諸侯伐秦，二世數以盜（盜）賊事責
216　趙高，高懼，乃煞（殺）二世，〔二〕[93]世立三年而死，立二世兄子子嬰，項羽至，煞（殺）子嬰，秦
217　祚遂滅。
218　公子曰：秦始皇起秦隴之地，蠶食列國，遂滅二周，而遷九鼎，併吞天
219　下，平壹宇內，其規摹（模）功業，亦已大矣，何為一身幾殞，至子而亡乎？先
220　生曰：彼始皇者，棄仁義而用威力，此可以吞併而不可以守成，貽訓子孫
221　貪暴而已。胡亥才不如秦政、趙高，智不及李斯，以暗主而御奸[94]臣，
222　遵始皇貪暴之跡，三載而亡，已為晚矣。《帝王論》第一
223　《帝王論》第二
224　漢高祖下　太宗文皇帝　世宗景皇帝　世祖武皇帝　孝昭皇帝　海民（昏）侯

---

87　此字原從足、從戚，今暫隸作。
88　此字疑為東遷之都邑名，然平王乃遷於雒邑，不管稱「雒」或「洛」，字形皆不能連繫。故疑暫從下讀，字待考。
89　此字原從糸、從罡，疑即「綱」之異寫。
90　此字從魚、從禾之偏旁，與所隸之字左右方向適相反，下同者不再注。
91　此字原作「藉」，明顯為「蘇」之誤摹。
92　此字原從艹，不從竹，今隸逕作。
93　前一「二」字下，疑應有重文符號，今擬補。
94　此字原從兩女、從干。

225　高祖孝宣皇帝　孝元皇帝　孝成皇帝　孝哀皇帝　上為新王莽
226　上後漢世祖光武皇帝　顯宗孝明皇帝　肅宗孝章[95]皇帝　孝桓皇帝　孝靈
227　皇帝
228　略曰：漢高祖，名邦，字季，沛豐人也。父太公，名執嘉。母媼，嘗息大澤
229　之陂，夢与（與）神遇，時雷電晦暝[96]，大（太）公往視，交（蛟）龍於其上，已而有娠。高祖
230　隆准（準）而龍頰，有大度，寬仁愛人，意豁如也。有呂公者，善相，相高祖，
231　大貴，以女妻焉，即呂后也。為泗水亭長，常醉，夜經澤中，有蛇[97]當道，
232　高祖拔劍斬之，後至者見一嫗，哭曰：「吾子，白帝子，化為蛇[98]，今赤帝子斬
233　之。」始皇帝曰：「東南有天子氣。」東巡以厭之[99]，高祖隱於芒、錫（碭）山澤間，常有
234　雲氣。二世元年，起兵於沛，自立為沛公，破秦軍入咸陽，獲秦王子嬰。
235　初入秦，除秦苛法，約法三章。煞（殺）人无[100]【死】，傷人及盜（盜）□[101]（抵）罪。秦民大悅。
236　項羽至鴻門，沛公見羽，羽与（與）沛公飲，范增使項庄[102]（莊）入，以劍[103]舞，將擊煞（殺）沛
237　公，羽季父項伯亦起舞，以身蔽沛公，故兌（脫）五□，聚於東井。項羽立沛
238　公為漢王，漢王乃東伐，定三秦，擊項羽，敗於彭城。太公、呂后為羽所得
239　羽圍熒（滎）陽，使謂沛公曰：「不急下，吾得[104]太公。」沛公曰：「与（與）羽約為兄弟，吾
240　翁即汝翁，汝欲享幸，分吾一杯羹。」又與羽戰於廣武。羽伏弩射漢王傷
241　匈（胸）。五年，至彭城，誅項羽，立為皇帝。帝在洛陽南宮，見諸將往往偶語，
242　問張良，良曰：「反。」帝曰：「為之，奈何？」良曰：「帝所不快，群臣所共知，知者誰？」
243　帝曰：「雍齒數窘辱我。」乃先封。雍齒為侯，群臣乃喜曰：「雍齒且侯，吾

---

95　此字原寫似「童」字，疑為「章」字之俗體。
96　此字原从耳、从冥。
97　此字原从魚、从也，即「蛇」之異體。
98　此字字形同上注所述，亦「蛇」之異體。
99　此二字疑為後來補入，以小字書寫於側。第一字疑從無厂之厭之形。
100　此字原作「旡」，疑為誤摹。
101　此字不清，依辭例擬讀。
102　此字原从厂、从冫、从土。
103　此字原从僉、从刃。
104　此字原从得無彳之形。

244　當無患。」帝置酒謂群臣曰:「通侯諸將,無敢隱朕,吾所以有天下者何?
245　項氏所以失天下者何?」高起、王陵對曰:「階[105]【陛】下使攻城略地,因以与(與)之与(與)天
246　下也。項羽戰勝而不與人功,得地而不與人利,此以失天下也。」上曰:「公知其
247　一,未知其二。運策於惟(帷)悵(帳)之中,決(决)勝千里之外,吾不如子房也。鎮國
248　家,撫百姓,給餉餽,不絕粮(糧)道,吾不如蕭何。連百萬之軍,戰必勝攻□
249　取,吾不如韓信。三者皆人桀(傑),吾能用之,此吾所以取天下也。項羽有一范增,
250　而不能用,此其所以為我禽(擒)也。」初都洛陽,用婁敬之計,西都長安。北
251　伐凶(匈)奴,婁敬諫不聽,為凶(匈)奴所圍,用陳平秘計,得出,即赦婁敬謝之,
252　曰:「不用公言,以至於此。」即位十二年崩,年六十二。初,黥布反,帝自擊布,為
253　流矢所中。反困,呂后問以後事曰:「蕭相國死,孰可伐[106]【代】之。」「曹、叅(參)可問,其
254　次曰周勃可安。劉氏者,必教也。」子惠帝立。
255　略曰:帝名盈,呂太后子也,即位七年崩。呂太后立後宮子為惠帝,
256　子實呂氏子也。又立呂台、〔呂〕產、呂祿,皆為王。於是朱虛侯劉章与(與)大臣
257　共誅諸呂,及少帝立。又帝初,高帝寵感(戚)夫人,生趙王如意,帝愛之,
258　欲以代太子,呂后深怨之,呂帝憂[107]【憂帝】萬歲後,如意不全,及惠帝立,呂
259　后截感(戚)夫人手足,挑去眼,名曰人彘,煞(殺)趙王如意。
260　公子曰:漢高撥乱(亂)反正,為一代英主,可謂盡善者乎?先生曰:漢祖起
261　自卑微[108],提三尺劍[109]以取天下,實有英雄之度量,為故。班氏《王命論》
262　云:漢高之興有五,一曰帝堯之苗囊[110]【裔】,二曰體皃[111](貌)多奇異,三曰神武有
263　□應,四曰寬明而仁恕,五曰知人善任。使加之以信,誠好謀達於禮,
264　愛見善如不及,用人如由已,從諫如順流,趨時如響赴,此其所以得天

---

105　此字原作「階」,疑為「陛」之誤摹。
106　此字原作「伐」,疑為「代」之誤摹。
107　原作「帝憂」,略為不辭,疑應互作為「憂帝」。
108　此字原从山、从微。
109　此字原从僉、从刃。
110　此字原作「囊」,疑為「裔」之誤摹。
111　此字下部原从匕,疑為「皃」之誤摹。

265　下也。然知呂后之耶！僻而不能正愛，趙王如意而不能全身，□之後，幾
266　亡社稷，若無劉章、周勃，呂氏幾代漢矣。此之為過，甚於日月之蝕，豈
267　至善之謂乎？至於克平秦、項，創開漢業，前後□世，積數百年，衣
268　□礼（禮）榮，垂之後代，雖未□王道霸德之盛者也。
269　略曰：文帝，諱恆，薄姬之子。帝性寬仁儉素，嘗欲起露臺，召近[112]【匠】計之，
270　及百金。帝曰：「百金，中民十家之產，吾奉先帝宮室，常恐羞之，何以臺
271　為？」有獻千里馬者，帝曰：吾告行五十里，師行卅里，獨乘千里馬，欲
272　何之乎？所幸慎夫人衣不曳地，身衣弋綈，集上書囊以為殿。
273　惟除肉刑及收帑相坐律（律）令，有犯誹謗妖言之罪者，勿治。除關不用傳。
274　張武受金，帝加賞賜，以愧其心。專務以德，化民天下，斷獄四百，幾致刑
275　厝（措）。初，帝夢升天有一黃頭，即椎之，覺而求之，則鄧通也。乃賞通以
276　蜀銅山，得自鑄錢。趙人新垣平使人持玉杯於闕下，因謂帝曰：「闕下有寶
277　器。」取而獲焉，其後詐覺，夷平三族。即位廿年，年卌六，子景帝立。
278　略曰：景帝，名啟，文帝太子也，亦務無為。名亞[113]。文帝初，文帝除肉刑，以
　　　　箠[114]
279　弋之猶多死者，帝立[115]，令減其箠，由是死者少焉。然用朝（晁）錯之榮，侵削
280　諸侯，又嘗与（與）吳太子博局，栻[116]煞（殺）吳太子，吳王由此怨恨，遂与
　　　　（與）七國俱反。
281　又斬朝（晁）錯，以謝七國。丞相周亞夫平七國，有大功，帝心忌之，使有司誣亞
282　夫，反，亞夫下獄，自煞（殺）。帝即位十年，年卌八，子武帝立。
283　公子曰：班固云：「周云成康，漢稱文景。」斯言當乎？先生曰：成康承文武遺
284　跡，以周召[117]為相，化篤厚之民[118]，因積仁德，疾風偃[119]草，未足為喻。至如漢祖
285　開基，日不暇給，亡嬴之弊，猶有存者，鑿顛[120]抽脅[121]，尚行於世。太宗體
286　茲仁恕，式遵玄默，滌秦、項之酷烈，反（返）軒、昊之淳風，幾致刑厝（措），
　　　　斯為難

---

112 「近」稍不辭，疑讀為「匠」。
113 「名亞」二字疑為羡衍。
114 此字原从艹，不从竹。
115 「立」字以小字，補寫於側。
116 此字原从木、从氏。
117 此字原从召、从刀。
118 此字原从亡、从民。
119 此字原从彳、从匽。
120 此字原从兩真。
121 此字原从三刀、从貝。

287 矣。君使不溺新垣之說，無取鄧通之夢，懍懍乎庶幾近於王道。景帝
288 之擬周、康，則尚有慙（慚）德。
289 略曰：武帝，名名傲[122]【徹】，景帝太子也。既立，改號（號）建元。罷黜百家，建興庠序，
290 進用賢良公孫弘、兒（倪）寬等[123]。以衛青、霍去病[124]為將，北伐匈奴，開河南、朔
291 方地。又南平百越，東滅朝鮮，以為郡縣。封太山，禪梁甫山，稱万（萬）歲，神
292 光並興，獲麒麟、朱鴈（雁）。既連年証（征）討，又盛脩宮觀，天下虛耗[125]，國用不
293 足，乃以八月酎酒祭宗廟，令諸侯出金以助祭，號（號）曰酎金。其色惡及不中
294 □□□奪一爵。丞相趙周又以水銀著稱衡中，令金色變，於是諸侯坐
295 □□□□[126]者眾。又禁百姓沽酒及賣塩（鹽）鐵[127]，唯官得賣之。又令諸侯
296 □□，以白鹿皮薦（薦）珪，名曰皮幣，唯禁苑有白鹿，因賣其皮，与（與）諸侯一
297 □，直卅金。又金[128]【令】民出緡錢，六畜舟車皆出租稅。末年好神仙，以公主妻
298 術士，又信巫蠱之言，太子、公主、丞相皆坐誅，皇后自煞（殺），其百姓、大臣坐
299 死者數万（萬）。貪汗血之馬，則万（萬）里伐宛。嘗蒟醬之味，則西開西南夷，其不
300 愛民命以從已【己】欲如此。後元年二年崩，即位五十四年，年七十一，子昭帝立。
301 公子曰：觀漢武帝雄才大略，可方前代何王？先生曰：漢武承六世之業，海內[129]
302 公子曰：漢昭帝、周成王俱以韶[130]年並有令問（聞），熟（孰）者為賢？先生曰：二人之
303 殷富，又有高人之資，故能總[131]覽英雄，駕御豪桀（傑），內興礼（禮）樂，外開邊
304 德，前代已有論矣。公子曰：願[132]聞斯論者，□□[133]以為周成王者，武王之子，文

---

122 此字原作「傲」，疑「徹」之誤摹。
123 此字原从艹，不从竹。
124 此字無从「冫」。
125 此字原示、从毛。
126 疑可擬補「酎金失侯」。
127 此字原从金、从截。
128 此字原作「金」，頗為不辭，疑為「令」之誤摹。
129 此處明顯疑有漏抄大段文字。依體例，「公子曰」乃問語，後繼以「先生曰」之答語，下接「公子曰」之問漢昭帝者，則尚缺遺「略曰」之敘述漢昭帝史事文字。
130 此字原从召、从刀，疑讀為「韶」。
131 此字原从木、从怱，疑讀為「總」。

305 境，北攝匈奴，南平百越，若其開學校，盛文詞，制度憲章，煥焉可述方[134]
306 王之孫，周公之兄子也。有累世聖人之資，其聰睿不足□也，至如斯
307 於始皇，則為優矣。至於驕奢暴虐，可以相亞，並功有餘而□不
308 □□□〔父〕非武王，祖非文王，叔非周旦，而卓然不群，夙智如此，且成王疑
309 □〔周〕□〔公〕□〔以〕[135]流言，昭帝明霍光之無罪，此之優劣，相去遠矣。
310 □〔略〕□〔曰〕：[136]昭帝，名弗，武帝少子。即位，年十四，改元為始元。元年，大將軍[137]
311 略曰：昌邑王賀，昌邑哀髆之子。初奔喪，稱嗌痛[138]，不肯哭，在道以車，
312 霍光及左將軍上官桀執政，桀害光寵，欲誅之，乃詐為帝兄燕
313 載女子，行至濟陰，求長鳴雞，積[139]竹林，及即位，淫亂，賜侍中君卿[140]
314 王旦上書，稱光行上林稱蹕，又私調校尉桀，乃奏。燕王表霍光
315 黃金千斤，以取十妻。昭帝□在前殿，賀引內，樂人皷（鼓）吹歌舞，駈[141]
316 □開之不敢入，帝名之曰：大將軍無罪，朕知此書詐也。光曰：陛下□
317 □□〔北〕宮，弄虡鬪（鬥）獸，与（與）昭帝宮人乱（亂），典官奴夜飲。在位凡廿七日，有事。
318 以知得人。帝曰：大將軍上林近耳調校尉來，未能十日，燕王何以得知
319 凡一百廿七□，侍中傅嘉諫，縛嘉，繫獄，於是霍光廢賀為海昏侯。
320 之，且將軍為非，不須校尉，帝□將軍反，□不由一校尉，由是光得盡忠，上官桀
321 立武帝玄孫詢，是為宣帝。
322 □□□□伏誅。泰山大石，自立上林，枯柳心生，有鳳皇集，改元鳳元[142]【元鳳】。
323 公子曰：□之昌邑，□昏已甚，比之桀紂，可□□乎？先生曰：桀紂之王，各已[143]
324 即位，十三年崩，年廿二，武帝孫昌邑王賀立。

---

132 此字从員、从頁，疑讀為「願」。
133 「以為」二字之前，似補兩字於側，然字跡不清無法識讀，暫缺。
134 此第三〇五行文字，明顯不能與第三〇四行相接，疑為錯簡。
135 「周公以」三字處原不清，以辭例擬補。
136 「略曰」二字不清，依辭例擬補。
137 此行文字，與下行無法連續而讀，疑有漏抄。
138 此字原多从一偏旁「心」。
139 此字原从木、从責。
140 此行文字與第三一二行無法連讀，疑應跳行而讀，其文乃順。案，讀法應以第三一〇、三一二、三一四、三一六、三一八、三二〇、三二二行，先依次而讀；後接第三一一、三一三、三一五、三一七、三一九、三二一行，則文字所述之帝王，分別為昭帝、昌邑王賀、宣帝，合於世系順位。
141 字或疑為「駉」，暫作此。
142 「鳳元」二字，疑為「元鳳」之誤作。
143 與下行文字無法連讀，疑有漏抄。

325 十載,身戻南面歷年,永久默後,惡被生民[144],害加百姓。昌邑,蕃國之嗣
326 □居元首,朽索馭奔,猶懼不剋,況(况)乃身服苴斬,梓宮在殯,教導御
327 立,曾未三旬,沉湎昏[145]縱,如斯之甚。若使遂享中國,肆其狂暴,則夏
328 癸商辛未足比也。
329 略曰: 宣帝名詢,武帝曾孫,衛太子之孫也。足下生毛,臥居如有光曜,即位。
330 改號(号)為本始元年。好法津(律),留心治道,進用良吏,蓋皆稱職,常稱曰,使百姓
331 無愁恨之氣者,實唯良。二千石每幸宣室,齋居而決(决)事,由是百司稱
332 其能。鸞鳳、神雀、甘露降集,頻年豐稔,穀[146]石五錢,呼韓耶(邪)單于入侍,
333 號(号)稱中興。帝即位廿五年,年卌二,生元帝。
334 公子曰:漢宣帝政甚明察,其光武之儔歟?先生曰:漢宣起自閭[147]閻,知民疾苦,
335 是以留心以政權,用賢良,源其脩名責實,峻法嚴令,蓋流出於申、韓也。元
336 帝為太子,嘗諫帝以為持法太嚴,帝作色曰:「我漢家以霸王之道雜
337 之,□何純任德化,用害[148]【周】政乎?」由此觀之,知其度量不遠矣。古語云:圖[149]王
338 之弊猶足霸,圖霸不成,弊如何?光武仁義圖王之君也,宣帝刑名圖霸
339 □□今以相□□非其倫。
340 略曰:元帝,名奭,宣帝太子。帝柔仁好儒,□宣帝所用多文法吏,以刑名
341 □□下大臣陽(楊)惲、蓋寬饒等坐譏刺[150]而誅,縱容諫帝,帝歎曰:乱(亂)我家
342 者,太子也。宣帝崩,即位,改號(号)□〔初〕□〔元〕[151],□寵黃門柔[152]【乘】輿狗馬,水衡禁
343 苑,假与(與)貧民,賜前□□〔中〕書令弘恭、石顯譖望之,
344 □〔令〕□〔自〕□〔煞(殺)〕□□

---

144 此字原从民、从日。
145 此字原从民、从日,前此出現之同字多讀為「民」,然此疑讀為「昏」,乃能文從字順。
146 此字疑从殻、从禾,讀為「穀」。
147 此字以小字,補寫於側。
148 「害」、「周」二字形近,此作「害」不辭,殆為「周」之誤摹。
149 此字原缺從偏旁「囗」,下一行四個讀「圖」字亦同,不再注明。
150 此字原从夾、从刂,或疑讀為「刺」,依辭例,從後者。
151 「初元」二字原無見,依辭意推知,擬補。
152 此字原作「柔」,疑為「乘」之誤摹。

## 三　說明

本篇文書在論敘帝王之前，有一大段文字，云「天意人事相參而成，將為□說治亂（亂）之跡，賢愚二□」、「□皇五帝之君，德合天地，明並日月，窮機體睿微妙玄□，（中略）則□□世有治亂（亂）興亡之運，可得而言其明者，可為軌範者□鑒□（戒？）」，殆為總論性質，疑與《漢書》卷二十《古今人表》論聖君、暴君之議近是，惜殘缺不全，難以窺見全貌。

所論帝王有「□帝」、「黃帝」（三皇）、「少昊」、「顓頊」、「帝嚳」、「唐堯」、「虞舜」、「夏禹」、「太□〔康〕」、「太戊」、「武丁」、「紂」、「周文王」、「武王」、「成王」、「厲王」、「宣王」、「幽王」、「□〔秦〕始王」、「二世」，下應及於撰作者之當世或前朝之君王。

「至於守文承平無咎無譽，非所由者亦所不談也」，乃其去取標準。取於聖君者，則為治道之「軌範」；取於亂主者，乃為敗亡之「鑒戒」。

又於體裁格式上明確分為三部份，分為「略曰」、「公子曰」、「先生曰」三者。「略曰」，為帝王史事之簡略敘述，先述於前；「公子曰」，為尚未成為帝王或太子的李世民之問語；「先生曰」，老師或太傅之答語，當是虞世南，列在最後。

本文書僅存約兩卷，無題記、年代、作者，至若篇名，書於第一卷之後，曰「《帝王論》」，重以寫本「略曰」之語，殆以《舊唐書》卷四十六《經籍志》之《帝王略論》五卷差可比擬，傳為虞世南撰作。[153] 然以其「凡庸所敢輕議，但略陳其事，存而不論，暨乎五代」，故或有部分內容為後來增補者所為。

## 四　結論

唐高祖（西元566-635年）在位期間，沒有儘早確立繼承人問題，雖然他早立長子李建成為太子，但對於建成與諸兒間的明爭暗鬥，一再縱容，未加控制。同時，次子世民擁護者眾多，導致太子建成、四子元吉和世民之間的矛盾激化。

最終，李世民先下手為強，武德九年（西元626年）六月初四庚申日（7月2日），由李淵次子秦王李世民發動「玄武門之變」，這是在唐代首都長安城（今陝西省西安市）太極宮的北宮門。李世民率眾殺害太子李建成（被李世民親自射殺）、四弟齊王李元吉（由尉遲敬德射殺），並殺死兩人諸子十位，李建成、李元吉與他們二人諸子，皆被除宗籍。

三天後，李世民為太子；三個月後，李淵便將帝位內禪給李世民，自己退位變成太上皇。

---

[153] 後晉・劉昫等撰，楊家駱主編：《新校本《舊唐書》》（臺北：鼎文書局，1989年），第3冊，頁1995。

李世民從武德元年（西元618年）至武德九年（西元626年）六月以前，皆官尚書令。直至武德九年（西元626年）六月以後，才登上太子之位。所以，這個《帝王論》、《帝王略論》，若不論後人增補潤色下，武德九年（西元626年）六月初四，應該是其撰作時代的下限。寫本《帝王論》的內容，有「略曰」之語，故原書卷，亦宜稱《帝王略論》。

　　《貞觀政要》則首標「貞觀」多少年，次則太宗謂臣下、或某大臣諫上之言，專在記言，相較於《帝王略論》，少了「略」、「論」，「略」是撰作人對史事的敘述，「論」對史事的評價。兩者可以說是傳統史書中，相當重要的一部分，尤其是「論」，相當於《左傳》「君子曰」、《史記》「太史公曰」的地位。

# 徵引書目

## 一　原典文獻

漢‧司馬遷撰，南朝宋‧裴駰集解，唐‧司馬貞索隱，唐‧張守節正義：《史記》，北京：中華書局，2013年。

漢‧班　固著，唐‧顏師古注，中華書局編輯部點校：《漢書》，北京：中華書局，1962年。

晉‧皇甫謐撰，清‧宋翔鳳集校：《帝王世紀》，訓纂堂叢書本。

唐‧吳　兢編撰，許道勳注譯，陳滿銘校閱：《新譯貞觀政要》，臺北：三民書局，1995年。

後晉‧劉　昫等撰，楊家駱主編：《新校本《舊唐書》》，臺北：鼎文書局，第3冊，1989年。

法國國家圖書館，上海古籍出版社編：《法藏敦煌西域文獻》（17），上海：上海古籍出版社，2001年。

清‧楊　倫：《杜詩鏡詮》，臺北：藝文印書館，1978年。

## 二　近人論著

施義勝：《唐太宗與貞觀之治》，臺北：臺灣商務印書館，1988年。

四　《群書治要》、《貞觀政要》與史學之交涉

# 帝冑貴族的治國教材：
## 論《群書治要》的教育意義

### 潘銘基
香港中文大學中國語言及文學系教授

### 摘要

唐太宗李世民下令魏徵等從群籍裡輯錄治國大道，以為君主治國之借鑑，名之為《群書治要》。《群書治要》的讀者皆為帝王及王室成員。唐太宗下令魏徵編撰此書，而書成後太宗本人也甚為讚賞，以為是「博而且要，見所未見，聞所未聞，使朕致治稽古，臨事不惑。其為勞也，不亦大哉」（《大唐新語》）。在唐太宗以外，唐玄宗李隆基當亦《群書治要》的讀者，《集賢注記》謂其覽之而稱善。除了兩位唐代君主以外，二朝之太子及諸王更是本書之假設讀者。觀乎《大唐新語》及《集賢注記》所載，唐太宗和唐玄宗分別指示要「太子諸王，各賜一本」，以及「令寫十數本，分賜太子以下」，太子與諸王即日後治國之君，以《群書治要》所載作為學習的內容，可見帝王栽培人才的苦心。《群書治要》無疑為治國之指南。茲篇之撰，以《群書治要》所引史部文獻為考察之中心，選例析述《群書治要》所以採用相關段落與治國教材的關係。此外，以舊籍為鑒，其中蘊含了豐富之古人智慧，師事古人，可助治今；以史為鑒，可減卻許多容易犯下的過錯。再者，《群書治要》實為一部諫書，書裡採錄了古代賢臣向君主進諫的片段，讀者覽之，當明白虛懷納諫有助管治國家。凡此種種，皆在本文裡選例講解。

**關鍵詞**：教育太子、治國、集賢注記、群書治要

## 一　治國大道的輯選

唐代初年，唐太宗李世民欲以古為鑒，明治亂之道。彼以為類書如《皇覽》等，「隨方類聚，名目互顯，首尾淆亂，文義斷絕，尋究為難」，[1]因而命魏徵、虞世南、褚亮、蕭德言等，博採群書，以治要為目的，編撰《群書治要》。

魏徵等於群籍之中，擇其「務乎政術」者，「以備勸戒，爰自六經，訖乎諸子，上始五帝，下盡晉年，凡為五袠，合五十卷，本求治要，故以治要為名」。[2]《群書治要》所引典籍，包括：卷一至卷十為經部十二種，卷十一至卷三十為史部六種，卷三十一至卷五十為子部四十八種。其中又以《漢書》所被徵引最多，共八卷。全書原五十卷，今缺卷四、卷十三、卷二十，實存四十七卷。據此所述，大概前代典籍眾多，要一一披閱見其治國大道，並不化算，《治要》之書採錄群籍裡治國之選段，匯聚一書，便能起勸戒治道之用。

《群書治要》所引經部典籍，包括《周易》、《尚書》、《毛詩》、《春秋左氏傳》、《禮記》、《周禮》、《周書》、《春秋外傳國語》、《韓詩外傳》、《孝經》、《論語》、《孔子家語》等。經，鄭玄云：「經者，不易之稱。」[3]劉勰《文心雕龍·宗經》云：「經也者，恒久之至道，不刊之鴻教也。」[4]大抵經所指為恒常不易的大道理。《群書治要》所採經部典籍，如取《隋書·經籍志》與之相較，可見《治要》所言經書之標準。[5]經書所言治國大道，多不勝數，但用以教導人君，《左傳》、《禮記》有較長篇幅敘事文字者，自當較為合適。因此，在引用經書十二種裡，《治要》援引《左傳》特多，占了《治要》之三卷。

可惜的是，《群書治要》卷四至卷六引用《左傳》，但卷四已佚，今僅餘卷五、卷六。在《群書治要》節選之《春秋左氏傳》片段之中，所錄既有昏庸闇主的惡行，亦有股肱賢臣的事跡，其要在於欲令唐太宗能以史為鑒，使國家大治。舉例而言，卷五成公二年詳載宋文公厚葬之事，其文如下：

> 宋文公卒，始厚葬，用蜃炭，益車馬，始用殉，重器備。君子謂：「華元、樂舉，於是乎不臣。臣治煩去惑者也，是以伏死而爭。今二子者，君生則縱其惑，死則益其侈，是棄君於惡也。何臣之為。」

---

1　唐·魏徵奉敕撰，尾崎康、小林芳規解題：《群書治要》（東京：汲古書院，1989年，金澤文庫本），第1冊，序頁10。本文所載《群書治要》，除非特別注明，否則悉據此本。
2　《群書治要》，第1冊，序頁5、7、10。
3　清·皮錫瑞：《孝經鄭注疏》（北京：中華書局，2016年），鄭氏序，頁1。
4　梁·劉勰著：《文心雕龍注》（北京：人民文學出版社，1958年），卷一，頁21。
5　詳參拙文〈論《群書治要·經部》所見唐初經學風尚〉，載臺灣書目季刊社，《臺灣書目季刊》，第53卷第3期（2019年12月），頁1-27。

在魯成公二年（前589年）八月，宋文公去世。為宋文公厚葬，是厚葬的開始。厚葬的規格包括：用蜃灰和木炭，增加陪葬的車馬，並開始用活人殉葬，更有很多器物陪葬。君子以為兩位宋國大臣華元、樂舉，於此有失為臣之道。臣子是為國君去掉煩亂解除迷惑的，理當冒死諫諍。但華、樂二人，於宋文公在生之時即讓其放縱作惡，死後又增加了他的奢侈表現，這是等同將國君推到邪惡裡去，二人算是甚麼臣子呢？閱畢《治要》所引此事，為人君者自當不主厚葬，且要多鼓勵臣下進諫；為人臣者讀此，當明瞭為臣要盡力諫諍。利用《治要》所載內容以作諫書，也是《治要》的重要功能。

又如《群書治要》卷六引《春秋左氏傳》襄公二十五年之文：

> 二十五年，齊棠公之妻，東郭偃之姊也。棠公死，武子取之，莊公通焉。驟如崔氏，崔杼殺莊公。晏子立於崔氏之門外，其人曰：「死乎？」曰：「獨吾君也乎哉？吾死也。」曰：「行乎？」曰：「吾罪也乎哉？吾亡也。」曰：「歸乎？」曰：「君死安歸？君民者，豈以陵人？社稷是主。臣君者，豈為其口實？社稷是養。故君為社稷死，則死之；為社稷亡，則亡之。若為己死而為己亡，非其私暱，誰敢任之？」門啟而入，枕尸股而哭，興，三踴而出。

此處載錄齊莊公與崔杼妻私通之事，後崔杼知之，殺掉莊公。晏嬰在崔府門外，人問晏嬰是否要為君殉，或要否逃難。晏子以為錯不在己，無此必要。晏子指出，國君死了，應當回到哪裡去；作為百姓之君主，實應主持國政；作為君主之臣下，自當保養國家。因此，如君主為國家而死，則死之；為國家而逃亡，則為其逃亡。如果君主只是為了自己而死而逃亡，又不是他寵愛的人，誰敢擔當責任。大門開啟，晏子進去，頭枕在莊公屍體的大腿上號哭，起來，往上跳三次後才出去。臣下為君主而殉，並非理所當然。究竟君主要有怎樣的嘉言懿行，才能令臣下以為殉之可也？齊莊公顯然是反例，但《治要》引之實可供讀者借鑑。

《群書治要》所引史部典籍六部。今人閱讀古史，除了考察歷朝歷代治亂興衰，以及典章制度以外，所起鑑古知今之作用，尤其重要。梁啟超云：「史者何？記述人類社會賡續活動之體相，校其總成績，求得其因果關係，以為現代一般人活動之資鑑者也。」[6] 梁氏指出史書可供現代人士之所借鑑，其言良是。其中包括《史記》一卷半、[7]《吳越春秋》半卷、《漢書》八卷、[8]《後漢書》四卷、《三國志》（《魏志》2卷、《蜀

---

[6] 梁啟超：《中國歷史研究法》，載林毅校點：《梁啟超史學論著三種》（香港：三聯書店，1980年），頁45。

[7] 有關《群書治要》引用《史記》之狀況，可參拙文〈論《群書治要》去取《史記》之敘事方法〉，《國文天地》第411期（2019年8月），頁14-23；以及拙文〈《群書治要》引《史記》研究〉，載《輔仁中文學報》第50期（2020年6月），頁47-88。

[8] 有關《群書治要》引用《漢書》之狀況，可參拙文〈《群書治要》所見《漢書》及其注解研究——兼

志》半卷、《吳志》1卷半）四卷、《晉書》兩卷。《治要》引用《漢書》，達八卷之多，[9]乃《治要》援引諸書之冠，而《漢書》既為史書，則可見《治要》編者重視以史事供今人借鑑之用心矣。

《吳越春秋》之文，《群書治要》只引用兩則，其中第一段從「吳王夫差聞孔子與子貢游於吳」，至「於是吳王默然不言」，與今本《吳越春秋·夫差內傳十四年》之文字不盡相同，周生春《吳越春秋輯校匯考》以為佚文，並據《群書治要》所載補入。[10]此段文字說的是君主應該安於帝位，否則會有憂患；作為《治要》讀者，太子及諸王讀之理應有所警惕。至於第二段文字，《吳越春秋輯校匯考》以為屬於「《吳越春秋》異文」，指出《治要》、《太平御覽》與今本《吳越春秋》三者文字彼此有別，係取自不同的傳本。[11]此段故事即為「螳螂捕蟬，黃雀在後」，旨在警告人們不要只看眼前利益，而要考慮身後的憂患。《治要》節錄此段，以期告誡君主，必要持守德行，治理本國，不可好戰而侵犯他國，否則必有禍患。總之，所引《吳越春秋》二則，皆言君道。又，《群書治要》所援引典籍之次序，與《隋書·經籍志》關係密切。然而，《隋志》置《吳越春秋》於史部雜史類，[12]與《群書治要》置於《史記》與《漢書》之間顯有不同。大抵史書所載史事之先後次序，較諸其書在史志之排列更為重要。

《群書治要》卷三十一至卷五十俱引子部典籍，合共四十八種。阮元以為《群書治要》「洵初唐古籍也」，復以所採各書，「并屬初唐善策，與近刊多有不同」。[13]時為近古，彌足珍貴。《群書治要》所引典籍，其中部分已經散佚，今幸得《治要》徵引而存，子書如尸佼《尸子》、申不害《申子》、崔寔《政論》、仲長統《昌言》、桓范《政要論》、杜恕《體論》、蔣濟《萬機論》、曹丕《典論》、陸景《典語》、袁準《袁子正書》等即其例。[14]

東周之時，聖王不作，諸侯放恣，國家分裂，周天子雖名為共主，然其權力已蕩然無存。諸侯乃欲富國強兵，攻伐天下，有識之士遂因此而周遊列國，遊說時君加以重用。諸子百家之學說遂應運而生。前引《淮南子·要略》以為諸子之學，皆起於救世之

---

論其所據《漢書》注本〉，載《成大中文學報》第68期（2020年3月），頁73-114。案：此文並見林朝成、張瑞麟主編：《第一屆〈群書治要〉國際學術研討會論文集》（臺北：萬卷樓圖書公司，2020年），頁95-129。

9　案：因卷十三、卷二十均闕，故今所見《治要》實存引用《漢書》之文共六卷。
10　周生春：《吳越春秋輯校匯考》（上海：上海古籍出版社，1997年），頁264。
11　《吳越春秋輯校匯考》，頁227。
12　唐·魏徵等：《隋書》（北京：中華書局，1973年），卷三十三，頁960。
13　清·阮元：〈群書治要五十卷提要〉，載阮元：《揅經室集》（北京：中華書局，1993年），外集，卷二，頁1216-1217。
14　詳參呂效祖：〈群書治要及中日文化交流〉，《渭南師專學報（社會科學版）》第六期（1998年），頁22-25。

弊，其說是也。諸子學說人言人殊，各有差異，然皆應時而興，此其同也。又如司馬談〈論六家要旨〉以為諸子乃「同歸而殊塗」，皆是「務為治者」，即用以治國治人也。此可見諸子之相同也。復如孟子、荀子，二人學說似多有相異，然揚雄以為孟荀乃是「同門而異戶」，[15]是二人之學說乃同多而異少也。司馬遷《史記》取老子、莊子、申不害、韓非合傳，申子、韓非後世雖以之為法家，然史遷以為申、韓二人「皆原於道德之意」，[16]可知道家、法家多有相同。至於司馬談所謂道家，則是「因陰陽之大順，采儒墨之善，撮名法之要」，[17]兼集各家之善。準此，諸子百家其實多有相合，其學說並非涇渭分明，各不相干，各部子書俱言治國大道，適足為讀者所參考。

舉例而言，《群書治要》採錄《孟子》共十四則，其中〈梁惠王〉三則、〈公孫丑〉三則、〈滕文公〉一則、〈離婁〉三則、〈告子〉三則、〈盡心〉一則；採錄《孟子》正文之餘，《治要》亦兼取部分東漢趙岐注。《治要》卷三十七引《孟子・梁惠王上》「王何必曰利」章，其曰：

> 孟子見於梁惠王。王曰：「叟！不遠千里而來，亦將有以利吾國乎？」孟子對曰：「王何必曰利？亦曰仁義而已矣。王何必以利為名乎？亦唯有仁義之道可以為名耳。以利為名，則有不利之患矣！王曰：『何以利吾國？』大夫曰：『何以利吾家？』士庶人曰：『何以利吾身？』上下交征利，而國危矣。征，取也。從王至庶人，各欲取利，必至於篡弒。未有仁而遺其親者也，未有義而後其君者也。」

孟子見梁惠王，惠王直問其利國之策。孟子不對，誠如司馬遷所言，蓋「利誠亂之始也」，[18]舉國上下如果只以利相交，則國勢必危。《群書治要》載錄此文，其用意乃在勸諫人君不要只重在利，而是以仁義治國。讀者覽之，當知所去取。

質言之，《群書治要》所引典籍遍及經、史、子三部，一般而言，援引經書多重經義，援引史書措意於治亂興衰，援引子書則注目於其思想意涵。然而，《治要》以治國大道為其輯錄舊典的總原則，是以勿論其為經部、史部、子部典籍，均只採錄書中與治國大道相關的選段。

## 二　《群書治要》的假設讀者

中國人特別重視學習，在傳統儒家文化裡，鼓勵學習多所得見。先秦兩漢典籍有以

---

15 案：此文見漢・揚雄《法言・君子》。汪榮寶：《法言義疏》（北京：中華書局，1987年），卷十八，頁499。
16 漢・司馬遷：《史記》（北京：中華書局，1982年），卷六十三，頁2156。
17 《史記》，卷一三〇，頁3289。
18 《史記》，卷七十四，頁2343。

「勸學」名篇，如《荀子‧勸學》、《尸子‧勸學》、《呂氏春秋‧孟夏紀‧勸學》、《大戴禮記‧勸學》、賈誼《新書‧勸學》、揚雄《法言‧學行》、王符《潛夫論‧讚學》、徐幹《中論‧治學》等，其中《荀子》、《尸子》、《法言》、《潛夫論》、《中論》等五書皆置「勸學」篇章為第一篇，其開宗明義以鼓勵學習明矣。[19]江禹池、宋祥云：「『勸學』是中國古代獨具特色的教育方式，並形成了系統的勸學思想，在古代人才的培養中產生了較大的作用，在現代社會尤其是基礎教育中仍有巨大的啟示和指導作用。」[20]孔門之教首重在學，後人視孔子為萬世師表，乃因其人以學習為教授學生之第一要事。觀乎《論語》全書，論學之章節甚多，《論語》雖然編者未明，惟今本《論語》首為〈學而〉，第一節即云「學而時習之，不亦說乎」，以學為先；孔子亦自道「若聖與仁，則吾豈敢？抑為之不厭，誨人不倦」，以為一生所重在於學習而不厭。錢穆《論語新解》於「學而時習之」條下云：

> 孔子一生重在教，孔子之教重在學。孔子之教人以學，重在學為人之道。本篇各章，多務本之義，乃學者之先務，故《論語》編者列之全書之首。又以本章列本篇之首，實有深義。學者循此為學，時時反驗之於己心，可以自考其學之虛實淺深，而其進不能自已矣。[21]

錢先生所論可謂知言矣，《論語》置「學而時習之」為全書首章，用意深遠，更有勸勉學習之效。

　　學習之為重，又見於不同時代之家學。自東漢以來，門第已漸形成。錢穆《國史大綱》指出，由於學術環境不普遍，學術授受有限，往往限於少數私家，而有所謂「累世經學」。經學既為入仕之條件，於是又有所謂「累世公卿」。二者慢慢造成士族傳襲的勢力，積久遂成門第。此外，察舉制度之舞弊，也是門第形成的另一原因。地方察舉權任太守，無客觀的標準，因此易於私營。一面是權門請託，一面是故舊報恩。兩者遞為因果，使天下仕途，漸漸走入一個特殊階級的手裡去。及至門第勢力已成，遂變成變相的貴族。[22]唐代君主姓李，其先為隴西李氏家族。隴西李氏崛起於魏晉南北朝，始祖李暠建立十六國時期的西涼。至北魏時，隴西李氏為北方望族。唐代君主出自隴西李氏，是知此帝王之家，初亦出自顯赫士族。是以李氏得天下，特別重視王室成員的學習。唐代帝王對於君主當如何治國，有以史為鑒之心，欲借前代君王治國方略作為管治之藍本。

---

[19] 詳參拙作〈論先秦兩漢典籍所見的「勸學」傳統〉，載《國學研究》第48卷（2022年12月），頁145-167。

[20] 江禹池、宋祥：〈學而有知：王符《潛夫論》中的勸學思想〉，《古籍整理研究學刊》第三期（2019年5月），頁94。

[21] 錢穆：《論語新解》（臺北：東大圖書公司，1991年），頁4。

[22] 詳參錢穆：《國史大綱》（香港：商務印書館，1994年），頁184-186。

先是虞世南編有《帝王略論》。瞿林東《唐代史學論稿》以為《帝王略論》乃唐太宗李世民尚在秦王府時所由虞世南所編撰,即唐高祖武德元年(西元618年)封李世民為秦王以後。《群書治要》更是以群書為鑒,成書於唐太宗貞觀五年(西元631年)。至貞觀二十二年(西元648年),唐太宗更親撰《帝範》一書,賜予太子李治,論述人君之道。及至唐玄宗時,吳兢編撰《貞觀政要》,以君臣對答的方式,分類編撰貞觀年間唐太宗與魏徵、虞世南等四十五人的政論,以古為鏡,使後人擇善而從。總之,唐代皇室對於如何借鑑前代經驗以治國,實在花費了不少精力。

《群書治要》的首位讀者,當然是唐太宗李世民。隋末唐初,天下方定,唐太宗李世民欲以古為鑒,明治亂之道。唐太宗以為類書如《皇覽》等「隨方類聚,名目互顯,首尾淆亂,文義斷絕,尋究為難」,因而命魏徵等博採群書,以治要為目的,編撰《群書治要》一書。於是魏徵乃率群臣編撰《群書治要》,修書者包括魏徵、虞世南、褚亮、蕭德言等。編撰此書之用意乃在「昭德塞違,勸善懲惡」,希望君主可以史為鑒,從典籍所載治國之要道以見為國者之所應為。然而,歷代典籍眾多,「百家踳駁,窮理盡性,則勞而少功,周覽汎觀,則博而寡要」。魏徵等遂於群籍之中,擇其「務乎政術」者,「以備勸戒,爰自六經,訖乎諸子,上始五帝,下盡晉年,凡為五袠,合五十卷,本求治要,故以治要為名」。[23]是以其於經部、史部、子部典籍之中,擇取其與治道相關者,臚列其文,以為天子借鑑。成書以後,唐太宗親自披閱,《大唐新語》卷九嘗詳載其事:

> 太宗欲見前代帝王事得失以為鑒戒,魏徵乃以虞世南、褚遂良、蕭德言等采經史百家之內嘉言善語,明主暗君之跡,為五十卷,號《群書理要》,上之。太宗手詔曰:「朕少尚威武,不精學業,先王之道,茫若涉海。覽所撰書,博而且要,見所未見,聞所未聞,使朕致治稽古,臨事不惑。其為勞也,不亦大哉!」賜徵等絹千疋,綵物五百段。太子諸王,各賜一本。[24]

據此,知《群書治要》書成以後,備受太宗稱頌,以此書為廣博切要,「見所未見,聞所未聞」,故命人繕寫諸本,分賜予太子及諸王,以為治國立身之法則。《群書治要》書成於貞觀五年(西元631年)九月二十七日。[25]唐太宗有子十四人,女二十二人,相信

---

23 《群書治要》,序,頁7-10。
24 唐・劉肅:《大唐新語》(北京:中華書局,1984年),卷九,頁133。案:唐太宗此詔亦載《全唐文》卷九,題為〈答魏徵上《群書理要》手詔〉。
25 案:兩唐書俱未載《群書治要》之成書年分,惟《唐會要》云:「貞觀五年九月二十七日,祕書監魏徵撰《群書政要》,上之。」(宋・王溥:《唐會要》〔北京:中華書局,1955年〕,卷三十六,頁651。《唐會要》作「政」者,蓋避唐高宗李治諱。)可知貞觀五年(西元631年)為《治要》書成之時。

皆為《群書治要》之讀者。[26]當時，唐太宗長子李承乾（即太子）亦僅十三歲，此下弟妹成群，俱未成年，可見皆處求學階段。因此，「太子諸王，各賜一本」，代表他們均是《群書治要》的讀者，目的便是希望諸子可以掌握治國之道。唐太宗能開創貞觀盛世，《群書治要》的編撰自是功不可沒。

唐太宗賜太子諸王各一部《群書治要》，除了唐太宗以外，唐玄宗李隆基亦有步踵此懿行。唐代史學家韋述《集賢注記》云：

> 天寶十三載十月，敕院內別寫《群書政要》，刊出所引《道德經》文。先是，院中進魏文正所撰《群書政要》，上覽之稱善，令寫十數本，分賜太子以下。[27]

《集賢注記》成書於天寶十五年（西元756年）二月，據韋述自序，此書乃其本人之親身聞見，內容為開元、天寶年間之集賢院史料。此言集賢院在天寶十三年（西元754年）據《群書治要》而輯出《道德經》。在此之前，集賢院將《群書治要》上呈唐玄宗，而玄宗閱之而稱善，更下令將《群書治要》抄寫十多部，賜予太子諸王等。由此可見唐玄宗天寶年間，《群書治要》仍然是多所誦習的重要文獻。另一方面，待集賢院上呈而方得閱覽《群書治要》，則玄宗在當太子諸王之時，並無得見《群書治要》。

宋人王應麟《玉海》嘗援引李繁《鄴侯家傳》，其中亦提及《群書治要》：

> 《鄴侯家傳》：「上曰：『朕欲知有古政理之要，而史籍廣博，卒難尋究。讀何書而可？』對曰：『昔魏徵為太宗略群書之言理道者，撰成五十卷，謂之《群書理要》。今集賢合有本。又肅宗朝，宰相裴遵慶撰自上古已來至貞觀帝王成敗之政，謂之《王政紀》，凡六十卷。比寫本送臣，欲令進獻於先朝，竟未果。其書見在，臣請進之，以廣聖聰。』上曰：『此尤善也。宜即進來。』於是表獻。」[28]

李泌（西元722-789年），字長源，事玄宗、肅宗、代宗、德宗四朝，貞元三年（西元787年）任宰相，封鄴侯。其子李繁（？-西元829年）後作《鄴侯家傳》十卷，記其生平事跡甚悉。《新唐書‧李泌傳》、《資治通鑑》於此書多所取材，其書至明代方佚，僅

---

[26] 案：唐太宗有子十四人，女二十二人，即以諸子而論，其中二子李寬早逝；當時太子李承乾十三歲、三子李恪十二歲、四子李泰十一歲、五子李祐十歲、六子李愔約十歲、七子李惲約十歲、八子李貞四歲、九子唐高宗李治三歲、十子李慎（西元631年封申王）、十一子李囂（西元631年封江王）、十二子李簡（西元631年封代王，同年去世）、十三子李福（西元634-670年）、十四子李明（西元約640-約680年）尚未出生。

[27] 唐‧韋述撰、陶敏輯校：《集賢注記》（北京：中華書局，2015年），卷中，頁265。案：此言《群書政要》者，作「政」乃避唐高宗李治名諱而改。

[28] 宋‧王應麟：《玉海》（京都：中文出版社，1977年），卷五四，頁28b。案：此引《群書理要》者，即《群書治要》也，因唐高宗李治名諱而改。

有佚文存留。[29]以上即屬《玉海》所引《鄴侯家傳》佚文一則。李泌乃中唐人,因其歷事四朝,時代上蓋與前文《集賢注記》所載相同或稍後,此可見《群書治要》在中唐依然是重要典籍,惜其傳本不多,故能得見者有限。且據《鄴侯家傳》所載,《群書治要》有集賢合本,則前引《集賢注記》謂天寶年間嘗抄寫《群書治要》可為引證。觀《鄴侯家傳》行文,謂「又肅宗朝」云云,則此前所述當為玄宗朝事,可見《群書治要》當時流傳不廣,帝王世家亦無從閱覽之。金光一云:

> 儘管《群書治要》一直保存在唐代皇室秘府,而且歷代皇帝也很渴求簡明扼要的治國指南,他們卻連該書的存在也不認識,在這種情況之下,難以期待皇室裡有閱讀或者講授此書的傳統。[30]

金氏所言誠是。因此,唐太宗命令魏徵等編撰而成,珍而重之的《群書治要》,在唐室貴族流傳之記載並不多。然而,從《大唐新語》、《集賢注記》、《鄴侯家傳》所載,知《群書治要》仍然不失其為太子諸王所當細讀之書,此為本書編撰時所面向的讀者群及其編撰意義。

高時良云:「文化教育的發展,是與書籍的抄寫、印刷的發行量分不開的。在印刷術還沒有發明以前,我國書籍包括學校課本都借助於抄寫。這種抄寫的本子到隋唐達到了高峰。」[31]《治要》全書五十卷,篇幅甚鉅,必須借助適當的抄寫條件,到了唐代才有如斯巨製。但也因抄寫條件有限,並沒有條件容許廣鈔眾本以助流傳,結果是抄本有限,埋下了日後漸有佚失的情況。

## 三　《群書治要》的教育意義

《群書治要》全書五十卷,卷帙龐大,勝義紛陳。本書既以治國大道作為選文的標準,則全書所載亦必從不同角度出發而與治國相關。以下選列數端,以見《群書治要》在太子諸王間的教育意義。要知道,太子他日成為一國之君,操天下之死生;諸王在封國亦行管治之事,且太子如有犯錯,諸王亦有成為太子的可能,循而登上九五之尊。因此,前引雖謂唐代帝王命令抄寫《群書治要》分予太子與諸王,實際上兩者詳讀此書,明白治國大道,其重要性無分軒輊。

---

29 詳參羅寧、武麗霞:〈《鄴侯家傳》與《鄴侯外傳》考〉,《四川大學學報(哲學社會科學版)》第四期(2010年),頁65-73。
30 金光一:《《群書治要》研究》(上海:復旦大學博士論文,陳尚君指導,2010年),頁46。
31 高時良:《中國古代教育史綱》(北京:人民教育出版社,2003年),頁269。

## (一) 誦讀經典

　　所謂「經典」，必定是經得起時代考驗的典籍。經書雖然以儒家十三經最為人所認知，但道家有《道德經》(《老子》)、《南華真經》(《莊子》)，佛家有諸多佛經，西方基督教有《聖經》，伊斯蘭教有《可蘭經》，可見不同學派皆可有其自身的經典。自漢武帝罷黜百家，獨尊儒術以後，儒家典籍成為了唯一的經典。誦讀儒家經典成為了為官食祿的不二之途。隋代始有科舉，唐代承此制，而學子所讀範圍，唐代試士，分「經」為「大」、「中」、「小」三類，《新唐書・選舉志》：「凡《禮記》、《春秋左氏傳》為大經，《詩》、《周禮》、《儀禮》為中經，《易》、《尚書》、《春秋公羊傳》、《穀梁傳》為小經。」[32]明確指出有大經、中經、小經，其中《左傳》乃大經之一。觀乎《群書治要》所引經部典籍，以引用《左傳》最夥，究其所以，乃在《左傳》本為大經，且具載君臣言行，較諸《禮記》而言，更便利於皇帝之參考以治國。

　　考《群書治要》所引經部典籍，如就四庫館臣之四部分類區分，不一定全屬經部，具體情況表列如下：

| 書名 | 《漢書・藝文志》 | 《隋書・經籍志》 | 《四庫全書總目》 |
| --- | --- | --- | --- |
| 周易 | 六藝略1 | 經1 | 經1 |
| 尚書 | 六藝略2 | 經2 | 經2 |
| 毛詩 | 六藝略3 | 經3 | 經3 |
| 春秋左氏傳 | 六藝略6.2 | 經6.2 | 經6 |
| 禮記 | 六藝略4.2 | 經4.72 | 經5 |
| 周禮 | 六藝略4.8 | 經4.1 | 經4 |
| 周書 | 六藝略2.10 | 史3.1 | 史部別史類 |
| 春秋外傳國語 | 六藝略6.19 | 經6.99 | 經6 |
| 韓詩外傳 | 六藝略3.11 | 經3.3 | 經3 |
| 孝經 | 六藝略8 | 經7 | 經7 |
| 論語 | 六藝略7 | 經8 | 經8 |
| 孔子家語 | 六藝略7.10 | 經8.28 | 子部儒家類 |

《治要》引用經部典籍共有十二部，《群書治要》、《隋書》皆成書於唐太宗貞觀年間，則《隋書・經籍志》與《治要》理當標準相近。然而，《隋志》置《周書》於史部，開後世公私書目之先；《治要》援引《周書》，置於《周禮》與《國語》之間，取態與《漢

---

32 宋・歐陽修、宋祁：《新唐書》(北京：中華書局，1975年)，卷四十四，頁1160。

志》稍近。

唐代科舉試士,以明經與進士兩科為主,前者考核內容為儒家經典,後者則兼考詩賦雜文。官員通過明經之科入仕,而在上位者亦通過誦讀《治要》精選之經書治國大道,相輔相承。在上位者與官員同讀儒家經典,彼此所受知識之方向相近,行事之價值觀亦必相去不遠。由是觀之,《治要》選錄儒家經典,使在上位者在日理萬機,且時間有限之情況下,仍有誦讀經典精華的可能性。

## (二)慎選繼承人

唐太宗命魏徵等編撰《群書治要》,其重要目的乃在以此書輔佐施政。所謂兼聽則明,偏信則暗,朝廷文武百官再多,亦不及《群書治要》摘錄經典所載以為進諫。在《群書治要》所引《史記》之中,匯聚了不少臣下進諫,其中有仲山父向周宣王進諫一事,以為不要立魯武公之少子戲為魯太子。《群書治要》卷十一云:

> 武公與長子括、少子戲朝宣王。宣王愛戲,欲立為魯太子。仲山父諫曰:「廢長立少,不順;不順,必犯王;犯王,必誅之:故出令不可不慎也。令之不行,政之不立;今天子建諸侯,立其少,是教民逆也。若魯從之,諸侯劾王之命,將有所壅,若弗從而誅之,是自誅王命也。誅之亦失,不誅亦失,王其圖之。」弗聽,卒立戲為太子。是為懿公。括之子伯御攻弒懿公,宣王伐魯,殺伯御。自是後,諸侯多叛王命。

此事原見《史記·魯周公世家》。魯武公與其長子、少子往朝見周宣王。宣王獨愛少子,欲立其為魯國太子。宣王大臣仲山父進諫以為不可。廢長立少,不合禮制,必然觸犯王命,且受懲罰。因此,發布王命一定要謹慎為之。今天子封諸侯,卻立其少子,等同教民做違逆之事。如果各國諸侯皆仿效魯君,則先王「立長不立少」之王命便難再執行;反之,魯君如不遵從王命而受罰,就等同宣王自己違反先王之命。事情至此,懲罰魯國是錯,不懲罰也是錯。仲山父因請宣王再三考慮。可是,宣王不聽仲山父之諫言,立武公少子為魯太子,後來成為魯懿公。及後,武公長子之子伯御殺害懿公,周宣王遂伐魯,並殺伯御。自此之後,諸侯多不聽王命。

立長與否,乃國之大事。《群書治要》特載此事,可能正為日後唐太宗處事所參考。據《資治通鑑》記載,唐太宗在貞觀十七年(西元643年)廢太子李承乾之後、改立李治為皇太子之前,李世民之三子一弟(原太子長子李承乾、四子魏王李泰、五子齊王李祐,以及七弟漢王李元昌)俱謀取帝位,使太宗心灰意冷,《資治通鑑》云:「承乾既廢,上御兩儀殿,群臣俱出,獨留長孫無忌、房玄齡、李世勣、褚遂良,謂曰:『我三子一弟,所為如是,我心誠無聊賴!』因自投于牀,無忌等爭前扶抱;上又抽佩刀欲

自刺,遂良奪刀以授晉王治。」[33]在唐太宗即位之時,長子李承乾便已立為太子(武德九年,西元626年),在太子成長過程之中,唐太宗雖有寵愛他子如魏王李泰等,但一直無廢長之舉。這顯然是魯武公立少子戲的影響。及後,李承乾在貞觀十六年(西元642年)謀反,至十七年而唐太宗終宣布廢掉長子李承乾太子之位。可是,到了貞觀十八年,唐太宗還是立了九子李治(與長孫皇后所生,乃李承乾、李泰同母弟)為太子,此因李泰在爭儲時之陰險惡毒,使唐太宗只能立幼。可見在確立太子的過程裡,《群書治要》對唐太宗帶來之影響。

## (三) 鑒古知今

「群書治要」四字,顧名思義,是從舊籍裡輯取與治國相關的大道。因此,利用舊籍所載以達到鑒古知今的作用,以古人的智慧作為今人行事之依據,乃是《群書治要》的重要功能。

例言之,《群書治要》所錄《禮記》之文,旨在從在上位者如何修身、用人、為政、治國等角度出發,強調禮樂對治理國家的重要作用。在《禮記》原有篇目之中,不少均與喪禮相關,如〈曾子問〉、〈喪服小記〉、〈雜記〉、〈喪大記〉、〈奔喪〉、〈問喪〉、〈服問〉、〈間傳〉、〈三年問〉、〈喪服四制〉等,《群書治要》皆未有載錄。準此而論,《治要》所載皆與內修己德、外行仁政相關。此實符合《治要》載錄舊籍之治國大道為本之宗旨也。例如《治要》卷七載錄《禮記·檀弓》之文:

> 孔子過泰山側,有婦人哭於墓者而哀,夫子式而聽之,怪其哀甚也。使子貢,問之。曰:「昔吾舅死於虎,吾夫又死焉。今吾子又死焉。」夫之父曰舅。夫子曰:「何為不去?」曰:「無苛政。」夫子曰:「小子識之,苛政猛於虎也。」

此乃著名之「苛政猛於虎」故事。孔子從泰山旁經過,見一婦人於墓前傷心痛哭,夫子於是向其致意並聚精會神細聽,並派遣子貢前去詢問。婦人訴說自己的公公、丈夫皆為老虎咬死,今兒子亦死於此。夫子遂問婦人何以仍在此處而離開。婦人以為此處沒有繁苛的賦稅和徭役,因而不欲離開。夫子聽之,跟弟子說,指出這是說明賦稅徭役比起老虎還凶猛。唐代王室讀者細閱此事,亦必能以史為鑒,不施行苛政。

又如,三國時代,魏、蜀、吳各自稱帝,其中《治要》採《魏志》之魏武帝曹操、文帝曹丕、明帝曹叡、齊王曹芳;採《蜀志》,只錄先主劉備;採《吳志》,及於大帝孫權、景帝孫休、末帝孫皓。曹操、劉備、孫權乃三國之開國君主,曹操雖終其一生未嘗稱帝,然其權力早與人主相侔。載錄亡國之君,可使讀者覽之以為訓誡,故《治要》卷

---

[33] 宋·司馬光:《資治通鑑》(北京:中華書局,1956年),卷一九七,頁6195。

二十七亦載有東吳末帝孫皓之文。其中所錄，皆為孫皓暴行，最後總之曰：

> 是以上下離心，莫為盡力，蓋積惡已極，不復堪命故也。四年，濬、彬所至，則土崩瓦解。皓奉書於濬。

吳之覆亡，固有外在因素。然而，末帝孫皓不修德，則是主因。此言因孫皓暴行，上下離心，無人為孫皓盡力，這是由於孫皓已積惡到極點，國人不再忍受其驅使。天紀四年（西元280年），王濬、唐彬所到之處，吳軍已土崩瓦解，無人抵抗。最後，孫皓向王濬獻上降書而吳亡。孫皓為人「粗暴驕盈，多忌諱，好酒色」，「或剝人之面，或鑿人之眼」，「好興功役，眾所患苦」。《治要》採錄此等效字，在太子及諸王覽之，當可以史為鑒，不蹈前人舊轍。

又如，《鬻子》一書，傳為楚祖鬻熊所撰。歷代書志關於《鬻子》之著錄，不盡相同，其中卷數、部類歸屬各異。鍾肇鵬以為「今本《鬻子》講的是政治思想，治國安民之道」，[34] 其言是也，故《治要》有採之。今《治要》引用《鬻子》共九則，引文次序與今本《鬻子》相同。準此，則今本《鬻子》與《群書治要》所見者大抵無異。至若《群書治要》卷三十一所引《鬻子》之文，如其引《鬻子·大道文王問第八》云：

> 文王問於鬻子曰：「敢問人有大忌乎？」對曰：「有。」文王曰：「敢問大忌奈何？」鬻子對曰：「大忌知身之惡而不改也，以賊其身，乃喪其軀，有行如此，之謂大忌也。」[35]

此處所謂「大忌」，蓋指人君之忌諱。鬻子進諫文王，以為人君之忌諱乃係「知身之惡而不改」。《群書治要》引用此文，意在表明在上位者採納臣下諷諫而改過遷善之重要。

## （四）虛懷納諫

《群書治要》引《史記》、《漢書》，前者引用不足兩卷，後者卻有八卷之多，顯而易見，《治要》多引《漢書》所載名臣奏疏，以見臣下建言對於治國之功用，提示了君主虛懷納諫的重要性。唐人吳兢《貞觀政要·任賢》引唐太宗在魏徵死後說：「夫以銅為鏡，可以正衣冠；以古為鏡，可以知興替；以人為鏡，可以明得失。朕常保此三鏡，以防己過。今魏徵殂逝，遂亡一鏡矣！」[36] 魏徵因而得到「人鏡」的稱號。魏徵乃《群

---

[34] 鍾肇鵬：《鬻子校理》（北京：中華書局，2010年），前言，頁13。
[35] 案：此文作「大忌」者，《鬻子》各本「忌」作「忘」。鍾肇鵬云：「『忘』，當作『忌』，形近而訛。各本均作『忘』，惟《群書治要》引作『忌』，是。」（《鬻子校理》，頁51。）鍾說是也。此可見《群書治要》引文之校勘價值。
[36] 唐·吳兢：《貞觀政要》（上海：上海古籍出版社，1978年），卷二，頁33。

書治要》編者之一，故全書的內容，其實可視之為群臣向太宗皇帝的諫書。提醒帝王時刻抱有虛懷納諫之心，乃是《群書治要》之重要功能。

例言之，以《治要》卷十六引《漢書・賈誼傳》而論，其中引及賈誼〈陳政事疏〉。考此疏篇幅甚長，而《治要》幾乎全文引用，足見其於大臣向上建言之重視。〈治安策〉乃賈誼上奏漢文帝之名疏，全文六千言，乃西漢第一長篇文字。《治要》在此摘取其中四千餘字，其中提及教育太子一段，最堪予以唐代帝王參考。其云：

> 夫三代之所以長久者，以其輔翼太子有此具也。至秦而不然，其俗固非貴辭讓也，所上者告訐也；固非貴禮義也。所上者刑罰也。使趙高傅胡亥而教之獄，所習者非斬劓人，則夷人之三族也。胡亥今日即位而明日射人，忠諫者謂之誹謗，深計者謂之妖言，其視殺人若刈草菅然。豈唯胡亥之性惡哉。彼其所以導之者非其理故也。

此言夏、商、周三代傳國之所以長久，乃因其輔佐太子有方。秦則不同。秦人習俗本非崇尚謙遜退讓，所崇尚者為揭發別人陰私；秦俗亦不崇尚禮義，而只崇尚刑罰。秦始皇使趙高輔佐胡亥，教以刑罰，所學習者如非殺人、割鼻，便是滅人三族。因此，胡亥今天當上皇帝，第二天就用箭射人。胡亥還將忠心規諫之詞說成是誹謗，將深謀遠慮之話語稱為妖言。胡亥視殺人如同割草一樣。賈誼提出疑問，難道這僅僅是胡亥之天性凶惡嗎？顯而易見，實出趙高教導胡亥之內容不合理之所致。

如何輔佐太子，實乃國家一等大事。此因太子日後嗣位稱皇，乃一國之主，如果不善誘太子，日後自必禍患無窮。兩唐書俱未載《群書治要》之成書年分，惟《唐會要》云：「貞觀五年九月二十七日，秘書監魏徵撰《群書政要》，上之。」[37]可知貞觀五年（西元631年）為《治要》書成之時。翌年，即貞觀六年，唐太宗李世民頒布詔書，確立「三師」制度。三師即「東宮三師」，分別是太子太師、太子太傅、太子太保，負責輔佐太子。《貞觀政要》載之曰：

> 貞觀六年，詔曰：「朕比尋討經史，明王聖帝，曷嘗無師傅哉？前所進令遂不覩三師之位，意將未可。何以然？黃帝學大顛，顓頊學錄圖，堯學尹壽，舜學務成昭，禹學西王國，湯學威子伯，文王學子期，武王學虢叔。前代聖王，未遭此師，則功業不著乎天下，名譽不傳乎載籍。況朕接百王之末，智不同聖人，其無師傅，安可以臨兆民者哉？《詩》不云乎：『不愆不忘，率由舊章。』夫不學，則不明古道，而能政致太平者未之有也！可即著令，置三師之位。」[38]

---

37 宋・王溥：《唐會要》（北京：中華書局，1955年），卷三十六，第651頁。《唐會要》作「政」者，蓋避唐高宗李治諱。

38 《貞觀政要》，卷三，頁117-118。

唐太宗此詔指出,近來研讀經典,得知古代英主皆不能無師傅。三師之位未設,實在未可。此詔歷舉昔日明王聖帝,如黃帝、顓頊、堯、舜、禹、湯、文王、武王等,皆隨名師學習。得到名師之點化,其功績才能廣布天下,聲名才得長垂史冊。太宗以為自己的才智與聖人有所差別,如無師傅,如何得以君臨天下?不學習,就不能明白古人治國的道理。現在沒有名師教導,將不能獲得太平。因此,應該馬上發布命令,設立三師之位。在貞觀七年,唐太宗亦嘗對魏徵言:

>「自古侯王能自保全者甚少,皆由生長富貴,好尚驕逸,多不解親君子遠小人故爾。朕所有子弟欲使見前言往行,冀其以為規範。」因命徵錄古來帝王子弟成敗事,名為《自古諸侯王善惡錄》,以賜諸王。[39]

唐太宗以為自古以來,諸侯王能夠自我保全的很少,此因他們從小生長在富貴之家,驕傲懶惰,貪圖逸樂,不了解親賢遠小的道理。太宗皇帝希望所有子女皆能見識古人言行,並以此作為行為規範。於是,太宗命令魏徵輯錄古代帝王子弟成功與失敗的事跡,編成《自古諸侯王善惡錄》,並以此贈予諸王。

唐太宗於貞觀二十二年(西元648年)乃有《帝範》十二篇之作,頒賜予太子李治,教戒太子,總結自己的政治經驗,並評述一生功過。準此所見,教育太子與王子,唐太宗一直非常重視,此正是《治要》所引賈誼〈治安策〉對唐太宗之啟發。至於太子及諸王讀此,亦可知唐代王室為教育王子所付出的苦心。

又如,《群書治要》載有《晏子》,書中主張君主要從諫如流,虛心聽取臣下之見,並關心百姓疾苦。《群書治要》卷三十三所引《晏子》有之,如下:

>景公之時,雨雪三日而不霽。公被狐白之裘,坐於堂側階,晏子入見,立有閒,公曰:「怪哉、雨雪三日而天不寒。」晏子對曰:「天不寒乎?」公笑。晏子曰:「嬰聞古之賢君,飽而知人之飢,溫而知人之寒,逸而知人之勞,今君不知也。」公曰:「善!寡人聞命矣。」乃命出裘發粟,以與飢寒。孔子聞之曰:「晏子能明其所欲,景公能行其所善。」

在此事裡,齊景公以為雨雪三日而天氣不寒乃係怪事,晏嬰謂當此之時,賢君應要事事想及百姓,景公虛懷納諫,遂「出裘發粟,以與飢寒」,孔子因而稱讚景公能「行其所善」。《群書治要》載錄此事,意在指出為人君者當接納臣子意見,要多考慮百姓之所處,虛懷若谷,關懷人民,齊景公的懿行也是唐代太子及諸王所當學習。

---

39 《貞觀政要》,卷四,頁125。

## （五）用人唯才

　　國家興盛，必賴君臣上下群策群力，天子能力再強，也必須要有賢德的大臣輔佐。因此，如何發掘人才，以及重用人才，成為不同朝代所關心的重點。唐太宗能夠開創貞觀盛世，獲九姓鐵勒、西域諸國國王、吐火羅葉護尊稱為「天可汗」，能夠重用人才乃是其主因。考究貞觀一朝，所重用賢臣甚多，在貞觀十七年（西元643年），唐太宗命閻立本在凌煙閣內，按真人比例，描繪了二十四位功臣的畫像，名為《二十四功臣圖》。二十四人包括房玄齡、杜如晦、長孫無忌、魏徵、尉遲敬德、李孝恭、高士廉、李靖、蕭瑀、段志玄、劉弘基、屈突通、殷開山、柴紹、長孫順德、張亮、侯君集、張公謹、程知節、虞世南、劉政會、唐儉、李世勣和秦叔寶二十四人。畫像均面北而立，太宗時常前往懷舊。此等畫像在凌煙閣裡分為三層：最內一層屬功勳最高的宰輔之臣；中間一層屬功高王侯之臣；最外一層屬其他功臣。《群書治要》成書於貞觀五年（西元631年），內裡得見歷代君王親賢遠小的顯著果效，唐太宗覽閱之，深明用人唯才之理，奠定了貞觀之治的基石。

　　例言之，今本《孔子家語》有四十四篇，《群書治要》摘取了二十二篇之文，《治要》所採《孔子家語》，其重點在於闡發儒家社會的政治思想、禮治觀、倫理觀、人才觀、王道仁政等，同時亦強調聖主賢君應當具備的品德。今舉例如下：

> 哀公問於孔子曰：「請問取人之法？」孔子對曰：「事任之官，言各當以其所能之事任之於官也。無取捷捷，無取鉗鉗，鉗，妄對不謹誠。無取啍啍，啍啍，多言也。捷捷，貪也。捷捷而不良，所以為貪。鉗鉗，亂也。啍啍，誕也。誕，欺詐也。故弓調而後求勁焉。馬服而後求良焉。士必愨而後求智能焉。不愨而多能，譬之豺狼，不可邇也。」邇，近也。言人無智能者，雖不愨信，不能為大惡也。不愨信而有智能者，然後乃可畏也。

這裡指出，魯哀公問孔子要用甚麼方法選用人才，孔子答道，以為當根據各人所能勝任的事情授予官職，不要任用貪得無厭的人，不要任用言語不謹慎隨便應對的人，不要任用說話滔滔不絕浮誇的人。捷捷，就是貪婪；鉗鉗，就是亂說話、胡亂做事；啍啍，就是言語虛妄誇誕，愛說大話。所以，射箭的弓調好後才能進一步使它的勁；馬馴服之後才能期待它成為良馬；讀書人必須先具備誠敬之德，然後才可以去追求智慧和才能。沒有德行而又非常聰明能幹的人，就像豺狼一樣，這樣的人是不可以接近的。作為太子諸王，至將來位登至尊，明瞭「取人之法」十分重要。

　　《治要》載錄唐前明主重用賢臣，昏君則聽奸臣讒言；讀者覽之，如能親賢遠小，則國家自可長治久安。昏庸之君，登用小人，危害國家。《治要》卷十一引《史記・周本紀》云：

> 厲王即位，好利，近榮夷公。芮良夫諫曰：「王室其將卑乎？夫榮公好專利，而不知大難。夫利，百物之所生也，天地之所載也，而有專之，其害多矣。天地百物皆將取焉，何可專也？所怒甚多，而不備大難。以是教王，王其能久乎？夫王人者，將道利而布之上下者也。使神人百物無不得極，猶日怵惕懼怨之來。今王學專利，其可乎？匹夫專利，謂之盜，王而行之，其歸鮮矣。榮公若用，周必敗。」王不聽，卒以榮公為卿士，用事。

周厲王貪圖財利，親近榮夷公。大夫芮良夫勸諫之，以為王室大概要衰微了！榮夷公只喜歡獨占財利，而不知大禍將至。財利乃由萬物所生和土地所載，獨占財利有許多害處。天地萬物乃眾人所可取用的，不可獨占。榮夷公觸怒的人很多，卻不防備大難。榮夷公以此教王，厲王必不可長久。統治百姓者，應該開發財源而使天下人受惠。即便讓神人萬物得到大利，仍是要每天戰戰兢兢，擔心招來怨恨。芮良夫指出厲王所學的是獨占財利，並不可取，普通人獨占財利，尚且稱之為「盜」，王行事如此，便無人歸附了。榮夷公如得重用，周朝必定衰敗。可惜的是，厲王不聽芮良夫的勸諫，最後任用榮夷公為卿士，使之管理國家政事。後文續載召穆公繼續進諫，厲王未能遠小，不聽大臣勸告。「王不聽，于是國莫敢出言，三年，乃相與叛，襲王，王出奔于彘。」全國無人敢復進諫，三年以後，舉國叛亂，襲擊厲王。厲王只能逃亡到彘。《治要》引用周厲王之事，用意皎然，忠言不當逆耳，遠離小人，乃治國之關鍵。

《群書治要》載錄《管子》之篇章甚多，包括〈牧民〉、〈形勢〉、〈權修〉、〈立政〉、〈七法〉、〈五輔〉、〈法法〉、〈中匡〉、〈小匡〉、〈霸形〉、〈霸言〉、〈戒〉、〈君臣〉、〈小稱〉、〈治國〉、〈桓公問〉、〈形勢解〉、〈版法解〉、〈明法解〉、〈輕重〉等各篇之文。《治要》卷三十二引《管子》之文云：

> 人主身行方正，使人有理，遇人有禮，行發於身而為天下法式，人唯恐其不復行也。身行不正，使人暴虐，遇人不信，行發於身而為天下笑者，此不可復之行也。故曰：「行而不可再者，君不行也。」

此處指出君主本身行為端正，用人合理，對人有禮，自身之言行可為天下儀表，天下臣民自多加稱頌。反之，行為不謹者，其言行自當為天下笑柄。《群書治要》引用此文，勸導在上位者之意實在昭然若揭。

## 四　結語

唐太宗下令魏徵編撰《群書治要》，從經部、史部、子部典籍裡臚列與治國大道相關的片段，一則可省卻披閱所有典籍之時間，二則可以選取其中精華，集中閱讀。據以

上討論及舉例，本文可總之如下：

1. 唐太宗李世民下令魏徵等從群籍裡輯錄治國大道，以為君主治國之借鑒，名之為《群書治要》。全書共五十卷，今所見者四十七卷。其中包括經部十二種、史部典籍六種、子部典籍四十八種，合共六十五種。各書原本篇幅頗鉅，要一併閱覽並不容易，魏徵等只輯出與管治國家相關的文字，省卻了讀者翻閱各書之時間，功亦大矣。

2. 《群書治要》的讀者皆為帝王及王室成員。唐太宗下令魏徵編撰此書，而書成後太宗本人也曾讚譽有嘉，以為是「博而且要，見所未見，聞所未聞，使朕致治稽古，臨事不惑。其為勞也，不亦大哉」(《大唐新語》)。在唐太宗以外，唐玄宗李隆基當亦《群書治要》的讀者。《集賢注記》「院中進魏文正所撰《群書政要》，上覽之稱善」，既言「上覽之」，是唐玄宗嘗親身披閱矣。除了兩位唐代君主以外，二朝之太子及諸王更是本書之假設讀者。觀乎《大唐新語》及《集賢注記》所載，唐太宗和唐玄宗分別指示要「太子諸王，各賜一本」，以及「令寫十數本，分賜太子以下」，太子與諸王即日後治國之君，以《群書治要》所載作為學習的內容，可見帝王栽培人才的苦心。

3. 《群書治要》以治國大道為其採輯之依據，全書無疑即乃治國之指南。上文且就其中四個角度，選例析述《群書治要》所以採用相關段落與治國教材的關係。此中包括了誦讀經典、慎選繼承人、鑒古知今、虛懷納諫、用人唯才。一為誦讀經典，可見《治要》選文具備經典意義，其作用與唐代開科取士相仿中；二為慎選繼承人，可見唐代帝王希望透過此舉減少諸王間的爭鬥，及早確立太子，也有助政權順利交接。三為以鑒古知今，舊籍裡蘊含了豐富的古人智慧，師事古人，可助治今；以史為鑒，可減卻許多容易犯下的過錯。四為虛懷納諫，《群書治要》實為一部諫書，書裡也採錄了古代賢臣向君主進諫的片段，讀者覽之，當明白虛懷納諫有助管治國家。五為用人唯才，《群書治要》採錄前代典籍，歷朝興衰皆可盡見，其中進用賢人，遠離小人，幾乎是成功的必要條件。讀者明白此理，自亦掌握朝代盛衰的關鍵。

# 徵引文獻

## 一　原典文獻

漢・司馬遷：《史記》，北京：中華書局，1982年。
梁・劉　勰著：《文心雕龍注》，北京：人民文學出版社，1958年。
唐・吳　兢：《貞觀政要》上海：上海古籍出版社，1978年。
唐・韋　述撰、陶敏輯校：《集賢注記》，北京：中華書局，2015年。
唐・劉　肅：《大唐新語》，北京：中華書局，1984年。
唐・魏　徵奉敕撰，尾崎康、小林芳規解題：《群書治要》，東京：汲古書院，1989年。
唐・魏　徵等：《隋書》，北京：中華書局，1973年。
宋・王　溥：《唐會要》，北京：中華書局，1955年。
宋・王應麟：《玉海》，京都：中文出版社，1977年。
宋・司馬光：《資治通鑑》，北京：中華書局，1956年。
宋・歐陽修、宋祁：《新唐書》，北京：中華書局，1975年。
清・皮錫瑞：《孝經鄭注疏》，北京：中華書局，2016年。
清・阮　元：《揅經室集》，北京：中華書局，1993年。

## 二　近人著作

汪榮寶：《法言義疏》，北京：中華書局，1987年。
周生春：《吳越春秋輯校匯考》，上海：上海古籍出版社，1997年。
高時良：《中國古代教育史綱》，北京：人民教育出版社，2003年。
梁啟超：《中國歷史研究法》，香港：三聯書店，1980年。
錢　穆：《國史大綱》，香港：商務印書館，1994年。
錢　穆：《論語新解》，臺北：東大圖書公司，1991年。
鍾肇鵬：《鬻子校理》，北京：中華書局，2010年。

## 三　單篇論文

江禹池、宋祥：〈學而有知：王符《潛夫論》中的勸學思想〉，《古籍整理研究學刊》第三期，2019年5月，頁94-97。
呂效祖：〈群書治要及中日文化交流〉，《渭南師專學報（社會科學版）》第六期，1998年，頁22-25。

潘銘基：〈《群書治要》引《史記》研究〉，《輔仁中文學報》第50期，2020年6月，頁47-88。

潘銘基：〈《群書治要》所見《漢書》及其注解研究──兼論其所據《漢書》注本〉，《成大中文學報》第68期，2020年3月，頁73-114。

潘銘基：〈論《群書治要‧經部》所見唐初經學風尚〉，《臺灣書目季刊》第53卷第3期，2019年12月，頁1-27。

潘銘基：〈論《群書治要》去取《史記》之敘事方法〉，《國文天地》第411期，2019年8月，頁14-23。

潘銘基：〈論先秦兩漢典籍所見的「勸學」傳統〉，《國學研究》第48卷，2022年12月，頁145-167。

羅　寧、武麗霞：〈《鄴侯家傳》與《鄴侯外傳》考〉，《四川大學學報（哲學社會科學版）》第四期，2010年，頁65-73。

## 四　學位論文

金光一：《《群書治要》研究》，上海：復旦大學博士論文，2010年。

# 數位人文視野下的《群書治要》與《貞觀政要》比較初探

邱詩雯

臺灣師範大學華語文教學系副教授

## 摘要

　　《群書治要》為唐太宗年間，魏徵、虞世南、褚亮、蕭德言等群臣奉敕編纂的類書，依照經、史、子分類，輯錄唐以前古籍與治道相關的文字，於貞觀五年成書，共五十卷。書成之後唐太宗命人繕鈔十餘部，分賜太子與諸王。《貞觀政要》是玄宗朝吳兢所作，以君臣對答形式，分類記錄貞觀年間唐太宗和大臣間的政論，共十卷四十篇。由是可知《群書治要》是系統理論的建立，而《貞觀政要》則是貞觀君臣政論的實踐。那麼，理論與實踐二者之間，是否有一以貫之的相似性？本研究從數位人文視角，以《貞觀政要》為研究對象，運用社會關係網路方法還原君臣對話，並用《群書治要》為比較對象，計算其段落相似度，統計《貞觀政要》的引書，還原對話狀態，探討引書語用，梳理吳兢實踐政論的脈絡。則完成此研究，除了可以補充《群書治要》、《貞觀政要》的相關研究之外，同時也可以強化探討二書之聯繫與影響。

**關鍵詞**：群書治要、貞觀政要、社會關係網路、段落相似度、數位人文

## 一　前言

　　唐太宗貞觀年間（西元627-649年），魏徵（西元580-643年）等人奉敕編纂類書，名為《群書治要》。序曰：「取鑑乎哲人，以為六籍紛綸，百家踳駁，窮理盡性，則勞而少功，周覽汎觀，則博而寡要。故爰命臣等採摭群書，翦截淫放，光昭訓典，聖思所存，務乎政術。」[1]說明了編書的動機，目的是撮取群書的精華，減省君王閱讀的時間，作為治國的資鑑參考。其選書「爰自六經，迄乎諸子，上始五帝，下盡晉年，凡為五袠，合五十卷」[2]，內容包括先秦到晉朝之書，依照經、史、子的大類分類，再依照年代先後次序編目，共五十卷[3]，鑑覽前古，規模琳瑯。

　　《群書治要》以「政術」作為選書標準，雖然未依照主題編目，實際從文字的取捨中建立貞觀時期君臣理想的政治哲學系統。該書的編纂既然是為了李唐皇朝治世傳承之用，那麼書成之後，庋藏於皇家的金匱石室之中。

　　唐太宗之後，高宗即位，大權逐漸轉移到武后手中，中宗、睿宗臨朝稱制後，建立武周。神龍元年（西元705年）發生神龍政變，中宗復辟，政權雖回覆李唐皇室，但又被韋后掌握。唐隆元年（西元710年）年李隆基與太平公主再次發動唐隆政變，李隆基於兩年後即位，撥亂反正，開啟玄宗朝的新氣象。

　　《貞觀政要》的作者吳兢（西元670-749年）歷經政權由李唐轉移到武周的時期，見證兩次政變的紛亂政局，對於貞觀盛世的嚮往，可想而知。吳兢，汴州浚儀（今開封）人，武周時入史館，修國史，遷右拾遺內供奉。唐中宗時，改右補闕，累遷起居郎、水部郎中。玄宗時為諫議大夫，修文館學士，衛尉少卿兼修國史，太子左庶子等職。家收藏圖書甚富，並先後任職史館三十餘年，奠定了其編纂《貞觀政要》一書的基礎。

　　《郡齋讀書志‧雜史類》：「《貞觀政要》十卷，唐吳兢撰。兢以唐之極治，貞觀為最，故采時政之備勸戒者，上之於朝，凡四十篇。」吳兢在書成之後，上呈玄宗，進書

---

[1] 唐‧魏徵等奉敕編：〈群書治要序〉，《群書治要》，四部叢刊初編本（臺北：臺灣商務印書館，1967年），頁5-6。

[2] 唐‧魏徵等奉敕編：〈群書治要序〉，《群書治要》，四部叢刊初編本（臺北：臺灣商務印書館，1967年），頁6-7。

[3] 《群書治要》五十卷，實際共收書66種，包括《周易》、《尚書》、《毛詩》、《春秋左氏傳》、《禮記》、《周禮》、《周書》、《春秋外傳國語》、《韓詩外傳》、《孝經》、《論語》、《孔子家語》、《史記》、《吳越春秋》、《漢書》、《後漢書》、《三國志》、《晉書》、《六韜》、《陰謀》、《鬻子》、《管子》、《晏子》、《司馬法》、《孫子兵法》、《老子》、《鶡冠子》、《列子》、《墨子》、《文子》、《曾子》、《吳子》、《商君子》、《尸子》、《申子》、《孟子》、《慎子》、《尹文子》、《莊子》、《尉繚子》、《孫卿子》、《呂氏春秋》、《韓子》、《三略》、《新語》、《賈子》、《淮南子》、《鹽鐵論》、《新序》、《說苑》、《桓子新論》、《潛夫論》、《崔寔政論》、《昌言》、《申鑒》、《中論》、《典論》、《劉廙政論》、《蔣子萬機論》、《政要論》、《體論》、《時務論》、《典語》、《傅子》、《袁子正書》、《抱朴子》。

時間大抵落在中宗神龍三年（西元707年）到玄宗開元十七年（西元729年）間。[45]《貞觀政要》以主題分章節，共十卷四十篇，編輯了貞觀年間，唐太宗與魏徵、房玄齡的政治實踐，以君臣對答形式，收錄大臣們的爭議、勸諫、奏議等。其主題包括：論君道、論政體、論任賢、論求諫、論納諫、論君臣鑑戒、論擇官、論封建、論太子諸王定分、論尊敬師傅、論教戒太子諸王、論規諫太子、論仁義、論忠義、論孝友、論公平、論儉約、論謙讓、論仁惻、慎所好、杜讒邪、論悔過、論奢縱、論貪鄙、崇儒學、論文史、論禮樂、論務農、論刑法、論赦令、論貢賦、議征伐、議安邊、論行幸、論畋獵、論災祥、論慎終等，從君道的政權本體論，到任賢、求諫、擇官的外在方法論，再到仁義、孝友、誠信的內在修養論，最後再討論征伐、安邊、災祥等事宜，是吳兢對於貞觀之治政治現場的歷史還原。

因此，《群書治要》是魏徵等大臣建立理想政治的系統理論，而《貞觀政要》則是吳兢透過史館資料、起居注紀錄以及章奏表議等內容，還原貞觀君臣政論的實踐。那麼，理論與實踐二者之間，是否有一以貫之的相似性？前人關於《群書治要》和《貞觀政要》的研究，前者主要集中在書籍流傳[6]，以及徵引文獻各書進行系統探討與文字校勘研究[7]。而對於《貞觀政要》的研究，則是以單部著作進行政治思想、版本等研究[8]，

---

4 陳怡君：《貞觀政要君臣觀之探討》（臺中：逢甲大學中國文學系碩士論文，2011年），頁9。
5 宋·晁公武：《郡齋讀書志》（臺北：臺灣商務印書館，1968年），卷6，頁130-131。
6 前人對於《群書治要》的輯佚研究十分豐碩，有就全書討論版本流傳與價值者，如吳金華〈略談日本古寫本《群書治要》的文獻學價值〉，舉例證明《群書治要》古寫本與古籍通行本之間有異文校勘、輯佚的文獻價值。水上雅晴〈日本金澤文庫古鈔本《群書治要》寫入的音義註記〉，認為金澤文庫本《群書治要》寫入的音義註記可算是為了瞭解日本中世小學和小學書接受的情況有利資料。而金光一〈日本江戶時代古學派與《群書治要》回傳中國的關係〉，為其改寫博士論文摘錄而成，證明《群書治要》傳回中土時間約在嘉慶六年，並逐漸流布於杭州一帶。見《第一屆《群書治要》國際學術研討會論文集》（臺北：萬卷樓圖書公司，2020年8月）。
7 林溢欣：〈從《群書治要》看唐初《孫子》版本系統——兼論《孫子》流傳、篇目序次等問題〉，《古籍整理研究學刊》第3期（2011年5月），頁62-68。林溢欣：〈從日本藏卷子本《群書治要》看《三國志》校勘及其版本問題〉，《中國文化研究所學報》第53期（2011年7月），頁193-216。林秀一、陸明波、刁小龍：〈《孝經》鄭注輯佚及刊行的歷史——以日本為中心〉，《中國典籍與文化論叢》，2013年（2013年），頁52-66。潘銘基：〈《群書治要》所載《孟子》研究〉，《域外漢籍研究集刊》第十六輯（2017年），頁293-317。王文暉：〈從古寫本《群書治要》看通行本《孔子家語》存在的問題〉，《中國典籍與文化》2018年第4期（2018年12月），頁113-119。管盼盼：〈《群書治要》注文來源初探〉，《安徽文學》2018年第11期（2018年11月），頁9-11。蔡蒙：〈《群書治要》所引《尸子》校勘研究〉，《文教資料》2018年第35期，頁84-86、110。黃聖松：〈天明本《群書治要》引《左傳》改易文字析論〉、林溢欣：〈唐見本《孔子家語》面貌考論——兼論其校勘及輯佚問題〉、潘銘基：〈《群書治要》所錄《漢書》及其注解研究〉等三篇，分別收入林朝成、張瑞麟主編：《第一屆《群書治要》國際學術研討會論文集》（臺北：萬卷樓圖書公司，2020年8月），頁35-68、69-94、95-130之中。
8 原田種成：《貞觀政要の研究》（東京：吉川弘文館，1965年）。劉醇鑫：《貞觀政要研究》（新北：輔仁大學中國文學研究所碩士論文，1987年）。笹川明德：《貞觀政要版本之研究》（高雄：國立高雄師

並沒有對讀《群書治要》和《貞觀政要》，串聯兩書的聯繫。新工具、新方法會帶來新的研究視角，隨著電腦科技的發展，數位人文成為新興的人文研究方法，本研究希望以《貞觀政要》為研究對象，運用社會關係網路方法（Social Network Analyze, SNA）還原君臣對話，並用《群書治要》為比較對象，計算其段落相似度（Similarity），統計《貞觀政要》的引書，還原對話狀態，探討引書語用，梳理吳兢實踐政論的脈絡。完成此研究，除了可以補充《群書治要》、《貞觀政要》的相關研究之外，同時也可以強化探討二書之聯繫與影響。

## 二　《貞觀政要》的對話建構

《貞觀政要》還原太宗與群臣的互動狀況，主要有君臣對話和還原詔令上疏語境兩種模式。君臣對話的方法如：

> 貞觀九年，太宗謂侍臣曰：「往昔初平京師，宮中美女珍玩無院不滿。煬帝意猶不足，徵求無已，兼東西征討，窮兵黷武，百姓不堪，遂致亡滅。此皆朕所目見，故夙夜孜孜，惟欲清淨，使天下無事。遂得徭役不興，年穀豐稔，百姓安樂。夫治國猶如栽樹，本根不搖，則枝葉茂榮。君能清淨，百姓何得不安樂乎？」[9]

> 貞觀十年，太宗謂侍臣曰：「帝王之業，草創與守成孰難？」尚書左僕射房玄齡對曰：「天地草昧，群雄競起，攻破乃降，戰勝乃克。由此言之，草創為難。」魏徵對曰：「……既得之後，志趣驕逸，百姓欲靜而徭役不休，百姓凋殘而侈務不息，國之衰弊，恆由此起。以斯而言，守成則難。」太宗曰：「玄齡昔從我定天下，備嘗艱苦，出萬死而遇一生，所以見草創之難也。魏徵與我安天下，慮生驕逸之端，必踐危亡之地，所以見守成之難也。今草創之難既已往矣，守成之難者，當思與公等慎之。」[10]

上述兩段文字都是太宗和侍臣的對話，前一段說明太宗刻意自我約束，輕徭薄賦，使民安樂；後一段則是太宗與房玄齡、魏徵的著名對話，討論創業與守成的難易問題，對於二位臣子因為參與事件不同而有不同的答案，太宗則給予公允的結論。上面兩度引文，

---

範大學國文學系碩士論文，1992年）。吳哲夫：〈垂代立教——談「貞觀政要及其版本」〉，《故宮文物月刊》第8卷第2期（1990年5月）。毛漢光：〈論《貞觀政要》中的君臣溝通文化〉，《國立臺灣大學文史哲學報》第41卷（1994年），頁67-81。

9　唐・吳兢：〈政體第二〉，《貞觀政要》（北京：學苑音像出版社，2004年），頁10。
10　唐・吳兢：〈君道第一〉，《貞觀政要》（北京：學苑音像出版社，2004年），頁1-2。

第一段是太宗單一的發話,受話者不明;第二段則是太宗、房玄齡、魏徵三人一輪完整的對話,人物、時間與討論內容俱全。可知吳兢在編纂《貞觀政要》時,或受到史料的限制,記載詳略有別。

除了君臣對話的方法外,吳兢也試圖將皇帝詔令和大臣們重要上疏,分門別類到各章節主題之下。如:

> 貞觀十年,魏徵上疏曰:「臣聞為國之基,必資於德禮,君之所保,惟在於誠信……善善而不能進,惡惡而不能去,罰不及於有罪,賞不加於有功,則危亡之期,或未可保,永錫祚胤,將何望哉!」太宗覽疏嘆曰:「若不遇公,何由得聞此語!」[11]

> 貞觀十一年,詔曰:「朕聞死者終也,欲物之反真也;葬者藏也,欲令人之不得見也。在京五品以上及勳戚家,仍錄奏聞。」[12]

上引這兩段文字,一篇是魏徵給太宗的上疏,另一篇則是太宗的詔令,兩段文字略有不同。在魏徵上疏一段,除了奏疏的時間和內容外,還有太宗「若不遇公,何由得聞此語!」的反應;而在後一段詔令的引用中,僅還原時間,並沒有說明詔令發布後的情況。吳兢對於太宗閱覽過後的反應,很有可能與他曾掌管帝王起居注的經歷有關,他盡力的聯繫皇家檔案和起居注之間的關係,如不可得則闕如,但如果能夠順利串聯起作者、檔案內容、後續反應,則適當的為之建立語境。

筆者初步統計《貞觀政要》中人物的對話,將人物視為「節點」,當人物和人物彼此對話就形成一條「邊」,繪製成社會關係網路圖如圖一:

---

11 唐‧吳兢:〈誠信第十七〉,《貞觀政要》(北京:學苑音像出版社,2004年),頁87。
12 唐‧吳兢:〈簡約第十八〉,《貞觀政要》(北京:學苑音像出版社,2004年),頁91。

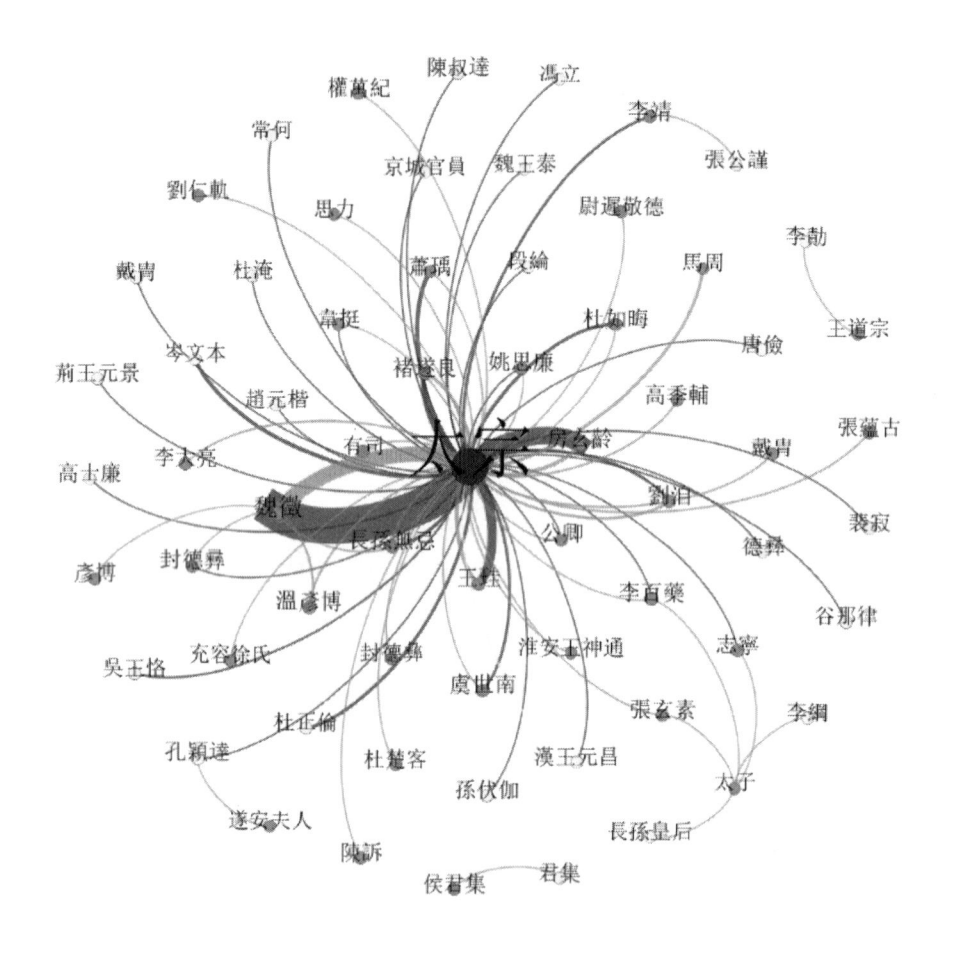

**圖一 《貞觀政要》人物關係圖**

（彩頁請見書末圖版，頁345）

圖一是《貞觀政要》的人物關係，在圖像的中間，當然就是該書的主角唐太宗。我們可以看見，幾乎所有的「邊」都是與太宗的互動而展開，顏色越深、線條越粗者代表二人之間對話越頻繁；反之顏色越淺、線條越細則是二人對話較少。圖一之中，最頻繁的對象是魏徵，其次是房玄齡，再來是王珪。然而如果考慮到發話與受話者的方向性，那麼，發話者與受話者前三名則如下表一：

**表一 《貞觀政要》發話與受話者排行表**

| 排序 | 發話者 | 受話者 |
| --- | --- | --- |
| 1 | 太宗 | 魏徵 |
| 2 | 魏徵 | 房玄齡 |
| 3 | 房玄齡 | 太宗 |

在《貞觀政要》中，最常說話的人就是太宗，其次是魏徵，復次為房玄齡。再就受話者觀察，最常出現的是魏徵，再來是房玄齡，然後才是太宗。從發話者和受話者排序的不同，反映了太宗身為君王，多掌握了發言的主導權，而圍繞在他身邊的大臣，以魏徵、房玄齡為首，是他身邊最重要的輔弼股肱之臣。而在二人之中，魏徵身為諫臣，因此較群臣更常發表意見，因此與太宗的互動最為頻繁。

值得注意的是，圖一的社會關係網路圖形，多是太宗這個主要節點和其他人物節點的聯繫，而較少反映其他人物彼此間的關聯性。我們可用節點間的連出度思考佐證此點：

表二　《貞觀政要》人物連出度表

| 排序 | 人物 | 連出度 |
|---|---|---|
| 1 | 太宗 | 38 |
| 2 | 魏徵 | 3 |
| 3 | 長孫無忌 | 2 |
| 4 | 李百藥 | 2 |
| 5 | 張玄素 | 2 |

連出度指一個節點與其他節點聯繫的程度，當一個節點與另一個節點產生聯繫，連出度就是1；與另外兩個節點產生聯繫，連出度就是2，依此類推。那麼，就表二的人物連出度觀察，太宗曾發話給圖一中其他三十八人，而魏徵則曾發話給包括太宗在內的三人，長孫無忌、李百藥、張玄素三人則是除了太宗之外，另外發話給太子承乾，因此為連出度為2。其他為列於表二的圖一人物，在《貞觀政要》中，僅與太宗有所互動。這與實際人與人互動複雜的社會關係網路很不同，反映了《貞觀政要》展現出的君臣互動，其實只是以太宗視角出發的關係網路，而這應該與《貞觀政要》編纂者吳兢採用詔令章奏和起居注為文獻密不可分。

# 三　《貞觀政要》的引書狀態

承前所述，《貞觀政要》受限於史料的取用，因此呈現出以太宗為軸心的放射狀人際網路，並未還原《貞觀政要》中其他人物的關聯性。然而，前已說明，該書著述的宗旨，即在以貞觀君臣對話的形式，揀選「時政之備勸戒」，因此與人物關係網路相比，吳兢更想還原的，應是貞觀時期展現出理想的政治圖譜。

今日可見《貞觀政要》，章節比例並不平均，筆者將《貞觀政要》各章節字數統計如圖二：

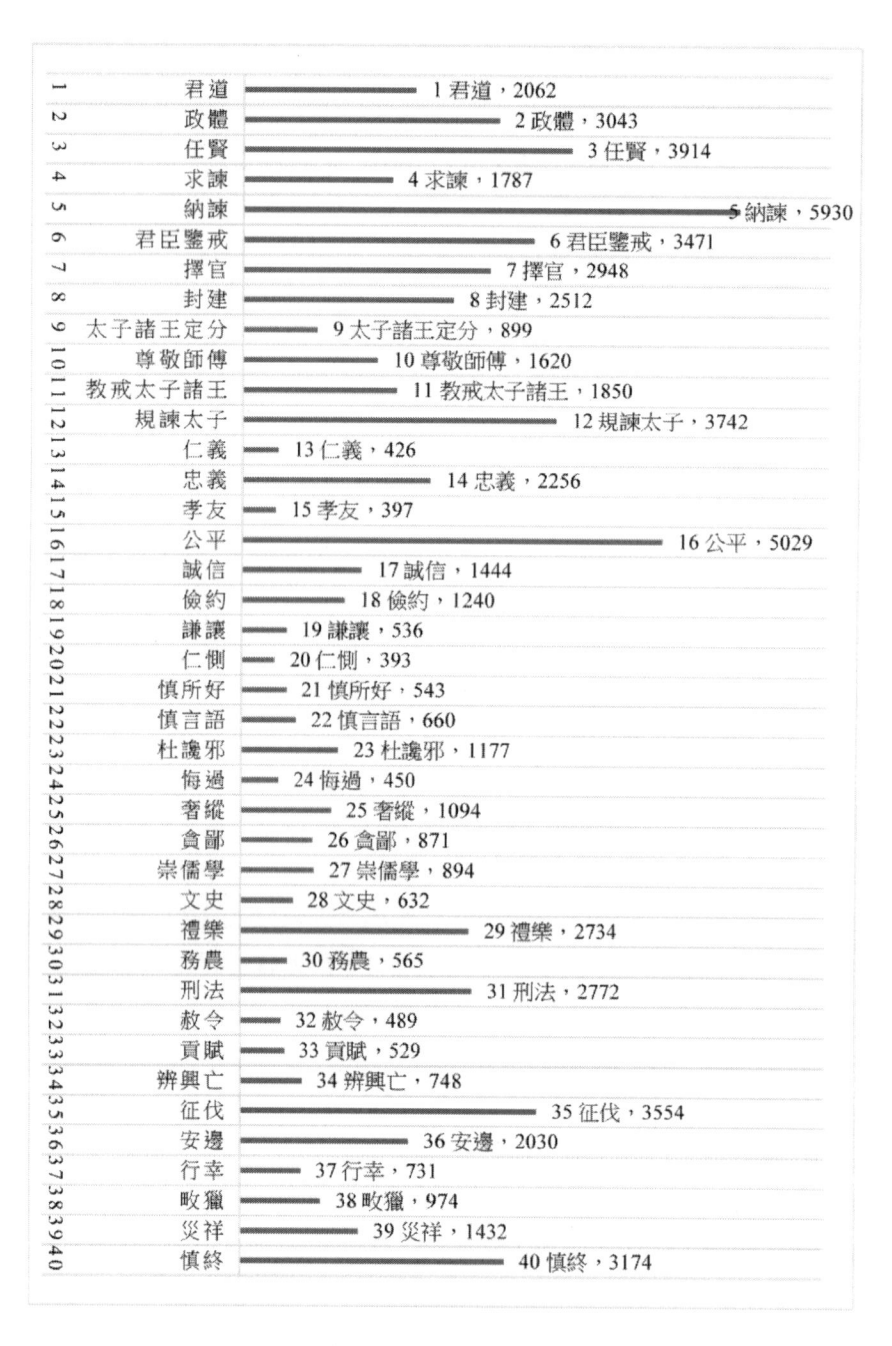

| # | 篇名 | 字數 |
|---|---|---|
| 1 | 君道 | 2062 |
| 2 | 政體 | 3043 |
| 3 | 任賢 | 3914 |
| 4 | 求諫 | 1787 |
| 5 | 納諫 | 5930 |
| 6 | 君臣鑒戒 | 3471 |
| 7 | 擇官 | 2948 |
| 8 | 封建 | 2512 |
| 9 | 太子諸王定分 | 899 |
| 10 | 尊敬師傅 | 1620 |
| 11 | 教戒太子諸王 | 1850 |
| 12 | 規諫太子 | 3742 |
| 13 | 仁義 | 426 |
| 14 | 忠義 | 2256 |
| 15 | 孝友 | 397 |
| 16 | 公平 | 5029 |
| 17 | 誠信 | 1444 |
| 18 | 儉約 | 1240 |
| 19 | 謙讓 | 536 |
| 20 | 仁惻 | 393 |
| 21 | 慎所好 | 543 |
| 22 | 慎言語 | 660 |
| 23 | 杜讒邪 | 1177 |
| 24 | 悔過 | 450 |
| 25 | 奢縱 | 1094 |
| 26 | 貪鄙 | 871 |
| 27 | 崇儒學 | 894 |
| 28 | 文史 | 632 |
| 29 | 禮樂 | 2734 |
| 30 | 務農 | 565 |
| 31 | 刑法 | 2772 |
| 32 | 赦令 | 489 |
| 33 | 貢賦 | 529 |
| 34 | 辨興亡 | 748 |
| 35 | 征伐 | 3554 |
| 36 | 安邊 | 2030 |
| 37 | 行幸 | 731 |
| 38 | 畋獵 | 974 |
| 39 | 災祥 | 1432 |
| 40 | 慎終 | 3174 |

**圖二　《貞觀政要》主題篇幅統計圖**

《貞觀政要》以〈納諫〉篇幅最大，有五千九百三十字，共有二十一個事件；以〈仁惻〉章篇幅最小，僅有四個事件共三百九十三字。篇幅的大小除了受到事件紀錄數量影響，還與吳兢引用奏疏詔令多寡有關，引用越多，篇幅越大，如〈公平〉一章共有五千零二十九字，但其中引用魏徵上疏內容就有三千一百八十三字，而後太宗再用二百八十

九字手詔回覆,君臣一輪的筆談就佔了全章過半的篇幅,可知引用文字會影響篇幅大小。反之如果引用較少,篇幅就會呈現較短小精悍的狀態,〈仁義〉、〈孝友〉、〈仁惻〉是全書中篇幅最小的三個章節。〈仁義〉一章,僅記錄了貞觀元年、二年、四年、十三年唐太宗與大臣的四段對話。〈孝友〉則記錄太宗嘉勉房玄齡、虞世南、韓王元嘉、霍王元軌、突厥史五人仁孝父母、友愛手足的佳行。〈仁惻〉則載太宗放還宮人、出資贖回因天災被賣的人口、為去世大臣縱情大哭,以及為兵士醫療四個事件。而上述幾章的事件,都是用簡單對話紀錄,並未搭配章奏詔令,因此篇幅較為減省。

　　從篇幅上觀察,吳兢編纂《貞觀政要》似乎側重納諫、公平、任賢等主題,但是由於受到史料多寡和詔令奏疏引用與否的干擾,也不能就此直接等同於吳兢心中理想政治狀態。究竟,貞觀時期編纂《群書治要》展現出的治國理想,是否落實在《貞觀政要》的應用實踐中?引書或許是解決此問題的重要線索。

　　前已說明,《群書治要》並沒有設定章節主題,而是以節選原文的方式展現其政治哲學,那麼,當《群書治要》的選錄文字同樣出現在《貞觀政要》時,就可藉以說明貞觀君臣對於理想政術的具體實踐。

　　欲計算《貞觀政要》的引書,可分為明引和暗用兩個層次。首先是明引的部分,可根據文本中直接標示書名、書籍作者的方式來說明,如〈征伐〉載貞觀二十二年,太宗將重討高麗。房玄齡上表諫太宗,就引用《周易》「知進而不知退,知存而不知亡,知得而不知喪」[13]語,這段話也被收入《群書治要》卷一。房玄齡再引《老子》「知足不辱,知止不殆」[14]語,同樣的原文也見於《群書治要》卷三十四。那麼,我們就透過交叉比對的辦法,統計《貞觀政要》中的引書,取得發話者和書籍之間的聯繫:

---

[13] 唐・吳兢:〈征伐第三十五〉,《貞觀政要》(北京:學苑音像出版社,2004年),頁132。
[14] 唐・吳兢:〈征伐第三十五〉,《貞觀政要》(北京:學苑音像出版社,2004年),頁132。

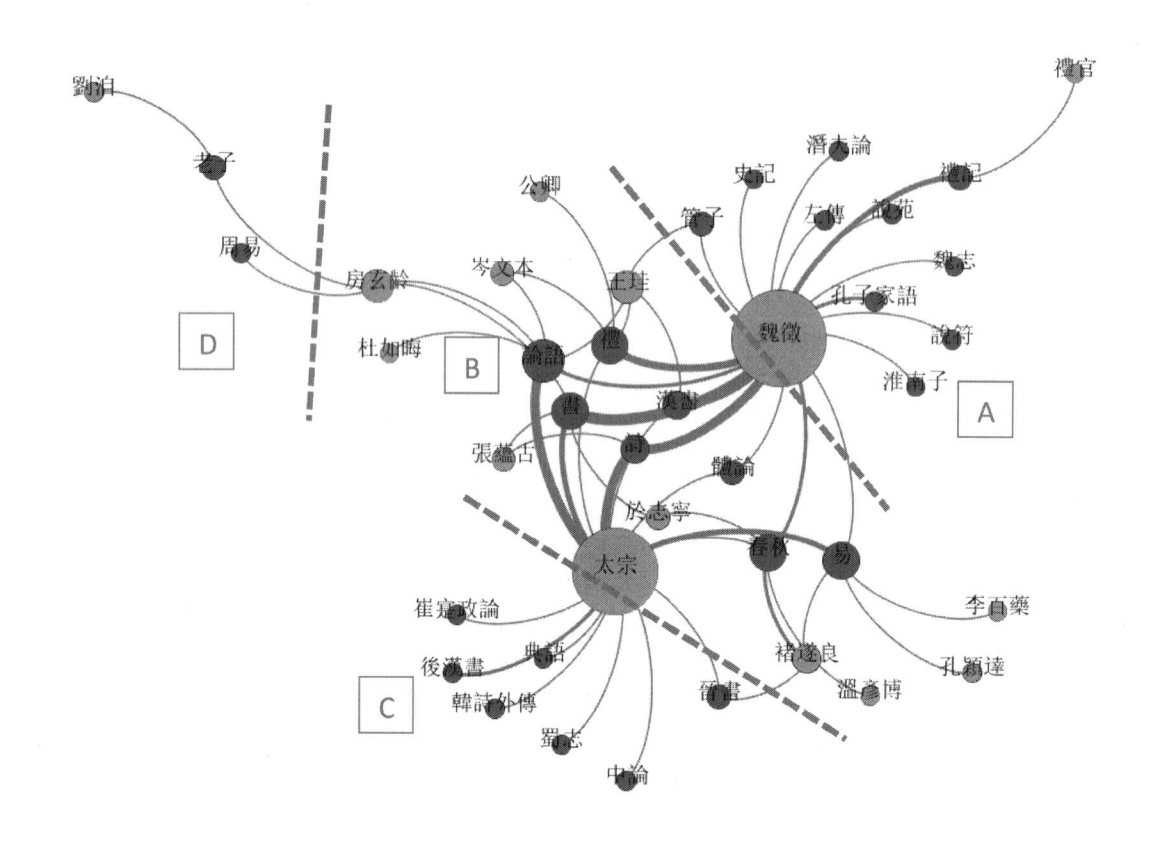

**圖三　《貞觀政要》發言者明引《群書治要》收書段落圖**

（彩頁請見書末圖版，頁346）

圖三中紅色的節點是書籍，灰色的節點是人物，也就是引書的貞觀君臣。節點的尺寸和引用次數有關，節點越大，引用或被引用次數就越多，反之則越少。從圖三我們可以看見太宗和魏徵還是最大的兩個節點，二人之中又以魏徵度數較大，可知魏徵雖敢言直諫，但與君王談話或上疏時仍大量援引典籍以加強說服力道。而圖三中還可以觀察典籍的被引用率，筆者用虛線將之區分為 A、B、C、D 四區。首先先看圖像中間 B 區的最大交集處，《易》、《書》、《詩》、《禮》《春秋》、《論語》、《漢書》和《體論》是貞觀君臣大量引用的典籍，不只節點分布位置居中，邊的權重也很大，這樣的現象與貞觀時唐太宗詔令孔穎達主持修纂《五經》正義正相關，可見出貞觀君臣的閱讀取向。但除了圖像中間的 B 區的共同引書外，我們還可以看到 A 區的魏徵引書較旁徵博引，當然這與《貞觀政要》收錄魏徵資料較多有關。而 C 區太宗的引用狀況，可看到太宗還善引《韓詩外傳》、《後漢書》、《蜀志》、《晉書》等史書，喜愛以史為鏡，資鑒近代史。而 D 區房玄齡的引書就和太宗、魏徵不同，較偏好《周易》和《老子》的部分。

　　圖三的引書狀況是指君臣明引該書，並與《群書治要》節選段落交集處。在《貞觀政要》的引用中，也有少部分未見於《群書治要》之中，筆者整理如下表三：

### 表三　《貞觀政要》引書未見於《群書治要》條目表

| 序號 | 引用人 | 原文 | 引書 |
|---|---|---|---|
| 1 | 太宗 | 《詩》云：「靖共爾位，好是正直。神之聽之，介爾景福。」 | 詩 |
| 2 | 太宗 | 孔子曰：「官事不攝，焉得儉？」 | 論語 |
| 3 | 太宗 | 《傳》稱「去食存信」 | 論語 |
| 4 | 太宗 | 古人云：「不作無益害有益。」 | 書 |
| 5 | 太宗 | 古人云：「不見可欲，使民心不亂。」 | 道德經 |
| 6 | 太宗 | 古人云：「賢者多財損其志，愚者多財生其過。」 | 漢書 |
| 7 | 太宗 | 古人云：「禍福無門，惟人所召。」 | 左傳 |
| 8 | 太宗 | 昔詩人云：「小東大東，杼軸其空。」 | 詩經 |
| 9 | 皇后 | 諫曰：「昔齊景公以馬死殺人，晏子請數其罪云：『爾養馬而死，爾罪一也。使公以馬殺人，百姓聞之，必怨吾君，爾罪二也。諸侯聞之，必輕吾國，爾罪三也。』公乃釋罪。」 | 晏子春秋 |
| 10 | 魏徵 | 魏徵進曰：「昔魏文侯問李克：『諸侯誰先亡？』克曰：『吳先亡。』文侯曰：『何故？』克曰：『數戰數勝，數勝則主驕，數戰則民疲，不亡何待？』頡利逢隋末中國喪亂，遂恃眾內侵，今尚不息，此其必亡之道。」太宗深然之。 | 新序 |
| 11 | 魏徵 | 奏稱：「晉文公出田，逐獸於碭，入大澤，迷不知所出。其中有漁者，文公謂曰：『我，若君也，道將安出？我且厚賜若。』漁者曰：『臣願有獻。』文公曰：『出澤而受之。』於是送出澤。」 | 新序 |
| 12 | 虞世南 | 對曰：「春秋時，梁山崩，晉侯召伯宗而問焉，對曰：『國主山川，故山崩川竭，君為之不舉樂，降服乘縵，祝幣以禮焉。』梁山，晉所主也。晉侯從之，故得無害。」 | 國語 |

上表1-8條，是太宗引用書籍卻未見於《群書治要》收錄段落者，其中4-7條，太宗用「古人云」引述《論語》、《書》、《道德經》、《漢書》、《左傳》者，可知太宗的引用較群臣徵引方式隨性而自由。而1-8條引文亦可知，太宗雖然下詔讓魏徵等群臣編纂《群書治要》，但實際已閱讀過許多重要典籍，因此才會有超出《群書治要》範圍引用的狀況。而上表中魏徵的引用超出《群書治要》者則集中在《新序》，因此可知魏徵身為《群書治要》總編纂官，《新序》是其偏好但刪節較多的部分。

然而，欲對比《貞觀政要》和《群書治要》的引書，上述的作法仍有盲點。在對比的過程中，筆者發現有部分段落雖然大臣看似明引某書，但實際上從上下文中可以觀察該段落應該是出自其他書籍的現象。如〈納諫〉中載貞觀初，黃門侍郎王珪對太宗的對話：

> 臣聞於《管子》曰：齊桓公之郭國，問其父老曰：「郭何故亡？」父老曰：「以其善善而惡惡也。」桓公曰：「若子之言，乃賢君也，何至於亡？」父老曰：「不然。郭君善善而不能用，惡惡而不能去，所以亡也。」[15]

王珪對曰「臣聞於《管子》曰」云云，看似王珪徵引《管子》，但今本《管子》未見這段文字，而在《群書治要》收錄有這段文字：

> 昔齊桓公出，見一故墟而問之。或對曰：「郭氏之墟也」。復問郭氏曷為墟。曰：「善善而惡惡焉」。桓公曰：「善善惡惡，乃所以為存，而反為墟，何也？」曰：「善善而不能用，惡惡而不能去，彼善人知其貴己而不用，則怨之，惡人見其賤己而不好，則仇之，夫與善人為怨，惡人為仇，欲毋亡得乎。」[16]

對比《貞觀政要》和《群書治要》的內容，會發現都是齊桓公見到郭國廢墟，然後產生對於國家興亡原因的疑惑。那麼，儘管兩段文字略有小異，但《貞觀政要》記錄的是王珪對於這段紀錄的再引述，本就有可能逐字逐句的說明，但是從對話的狀態、情節的安排，可以明顯看出王珪引《管子》的內容，與《群書治要》卷四十四節選《桓子新論》的內容雷同，應本於此或有同一來源。還有如《貞觀政要》卷一論君道，記錄有一段貞觀二年時，太宗問魏徵有關明君和暗君的區別：

> 徵曰：「君之所以明者，兼聽也；其所以暗者，偏信也。《詩》云：『先民有言，詢於芻蕘。』昔唐、虞之理，闢四門，明四目，達四聰。」[17]

從字面上來看，魏徵引用《詩經‧大雅‧生民之什‧板》的詩句，說明暗君偏信偏聽，而明君廣納各方意見。然而，魏徵這段話的語序，即先引《詩經》詩句，再接入堯、舜兼聽四方的脈絡，與《潛夫論》中的紀錄十分雷同：

> 《詩》云：「先民有言，詢於芻蕘。」夫堯、舜之治，闢四門，明四目，通四聰。[18]

魏徵所言與《潛夫論》的文字，差別僅在「昔唐、虞之理」和「夫堯、舜之治」，以及「達四聰」和「通四聰」動詞的不同，然就其文意，並無區別。因此可知，《貞觀政要》記載魏徵論君道引《詩經》，其實應是《潛夫論》才是。而上引《潛夫論》這段文

---

15 唐‧吳兢：〈納諫第五〉，《貞觀政要》（北京：學苑音像出版社，2004年），頁23。
16 唐‧魏徵等奉敕編：《群書治要》，四部叢刊初編本，卷44（臺北：臺灣商務印書館，1967年），頁588。
17 唐‧吳兢：〈君道第一〉，《貞觀政要》（北京：學苑音像出版社，2004年），頁1。
18 唐‧魏徵等奉敕編：《群書治要》，四部叢刊初編本，卷44（臺北：臺灣商務印書館，1967年），頁592。

字,也同樣被收錄在《群書治要》卷四十四《潛夫論》選文之中。

　　筆者以為欲突破引書狀態分析的盲點,除了觀察《貞觀政要》中明引的部分,還必須借用數位人文段落相似度(Similarity)的匯算方法,檢校全文中,找出文獻間暗用的部分。段落相似度是透過將文字型態之間予以距離,計算文字型態間的相似程度,並加總比較以取得資訊、分類或二元判斷。[19] 距離以字為單位,可依研究者所需設定。舉例來說,如果距離等於五,那麼,電腦就會將文本中連續的五個字視為一組組比較的對象,如《論語》「學而時習之不亦樂乎」的句子,電腦就會將其拆分成「學而時習之」、「而時習之不」、「時習之不亦」、「習之不亦樂」、「之不亦樂乎」等幾組五字詞。當比對的兩個文本間有相同的五字詞,就會被計算進段落相似度中,相似度越高,文本間引用的狀況就越明顯。由於古漢語常有四字成句的組成狀況,因此筆者將距離設定為四字,用《貞觀政要》為實驗組,《群書治要》為對照組,計算其段落相似度。以段落相似度為線索,重新整理《貞觀政要》引書狀況,繪製成下圖:

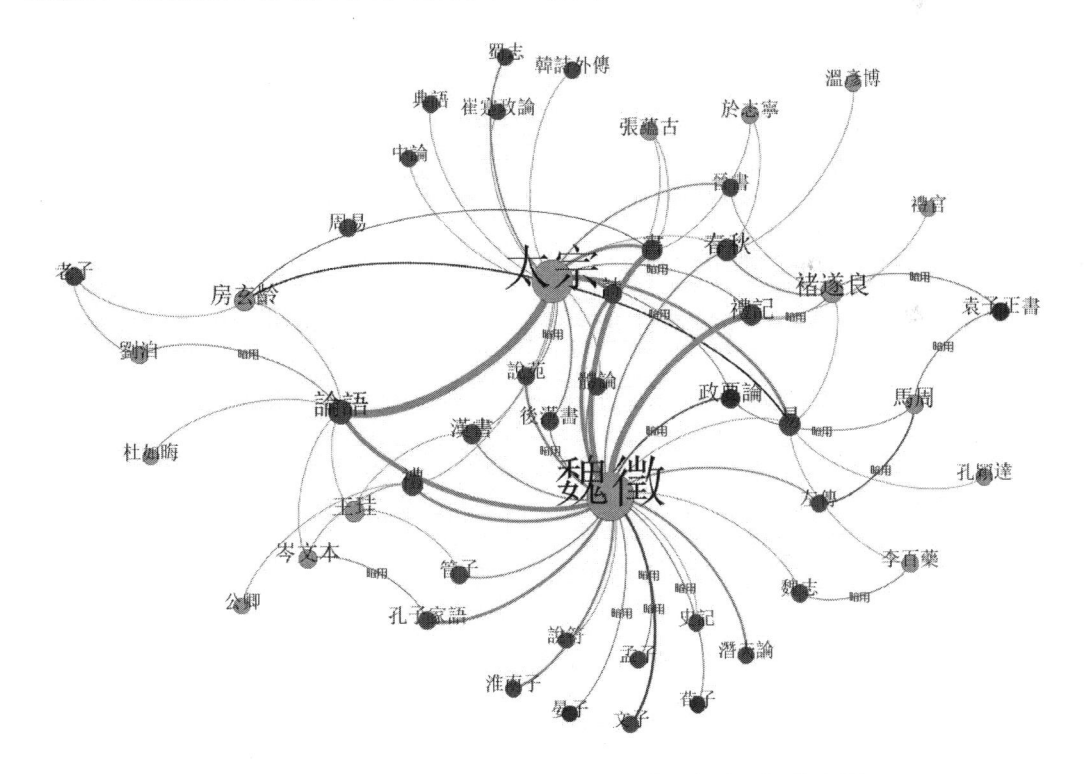

**圖四　《貞觀政要》發言者明引暗用《群書治要》收書圖**
(彩頁請見書末圖版,頁346)

---

[19] 紀涵文:《以文本相似度為基礎的段落相似度分析:聖經四福音書之案例研究》(桃園:國立中央大學資訊管理系碩士論文,2017年)。

上圖四是用電腦匯算段落相似度篩選，再以人工檢核的方式，補入部分引用書籍的說明。灰色的節點是發話人物，紅色節點是書籍，藍色節點則是因暗用新增的書籍。節點大小由引用次數控制。綠色的線條是明引的狀況，藍色的線條則是用暗用的狀況，線條粗細同樣也反映了書籍的被引用次數。當書籍同時有明引和暗用狀況，則將暗用的數據歸入明引之中。觀察上圖，不難發現魏徵暗用的狀況十分常見，說明魏徵不論對話或奏疏擅長旁徵博引的狀況。更重要的是《政要論》、《袁子政書》、《荀子》、《晏子》四種是從明引計算中被低估的部分，尤其《政要論》和《袁子政書》的節點大小與五經、《漢書》等相近，說明了貞觀君臣對於子部書籍中短篇故事的運用詮釋，不亞於五經和正史之書。

　　《群書治要》展現了初唐時期經、史、子等書籍在官方流通的狀況，而《貞觀政要》則體現了貞觀君臣對於書籍的應用情形。二者之間有一定程度的聯繫，而透過二書間明引的計算，段落相似度篩選暗用資料，再用社會關係網路的串接，可以看見貞觀君臣的閱讀資料庫，的確和《群書治要》所收書有很大的重疊性，證明了理論建立與應用實踐之間的關聯意義。

## 四　《貞觀政要》的應用實踐

　　在利用《貞觀政要》和《群書治要》的書籍串聯，確知貞觀君臣言行一致的選書與實踐後，我們不禁想進一步追問：吳兢用《貞觀政要》打造心中的理想國，那麼他的治世藍圖是什麼？

　　筆者利用詞語顯著性來探討回答這個問題。「詞語顯著性」是夠過電腦運算，尋找特定範圍語料或文本的特殊詞彙。它透過比較兩個以上不同的語料庫而來，透過計算，將兩個語料庫之間差異較大的詞進行排序。那麼，如果以詞語顯著性來比較《貞觀政要》和《群書治要》的差異，應能觀察出該文本欲加強論述的旨趣。筆者將《貞觀政要》作為標的語料庫，《群書治要》視為參照語料庫，獲得詞語顯著性詞彙如下表四：

表四　《貞觀政要》與《群書治要》詞語顯著性對照表

| 排序＼詞語顯著性 | 《貞觀政要》 | 《群書治要》 |
| --- | --- | --- |
| 1 | 奏 | 民 |
| 2 | 諫諍 | 眾 |
| 3 | 伏願 | 天下 |

表四中《貞觀政要》的一欄顯示該書詞語顯著性，是《貞觀政要》較《群書治要》多次

提及的部分。而《群書治要》一欄則是負向的顯示，也就是《群書治要》有而《貞觀政要》卻較不注重的部分。我們可以看見，《群書治要》中擘畫政治藍圖的「民」、「眾」、「天下」等詞彙，則在《貞觀政要》顯著性明顯降低。在《貞觀政要》中，詞語顯著性較大的詞彙都和君臣間的相處有關，「奏」、「伏願」是臣屬恭敬對君主稟報的詞語，討論的內容則與「諫諍」有關。筆者將《貞觀政要》中「諫諍」出現的段落表列如下：

### 表五　《貞觀政要》中「諫諍」語境列表

| 序號 | 說話人 | 章節 | 內容 |
|---|---|---|---|
| 1 | 太宗 | 君道第一 | 曰：「任賢能，受諫諍，即可。……」 |
| 2 | 太宗 | 政體第二 | 太宗謂侍臣曰：「……比來惟覺阿旨順情，唯唯苟過，遂無一言諫諍者，豈是道理？……」 |
| 3 | 王珪 | 任賢第三 | 王珪對曰：「……每以諫諍為心，恥君不及堯、舜，臣不如魏徵。……」 |
| 4 | 太宗 | 求諫第四 | 太宗知其若此，每見人奏事，必假顏色，冀聞諫諍，知政教得失。 |
| 5 | 杜如晦 | 求諫第四 | 杜如晦對曰：「……世基豈得以煬帝無道，不納諫諍，遂杜口無言？……虞世基位居宰輔，在得言之地，竟無一言諫諍，誠亦合死。」 |
| 6 | 太宗 | 求諫第四 | 尋常奏事，情猶如此，況欲諫諍，必當畏犯逆鱗。所以每有諫者，縱不合朕心，朕亦不以為忤。…… |
| 7 | 太宗 | 求諫第四 | 朕今開懷抱，納諫諍。卿等無勞怖懼，遂不極言。 |
| 8 | 魏徵 | 求諫第四 | ……有學識，強諫諍，是其所長…… |
| 9 | 褚遂良 | 太子諸王定分第九 | 一日萬機，或未盡美，臣職諫諍，無容靜默。 |
| 10 | 太宗 | 教戒太子諸王第十一 | 及居帝位，每商量處置，或時有乖疏，得人諫諍，方始覺悟。若無忠諫者為說，何由行得好事？……故克己勵精，容納諫諍，卿等常須以此意共其談說。 |
| 11 | 太宗 | 教戒太子諸王第十一 | 揀擇賢才，為汝師友，須受其諫諍，勿得自專。 |
| 12 | 孔穎達 | 規諫太子第十二 | 對曰：「蒙國厚恩，死無所恨。」諫諍愈切。 |
| 13 | 太宗 | 杜讒邪第二十三 | 朕比開直言之路者，庶知冤屈，欲聞諫諍。 |
| 14 | 太宗 | 刑法第三十一 | 公等食人之祿，須憂人之憂，事無巨細，咸當留意。今不問則不言，見事都不諫諍，何所輔弼？ |
| 15 | 太宗 | 行幸第三十七 | 隋煬帝……不顧百姓，行幸無期，徑往江都，不納董純、崔象等諫諍，身戮國滅，為天下笑。 |

在上表中,大抵可以歸納成幾組:第一組是序號4到8的引文,出自《貞觀政要》第四卷〈求諫〉一章,發言者包括太宗、杜如晦、魏徵,太宗所說都是他廣開懷抱採納諫諍的態度。杜如晦以隋煬帝為反比,認為煬帝不納諫諍,而身為臣子的虞世基也因不對煬帝諫諍而失職。而魏徵所言是因為其進用的大臣凌敬被檢舉愛財,太宗因此責怪其任人不當,魏徵為凌敬辯護,認為太宗應該著眼於他擁有諫諍的長處,而非只計較他好經營的缺點。由此可知,在太宗、杜如晦和魏徵的政治理想中,諫諍絕對是臣子首要的工作,納諫則是君王必備的治國態度。第二組是序號9到12的引文,是與皇子教育有關。序號9是褚遂良為了皇子分封的公平性諫諍,序號10、11出自〈教戒太子諸王〉章,太宗教導皇子們要學習自己養成廣納諫諍的人格特質。序號12則是太子承乾不聽孔穎達的勸告,但孔穎達認為規勸太子是自己應有的職責,因此碰到太子不受教仍「諫諍愈切」。從第二組的引文可以知道,太宗不只時時提醒自己採納諫諍,也把諫諍作為教導皇子重要的課題。其餘散布在〈君道〉、〈政體〉、〈任賢〉、〈杜讒邪〉、〈刑法〉、〈行幸〉章節的「諫諍」內容也都是正面鼓勵的態度。吳兢大量剪裁選用史料中有關「諫諍」的內容,以述代作,表達他對理想政治的追求。筆者曾就以詞語顯著性探討《群書治要》的編纂旨趣,發現其集中討論「人主」、「勸」、「任賢」、「刑罰」、「亡國」等詞[20]。換言之,《群書治要》的政術,注重規諫人君、任用賢能、明訂賞罰,如此方能避免亡國。因此,規諫人君只是政術中其中的一個向度。但是到了《貞觀政要》時,求諫、納諫就變成了核心的主題,不只〈納諫〉的專章篇幅是全書各章節中最長的,透過與《群書治要》的詞語顯著性對照,也是最顯著的,並且諫諍的內容還散布到全書各個章節之中。換言之,在吳兢整理貞觀君臣的應用實踐中,納諫的態度是君王政術中最核心寶貴的價值。

## 五 結論

《群書治要》是貞觀君臣追求理想政治,運用典籍節選而成的政治藍圖。《貞觀政要》則是吳兢在歷經初唐武唐政治變革中,對貞觀之治的回顧,透過起居注、帝王詔令、大臣奏疏等內容,依照門類還原貞觀君臣的對話,可藉以考察貞觀君臣的應用實踐。筆者運用數位人文工具,探討《貞觀政要》對《群書治要》的聯繫,獲得以下幾點心得:

首先,運用 SNA 方法繪製《貞觀政要》人物關係圖,會發現所有的「邊」都是與太宗的互動而展開,與實際社會關係網路很不同。反映了編纂者吳兢採用詔令章奏和起居注為文獻的限制,展現出太宗視角出發的君臣互動關係網路。

---

[20] 邱詩雯:〈遠讀群書:以詞語顯著性探討《群書治要》的編纂旨趣〉,收入林朝成主編:《第三屆《群書治要》國際學術研討會論文集》(臺北:萬卷樓圖書公司,2024年),頁149-171。

其次,《貞觀政要》的篇幅以〈納諫〉最大,紀錄事件較多。該書篇幅受到事件紀錄數量左右,更與引用奏疏詔令多寡有關。引用越多,篇幅越大,如僅根據起居注還原對話紀錄,未搭配章奏詔令,篇幅較會較減省。

再來,《貞觀政要》中的引書可作為貞觀群臣對於典籍經世致用的線索。《貞觀政要》的引書,可分為明引和暗用兩個層次,明引部分雖然是少部分大臣有個人的偏好,但大體上集中在《易》、《書》、《詩》、《禮》《春秋》、《論語》、《漢書》和《體論》之中,可見出貞觀君臣的閱讀取向。但《貞觀政要》的引書統計有部分陷阱,可搭配數位人文段落相似度的匯算方法找出文獻間暗用的部分,初步發現《政要論》、《袁子政書》、《荀子》、《晏子》四種是常被低估的部分,尤其貞觀君臣對於子部書籍中短篇故事的運用詮釋,常運用《政要論》和《袁子政書》的內容,不亞於五經和正史之書。

最後,吳兢用《貞觀政要》打造心中的治世藍圖,透過詞語顯著性的計算,發現與《群書治要》規諫人君、任用賢能、明訂賞罰的政術多種面向相比,吳兢更側重於「諫諍」的內容。在《貞觀政要》中,諫諍是大臣們的重要職責與品格,君主不只自己需要廣納諫諍,也是教導皇子重要的課題,這樣的概念散布在全書多處,成為該書最核心的主軸。換言之,《群書治要》編纂的各種「政術」,在吳兢《貞觀政要》的整理中,可以看見貞觀之治的成功是在於確立了「納諫」的條件,然後在各種狀況發生時,君臣才能以史為鏡、援古立說,疏導溝通,做出正確的決策。

總體而言,從《群書治要》到《貞觀政要》,我們看見了初唐時期經、史、子等書籍在官方流通的狀況,並且體驗了貞觀君臣對於書籍的應用情形。二者之間有一定程度的聯繫和重疊性,證明了貞觀君臣理論建立與應用實踐之間的關聯意義。

# 徵引文獻

## 一 原典文獻（依年代先後排序）

唐‧魏　徵等奉敕編：《群書治要》，四部叢刊初編本，臺北：臺灣商務印書館，1967年。
唐‧吳　兢：《貞觀政要》，北京：學苑音像出版社，2004年。
宋‧晁公武：《郡齋讀書志》，臺北：臺灣商務印書館，1968年。

## 二 近人論著（依年代先後排序）

毛漢光：〈論《貞觀政要》中的君臣溝通文化〉，《國立臺灣大學文史哲學報》第41卷，1994年，頁67-81。
水上雅晴：〈日本金澤文庫古鈔本《群書治要》寫入的音義註記〉，收入林朝成、張瑞麟主編：《第一屆《群書治要》國際學術研討會論文集》，臺北：萬卷樓圖書公司，2020年8月，頁1-20。
王文暉：〈從古寫本《群書治要》看通行本《孔子家語》存在的問題〉，《中國典籍與文化》2018年第4期，2018年12月，頁113-119。
吳金華：〈略談日本古寫本《群書治要》的文獻學價值〉，《文獻》2003年第3期，2003年7月，頁118-127。
吳哲夫〈垂代立教──談「貞觀政要及其版本」〉，《故宮文物月刊》第8卷第2期，1990年5月。
林秀一、陸明波、刁小龍：〈《孝經》鄭注輯佚及刊行的歷史──以日本為中心〉，《中國典籍與文化論叢》2013年，頁52-66。
林溢欣：〈唐見本《孔子家語》面貌考論──兼論其校勘及輯佚問題〉，收入林朝成、張瑞麟主編：《第一屆《群書治要》國際學術研討會論文集》，臺北：萬卷樓圖書公司，2020年8月，頁69-94。
林溢欣：〈從《群書治要》看唐初《孫子》版本系統──兼論《孫子》流傳、篇目序次等問題〉，《古籍整理研究學刊》2011年第3期，2011年5月，頁62-68。
林溢欣：〈從日本藏卷子本《群書治要》看《三國志》校勘及其版本問題〉，《中國文化研究所學報》第53期，2011年7月，頁193-216。
邱詩雯：〈遠讀群書：以詞語顯著性探討《群書治要》的編纂旨趣〉，收入林朝成主編：《第三屆《群書治要》國際學術研討會論文集》臺北：萬卷樓圖書公司，2024年，頁149-171。

金光一：〈日本江戶時代古學派與《群書治要》回傳中國的關係〉，收入林朝成、張瑞麟主編：《第一屆《群書治要》國際學術研討會論文集》，臺北：萬卷樓圖書公司，2020年8月，頁21-34。

紀涵文：《以文本相似度為基礎的段落相似度分析：聖經四福音書之案例研究》，桃園：國立中央大學資訊管理系碩士論文，2017年。

原田種成：《貞觀政要の研究》，東京：吉川弘文館，1965年。

笹川明德：《貞觀政要版本之研究》，高雄：國立高雄師範大學國文學系碩士論文，1992年。

陳怡君：《貞觀政要君臣觀之探討》，臺中：逢甲大學中國文學系碩士論文，2011年。

黃聖松：〈天明本《群書治要》引《左傳》改易文字析論〉，林朝成、張瑞麟主編：《第一屆《群書治要》國際學術研討會論文集》，臺北：萬卷樓圖書公司，2020年8月，頁35-68。

管盼盼：〈《群書治要》注文來源初探〉，《安徽文學》2018年第11期，2018年11月，頁9-11。

劉醇鑫：《貞觀政要研究》，新北：輔仁大學中國文學研究所碩士論文，1987年。

潘銘基：〈《群書治要》所載《孟子》研究〉，《域外漢籍研究集刊》第16輯，2017年，頁293-317。

潘銘基：〈《群書治要》所錄《漢書》及其注解研究〉，收入林朝成、張瑞麟主編：《第一屆《群書治要》國際學術研討會論文集》，臺北：萬卷樓圖書公司，2020年8月，頁95-130。

蔡　蒙：〈《群書治要》所引《尸子》校勘研究〉，《文教資料》2018年第35期，頁84-86、110。

# 五　《群書治要》與典籍之互涉

# 《群書治要・莊子》之文本對比與字詞現象管窺

龐壯城

福建師範大學文學院助理教授

## 摘要

　　本文以《群書治要》中所收《莊子》為研究對象，首先分析其在各版本之《群書治要》(《平安本》、《金澤本》、《駿河本》與《天明本》) 所見的用字差異，認為《群書治要》雖然編纂於唐代初年，但其後流傳至日本，且受到極高的重視，因而有不同的寫本，並以多樣的異體字書寫，呈現有別於原本的詞語樣貌與文字構形，前者如字句之增字、減字，又或是斷讀與錯置、漏抄與省略，以及改換詞語，表現抄手對於《莊子》內容之理解；後者如繁化、簡化、類化、訛混與異體字等常見的漢字書寫現象，充分地反映了日人對漢字之概念與應用。

　　《治要》所收《莊子》的詞語差異、字形構形，不僅反映流傳於日本的用字、用詞習慣，亦可推敲唐、宋《治要》的大致樣貌，能幫助研究文獻學、目錄學，對中古時期的文字學、書法研究也能產生極高效益。

**關鍵詞**：《群書治要》、《莊子》、文本對比、詞語、文字構形

# 一　《群書治要》所收《莊子》概況

　　《群書治要》（以下簡稱為《治要》）成書於貞觀五年（西元631年），為唐太宗之臣魏徵、虞世南、褚亮等人奉敕編著的類書，提供歷代典籍中的帝王歷史盛衰之事，[1]反映了以儒家思想為核心，並融會各家治政要理的編纂精神，其序云：「爰自六經，訖乎諸子。」體現了唐代帝王所習的政治思想，有極高的學術價值。由於《治要》為帝王之書，深藏宮廷密府，外人難窺見其密，唐、宋之後遂亡佚不傳；不過《治要》於中國本土雖無流傳，卻在日本成為重要典籍，細井德民云：「承和、貞觀之際，經筵屢講此書。」林敬信亦云：「我朝承和、貞觀之間，致重雍襲熙之盛者，未必不因講究此書之力。」[2]除承和（西元834-848年）、貞觀（西元859-877年）之間，宇多天皇、醍醐天皇在位之際（西元887-930年）也多有閱讀《治要》之紀錄，可見日本天皇及諸政要對此書的長期關注與尊崇重視。

　　金光一認為，日版《治要》大約是在奈良時代（西元710-784年）由遣唐使傳入，[3]後經傳抄流布，共有平安本、[4]金澤本、[5]駿河本[6]與天明本[7]四種。後兩種版本為活字印

---

[1] 《唐會要》載：「太宗欲覽前王得失。徵與虞世南、褚亮、蕭德言等始成凡五十卷。」《新唐書》亦云：「太宗欲知前世得失，詔魏徵、虞世南、褚亮及德言裒次經史百氏帝王所以興衰者上之，帝愛其書博而要，曰：『使我稽古臨事不惑者，公等力也！』賚賜尤渥。」參宋・王溥：《唐會要》（京都：中文出版社，1978年），頁651。宋・歐陽修等撰：《新唐書》（北京：中華書局，1975年），頁5653。

[2] 參日・細井德民：〈刊《群書治要》考例〉，唐・魏徵等編撰：《群書治要》校訂本，頁1。日・林信敬：〈校正《群書治要》序〉，唐・魏徵等編撰：《群書治要》校訂本，頁1。

[3] 金光一：《《群書治要》研究》（上海：復旦大學中文系博士論文，2010年），頁49。

[4] 平安本，原傳自九條家，抄錄自平安時代（西元11世紀）的唐本《治要》，係現存最古的手抄本，然目前僅存十三卷（分別為卷22、26、31、33、35、36、37、42、43、45、47、48、49等，可於日本「e-Museum」網站瀏覽，其中前七卷由於保存情況較好，但亦有殘缺；後六卷保存情況較差，尚待修復，故未公開）。現藏於日本東京國立博物館。日本「e-Museum」網址：https://reurl.cc/Ddpo6Q，檢索日期：2022年1月23日。參潘銘基：〈日藏平安時代九條家本《群書治要》研究〉，《中國文化研究所學報》第67期（2018年），頁1-40。

[5] 金澤本，為卷軸抄本，現存四十七卷（缺卷3、13、20），然各卷抄寫時間不一，大抵完成於建長五年（1253）至延慶元年（1308），因曾藏於日本鎌倉時代（中國元代）的金澤文庫，因之得名。

[6] 駿河本，為銅活字刻本，出版於日本元和二年（1616）。係日本德川幕府時期，由德川家康下令依據金澤本所印刷，共計五十一部。嚴紹璗認為：「『駿河版』刊印的《群書治要》，是以鎌倉僧人謄寫的金澤文庫本為原本的。」由於在駿府版印，又稱為「駿河本」。駿河本內容，可參東京大學東洋文化研究所所藏漢籍善本全文影像資料庫，網址：https://reurl.cc/rQV68E，檢索日期：2022年1月23日。嚴紹璗：《漢籍在日本的流布研究》（南京：江蘇古籍出版社，1992年），頁161。

[7] 天明本，天明七年（1787），在尾張藩第九代藩主德川宗睦的倡議下，以金澤本與駿河本互校，重新刊印，此即所謂「天明本」（又稱「尾張本」）。此本於嘉慶元年（1796）傳回中國，引起清朝學界廣泛關注，後收入《四部叢刊》、《續修四庫全書》，流傳遂廣。有關《群書治要》各版本間的關係，可參林溢欣：〈《群書治要》引《賈誼新書》考〉，《雲漢學刊》第21期（2010年），頁62-90。

刷,所用字形較為清楚;前兩本則為手抄本,保留不少唐代以來的俗體字結構,是研究傳抄古文、俗體字、書法的珍貴材料。

《治要》雖是以儒家思想為中心,卻藉由《老子》、《列子》、《文子》及《莊子》等文獻,尤其是《莊子》所載的上古帝王之事,凸顯君臣異德之「無為而治」觀念。本文將對比四種《治要》之《莊子》,分析其文本差異與用字特徵,希望呈現諸本的傳抄源流及特色。

## 二 《群書治要》所收《莊子》之文本差異

目前所見的《莊子》文本,以晉代郭象注,唐陸德明釋文,明成玄英疏解最為通行;而陸德明編纂之《經典釋文》係成於南朝陳後主至德元年(西元583年),亦解釋《莊子》文詞、音韻。唐臣魏徵等人編纂《治要》時,可能參考過據郭注、陸釋文之版本,揀擇文辭;《治要》第三十七卷,收錄了《莊子》之〈胠篋〉、〈天地〉、〈天運〉、〈知北遊〉與〈徐無鬼〉,共五篇,所用字句則多有刪減、改動,與傳世通行本不一。茲先錄通行本相關段落,以察《治要》之改動:

### (一)〈胠篋〉之文本字詞對比

《治要》所引〈胠篋〉,言上古之世,民風純樸,帝王無為,人民無事,奉行小國寡民之教;後世崇敬賢者,致使風尚所趨,成玄英云:「以知能治物,物必弊之,故大亂也。」機巧器具之多,使禽獸異亂;詐偽狡辭之多,使人民爭辯。文本對比如下:

> 昔者容成氏、大庭氏、伯皇氏、中央氏、栗陸氏、驪畜氏、軒轅氏、赫胥氏、尊盧氏、祝融氏、伏羲氏、神農氏,當是時也,民結繩而用之,甘其食,美其服,樂其俗,安其居,鄰國相望,雞狗之音相聞,民至老死而不相往來。若此之時,則至治已。今遂至使民延頸舉踵曰「某所有賢者」,贏糧而趣之,則內棄其親而外去其主之事,足跡接乎諸侯之境,車軌結乎千里之外,則是上好知之過也。上誠好知而无道,則天下大亂矣。何以知其然邪?夫弓、弩、畢、弋、機變之知多,則鳥亂於上矣;鉤餌、罔、罟罾笱之知多,則魚亂於水矣;削格、羅落、罝罘之知多,則獸亂於澤矣;知詐漸毒、頡滑堅白、解垢同異之變多,則俗惑於辯矣。[8]

各本有異者:「軒轅氏、赫胥氏」,駿河本作「軒轅赫氏、胥氏」,當是活字印刷之誤。「伏羲氏」,平安本作「伏氏」,戲字从虛从戈,為「戲」字異體;金澤本作,

---

8 清·郭慶藩撰,王孝魚點校:《莊子集釋》(北京:中華書局,2004年),頁357-359。

其左半虛旁連筆，屬草化之「戲」字，然其右批注以為「戲」字；駿河、天明本則作「戲」字。「當是時也，民結繩而用之」，平安本作「當之時，▨結繩而用之」，▨字缺筆，屬避唐太宗李世民之名諱；金澤、駿河本同，天明本作「當是之時」，三本皆不避「民」字，知平安本所錄《莊子》內容當源於唐初文本。[9] 遍檢先秦兩漢文獻，並無「當之時」之文例，可見日版《治要》並非完全照錄中土流傳之版本，而有擅改文本之嫌。「雞狗」，四本皆作「雞犬」。

「若此之時」，平安本作「若此時」，金澤本同，右批注則補「之」字；駿河、天明本皆作「若此之時」。「贏糧而趣之」，平安本作「▨粮而赺之」，金澤本作「贏粮而赺之」，注以為「趣」字，駿河、天明本作「贏糧而趣之」。「上好知之過也」，平安本作「上之好智之過也」，金澤、駿河本皆同，天明本作「上好智之過也」。「上誠好知而无道，則天下大亂矣，何以知其然邪？」四本皆作「上誠好知而无道，天下大亂矣，何以知其然耶？」「弓、弩、畢、弋」，平安本作「▨」，金澤本作「▨」，駿河、天明本皆作「弋」。「鉤餌、罔罟、罾笱」，平安本作「鉤▨、▨▨、▨苟」，餌字受「鉤」字影響類化為从「金」，餘下諸字所从「网」旁皆類化為「穴」；金澤本作「鉤餌、▨▨、▨▨」，右批注云：「▨▨、▨笱」，不僅罔罟二字顛倒，所从「穴」旁又訛變為「內」。駿河、天明本作「鉤餌、罟罔、罾笱」，明顯是受到金澤本批注之影響而改字。「知詐漸毒、頡滑堅白、解垢同異之變多，則俗惑於辯矣」，平安本省作「智詐同異之變多，則俗或於辯矣」，其「辯」字作「▨」；後文〈天地〉「辯雖彫萬物而不自說也」，「辯」字則作「▨」；金澤本同，唯「或」字作「惑」，辨作「▨」；駿河、天明本皆作「智詐同異之變多，則俗或於辯矣」。

## （二）〈天地〉之文本字詞對比

《治要》所引〈天地〉，以堯、禹地二則事蹟為主。首則言華山封人欲以長壽、財富、多男子祝福堯，但堯卻以多恥辱、多事端、多恐懼辭謝。封人以為堯是「賢人君子」，卻非「體道聖人」，故針對三種災殃提出無為修德的應對方式。次則言禹治天下後，伯成子高卻認為禹「作賞罰，卻使民不仁」，德衰刑立，亂世將起，故歸隱而耕。

---

[9] 高佑仁學長曾就金澤本《群書治要》中的《吳越春秋》，進行相關字詞研究，認為金澤本避「民」字（《治要・春秋左氏傳中・宣公》「民之主也」的「民」作「▨」，以「亡」字代替），卻未避「治」字，可見金澤本之底本與平安寫本皆為唐初之系統。參高佑仁：〈金澤本《群書治要・吳越春秋》字詞研究〉，《中正漢學研究》第四十期（2022年），頁149。按：金澤本《治要》所引《莊子》，其「民」字作▨（〈胠篋〉）、▨（〈胠篋〉）、▨（〈天地〉）等，皆無缺筆。同一字，平安本作▨、▨、▨，差異明顯，可見金澤本《莊子》篇章可能不是依據唐初文本所抄錄，與平安本應該有不同來源；又或在抄錄《莊子》時，將避諱之字改正。

二則皆有消解人為價值（長壽、財富、多男子、賞罰）的意義，提出「貴在無為」之觀點，故成玄英疏云：「堯以無為為治，物物從其化，故百姓不待其褒賞而自勉行善，無勞刑罰而畏餓不為。」「多男子則多懼，富則多事，壽則多辱」，也是有為之心態所造就。文本對比如下：

> 堯觀乎華。華封人曰：「嘻，聖人！請祝聖人，使聖人壽。」堯曰：「辭。」「使聖人富」。堯曰：「辭。」「使聖人多男子」。堯曰：「辭。」封人曰：「壽，富，多男子，人之所欲也。女獨不欲，何邪？」堯曰：「多男子則多懼，富則多事，壽則多辱。是三者，非所以養德也，故辭。」封人曰：「始也我以女為聖人邪，今然君子也。天生萬民，必授之職。多男子而授之職，則何懼之有！富而使人分之，則何事之有！夫聖人，鶉居而鷇食，鳥行而无彰；天下有道，則與物皆昌，天下無道，則修德就閒；千歲厭世，去而上僊；乘彼白雲，至於帝鄉；三患莫至，身常無殃；則何辱之有！」封人去之，堯隨之，曰：「請問。」封人曰：「退已！」[10]

各本有異者：「堯觀乎華。華封人曰」，平安本作「堯觀乎華＝封＝人曰」，金澤本同；駿河本作「堯觀乎華封。華封人曰」，大概是將金澤本的重文符號轉為正文而誤；天明本作「堯觀乎華。華封人曰」。平安、金澤本於「封人曰：『壽、富、多男子，人之所欲也，女獨不欲，何邪？』」前又多抄錄「封人曰：『辭。』」一句，知金澤本此處很可能抄自平安本。

「壽、富、多男子，人之所欲也，女獨不欲，何邪？」平安本作「壽、富、多男子，之人所欲也，汝獨不用，何也？」金澤本同，皆將「之」抄錄在前，又改「欲」為「用」字，改「邪」為「也」字。駿河本作「壽、富、多男子之人所欲也，汝獨不用，何？」天明本作「壽、富、多男子，人所欲也，汝獨不用，何？」皆無「也」字。「非所以養德也」，平安本作「皆非所以養德」，德即「德」字古文，金澤本作「皆非所以養意」，將德字誤認為「意」；駿河、天明本作「皆非所以養意」，係由金澤本而誤。「始也我以女為聖人邪，今然君子也」，平安本作「始也我以汝為聖人也，今然君子也」，金澤、駿河、天明本皆同，惟金澤本「我」字右批注云：「本无。」

「天生萬民」，平安本作「天生烝民」，金澤本作「天生𢽳民」，右批注以為「烝」；駿河、天明本皆作「天生烝民」。「則何懼之有」，平安本作「則何懼之＝有」，金澤本同；駿河、天明本皆作「則何懼之有」。「鳥行而无彰」，平安本作「鳥行無」，金澤本同，然批注補入「而、章」二字，天欄更有「章，本書乍『彰』」，知金澤本此處雖抄自平安本，但批注者曾以他本《莊子》校正之，有一定訓詁、文獻之水平；[11]駿河、

---

10 清·郭慶藩撰，王孝魚點校：《莊子集釋》，頁420-423。
11 金澤本卷背抄有「鶉居」、「鷇食」二詞之註解，皆引陸德明說。

天明本作「鳥行而無章」。「天下有道，則與物皆昌，天下無道，則修德就閒」，平安本作「天下有道，則与物皆昌，天下無道，則修德就間」，金澤本同，然「德」字作[德]，左側批注則以為「德」字。是知前文「非所以養意」係抄手之誤，而批注者亦未撿出，故致使後續版本沿襲此誤。駿河本同，然改「与」字為「與」，改「間」字為「閒」；天明本同金澤本，僅改「与」為「與」。「封人去之，堯隨之，曰：『請問。』封人曰：『退已！』」一句，四本全無。

> 堯治天下，伯成子高立為諸侯。堯授舜，舜授禹，伯成子高辭為諸侯而耕。禹往見之，則耕在野。禹趨就下風，立而問焉，曰：「昔堯治天下，吾子立為諸侯；堯授舜，舜授予，而吾子辭為諸侯而耕。敢問，其故何也？」子高曰：「昔堯治天下，不賞而民勸，不罰而民畏。今子賞罰而民且不仁，德自此衰，刑自此立，後世之亂自此始矣。夫子闔行邪？无落吾事！」俋俋乎耕而不顧。

「禹趨就下風」，平安本作「趨就下」，省去主語「禹」，金澤本同，然右批注補「禹、風」二字；駿河、天明本作「禹趨就下風」。「『夫子闔行邪？无落吾事！』俋俋乎耕而不顧。」一句，四本皆無。此外，本篇「辭」字共五見，平安本為「辞、辞、辞、[辞]、[辞]、辞」，[辞]、[辞]二字應是「辭」之異體字，省去中間之紡錘，保留上下整理之爪形，又將下方又旁訛為口旁；金澤本為作「辞、辞、辞、辤、辭、辞」，將訛寫之字改為「辤」與「辭」；駿河本作「辞、辞、辞、辤、辤、辤」；天明本則皆作「辭」。由「辭」異體之順序，也可看出金澤本大概是抄自平安本，但修正了字形，駿河本則將字形更加規範化。

## （三）〈天道〉之文本字詞對比

《治要》所引〈天道〉，平安本、駿河本標題皆作「天運」，金澤本亦作「天運」，然天欄批注云：「勘本書此文又在天道篇，此書篇目天運云云。天運者，天道之次篇也。无此文。」知金澤本批注者以發現《治要》此篇名之誤；後天明本改為「天道」。

《治要》引〈天道〉之篇幅較長，刪減亦較多。此則言君王御下以「無為」為要，在上者無為，在下者有為，才是君臣同德之表現，而施行刑罰、禮儀、樂舞等制度需要消耗精神、心術，故「五末」屬有為之舉，是臣下負責之事，非君王之職，故要釐清先後、本末之道，才能合天地尊卑之序。道德仁義、是非賞罰皆為天之從屬，捨本逐末，重五末而輕天地，反而無法治下畜物。最後又引堯、舜之對談，以堯合人，舜合天，能仿效天地之德作結。文本對比如下：

> 夫帝王之德，以天地為宗，以道德為主，以无為為常。無為也，則用天下而有

餘;有為也,則為天下用而不足。故古之人貴夫无為也。上無為也,下亦無為也,是下與上同德,下與上同德則不臣;下有為也,上亦有為也,是上與下同道,上與下同道則不主。上必无為而用天下,下必有為為天下用,此不易之道也。故古之王天下者,知雖落天地,不自慮也;辯雖彫萬物,不自說也;能雖窮海內,不自為也。天不產而萬物化,地不長而萬物育,帝王无為而天下功。故曰:莫神於天,莫富於地,莫大於帝王。故曰帝王之德配天地。此乘天地,馳萬物,而用人群之道也。[12]

各本有異:「夫帝王之德」,平安本作「夫帝之悳」,金澤本同,然右批注於「帝」字下補「王」字;駿河、天明本作「夫帝王之德」。「故古之人貴夫无為也」,平安、金澤本同,駿河、天明本「无」字作「無」。平安本所引《莊子》,「无」字皆作「無」,僅本篇此句作「无」,而金澤本《莊子》「無」字皆作「无」,僅本篇无、無並出,推測金澤本此句「无」字當抄自平安本,故出現與他篇用字相反之現象。「上無為也,下亦無為也,是下與上同德」,平安本作「下亦無為也,是下與上同悳也」,金澤本同,然右批注補「上無為也」;駿河、天明本作「上無為也,下亦無為也,是下與上同德也」。「是上與下同道」,平安本作「是上與下同道也」,金澤、駿河、天明本同。「辯雖彫萬物,不自說也」,平安本作「辯雖彫萬物,而不自說也」,金澤本「辯」作「辨」;駿河本作「辨雖雕萬物,不自說也」,天明本同。「而用人群之道也」,平安、金澤本「群」字作「羣」;駿河、天明本則作「群」。

> 本在於上,末在於下;要在於主,詳在於臣。三軍五兵之運,德之末也;賞罰利害,五刑之辟,教之末也;禮法度數,形名比詳,治之末也;鐘鼓之音,羽旄之容,樂之末也;哭泣衰絰,隆殺之服,哀之末也。此五末者,須精神之運,心術之動,然後從之者也。

「本在於上,末在於下;要在於主,詳在於臣」,平安本作「本在於上,末在於下,要在主,群在於臣」,金澤本作「本在於上,末在於下,要在主,群在於臣」,右批注則改「群」字為詳。駿河本依金澤本,天明本作「本在於上,末在於下;要在於主,詳在於臣」。由平安、金澤此句異體字,可知後者當抄自前者。「三軍五兵之運,德之末也」,平安本作「三軍五丘之運,悳之末也」,金澤、駿河、天明本同通行本。「賞罰利害,五刑之辟,教之末也;禮法度數,形名比詳,治之末也」,平安本作「賞罰利害,五刑之辟,教之末也,礼法數度,刑名比詳,治之末也」,金澤本同,罰、害、數、度亦作罰、害、數、度,駿河、天明本同。「鐘鼓之音,羽旄之容,

---

[12] 清·郭慶藩撰,王孝魚點校:《莊子集釋》,頁465-476。

樂之末也；哭泣衰絰，隆殺之服，哀之末也」，平安本作「鍾鼓之音，羽旄之容，樂之末也；吹泣衰絰，降殺之服，哀之末也」，金澤本作「鍾皷之音，羽旄之容，樂之末也；㕦泣衰絰，隆殺之服，哀之末也」；駿河、天明本同金澤本，然改為「鐘鼓」。「此五末者，須精神之運，心術之動，然後從之者也」，平安本作「此五未者，頒精神之運，心術之動，然後從者也」，金澤本改「未」字為「末」、頒字為頂；駿河、天明本同金澤本，而改為「須」字。

> 末學者，古人有之，而非所以先也。君先而臣從，父先而子從，兄先而弟從，長先而少從，男先而女從，夫先而婦從。夫尊卑先後，天地之行也，故聖人取象焉。天尊，地卑，神明之位也；春夏先，秋冬後，四時之序也。萬物化作，萌區有狀，盛衰之殺，變化之流也。夫天地至神，而有尊卑先後之序，而況人道乎！宗廟尚親，朝廷尚尊，鄉黨尚齒，行事尚賢，大道之序也。語道而非其序者，非其道也；語道而非其道者，安取道！

「末學者，古人有之，而非所以先也」，平安本作「未舉古之人有之，而非所以先也」，金澤、駿河本同；天明本同通行本。「君先而臣從，父先而子從，兄先而弟從，長先而少從」，平安本作「君先而臣從，長先而從」，金澤本同，然右批注補「少」字；駿河、天明本同金澤本。「春夏先，秋冬後，四時之序也」，平安本作「春夏先秋冬後，四時之序也」，金澤本同；駿河、天明本作「春夏秋冬，四時之序也」。「萬物化作，萌區有狀，盛衰之殺，變化之流也」，平安本作「萬物化任，盛衰之殺，變化之流也」，諸本同。「夫天地至神」，平安本作「夫地至神」，金澤本同，右批注補「天」字，駿河、天明本同。「語道而非其序者，非其道也；語道而非其道者，安取道！」諸本無此句。

> 是故古之明大道者，先明天而道德次之，道德已明而仁義次之，仁義已明而分守次之，分守已明而形名次之，形名已明而因任次之，因任已明而原省次之，原省已明而是非次之，是非已明而賞罰次之。賞罰已明而愚知處宜，貴賤履位，仁賢不肖襲情，必分其能，必由其名。以此事上，以此畜下，以此治物，以此修身，知謀不用，必歸其天，此之謂太平，治之至也。

諸本由「愚知處宜」句始，此前全無。「仁賢不肖襲情」，諸本亦無此句。

> 禮法度數，形名比詳，古人有之，此下之所以事上，非上之所以畜下也。

「禮法度數，形名比詳，古人有之」，平安本作「礼法毃度，刑名比詳，古之人有之」，金澤本同，「數度」作敎度；駿河、天明本同金澤本。

> 昔者舜問於堯曰：「天王之用心何如？」堯曰：「吾不敖无告，不廢窮民，苦死

者,嘉孺子而哀婦人。此吾所以用心也。」舜曰:「美則美矣,而未大也。」堯曰:「然則何如?」舜曰:「天德而出寧,日月照而四時行,若晝夜之有經,雲行而雨施矣。」堯曰:「膠膠擾擾乎!子,天之合也;我,人之合也。」夫天地者,古之所大也,而黃帝、堯、舜之所共美也。故古之王天下者,奚為哉?天地而已矣。

「昔者舜問於堯曰」,平安本作「昔者舜問於堯曰」,「舜」字改从「歺」旁,金澤本同,然舜字作舞,訛為「升」旁;駿河、天明本同通行本。「吾不敖无告,不廢窮民」,平安本作「不教无告,不廢窮民」,金澤本同,然右批注改「教」為「傲」字,且未避諱;駿河、天明本同金澤本。「苦死者,嘉孺子而哀婦人。此吾所以用心也」,平安本作「吉死者,嘉德子而哀婦人。此吾所以用心已」,金澤本同,然右批注改「吉」為「苦」字;駿河、天明本同金澤本。「日月照而四時行」,平安本作「日月照而四行」,金澤本同,右批注則補「時」字;駿河、天明本同金澤本。「雲行而雨施矣」,平安本作「雲行雨施耳」,金澤本同,然右批注改「耳」為「矣」字;駿河、天明本同金澤本。「膠膠擾擾乎!子,天之合也;我,人之合也。」諸本皆無「膠膠擾擾乎」句,平安本作「子,天之命也」,金澤本作「子,天之合也」,駿河、天明本同。「故古之王天下者,奚為哉?」平安本作「故古之王天下者矣,為扵?」金澤本同,然右批注改「矣」為「奚」字;駿河、天明本同金澤本。平安本此處可能是涉下文「天地而已矣」而誤。

## (四)〈知北遊〉之文本字詞對比

《治要》所引〈知北遊〉,僅選取黃帝答覆「知」的部分言論,省略頗多。平安本作「智北遊」,金澤本同,右批注改為「知」並云:「智又知字」。駿河、天明本同金澤本。

「知」即「智」,是人為造作之價值,其向「無為謂」詢問「知道、安道、得道」三事,但「無為謂」卻不知答,故「知」又向黃帝求解,得到「道不可致,德不可至」的回應,進而引出聖人(無為謂)原天地之美,達萬物之理的境界。文本對比如下:

故聖人行不言之教。道不可致,德不可至。仁可為也,義可虧也,禮相偽也。故曰:「失道而後德,失德而後仁,失仁而後義,失義而後禮。禮者,道之華而亂之首也。」故曰:「為道者日損,損之又損之,以至於無為,無為而無不為也。」今已為物也,欲復歸根,不亦難乎!其易也,其唯大人乎!生也死之徒,死也生之始,孰知其紀!人之生,氣之聚也,聚則為生,散則為死。若死生為徒,吾又何患!故萬物一也,是其所美者為神奇,其所惡者為臭腐;臭腐復化為

神奇，神奇復化為臭腐。故曰：「通天下一氣耳。」聖人故貴一。[13]

「故聖人行不言之教。道不可致，德不可至。仁可為也，義可虧也，禮相偽也。」平安本作「聖人行不言之教。道不可致。」金澤、駿河、天明本同。「故曰：『失道而後德，失德而後仁，失仁而後義，失義而後禮。』」諸本同，但無「故曰」二字。「禮者，道之華而亂之首也」，平安本作「禮者，道之華，乱之首也」，諸本同。「故曰：『為道者日損，損之又損之，以至於無為，無為而無不為也。』」平安本作「故曰：『為道者日損，損之又損之，以至於無為而無不為也。』」金澤、駿河本同，天明本同通行本。「今已為物也」至「聖人故貴一」之文句，諸本皆無。

　　天地有大美而不言，四時有明法而不議，萬物有成理而不說。聖人者，原天地之美而達萬物之理。是故至人無為，大聖不作，觀於天地之謂也。

諸本皆無「聖人者，原天地之美而達萬物之理」。「四時有明法而不議」，平安本「明」字作 明，从「目」旁，金澤本 朙 字左半部所从即「目」旁省寫，駿河、天明本同通行本。「是故至人無為，大聖不作，觀於天地之謂也」，諸本皆無「是故」二字，平安本「至人」作「聖人」，金澤、駿河本同。天明本同通行本。

## （五）〈徐無鬼〉之文本字詞對比

　　《治要》所引〈徐無鬼〉，選取黃帝等人與牧馬小童之對話，以問「具茨之山」、「大隗之所」為喻，藉此請示「為天下」之道。小童所謂「六合之內」、「瞀病」則暗指處塵囂之內故「風眩冒亂」，未能體無，故引出為天下之道在於「須任染而游心物外」。文本對比如下：

　　黃帝將見大隗乎具茨之山，方明為御，昌寓驂乘，張若、謵朋前馬，昆閽、滑稽後車。至於襄城之野，七聖皆迷，无所問塗。適遇牧馬童子，問塗焉，曰：「若知具茨之山乎？」曰：「然。」「若知大隗之所存乎？」曰：「然。」黃帝曰：「異哉小童！非徒知具茨之山，又知大隗之所存。請問為天下。」小童曰：「夫為天下者，亦若此而已矣，又奚事焉？予少而自遊於六合之內，予適有瞀病，有長者教予曰：『若乘日之車，而遊於襄城之野。』今予病少痊，予又且復遊於六合之外。夫為天下，亦若此而已。予又奚事焉？」黃帝曰：「夫為天下者，則誠非吾子之事。雖然，請問為天下。」小童辭。黃帝又問。小童曰：「夫為天下者，亦

---

[13] 清・郭慶藩撰，王孝魚點校：《莊子集釋》，頁729-735。

奚以異乎牧馬者哉？亦去其害馬者而已矣。」黃帝再拜稽首，稱天師而退。[14]

「黃帝將見大隗乎具茨之山」，平安本作「太隗」，金澤本作「黃帝將見大隗之具茨之山」，右批注改「之」為「乎」字；駿河、天明本同通行本。「方明為御，昌寓驂乘，張若、謵朋前馬，昆閽、滑稽後車」，平安本作「方明為御，昌寓驂乘，張若、謵朋前馬，昆閽、滑稽後車」，金澤本作「方明為御，昌寓驂乘，張若、謵朋前馬，昆閽、滑稽後車」，平安本之「張」字所從「弓」旁草化，故金澤本訛為從「方」；且平安本「謵」字右旁訛為「謂」，金澤本則有所修正；駿河本同通行本，天明本「張若」作「張苦」。「至於襄城之野，七聖皆迷」，平安本作「至襄地之野，七寶皆迷」，金澤本同，然右批注改「地」為「城」字、「寶」為「聖」字。駿河、天明本同金澤本。「若知大隗之所存乎？」平安本作「曰：『知太隗之所存乎？』」無表示第二人稱之「若」字，卻有表示發話的「曰」字，使整體對話形式較為工整。金澤本同，唯「太」作「大」字。駿河本同金澤本，天明本亦同，但作「太」字。「異哉小童！非徒知具茨之山，又知大隗之所存」，平安本作「異哉小童！非徒知具茨之山，又知大隗之所在」，金澤本同，然「哉」字作哉，亦作「太隗」，右批注又改「在」為「存」字。駿河、天明本同金澤本。諸本皆無「小童曰：『夫為天下者……黃帝又問。」刪去小童對黃帝「為天下」之回應，反映簡潔情節。「夫為天下者，亦奚以異乎牧馬者哉？亦去其害馬者而已矣」，平安本作「夫為天下者，亦何以異乎？」金澤本作「夫為天下者，亦何以異乎牧馬者？亦去其害馬者而已矣」；駿河、天明本同金澤本。「黃帝再拜稽首，稱天師而退。」平安本無此句，餘三本有。

## 三 《群書治要》所收《莊子》詞語差異之現象分析

　　結合前文的對比，大致可以看出《群書治要》所節選《莊子》之文本形成過程，是以平安本為始，而金澤本沿襲，只是金澤本的抄手與批注者大概是不同人，而批注者有用他本《莊子》（或《治要》）進行修正、注解，故金澤本《治要》之文字雖較平安本粗率，但其內容與注解的準確度則遠勝平安本。駿河、天明二本屬銅板活字印刷，比之前二種手抄本，故文字相對工整許多，但由詞語的沿襲，也能肯定駿河本是在金澤本（及其批注）的基礎上修訂而成，二者基本相同；天明本則是以駿河本為主，又輔以他本《莊子》（或《治要》）進行修正，故其文句與金澤、駿河本略有差異。諸本《治要》所收《莊子》之詞語差異，大抵可分為：增字、減字、斷讀而誤與錯置、省略文句、改換詞語等。

---

14 清・郭慶藩撰，王孝魚點校：《莊子集釋》，頁830-833。

## （一）增字

〈胠篋〉「上好知之過也」，平安本作「上之好智之過也」，金澤、駿河本皆同。平安本增「之」字，置於主語「上」，謂語「好」之間，用作介詞，取消主謂語之間的聯繫，引起下文。

〈天地〉「封人曰：『壽、富、多男子……。』」平安、金澤本多「封人曰：『辭。』」一句，知金澤本此處很可能抄自平安本。平安本大概是涉上句「堯曰：『辭。』」於是多一「辭」字，僅能重抄該句。金澤本此處並無批注，可見駿河、天明本無此句，當是以他本校出。

「則何懼之有」，平安本作「則何懼之＝有」，金澤本同，衍一重文符號「＝」；駿河、天明本皆作「則何懼之有」。「是上與下同道」，平安本作「是上與下同道也」，增「也」字，強調句意之陳述。金澤、駿河、天明本同。

〈天道〉「古人有之」，平安本作「未舉古之人有之」，增加介詞「之」字，金澤、駿河本同。

## （二）減字

〈胠篋〉「若此之時」，平安本作「若此時」，金澤本同，右批注則補「之」字，駿河、天明本從之。此句以「此」為主語，「之」為介詞，[15]但平安本以「此」、「之」同為指示代詞，故刪去「之」字，使文句較為通順。金澤本則以他本校正，認為此處缺「之」字。

「上誠好知而无道，則天下大亂矣」，四本皆作「上誠好知而无道，天下大乱矣」，刪去作為連接詞的「則」字。

〈天地〉「何邪」，平安、金澤本作「何也」，駿河、天明本無「也」字。此句為疑問句，「邪」為疑問語氣詞，表現純粹的疑問，在此可強化「何」字的疑問語氣。「也」字於古漢語語法中有「煞句」之功能，故多用於判斷句，但用於疑問句之末也能起到表疑問的功能，[16]如《詩經‧邶風‧旄丘》：「叔兮伯兮，何多日也？」《禮記‧檀弓上》：「曾子怒，曰：『商！女何無罪也？』」[17]由於「也」字本即有幫助判斷的功能，所以用

---

15 上古漢語中人稱代詞後不可加「之」字，然「此」並非人稱代詞，後可接「之」字，類似文例如《史記‧秦始皇本紀》「當此之世」、「當此之時」，且「當此之時」多見於先秦兩漢文獻，為古人慣用。參漢‧司馬遷撰，宋‧裴駰集解，唐‧司馬貞索隱，唐‧張守節正義：《史記》（北京：中華書局，2013年），頁346、352。

16 楊樹達：《詞詮》（上海：上海古籍出版社，2006年），頁333。

17 清‧阮元校勘：《十三經注疏‧詩經》（臺北：藝文印書館，2001年），頁93。清‧阮元校勘：《十三經注疏‧禮記》（臺北：藝文印書館，2001年），頁128。

於疑問句中，亦可強調疑問的語氣。

「始也我以女為聖人邪」，平安本作「始也我以汝為聖人也」，金澤、駿河、天明本皆同，惟金澤本「我」字右批注云：「本无。」批注者認為此句或當作「始也，以汝為聖人也」。「鳥行而无彰」，平安本作「鳥行無」，漏抄數字，金澤本雖同，其批注卻補入「而、章」二字，天欄更有「章，本書乍『彰』」；駿河、天明本則作「鳥行而無章」。

「禹趨就下風」，平安本作「趨就下」，省去「禹」、「風」二字，應為漏抄。此句若省去主語「禹」字，承接前句「禹往見之，（伯成子高）則耕在野」，便使「趨就下風」之主語轉為「伯成子高」，故平安本的省略有誤。金澤本同平安本，然右批注補「禹、風」二字；駿河、天明本作「禹趨就下風」。

〈天道〉「未學者」，平安本作「未舉」，因是「學」字之訛，故刪「者」字，以便與後文連讀。金澤、駿河本亦受此文句影響。「春夏先，秋冬後，四時之序也」，平安本作「春夏先秋冬，四時之序也」，漏抄「後」字，故將兩分句合為一句，亦不影響文意，金澤同本。然駿河、天明本作「春夏秋冬，四時之序也」，係又減去「先」字，但文意略有變化。因前者強調季節之先後，後者從直觀上僅能表達季節，其次序之義，須由文字排列而得，稍微曲折。「夫天地至神」，平安本作「夫地至神」，「夫」字為一行之末，可能因換行而漏抄形近之「天」字。金澤本同，右批注補「天」字。「日月照而四時行」，平安本作「日月照而四行」，漏「時」字，金澤本同，右批注則補「時」字。「雲行而雨施矣」，平安本作「雲行雨施耳」，省去連接詞「而」字，金澤本同。

〈知北遊〉「故聖人行不言之教。道不可致，德不可至。仁可為也，義可虧也，禮相偽也」，平安本以此句為始，於是省去轉折連接詞「故」字。金澤、駿河、天明本同。「故曰：『失道而後德，失德而後仁，失仁而後義，失義而後禮。』」諸本無「故曰」二字。此段原為黃帝答覆「知」之言論，《治要》刪去問答之因果關係，改以論述呈現，是以此處「故曰」亦當刪減。「禮者，道之華而亂之首也」，平安本作「禮者，道之華，亂之首也」，刪去「而」字，諸本同。「以至於無為，無為而無不為也」，平安本作「以至於無為而無不為也」，刻意減去「無為」一詞，以便連結兩句。因平安本仍使用重文符號「＝」，故若依原本當作「以至於無＝為＝，而無不為也」，須連續漏抄兩次「＝」，方可成為「以至於無為而無不為也」，可見平安本之改動係有意為之，金澤、駿河本同；天明本則同通行本。「是故至人無為，大聖不作，觀於天地之謂也」，諸本皆無「是故」二字，亦是因省去前句，故一併省去轉折連接詞。

## （三）斷讀而誤與錯置

〈胠篋〉「軒轅氏、赫胥氏」，駿河本作「軒轅赫氏、胥氏」，將「赫」字置於「氏」字前，應是活字印刷之錯置所誤。

〈天地〉「堯觀乎華。華封人曰」，平安本作「堯觀乎華=封=人曰」，「封」字後多一重文符號「=」，當是涉上而誤，故金澤本亦誤增重文符號，而駿河本則轉寫為「堯觀乎華封。華封人曰」。天明本以他本校對，故無此錯誤。

「壽、富、多男子，人之所欲也」，平安本作「壽、富、多男子，之人所欲也」，金澤、駿河本同，「之」字皆錯置在前。天明本以他本校對，故無此錯誤。

## （四）漏抄、省略文句

〈胠篋〉「知詐漸毒、頡滑堅白、解垢同異之變多，則俗惑於辯矣」，平安本省作「智詐同異之變多，則俗或於辨矣」，其餘三本同。關於此句，成玄英疏云：「智數詐偽，漸漬毒害於物也。頡滑，亦姦也。解垢，詐偽也。夫滑稽堅白之智，譎詭同異之談，諒有虧於真理，無益於世教，故遠觀譬於若訥，愚俗惑於小辯。」李頤云：「漸漬之毒。」[18] 是知除「漸毒」外，知詐、頡滑、堅白、解垢、同異皆屬指詐惑狡辯的言辭。郭慶藩認為：「漸，詐也。《荀子‧議兵》『是漸之也』，〈正論〉『上凶險則下漸詐矣』，皆詐欺之義。（李頤）謂為漸漬之毒，失之遠矣。」其說可從。如此則「漸毒」亦為並列之詞。《治要》將智詐、同異並提，可推知蓋亦以諸詞為並列，故以為可省。

「封人去之，堯隨之，曰：『請問。』封人曰：『退已！』」一句，四本全無。此句有幫助情節轉折、推進，用以表現封人於體無之境界更勝堯，間接貶斥儒家所信奉的上古聖王、所尊崇的仁義道德觀念。《治要》不採此句，可能是為精簡文本，因前文已錄封人之言，高下立判，無需贅言。「『夫子闔行邪？无落吾事！』俋俋乎耕而不顧。」句，四本皆無。蓋此句反映伯成子高對禹之不耐，故述及「後世之亂自此始」後，便耕而不顧，亦有精簡文本之效果。

〈天道〉「上無為也，下亦無為也，是下與上同德」，平安本作「下亦無為也，是下與上同悳也」。既然言「亦」，那應該與前句表述相同，可見平安本應屬漏抄。金澤本同平安本，然右批注補「上無為也」，亦也了解到平安本有誤。「君先而臣從，父先而子從，兄先而弟從，長先而少從」，平安本作「君先而臣從，長先而從」，雖然省略中間父子、兄長先後之論，僅保留君臣、長少之先後，卻不影響文意，因《治要》本就是專供帝王學習之書，強調君臣先後，屬合理之改動。金澤本同平安本，唯右批注補「少」字。

「萬物化作，萌區有狀，盛衰之殺，變化之流也」，平安本作「萬物化作，盛衰之殺，變化之流也」，省略「萌區有狀」，諸本同。「萌區有狀」，陸德明《釋文》：「萌區，曲俱反。」成玄英疏云：「萌兆區分，各有形狀。」陸氏讀為「區分」之「區」，成

---

18 清‧郭慶藩撰，王孝魚點校：《莊子集釋》，頁361。

氏更以「區別」、「區分」釋之。「萌」,《說文‧草部》云:「艸木芽。」[19]段注云:「〈月令〉『句者必出,萌者盡達』,注:『句,曲生者,芒而直曰萌。』〈樂記〉作『區萌』。」由段注可知,〈月令〉「句萌」即〈樂記〉「區萌」,「區」可讀為「句」,表彎曲,《禮記‧樂記》:「然後草木茂,區萌達。」[20]孔疏:「屈生曰區者,謂鉤曲而生出,菽豆是也。」「區萌」即「萌區」,二字屬並列結構,故可置換順序,其差別在於「區」為彎曲而萌芽,「萌」則為直生而萌芽,陸、成二氏以「區別」釋之,可商。平安本省略「萌區有狀」,雖可簡化此句論述,但卻能妥善呈現符萬物之變化,在於「出生至死亡」的盛衰之理。

「語道而非其序者,非其道也;語道而非其道者,安取道!」此句為補充說明,然前文已完整說明大道之要、大道之序,故無需贅述「非其道」、「安取道」云云,不必再由反面論述其重要性。平安本省略「是故古之明大道者」至「賞罰已明」一段,及「仁賢不肖襲情」句,逕行論述愚智、貴賤之分處與治物、修身之關係。所省略處層層鋪敘,展開天、道德、仁義、分守等次序,平安本之改動,使文章內容大幅縮短,聚焦在太平之治與愚智、貴賤之分配,簡明扼要,係為帝王量身打造之文本。「膠膠擾擾乎!」諸本皆無此句,應是省略讚美類詞語所致。

〈知北遊〉「道不可致,德不可至」,平安本作「道不可致」,諸本同。論道不論德,蓋亦取簡潔之效。「今已為物也」至「聖人故貴一」之文句,諸本皆無,因此段與帝王治政較無關係,故省略。「聖人者,原天地之美而達萬物之理」句,諸本皆無,或因所述近於前文「天地有大美而不言,四時有明法而不議,萬物有成理而不說」,為聖人所當行,故無需特別展開說明。

〈徐無鬼〉「夫為天下者,亦奚以異乎牧馬者哉?亦去其害馬者而已矣」,平安本作「天為天下者,亦何以異乎?」金澤本作「夫為天下者,亦何以異乎牧馬者㦲?亦去其害馬者而已矣」;駿河、天明本同金澤本。「黃帝再拜稽首,稱天師而退。」平安本無此句,餘三本有。

「夫為天下者,亦奚以異乎牧馬者哉?亦去其害馬者而已矣」,平安本作「天為天下者,亦何以異乎?」省去「牧馬者」至「而已矣」及「黃帝再拜稽首,稱天師而退」句。細察平安本,「乎」字正好位於句末,而下一行即為《尉繚子‧兵令》,與金澤本等後接《尉繚子‧天官》不同;又平安本此處兩處之天地欄線並不相接,可見平安本至少缺了本篇末句及《尉繚子‧天官》、〈兵談〉、〈戰威〉之內容;金澤本因無殘缺,故仍維持平安本原有之文句,駿河、天明本亦同。

---

19 清‧段玉裁:《說文解字注》(北京:中華書局,2013年),頁38。按:以下徵引《說文》皆同此書,為求版面簡潔,故不另注出版項。
20 清‧阮元校勘:《十三經注疏‧禮記》,頁685。

## （五）改換詞語

〈胠篋〉「當是時」，平安本作「當之時」，將近指的指示代詞「是」字，換成「之」字。是、之二字作定語時，屬近指的指示代詞，相當於現代漢語的「這」，[21]如《詩經·周南·桃夭》：「之子于歸，宜其室家。」《莊子·人間世》：「雖然，之二者有患。」《論語·學而》：「夫子至於是邦也，必聞其政。」[22]但兩者則以「是」字較為常見，而先秦兩漢文獻更無「之時」連用之例。換言之，平安本《治要》之改動雖符合古漢語語法，卻無佐證，或許是抄手的語言習慣所致。

「雞狗」作「雞犬」，二詞雖並見於傳世文獻，然「雞狗」多出自先秦，如《左傳·閔公二年》「祭服五稱，牛羊豕雞狗」、《墨子·雜守》「寇至，先殺牛羊雞狗鳧雁」、《荀子·榮辱》「方知畜雞狗豬彘」、〈儒校〉「曾不如相雞狗之可以為名也」等；[23]「雞犬」則見於兩漢，如《論衡·論死》「有雞犬之畜」、《六韜·龍韜》「雞犬、其伺候也」、《黃帝內經·素問·五常政大論》「其畜雞犬」等。[24]是知「雞犬」一詞的流行時間較晚，故平安本的抄手改換此詞。[25]

〈胠篋〉「罔罟」，平安本作 ▨▨，金澤本作 ▨▨，但右批注云：「▨▨。」即「罟罔」。「罔」，為「網」之古字，「罟」亦指「魚網」，傳世文獻多連用為「罔罟」，如《墨子·尚同上》「罔罟之有綱」、《荀子·王制》「罔罟毒藥不入澤」等，[26]金澤本注為「罟網」，或以為二者屬同義詞，故可對換位置，實則傳世文獻並無此例。駿河本又將 ▨ 字下方認為「巨」旁，因而隸為錯誤的「罝」字。「罝」字不見於字書，更未見於先秦文獻，僅見於中古韻書及金澤本此處。《廣韻》：「其呂切，上語群。」《玉篇·网

---

[21] 參王力：《漢語史稿》（北京：中華書局，2013年），頁272-274。
[22] 清·阮元校勘：《十三經注疏·詩經》，頁37。清·郭慶藩撰，王孝魚點校：《莊子集釋》，頁165。清·阮元校勘：《十三經注疏·論語》（臺北：藝文印書館，2001年），頁7。
[23] 清·阮元校勘：《十三經注疏·左傳》，頁191。清·孫詒讓著、孫以楷點校：《墨子閒詁》（北京：中華書局，2001年），頁632。清·王先謙撰、沈嘯寰，王星賢點校：《荀子集解》（北京：中華書局，1988年），頁67。
[24] 黃暉撰：《論衡》（北京：中華書局，1990年），頁881。陳曦譯注：《六韜》（北京：中華書局，2016年），頁222。郝易整理：《黃帝內經》（北京：中華書局，2011年），頁144。
[25] 當然，「雞狗」、「雞犬」亦皆有較晚或較早的文獻用例，如《淮南子·齊俗》「雞狗之音相聞」、《史記·平原君虞卿列傳》「取雞狗馬之血來」，或如《孟子·告子上》「人有雞犬放」、《老子》「雞犬之聲相聞」等，但二詞使用流傳之時間仍有明顯分別。參何寧撰：《淮南子集釋》（北京：中華書局，1998年），頁773。漢·司馬遷撰，宋·裴駰集解，唐·司馬貞索隱，唐·張守節正義：《史記》，頁2864。清·阮元校勘：《十三經注疏·孟子》（臺北：藝文印書館，2001年），頁202。魏·王弼注，樓宇烈校釋：《老子道德經注校釋》（北京：中華書局，2008年），頁190。。
[26] 清·孫詒讓著，孫以楷點校：《墨子閒詁》，頁78。清·王先謙撰，沈嘯寰、王星賢點校：《荀子集解》，頁165。

部》：「罟，罔也。」《集韻・語韻》：「罟，魚罟。」由平安、金澤本抄錄之字形論，「罟」字很可能就是「罔」之訛字，[27]「亡」字因筆畫沾黏而被誤為「巨」字。成書於宋代的《廣韻》及金澤本可能是看到類似的文例，故同時收錄「罟」字，而不見於其他文獻。

〈天地〉「女獨不欲」，平安本作「汝獨不用」，餘三本同。「女」、「汝」為古今字，平安本改用今字。「欲」，《說文・欠部》云：「欲，食欲也。从欠，谷聲。」徐灝箋云：「人心所欲，皆感於物而動，故从欠。」傳世本「人之所欲，女獨不欲」之二「欲」字，皆為欲求、想要之義，然《治要》平安本改後「欲」字為「用」。「用」字中古音屬餘紐東部，合口三等去聲，「欲」字屬餘紐屋部，合口三等入聲，理應可通。但此處更可能是因語義相同而替換，「欲」有需要、需求之義，如《文子・微明》：「心欲小，志欲大。」《文心雕龍・徵聖》：「泛論君子，則云情欲信，辭欲巧。」[28]「用」字也有此義，如《易經・繫辭下》：「介如石焉，寧用終日，斷可識矣。」[29]孔疏云：「即守志耿介如石不動，纔見幾微，即知禍福，何用終竟其日。」杜甫〈曲江二首〉之一：「細推物理須行樂，何用浮名絆此身？」「用」字用於否定句、激問句時，可表示「不需」之意。平安本應是將此句理解為「（長壽、富貴、生男子）是人都希望、想要的，你卻不需要」，故以「用」代「欲」字。

「何邪」，平安、金澤本作「何也」，駿河、天明本無「也」字。此句為疑問句，「邪」為疑問語氣詞，表現純粹的疑問，在此可強化「何」字的疑問語氣。「也」字於古漢語語法中有「煞句」之功能，故多用於判斷句，但用於疑問句之末也能起到表疑問的功能，[30]如《詩經・邶風・旄丘》：「叔兮伯兮，何多日也？」《禮記・檀弓上》：「曾子怒，曰：『商！女何無罪也？』」[31]由於「也」字本即有幫助判斷的功能，所以用於疑問句中，亦可強調疑問的語氣，邪、也二字之換用，應屬平安本之特色。

「始也我以女為聖人邪」，平安本作「始也我以汝為聖人也」，金澤、駿河、天明本皆同。此處「邪」字用於肯定、決定，如《莊子・德充符》：「不知先生之洗我以善邪！」〈天運〉：「甚矣夫！人之難說也，道之難明邪！」楊樹達認為此例屬「『邪』、『也』互用」。[32]平安本之換用，殆即此意。

〈天道〉「要在於主，詳在於臣」之「詳」字，平安本作，金澤本作，然

---

[27] 又平安本「羸」字作，字从「亡」，金澤本則作，所从「亡」旁已訛為「巨」，變化過程與「罔、罟」相同，可互相參看。

[28] 李定生、徐慧君校釋：《文子》（上海：上海古籍出版社，2004年），頁278。南朝・梁・劉勰撰：《文心雕龍》（上海：上海古籍出版社，1984年），頁3。

[29] 清・阮元校勘：《十三經注疏・易經》（臺北：藝文印書館，2001年），頁171。

[30] 參楊樹達：《詞詮》，頁333。

[31] 清・阮元校勘：《十三經注疏・詩經》，頁93。清・阮元校勘：《十三經注疏・禮記》，頁128。

[32] 參楊樹達：《詞詮》，頁330。

右批注改為[詳]。「詳」字有周遍、詳細之義。此句成玄英疏:「要,簡省也;詳,繁多也。」《漢書‧武帝紀》:「故詳延天下方聞之士,咸薦諸朝。」顏注:「詳,悉也。」知詳的周遍義,又可以伸出全、都等包括眾多、繁多之義;而「群」字本即「多」,《說文‧羊部》:「輩也。」(頁148)段注云:「引申為凡類聚之偁。」可知平安本改用「群」字大概是著眼於群、詳二字皆可表多之義。[33]

「雲行而雨施矣」,平安本作「雲行雨施耳」,金澤本同,然右批注改「耳」為「矣」字。「矣」字用於句末多表「已發生之事實」或「必然發生的結果」,有報告事物狀況的意味;[34]「耳」字用於句末多表示「限止」,[35]故有「而已」之意。是知「矣」、「耳」二字於古漢語法中,當無替換之例。平安本之改動,或許是語言習慣所致。

「是故至人無為,大聖不作,觀於天地之謂也」,平安本「至人」作「聖人」,金澤、駿河本同。天明本同通行本。至人、聖人在莊學,看似無別,實仍有異,故〈逍遙遊〉云:「至人無己,神人無功,聖人無名。」郭慶藩云:「《文選》任彥昇〈到大司馬記室牋注〉引司馬云:『神人無功,言修自然,不立功也。聖人無名,不立名也。』」是知至人、神人、聖人為體無、悟道之三層境界,而已至人為最;或有以此為三種面向,如成玄英疏云:「至言其體,神言其用,聖言其名。故就體語至,就用語神,就名語聖,其實一也。……一人之上,其有此三,欲顯功用名殊,故有三人之別。」[36]將三者等同於一,然就《莊子》一書之表述而言,多以「至人」為體道的終極表現,如〈應帝王〉:「至人之用心若鏡,不將不迎,應而不藏,故能勝物而不傷。」〈田子方〉:「至人之於德也,不修而物不能離焉,若天之自高,地之自厚,日月之自明,夫何修焉!」〈外物〉:「唯至人乃能遊於世而不僻,順人而不失己,彼教不學,承意不彼。」[37]唯有至人可勝物不傷、不修而物不離、遊世而不僻,甚至「大澤焚而不能熱,河、漢冱而不能寒」,可見無論《莊子》一書中的至人、神人、聖人各自呈現了體道的何種面向,其最終還是要以「至人」為依歸。平安本改「至人」為世俗常用之「聖人」,不僅將莊學內具有豐富層次之思想扁平化,也是常見的稱謂,替換專指「體道無為」的境界。

〈徐無鬼〉「黃帝將見大隗乎具茨之山」,金澤本作「黃帝將見大隗之具茨之山」,右批注改「之」為「乎」字。原文「乎」字當用作介詞,表「於」、「在」之義,指黃帝將在具茨之山見大隗,金澤本「之」字,於文不通,因是涉下而誤。「至於襄城之野,七聖皆迷」,平安本作「至襄地之野,七寶皆迷」,金澤本同,然右批注改「地」為「城」字、「寶」為「聖」字。駿河、天明本同金澤本。「襄城」一詞又見後文,然平安

---

33 當然,二字皆从羊,也有可能是手民之誤。
34 參楊樹達:《詞詮》,頁319。王力:《漢語史稿》,頁431。
35 參楊樹達:《詞詮》,頁414。
36 清‧郭慶藩撰,王孝魚點校:《莊子集釋》,頁22。
37 清‧郭慶藩撰,王孝魚點校:《莊子集釋》,頁938。

本將後續小童回答黃帝如何「為天下」之內容，以致無可對照。推測此處改「襄城」為「襄地」，蓋因小童牧馬當在郊外，故曰地而不曰城。金澤本抄自平安本，故亦有此誤，然其所參照者應是《莊子》原書，故知此處當作「襄城」而非「襄地」。「七聖」，指黃帝及相關出遊之人，因有七人故曰「七聖」。「聖」應指「德行高尚、博通事理」，是世俗價值體系中的最佳者，平安本所改「寶」字，雖可指珍貴、稀有之物，但鮮少用於形容人，但於中古時期卻可指稱君主或神、道、佛有關事物，如《晉書・宣帝紀》：「雖復道格區宇，德被蒼生，而天未啟時，寶位猶阻。」《新唐書・禮樂志》：「宜以新謐寶冊告于陵廟可也。」[38] 此處或是將「七聖」視為七位有德之人，故以「寶」字指稱。

「夫為天下者，亦奚以異乎牧馬者哉？亦去其害馬者而已矣」，平安本作「天為天下者，亦何以異乎？」改「奚」為「何」，二字皆為疑問代詞，[39] 於句中用作「以」字賓語，表示「哪邊」、「哪邊」（指物）有異於牧馬者。諸本皆同平安本。

綜合上述增字、減字、斷讀而誤與錯置、省略文句、改換詞語之現象，大略可知《治要》引用《莊子》時，已經過大幅度修改，文句聚焦於帝王統御臣下之術，雖亦言及「無為」，但僅是將其視為統御術之一，並不展開其與道德價值、修身養生之關係；內容多以堯、舜、禹之言行為主，可知其意不在顛覆長久以來儒家、世俗之聖王地位（是以省略堯為華封人所貶斥、禹為伯成子高、牧馬童子所拒之段落），而是希望通過此種寓言，傳達道家體無之思想，但又不強調最終境界之至人，故僅以聖人稱之。

《治要》之編纂者省去帝王治國較無關係之論述，大抵是為了精簡、濃縮文本；同時亦運用中古時期之字詞、語法習慣，改寫原本，呈現與傳世本不同的《莊子》文句；部分較為艱澀之詞語，也一併刪去，以利閱讀、學習。

由《治要》所引《莊子》文句可知，諸本之中當以平安、金澤本為主，後者雖然沿襲前者不少錯誤，但批注者可能配合他本《治要》或《莊子》修正；駿河本則是以金澤本及其批注為主；天明本雖出於駿河本之後，但由文句之差異可知其亦曾參照他本進行修正。

## 四　《群書治要》所收《莊子》文字構形之分析

四種《治要》中，由於平安本、金澤本屬手抄本，故其文字樣貌多變，從中可見書手之用字習慣與筆勢書風，可說是日人對漢字構形的理解與詮釋。前已述及金澤本雖源於平安本，然其所用文字則未必與平安本相同，經常有諸多變化，且可與中古時期的碑

---

[38] 唐・房玄齡等撰：《晉書》（北京：中華書局，1974年），頁21。宋・歐陽修、宋祁撰：《新唐書》，頁343。

[39] 王力：《漢語史稿》，頁282-283。

帖文字相參，足見兩本之書手對漢字、書法頗有造詣，故行文之間多有繁化、簡化、類化、訛混與異體字等現象。

## （一）繁化

在文字的演變中，往往會在原有的字形上增加筆畫、部件，或為書手個人習慣，或為明確表意，或為無意義之筆畫，使字形產生不同樣貌。《治要》所見的繁化字形，可分為「增加飾筆」以及「拆解字形」。

### 1　增加飾筆

「飾筆」又可稱「別嫌」或「羨筆」，指一般常用字所增加的裝飾性筆畫，不具實際的表意、表音功能。氏（平安本—氏）、氏（金澤本—氏）、民（金澤本—民）、陸（平安本—陸）等字在書寫時，皆增加額外的「點」作為筆畫的完成。或者如隣（金澤本—隣）、舜（金澤本—舜）亦有類似情況。值得注意的是，「氏、民」與「隣、舜」二組字都是在書寫類似的部件後增加飾筆，應該是書手抄寫時的個人習慣。

### 2　拆解字形

「拆解字形」指將原先屬於同一文字的部件拆分，形成兩個或兩個以上的不成文符號，使文字無法表達原先具有的音、義。

「尊」字，《說文‧酋部》云：「尊，酒器也。从酋。廾吕奉之。《周禮》六尊：犧尊、象尊、箸尊、壺尊、太尊、山尊，以待祭祀賓客之禮。尊，或从寸。」（頁759）許慎以尊為尊之或體字，从「廾」表以手捧之，故可與「寸」旁通用。以手捧酒，故引申有尊敬、尊重之意。「酋」字，《說文‧酋部》云：「繹酒也。从酉。水半見於上。禮有大酋，掌酒官也。凡酋之屬皆从酋。」（頁759）許慎以為「酋」字上部所從「八」旁為水形，西周金文从酋之字，如 尊（《作寶尊彝尊》，《集成》5790）、尊（《作車簋》，《集成》3454）、尊（《衛父卣》，《集成》5242）、尊（《立鼎》，《集成》2069），其上「八」旁或與「酉」旁相接，有的則否，知「八」旁或非獨立成文之部件。[40]

「尊」字所從「酋」旁，《治要》或作尊（平安本），其上象徵酒器蓋的筆畫，儼然與酒器本體分離，形成从八、廿、目的形體，與中古時期文字不同，如尊（敦煌《般若放光經》）、尊（顏真卿《蓮池書院法帖》）等；或如「配」字，配（平安本）、配（金澤本），所從「酉」旁亦書寫得十分疏闊，金澤本則更加粗率，不同於

---

40　季旭昇認為「八為分化符號。由（酋）从言八。」參季旭昇：《說文新證》（臺北：藝文印書館，2014年），頁984-985。

▣（歐陽詢《丘師墓誌》）等常見字形。

「美」字，《說文·羊部》云：「甘也。从羊大。羊在六畜主給膳也。美與善同意。」（頁148）段注云：「羊大則肥美。」許慎以小篆字形解釋「美」義，「美」字甲骨文作，▣（《合集》3100）、▣（《合集》31023）等，象人形（大）上有羽毛飾物，因之為「美」。是字所從「大」旁，於秦漢簡中或寫作▣（馬王堆《五十二病方》234）、▣（馬王堆《老子甲》95），象兩手之橫筆斷裂，近似「火」旁。《治要》作▣（平安本）亦是此種書寫習慣所致，只是將斷裂之筆畫寫在「人」旁之上。

「事」字，《說文·史部》云：「職也。从史，之省聲。」（頁117-118）甲骨文中，「事」與「吏」同字，均為「史」之引申分化字。「史」為職事者，所從事之事即為「事」。[41]「事」字甲骨文作▣（《合集》5636）、▣（《合集》21905），从又持中，上部或有 V 形筆畫。「中」旁或可下達「又」旁，如▣（《伯矩鼎》，《集成》2456）、▣（《麥方鼎》，《集成》2706）等。《治要》作▣（平安本）、▣（金澤本），前者豎筆未貫穿口形，使上部近似「古」旁，此種字形亦見於金文，如▣（《小臣鼎》，《集成》2678）、▣（《伯晨鼎》，《集成》2816），甚至《說文》「事」字古文便作▣，平安本▣字應由此種脈絡而來。金澤本▣字所從「又」旁扚筆明顯，與常見字形不同，中古時期「事」字楷書所從「右」旁多數內斂，如▣（顏真卿《多寶塔碑》）、▣（趙孟頫《高上大洞玉經》）等，雖偶有突出，但並不會如此字般形成扚筆，當是書手個人習慣所致。

「本」字，《說文·木部》云：「木下曰本。从木。从丁。」（頁241）許慎以「本」字為會意字，故釋為从木下，然古文字「本」字作▣（《本鼎》，《集成》2081）、▣（上博《孔子詩論》簡16），皆在木旁下方加粗點，表示根本所在，屬於指示字；後粗點演變為短橫筆，如《說文》小篆▣、▣（《華山廟碑》）。《治要》作▣（平安本）、▣（金澤本），將字形拆分為从大、十，已失去原義，此種寫法由漢晉書法而來，如▣（鍾繇《星鳳樓帖》）、▣（王羲之《黃庭經》）、▣（褚遂良《因宜堂法帖》）等，為楷書「本」字的常見字形。

「義」字，《說文·我部》云：「己之威義也。从我。从羊。」（頁639）甲、金文作▣（《合集》17620）、▣（《合集》27979）、▣（《師旂鼎》，《集成》2809），象兵器上有羊角裝飾，本不从羊，後羊角與器柄斷裂成「羊」旁，器身寫為「我」旁，成▣（《史墻盤》，《集成》10175）、▣（《虢叔旅鐘》，《集成》238），故成从羊从我之「義」字。《治要》作▣、▣（平安本）與▣、▣（金澤本），可看出平安本「我」旁已拆分為从禾从戈，此種寫法與▣（王羲之《新絳帖》）、▣（歐陽詢《李譽墓誌》）相同，後者亦斷裂為禾、戈。

---

41 參季旭昇：《說文新證》，頁214。

## （二）簡化

在文字的演變中，除了在原有的字形上增加筆畫、部件外，有時也會減少筆畫、部件，將原先字形予以簡化，或為避諱、方便書寫。《治要》的簡化字形，可分為「減省筆畫」、「共筆」以及「草化」等。

### 1 減省筆畫

前已提及，《治要》平安本係根據唐初版本傳抄而成，故所書「民」字皆避唐太宗李世民之名諱，減去最末一筆成 ![字]；此現象亦見褚遂良《褚楷千字文》，其民字作 ![字]，也是避諱所致。

除避諱外，書手有時會因追求書寫之簡便，而刪去筆畫，形成異體字或訛字。《說文・嘼部》云：「守備者也。一曰兩足曰禽。四足曰嘼。从嘼。从犬」（頁746-747）又「嘼」字條云：「牲也。象耳、頭、足厹地之形。古文嘼下从厹。凡嘼之屬皆从嘼。」（頁746）「嘼」字起源眾說紛紜，學者以為舊釋「嘼」字者，於古文字材料中多讀為「單」，嘼為單之繁化。[42]《說文》謂古文从「厹」，即 ![字]（《交鼎》，《集成》2459）、![字]（《散氏盤》，《集成》10176）類字形。古文字中，「口」、「厶」多可互作，如「強」字作 ![字]（睡虎地《法律答問》簡75）、![字]（《北海相景君銘》）、![字]（《桐柏廟碑》），或如「弘」字作 ![字]（《亳鼎》，《集成》2316）、![字]（曾侯乙簡7）。故嘼之口旁，亦能有此種變化。《治要》作 ![字]（平安本）其下所从即「厶」，金澤本則改為 ![字]，省去「厶」旁橫筆，訛為「人」形。

「灬」旁多見於「鳥」、「馬」或从「黑」等字，或為動物足部的變化，或為「大」、「火」、「廾」形等偏旁的訛變，然此類偏旁於書寫時多容易簡化為一橫筆，如 ![字]（平安本－驪）、![字]（金澤本－驪），或如 ![字]（平安本－鳥）、![字]（金澤本－鳥）、![字]（平安本－鷇），又如 ![字]（平安本－然）、![字]（金澤本－然）、![字]（平安本－黨）、![字]（金澤本－黨）等字。值得注意的是，「黑」字所从「灬」旁，於楷書時大多維持原形，僅在行書時簡化為一筆，如 ![字]（空海《灌頂歷銘》）、![字]（趙孟頫《墨緣堂藏真》），可知「灬」旁是先以連筆書寫，後才直接簡化為橫筆。類似變化又見「小」旁，「就」字从「京」，《治要》作 ![字]（平安本）、![字]、![字]（金澤本），「小」旁或訛為三點，後又併為橫筆；此現象多見於中古時期，如 ![字]（趙孟頫《汲黯傳》）、![字]（趙孟頫《赤壁賦》）與 ![字]（朱耷《臨興福寺半截碑》）。

「驪」，《說文・馬部》云：「馬深黑色。从馬。麗聲。」（頁466）「麗」字本義為鹿，金文作 ![字]（《京簋》，《集成》3975）、![字]（《元年師☐簋》，《集成》4279）等；鹿

---

[42] 參季旭昇：《說文新證》，頁956-957。

足形後類化為「比」，如■（曾侯乙簡163）、■（睡虎地《日書乙》簡200）等，更進一步訛為■形，如■（《魏大饗記殘碑》）、■（歐陽詢《九成宮醴泉銘》）等。《治要》則減去最末的鉤筆，形為「人」旁，如■（平安本）、■（金澤本）。

「与」，即「與」字。《說文‧舁部》云：「黨與也。从舁与。」（頁106）段注云：「會意。共舉而与之也。舁、与皆亦聲。」然「與」字當从舁，牙聲，後「牙」旁稍變，乃獨立成「与」字。[43]《治要》作■（平安本），省去義符「舁」。

## 2 共筆

共筆雖然亦有減省筆畫的現象，但著重於反映字形中的部件共用筆畫，以利書寫，如「安」字，从宀从女，《治要》作■（平安本）、■（金澤本），「宀」旁之點與「女」旁首筆合為一筆，類似字形亦見■（褚遂良《因宜堂法帖》）、■（趙孟頫《膽巴碑》）。

「罾」字，或作「罾」，《說文‧网部》云：「魚网也。从网曾聲。」（頁359）天明本作■，除了將所从「网」旁減為「穴」旁外，其「曾」旁中間亦合併為从「田」，類似字形如■（褚遂良《因宜堂法帖》）、■（顏真卿《勤禮碑》）等，是書法中常見字形。又如「繩」字，从糸从黽，見於秦漢時期，作■（包山楚牘1）、■（《武梁祠堂畫像》），後者右下偏旁因共筆形成「田」形，《治要》■（平安本）亦同，且更進一步簡化為■（金澤本）。

「孺」字，《說文‧子部》云：「乳子也。一說輸孺也。輸孺尚小也。从子。需聲。」（頁750）「需」字，从雨从而，如■（《孟簋》，《集成》4162）、■（《伯公父簋》，《集成》4628）、■（《孔龗碑》），字形變化較少，然从「需」之字，多有共筆現象，如《治要》■（平安本－孺）、■（金澤本－孺），所从「雨」旁中間已省併為「田」，其豎筆更貫穿與「而」旁相接。金澤本例字所从「而」旁其下表鬍鬚之部件，更併為一橫筆，與「馬」字簡寫相同，如■（平安本－驎）、■（金澤本－驎）。類似字形又可見■（顏真卿《郭虛已墓誌》）、■（歐陽詢《丘師墓誌》）或■（趙孟頫《汲黯傳》）、■（趙孟頫《戲鴻堂法帖》），知此種簡化字形僅出現在「需」字作為偏旁時。

「鳥」字，甲、金文作■（《合集》11497正）、■（《子之弄鳥尊》，《集成》5761）、■（《鳥壬俯鼎》，《集成》2176）等，象鳥形，後改曲為直，作■（睡虎地《日書甲》簡31背）、■（《孔耽神祠碑》）等。《治要》从「鳥」之字，如■（平安本）、■（金澤本）、■（平安本－鷇）等，象鳥尾的橫筆，與身軀的筆畫共用，形成共筆。

---

43 參季旭昇：《說文新證》，頁180、928-929。

「隣」、「鄰」,《說文・邑部》云:「五家為鄰。从邑。粦聲。」(頁286)古文字作 (《瀕史䀇》,《集成》643)、(睡虎地《法律問答》簡98)、(睡虎地《日書乙》簡21)等,字形从邑从亦、舛。「舛」即人左右腳之訛,後訛為歹(夕、彳)、于,如 (歐陽詢《九成宮醴泉銘》)、(褚遂良《雁塔聖教序》)或 (趙孟頫《臨聖教序》)。《治要》作 (平安本)、(平安本)亦有此種現象,甚至兩形共用筆畫,如 (金澤本)或 (金澤本)。

「堯」,《說文・垚部》云:「高也。从垚在兀上。高遠也。」(頁700)季旭昇師以為:「从土在卩上,會『高』之意。由火在卩上會『光』之意。《說文》小篆訛為从『兀』。」[44]古文字多作 (郭店《六德》簡7)、(上博《子羔》簡6);或減為獨體,如 (郭店《窮達以時》簡3)、(上博《容成氏》簡6);或疊加土旁,如 (郭店《唐虞之道》簡1)、(郭店《唐虞之道》簡6)。《治要》、(金澤本)、(駿河本),「垚」旁即共用橫筆。又「堯」之中間亦常類化為「北」,如 (董其昌《三希堂法帖》),《治要》亦作 、、(平安本－堯)等,金澤本則多為共筆,當為書手習慣所致。

## 3 草化字形

草化字形,指書手在書寫時因追求方便、個人習慣,以簡率的筆法書寫,使筆畫減少或造成訛字。如「庭」字,从广从廷,廷旁則从「壬」,《說文・壬部》云:「善也。从人士。士,事也。一曰象物出地挺生也。凡壬之屬皆从壬。」(頁391)李孝定認為:「字从人在土上,壬然而立,英挺勁拔,故引申之得有『善也』之誼也。」可從。「壬」即「挺」字初文,《治要》从「壬」之字作 (平安本－庭)、(金澤本－庭),或 (平安本－廷)、(金澤本－廷),所从「壬」旁之豎筆為了接續「廴」旁,故向下延伸,使字形近似「手」旁。[45]

「央」字,《治要》作 (平安本)、(金澤本),後者所从「冖」旁因書寫之關係,變成「丷」形。又如「舉」字,《治要》作 (平安本)、(金澤本),後者以行書筆法書寫「與」旁,如 (歐陽詢《行書千字文》)、(趙孟頫《止齋記》)等。此種為了追求書寫之簡便,而以簡率或行書筆法撰寫的字形,多見於金澤本,如須、運、然、所四字,平安本作 、、、,所从偏旁仍錯落有致,金澤本則作 、、、,多見共筆、減省之手法,更為粗率。

---

44 參季旭昇:《說文新證》,頁911-912。
45 金澤本「運」字作 ,所从「軍」旁為與「廴」旁,亦有相同筆法。

## （三）類化

　　類化指文本之字形，因為形體相近或者所表意義相近，使字形趨向一致，或以替換、增加相同偏旁，使意義更加明確的變化方式。

　　「農」字，《說文・晨部》云：「耕人也。从晨，囟聲。」（頁106）甲骨文作 ▨（《乙》8502甲）、▨（《前》5.48.2甲），从林从辰，「辰」象以手持鋤草器，故「農」字會持辰除草之意。後加義符「田」，如 ▨（《令鼎》，《集成》2803），或加「臼」形，如 ▨（《散氏盤》，《集成》10176），《說文》所謂从囟，即為田旁之訛，後臼、囟二形省併為「曲」旁。《治要》▨（平安本－農）、▨（平安本－辱）二字，所从「辰」旁皆近似 ▨（金澤本－民），又如 ▨（褚遂良《蓮池書院法帖》）、▨（趙孟頫《真草千字文》），顯見此種類化字形常見於中古。

　　「處」，《說文・几部》云：「止也。从夂几。夂得几而止也。處，或从虍聲。」（頁723）「處」為「処」之異體字，《治要》作 ▨（平安本）、▨（金澤本），所从「処」已類化為「匆」，如 ▨（王羲之《新絳帖》）、▨（趙孟頫《小楷道德經》），其演變當如 ▨（顏真卿《讓寵部尚書表》）、▨（黃庭堅《寒食帖》），以「夂」旁包圍「几」旁，後筆畫共用，又類化為「匆」旁。

　　「拯」字从丞，「丞」為「拯」字初文，《說文・手部》云：「上舉也。出休為拯。从手，丞聲。」（頁609）是字甲、金文作 ▨（後2.30.12（甲））、▨（《令狐君孺子壺》，《集成》9719），从卩从廾，象以手高舉人，故為拯救之義。然丞、拯、烝等字與「巫」字頗為相近，如 ▨（虞世南《唐故汝南公主墓誌》）、▨（趙孟頫《墨緣堂藏真》）等，若「口」旁省寫，即易與「水」左半相近，如《治要》便作 ▨（平安本）、▨、▨（金澤本），前兩者受「巫」字影響，因而類化。

　　「鉤餌、罔罟、罾筍」，平安本作「鉤▨、▨▨、▨筍」，餌字受「鉤」字影響類化為从「金」，餘下諸字所从「罒」旁皆類化為「穴」；金澤本作「鉤餌、▨▨、▨▨」，右批注云：「▨▨、▨筍」，不僅罔罟二字顛倒，所从「穴」旁又訛變為「內」。駿河、天明本作「鉤餌、罟罔、罾筍」，是受到金澤本批注之影響而改字。

## （四）訛混

　　由於《治要》為手抄本，其字形易受到書手抄寫之習慣產生變化，導致部分偏旁在追求抄寫迅速時，容易與其他偏旁產生混同，使部件訛混，又或是直接抄為訛字。

### 1　部件訛混

　　「木－扌」，「木」作為偏旁時，容易因為筆順而寫成「扌」，如「機」字，从木从

幾，《治要》作█（平安本）、█（金澤本），「木」旁即訛為「扌」。又如「授」字，從扌，受聲，平安本作█，可看出「木」旁點下有較淡的起筆，當即「受」字之一的起筆，頗如█（王羲之《郁網齋墨妙法帖》），形成木、宀共用一點。「授」字的正常寫法如█（褚遂良《因宜堂法帖》），所從扌、受距離較遠。

「又、矢─丈」，「又」、「矢」作為偏旁時，容易因筆畫突出而寫成「丈」，如上文「受」字，█（平安本）所從「又」旁即訛為「丈」；又如「侯」字，《說文·矢部》云：「春饗所躲侯也。從人，從厂，象張布，矢在其中。」（頁229）是字古文字作█（《合集》3291）、█（《保卣》，《集成》5415），《說文》古文作█，皆象張布射靶側面之形，[46] 秦文字後加「人」形，如█（《秦詔權》），即「矦」字。唐代《開成石經》作█，與今楷書相同，所從「人」旁即「亻」旁之分。《治要》作█（平安本）、█（金澤本），「矢」、「亻」二旁共筆，使字形訛變「主、丈」，中古字形甚至有直接訛為「主、夫」共筆者如█（趙孟頫《小楷黃庭經》）。

「子、弓─方」，「子」、「弓」作為偏旁時，容易因筆畫沾黏而寫成「方」，如「教」字，《說文·教部》云：「上所施，下所效也。從攴孝。凡教之屬皆從教。」（頁128）《治要》作█（平安本）、█（金澤本），皆從孝，然金澤本批注改為█，其下訛為「方」，故隸為「傲」字。後起的駿河、天明本也依金澤本批注改為「傲」字。

從「弓」之字，亦常訛為「方」，如「廢」字作█（平安本）、█（金澤本），從广從發，「弓」旁即近「方」；類似字形又見█（褚遂良《樊興碑》）、█（趙孟頫《汲黯傳》）、█（魏碑《高貞碑》）等，皆有此種訛混現象。或如「窮」字作█（平安本）、█（金澤本），前者「弓」旁略有形變；又如「張」字，█（平安本）、█（金澤本），前者「弓」旁略近「方」形，後者則直接寫為「方」字，顯見「弓、方」於中古字形之訛用。

其他的部件訛用，如「方─才」，「於」字，《治要》作█、█、█（平安本）█、█（金澤本），甚至部分前後句之「於」字分別從才、方，可見書手並不以從「才」之於為訛字；「人─亻」，「修」字，《治要》作█（平安本），從「亻」，訛為「人」旁，類似變化又如█（王羲之《三希堂法帖》）、█（魏碑《司馬紹墓誌》）、█（蘇軾《墨緣堂藏真》）。「刂─刀」，「罰」字，《說文·刀部》云：「辠之小者。從刀詈。未呂刀有所賊，但持刀罵詈則應罰。」（頁184）一般作█（王羲之《停雲館書法》）、█（褚遂良《樊興碑》）；或有「刂」旁訛為「寸」者，如█（《唐扶頌》）、█（《張壽碑》）、█（趙孟頫《小楷無逸篇》）。《治要》作█（平安本）、█（金澤本），前者將「刂」旁寫作「刀」，為異體；後者「刀」旁則訛為「力」。「广─疒」，「廢」字《治要》作█（平安本）、█（金澤本），或█（趙孟頫《道場詩帖》）皆

---

46 參季旭昇：《說文新證》，頁447。

訛為从「疒」；[47] 亦有从「疒」改為从「广」，如 ▨（王羲之《戲鴻堂法帖》）、▨（王羲之《郁網齋墨妙法帖》）。「宀－穴」，「寓」字《治要》作 ▨（平安本）、▨（金澤本），改訛為从「穴」

## 2 訛字

「旡、元」，「無」字異體作「旡」或「兂」，唐《開成石經》作 ▨，亦可見於《治要》平安本，如 ▨、▨，金澤本澤寫作 ▨、▨、▨，結構與「元」字相近，如 ▨（王羲之）《黃庭經》、▨（歐陽詢《九成宮醴泉銘》），當為「旡」字之訛變。

「䚂、謂」，前者从「羽」，後者从「田」，金澤本作 ▨，平安本作 ▨，然字上从田，下从白，當是「䚂」之訛。因「羽」旁連接，又在左方增一豎筆，故訛為「田」旁。

「㐅、亻」，「延」字从廴从㐅，一般多作 ▨（褚遂良《伊闕佛龕碑》），然所从「㐅」或可連寫為 ▨（趙孟頫《仇鍔墓誌》）、▨（趙孟頫《汲黯傳》）、▨（趙孟頫《洛神賦》），其下「止」旁已然變形，中間的豎筆、橫筆簡化為兩點。《治要》作 ▨（平安本）、▨（金澤本），从廴从㐅，「㐅」旁則更訛為「亻」。此種訛變之原因，歸根究柢是「止」旁之變形，《治要》「踵」字作 ▨（平安本），其足旁之「止」形，即產生上述變化，或如 ▨（《張遷碑》）、▨（趙孟頫《光福重建塔記》）亦同。「養」字下从「艮」，《開成石經》作 ▨，《治要》金澤本作 ▨，雖有簡化，但仍可見大致形廓，唯平安本作 ▨，下部筆畫簡化為兩點，與「止」形的變化相似，當是追求書寫迅速所致，如 ▨（米芾《渤海藏真帖》），即是以「行書」書寫良字，亦屬相同形體。

「夕、口」，「望」字从月，如 ▨（顏真卿《多寶塔碑》）、▨（趙孟頫《汲黯傳》），然古文字中夕、月多可互作，如 ▨（柳公權《金石集帖》）、▨（敦煌《般若放光經》），當「夕」旁書寫草率時，變有可能訛為「口」旁，如《治要》▨（平安本）仍可看出夕字結構，但 ▨（金澤本）則已徹底變形。

類似變化又如「幾」字，《開成石經》作 ▨，字形从「戍」，但其左下近似「人」形，當其與戈旁撇筆相連時，變容易訛為「力」字，如《治要》「幾」字作 ▨（平安本），或如 ▨（王羲之《集字聖教序》）、▨（歐陽詢《行書千字文》）；當此字形書寫更為草率，便作 ▨（金澤本），與「夕」旁接近。《治要》「哉」字作 ▨（平安本）▨（金澤本），後者字形當不从口，而是口形訛為力、夕之形，亦屬此類訛變現象。

「主、生」，「往」字从「主」，《開成石經》作 ▨，所从「、」與豎筆相連，一旦橫筆的起筆明顯，便易訛為「生」字，如《治要》▨（平安本）與《石經》相同，而 ▨、▨（金澤本）則訛為「徃」，駿河本亦因此作「徃」字。

「悳、意」，「非所以養德也」句，平安本作「皆非所以養 ▨」，▨ 即「德」字古

---

47 平安本《治要·孟子》「妓者辟之則色厭矣」，「厭」字即从「疒」，作 ▨。

文，其甲骨文作▯（《甲》2304）、▯（《乙》907），从行从直，直亦聲，會「遵行正道」之義，金文作▯（《德方鼎》，《集成》2661），或增加「心」旁，強調心理現象之義，如▯（《師望鼎》，《集成》2812），亦有省去「彳」旁作「惪」者，如▯（《季嬴霝惪盤》，《集成》10076）、▯（《嬴霝惪簋》，《集成》3585）等，戰國時六國文字多作「悳」，如▯（《陳侯因𩵦錞》，《集成》4649）、▯（郭店《老子甲》簡33）等，為六國古文。金澤本抄自平安本，卻將▯字誤認為▯，作「皆非所以養意」。考〈天地〉篇中並未提及「意」之重要性，反而多以「德」為道之衰，此字當為「德」之誤字。

此外，又如「弋」字，《治要》作▯（平安本）、▯（金澤本），兩字僅差一撇，故容易訛誤。「職」字从「耳」，當耳旁起筆偏斜，便容易訛為「身」，如▯（平安本）、▯（金澤本）；此種字形習見於中古，又如▯（王羲之《郁網齋墨妙法帖》）、▯（歐陽詢《九成宮醴泉銘》），亦从「身」。「映」字，所从「央」亦可訛為「失」，如▯（平安本）、▯（金澤本），後者所从「失」旁即一形訛誤所致。其他訛字金澤本▯（兵），平安本訛作▯（丘）；金澤本▯、▯（末），平安本訛作▯、▯；「苦」字，平安、金澤本分別訛作▯、▯，然後者批注則改為▯，蓋因所从「艸」與中間「十」共筆所致。

## （五）異體字

《治要》書手於書寫字詞時，不僅會改換詞語，有時也會以異體字替代常用字，可分為義符換用、音符換用，以及字形改換。

### 1　義符換用

指在原有的字形上增加、替換義符，造出另一個字形，如「攴、又－皮、攵、支、殳」，「攴」、「又」作為表義偏旁時，多蘊含手持、手拿一類的動作意義，所以可與「皮」「攵」、「支」、「殳」等从「又、攵」一類的偏旁互用。「鼓」字，《說文‧鼓部》云：「郭也。春分之音。萬物郭皮甲而出，故曰鼓。从壴。从中又。中象垂飾。又象其手擊之也。」（頁208）甲、金文作▯（《合集》22749）、▯（《合集》21881）、▯（《大克鼎》，《集成》2836）、▯（《子璋鐘》，《集成》114）等，知《說文》以為的垂飾（中），實為鼓槌、鼓桴一類器具，以手持槌擊之，故又可从「攵」。《治要》作▯（平安本）、▯（金澤本），从壴从皮。「皮」字，《說文‧皮部》云：「剝取獸革者，謂之皮。从又，為省聲。凡皮之屬皆从皮。」（頁123）甲、金文作▯（《花東》550）、▯（《九年衛鼎》，《集成》2831）、▯（《叔皮父簋》，《集成》4090）象以手剝取獸皮之形，故亦从「又」。《治要》鼓字从皮，係以攴、皮為義符，故可互用。

「數」字，《說文‧攴部》云：「計也。从攴，婁聲。」（頁124）《治要》作▯、

▨（平安本）、▨（金澤本），分別从「攴」、「殳」。「攴」字，《說文‧攴部》云：「去竹之枝也。从手持半竹。凡攴之屬皆从攴。」（頁118）「殳」字，《說文‧殳部》云：「㠯杖殊人也。周禮，殳㠯積竹，八觚，長丈二尺，建於兵車，旅賁㠯先驅。从又，几聲。凡殳之屬皆从殳。」（頁119）攴為竹支、殳為兵器，字形皆从「又」，象以手持之，故亦與可與「支」互用。中古字形如▨（王羲之《新絳帖》）、▨（褚遂良《雁塔聖教序》）皆从「殳」旁；▨（褚遂良《倪寬贊》）、▨（歐陽詢《星鳳樓帖》）等所从「殳」旁又訛為从口、从巳。

「致」，《說文‧夂部》云：「送詣也。从夂。从至。」（頁118）金文、秦漢文字作▨（《伯致簋》，《集成》3490）、▨（《曶鼎》，《集成》2838）、▨（睡虎地《日書乙》簡135）等，原从「人、止」，後訛為「夂」、「夊」。《治要》作▨（平安本）、▨（金澤本），前者从「攴」，後者則近於「夊」，如▨（王羲之《集字聖教序》）、▨（褚遂良《戲鴻堂法帖》）。

「度」，《說文‧又部》云：「法制也。从又，庶省聲。」（頁117）段注云：「周制。寸尺咫尋常仞皆以人之體為法。寸法人手之寸口。咫法中婦人手長八寸。」可見許、段二者是由尺寸制度解釋从「又」。然甲骨文作▨（《合集》21289）、▨（《合集》31009），从手持石，石亦聲；《說文》以為从「庶」省聲，然「庶」亦从「石」得聲。《治要》作▨（平安本）、▨（金澤本），皆从「夂」，屬義符互作，或如▨（褚遂良《雁塔聖教序》）、▨（魏碑《元顯儁墓誌》）、▨（趙孟頫《玄妙觀重修三門記》），最末者更訛為「又」，當是與「廿」共筆。

## 2 音符換用

指在原有的字形上增加、替換聲符，造出另一個字形，如「戲−戲」，「伏犧」一詞，傳世文獻亦可作「伏戲」，如《莊子‧人間世》「伏戲、几蘧之所行終」、《淮南子‧覽冥訓》「伏戲、女媧不設法度而以至德遺於後世」、《漢書‧律曆志上》「自伏戲畫八卦」等，[48]因「犧」、「戲」二字古音皆為曉母歌部，開口三等，故可通假。《治要》作▨（平安本）、▨（金澤本），字皆从戈虛聲，為「戲」之聲化字。金澤本例字左半虛旁連筆，屬草化之「戲」字，然其右批注以為「戲」字。「虛」字古音為曉母魚部，開口三等，與「犧」聲母相同，韻則為魚歌通轉，故可相通。類似字形又如▨（王羲之《星鳳樓帖》）、▨（柳公權《玄秘塔碑》）等皆以「戲」為「戲」。

「糧−粮」，量、良二字古音皆為來母陽部，開口三等平聲，故可通假。以「粮」為「糧」，先秦所無，多見於中古時期，如《長阿含經》「是故種善，為後世粮」、《賢愚

---

48 清‧郭慶藩撰，王孝魚點校：《莊子集釋》，頁150。何寧撰：《淮南子集釋》，頁773。漢‧班固撰，唐‧顏師古注：《漢書》（北京：中華書局，1964年），頁955。

經》「千兩辦粮」、《佛本行集》「食噉粳粮甘美飯」等，[49]字又作▨（平安本）、▨（金澤本）與▨（王羲之《郁網齋墨妙法帖》）、▨（褚遂良《褚楷千字文》）相同，皆為「糧」之異體字。

「趣－趨」，二字古音皆為清母侯部，合口三等，聲調雖不同，亦可通假。「趣」，《說文‧走部》云：「疾也。从走，取聲。」（頁64）「趨」，《說文‧走部》云：「走也。从走，芻聲。」（頁64）段注云：「〈曲禮〉注曰：『行而張足曰趨。』按：張足過於布武。〈大雅〉『左右趣之』，《毛》曰：『趣，趨也。』此謂假借趣為趨也。」知先秦文獻中已有二字通假之例。「趣」字，《開成石經》作▨，「趨」字作▨，《治要》作▨（平安本）、▨（金澤本）、駿河本作「趣」，前兩者當為「趨」，然所從「芻」旁訛為「多」字，亦如▨（歐陽詢《九成宮醴泉銘》）、▨（米芾《清和帖》）。

## 3　字形改換

「辯－辨」，「辯」字，《說文‧辡部》云：「治也。从言在辡之閒。」（頁749）段注云：「治者，理也。俗多與辨不別。」「辡」為罪人相與訟之義，故「辯」字強調治獄、聽訟之義。「辨」字，《說文‧刀部》云：「判也。从刀，辡聲。」（頁182）為判別、分判之義。斷案自然也需分判善惡是非，故段氏以為兩字俗多不別，其來有自。但細究其理，大抵仍可區分成「辯」為語言之辯駁，「辨」為事物之判斷。《治要》「則俗惑於辯矣」之「辯」字，平安本作▨，金澤本作▨，皆為「辯」字，「知詐漸毒、頡滑堅白、解垢同異」屬於智巧一類的言語，故令世俗之人疑惑於「辯」。「辯雖彫萬物而不自說也」，指恪守天道之聖王，雖然有雕飾萬物的語言能力，卻不主動說出。「辯」字，平安本作▨，金澤本作▨，因文中有「不自說」，可知當以「辯」為正字，駿河本作「辨」，可能是誤認字形。

「辭－辞、辝」，《說文‧辛部》云：「不受也。从受辛。受辛宜辝之也。辝，籀文辭。」（頁749）段注云：「〈聘禮〉「辭曰非禮也敢」，注曰：『辭，不受也。』按經傳凡辤讓皆作辭說字，固屬叚借而學者乃罕知有辤讓本字。或又用辝為辭說而愈惑矣。」段氏又引《世說新語》蔡邕題曹娥碑事，云：「可證漢人辝辭不別耳。」「辝」字，《說文‧辛部》：「說也。从啻辛。啻辛猶理辜也。」（頁749）換言之，許、段認為「辭」為言辭、說辭之義，而「辤」才是辤讓、不受之義，辭、辤屬假借關係。「辭」字《開成石經》以▨為辭讓，知唐人已將「辭」視其本字，《治要》作▨、▨（平安本）、▨、▨（金澤本），所從▨、▨旁是「啻」之省、訛，《字彙》則以「辞」則為俗字，知此四例皆為「辭」之異體字。

---

[49] 所引佛經語料參中央研究院古漢語文獻語料庫，https://ancientchinese.ling.sinica.edu.tw/ASACC_index/。

其他異體字如「萬」字，作⽅（平安本）、万（金澤本）；「亂」字作乱（平安本）、乱（金澤本）；「棄」字，作弃（平安本）；「軌」作軌（平安本）等。《治要》之原本屬帝王用書，所用字形應相當規範，平安本雖以唐初本為範，字體亦相對工整，然亦常見異體字、訛字；金澤本書手於抄寫時，即辨以較為工整美觀之平安本為範，但並不遵循當時的用字規範，反而更多地融入自身的用字習慣，使字形之變化增多，部分筆法亦可與行書互參，保存了相當珍貴的中古時期異體字資料。

## 五　結語

　　由上述比較、分析，可知唐初魏徵等人在編纂、揀擇《莊子》內容時，係以「古代聖王，尤其是堯、舜、禹的無為而治」為重心，強調將「體道」運用於君主治下的統御之術，而非先秦道家所鋪陳的養生、全性無為之術。堯、舜等人之故事雖在所收文本內互有矛盾，但對儒家聖王之批評似乎非《治要》所著重，故成書時便刪去了文章中對聖王的非議之言。又因為《治要》性質與提要相近，編纂者亦有將問答對話改為議論之傾向，大幅的刪減原文，雖非斷章取義，卻使閱讀者不易體會原始道家之思想；而編纂者偶爾也會以當時之詞語改寫，使《治要》呈現出有別於傳世通行本《莊子》之面貌。

　　四種《治要》的詞語差異，如字句之增字、減字，又或是斷讀與錯置、漏抄與省略，以及改換詞語，表現抄手對於《莊子》內容之理解；此外，平安本、金澤本所見的文字構形，充分地反映了日人對漢字之概念與應用，故字形可見繁化、簡化、類化、訛混與異體字等漢字常見的書寫現象。但這些文字變化並非單獨存在，而是同時並存，故分析時必須仔細甄別。

　　《治要》雖失傳於唐、宋之後，然平安本、金澤本則流行於日本皇室之間，達到保存文本之效用。平安本雖源於唐初本，但所用文字多有訛誤，此或因抄手並未深諳中國傳世文獻所致；故平安本字體雖工整，然準確性擇未如金澤本。金澤本係以平安本為底本所抄，但因成於眾多書手，故各卷、篇反映的文字樣貌不一，《莊子》各篇之用字、《治要》所收《莊子》詞沿襲平安本，但多經改寫，是以未避唐太宗名諱，且字形書法介於楷書、行書，無論是構形、布局多近似中古唐宋時期所見的書法字體；加之該本批注往往能修正平安本之錯誤字詞，故以文本而言，金澤本及其批注之準確性較高。駿河本、天明本因時代較晚，故後出轉精，在金澤本的基礎上，體現更為正確的《治要》內容。

　　綜上所述，透過分析《治要》所收《莊子》的詞語差異、字形構形，可以了解該書流傳於日本時的用字、用詞習慣；等而觀之，則能推敲唐、宋《治要》的大致樣貌，尤其是當時書法字形的變化脈絡與筆勢書風。是知《治要》不僅能幫助研究文獻學、目錄學，也能對中古時期的文字學、書法研究產生極高效益。

# 徵引文獻

## 一　原典文獻

漢・司馬遷撰，宋・裴駰集解，唐・司馬貞索隱，唐・張守節正義：《史記》，北京：中華書局，2013年。
漢・班　固撰，唐・顏師古注：《漢書》，北京：中華書局，1964年。
魏・王　弼注，樓宇烈校釋：《老子道德經注校釋》，北京：中華書局，2008年。
南朝・梁・劉　勰撰：《文心雕龍》，上海：上海古籍出版社，1984年。
唐・房玄齡等撰：《晉書》，北京：中華書局，1974年。
宋・王　溥：《唐會要》，京都：中文出版社，1978年。
宋・歐陽修等撰：《新唐書》，北京：中華書局，1975年。
清・郭慶藩撰，王孝魚點校：《莊子集釋》，北京：中華書局。
清・阮　元校勘：《十三經注疏・易經》，臺北：藝文印書館。
清・阮　元校勘：《十三經注疏・詩經》，臺北：藝文印書館。
清・阮　元校勘：《十三經注疏・禮記》，臺北：藝文印書館。
清・阮　元校勘：《十三經注疏・論語》，臺北：藝文印書館。
清・阮　元校勘：《十三經注疏・孟子》，臺北：藝文印書館，2001年。
清・段玉裁：《說文解字注》，北京：中華書局，2013年。
清・孫詒讓著，孫以楷點校：《墨子閒詁》，北京：中華書局，2001年。
清・王先謙撰，沈嘯寰、王星賢點校：《荀子集解》，北京：中華書局，1988年。

## 二　近人論著

中央研究院古漢語文獻語料庫，網址：https://ancientchinese.ling.sinica.edu.tw/ASACC_index/。
日本「e-Museum」，網址：https://reurl.cc/Ddpo6Q，檢索日期：2022年1月23日。
王　力：《漢語史稿》，北京：中華書局，2013年。
李定生、徐慧君校釋：《文子》，上海：上海古籍出版社，2004年。
季旭昇：《說文新證》，臺北：藝文印書館，2014年。
東京大學東洋文化研究所所藏漢籍善本全文影像資料庫，網址：https://reurl.cc/rQV68E，檢索日期：2022年1月23日。
林溢欣：〈《群書治要》引《賈誼新書》考〉，《雲漢學刊》第21期，2010年。

金光一：《《群書治要》研究》，上海：復旦大學中文系博士論文，2010年。

郝　易整理：《黃帝內經》，北京：中華書局，2011年。

高佑仁：〈金澤本《群書治要‧吳越春秋》字詞研究〉，《中正漢學研究》第40期，2022年。

陳曦譯注：《六韜》，北京：中華書局，2016年。

黃　暉撰：《論衡》，北京：中華書局，1990年。

楊樹達：《詞詮》，上海：上海古籍出版社，2006年。

潘銘基：〈日藏平安時代九条家本《群書治要》研究〉，《中國文化研究所學報》第67期2018年。

嚴紹璗：《漢籍在日本的流布研究》，南京：江蘇古籍出版社，1992年。

# 論君臣
## ——《貞觀政要》與《荀子》比較研究[*]

### 牟曉麗

陝西理工大學人文學院助理教授（陝西省諸子研究中心）

## 摘要

《貞觀政要》為記載帝王言論和政德的史書，其中體現的太宗年間君臣相交之道，君臣關係與《荀子》所論述之君臣之道相似處甚多。《貞觀政要》為主政者政治思想與經驗之匯集，唐太宗貞觀之治時期的君臣關係，向來是中國古代君明臣賢的君臣關係典範。荀子本人亦為祭酒與蘭陵令，有政治經驗，注重政治治理真實效能，較少形而上的道德倫理勸導，《荀子》政論多從實操層面論述君臣關係。荀子之禮論是其學說精髓，荀子學說品格即在於其實際可行性。禮論中之統治者最關鍵的任務即是明分使群，可見君臣之道在荀子學說中的重要性。本文擬從君道安民與修身、擇官求賢、親疏獎懲，臣道諫戒輔佐等方面探討《貞觀政要》與《荀子》二書在闡釋君臣關係上的相同之處。

**關鍵詞**：貞觀政要、荀子、君臣關係、行政效能

---

[*] 本文系陝西理工大學校級人文社會科學研究人才啟動項目（項目編號SLGSKRC2407）階段性成果。

## 一　前言

荀子，據《史記‧孟子荀卿列傳》記載：

> 荀卿，趙人。年五十始來遊學於齊。騶衍之術迂大而閎辯；奭也文具難施；淳于髡久與處，時有得善言。故齊人頌曰：談天衍，雕龍奭，炙轂過髡。田駢之屬皆已死齊襄王時，而荀卿最為老師。齊尚脩列大夫之缺，而荀卿三為祭酒焉。齊人或讒荀卿，荀卿乃適楚，而春申君以為蘭陵令。春申君死而荀卿廢。因家蘭陵，李斯嘗為弟子，已而相秦。荀卿嫉濁世之政，亡國亂君相屬，不遂大道而營於巫祝，信禨祥，鄙儒小拘，如莊周等又猾稽亂俗。於是推儒、墨、道德之行事興壞，序列著數萬言而卒。因葬蘭陵。[1]

荀子先在齊國稷下三為「祭酒」[2]，後在楚為蘭陵令[3]，非徒為知行不一之吏，而是行政經驗豐富之長官、智庫學者。[4]其人性論注重「性偽之分」，提出「塗之人可以為禹」，繼而衍生出「隆禮重法」、「法後王」、「任賢使能」、「賞功罰過」等一系列政治主張。[5]作為有實際經驗的行政長官，他深知行政體系內君臣關係之重要性，尤其是君道之重要。[6]荀子本人雖在當時「名聲不白、徒與不眾、光輝不博」（〈堯問〉），在唐代卻得到了異時激賞。韓愈認為荀子「大淳而小疵」，楊倞為《荀子》作注，高度評價此書「羽翼六經，增光孔氏」。唐太宗推崇荀子，從《貞觀政要》中多次引用荀子「君民舟水」之喻，乃至多次引用荀子之語也可見一斑。《貞觀政要》是唐代史學家吳兢編撰記載帝

---

[1] 《史記‧孟子荀卿列傳》，標點符號據佐藤將之：《參於天地之治——荀子禮治政治思想的起源與構造》（臺北：國立臺灣大學出版中心，2016年），頁68。

[2] 「祭酒是公共儀式的主角，並由社群中年級最長者擔任，他拿著獻祭的酒並將之潑灑在地，後來祭酒一詞便用來指稱受人尊敬的長者或許在戰國時代齊國的這個職位僅僅是為了特定的典禮而選拔的。」根據《史記》的記載，齊襄王時，荀子已經是稷下學宮最年長的智庫學者。詳參佐藤將之：《參於天地之治——荀子禮治政治思想的起源與構造》，頁56。

[3] 佐藤將之認為荀子在蘭陵令的任職中可能也在趙國擔任一小段時間的孝成王上卿。詳參佐藤將之：《參於天地之治——荀子禮治政治思想的起源與構造》，頁61。

[4] 「荀子是一個重視現實人生而主張積極用世的思想家。他的經世致用之學，即社會政治思想包括許多豐富的內容。」詳參廖名春：《荀子的智慧》（吉林：延邊大學出版社，1998年），頁105。筆者認為，從《史記‧孟子荀卿列傳》的記載來看，司馬遷認為荀子的學問不似鄒衍「迂大而閎辯」，也不似鄒奭「文具難施」，而是「推儒、墨、道德之行事興壞」，也就是具有實踐品格，注重行為效果並推究原因。

[5] 本人不擬區分《荀子》一書是否都為荀子本人思想或《荀子》一書是否東拼西湊而成，而是將《荀子》看做有統合和一貫性的著作。

[6] 張鉉根認為：「他思想的最主要的特徵是主張禮治，不過更重要的內涵是重視君主。」詳參氏著：〈論荀子思想中的君、臣、民關係〉，《衡陽師範學院學報（社會科學）》，頁14-18。

王言論和政德的史書。「自唐世子孫既已書之屏帷，銘之几案，祖述而憲章之矣。至於後世之君，亦莫不列之講讀，形之論議，景仰而效法焉」（〈貞觀政要序〉）[7]。後世諸朝君主乃至海外鄰國日韓等最高統治者也多誦讀借鑑，以資治國理政。其中唐太宗貞觀之治時期的君臣關係，向來是中國古代君明臣賢的君臣關係典範。本文擬以《荀子》、《貞觀政要》二書中君臣之道的闡發為切入點，探討《荀子》與《貞觀政要》在政治實踐中對君臣關係的論述。

## 二　君道

### （一）民本思想

君主為一國之主宰，故地位尊貴，很大程度上決定了國家的政治興衰。正如任育才所論：

> 任何組織的成敗和績效的優劣，領導者都居於關鍵性的地位，因此領導者的能力、識見、品德和判斷力、洞察力均為領導成敗的重要因素。所以領導是一種藝術，其術多方，或以德領導，或以法領導，或以術領導，或以勢領導，或四者交互為用以領導，要在養成領導者附眾而威敵的特質。[8]

荀子看到了封建社會最重要的特質：人治大於法度。故國君昏庸，有謹嚴的法度也無法成為治世。「法」本身無法控制國君本人，也無法保持社會政治秩序的有效運行，荀子的觀察認為，唯有君子與禮可以保證政治秩序的有效運行：

> 有亂君，無亂國；有治人，無治法。羿之法非亡也，而羿不世中；禹之法猶存，而夏不世王。故法不能獨立，類不能自行，得其人則存，失其人則亡。法者，治之端也；君子者、法之原也。故有君子則法雖省，足以遍矣；無君子，則法雖具，失先後之施，不能應事之變，足以亂矣。（《荀子・君道》）[9]

此外，《荀子》與《貞觀政要》皆凸顯君主之重要性：

> 國者，天下之制利用也；人主者，天下之利勢也。得道以持之，則大安也，大榮

---

[7] 本論文關於《貞觀政要》之引文，皆出自葛景春、張弦生注譯：《貞觀政要》（鄭州：中州古籍出版社，2008年），為節省行文故，只隨文標注卷數，不再單獨出注。

[8] 任育才：〈唐太宗君臣治國之志略探賾──以《貞觀政要》為中心〉，《興大人文學報》第32期（2002年6月），頁647。

[9] 本論文關於《荀子》之引文，皆出自清・王先謙：《荀子集解》（北京：中華書局，1988年），為節省行文故，只標注荀子篇目，不再單獨出注。

也，積美之源也。不得道以持之，則大危也，大累也，有之不如無之；及其綦也，索為匹夫不可得也，齊湣、宋獻是也。故人主，天下之利勢也，然而不能自安也，安之者必將道也。故用國者，義立而王，信立而霸，權謀立而亡。（《荀子‧王霸》）

君者、國之隆也。（《荀子‧致士》）

天子者，勢位至尊，無敵於天下，夫有誰與讓矣？（《荀子‧正論》）

人之生，不能無群，群而無分則爭，爭則亂，亂則窮矣。故無分者，人之大害也；有分者，天下之本利也；而人君者，所以管分之樞要也。故美之者，是美天下之本也；安之者，是安天下之本也；貴之者，是貴天下之本也。（《荀子‧富國》）

禮有三本：天地者，生之本也；先祖者，類之本也；君師者，治之本也。無天地惡生？無先祖惡出？無君師惡治？三者偏亡焉，無安人。故禮上事天，下事地，尊先祖而隆君師，是禮之三本也。（《荀子‧禮論》）

人君當神器之重，居域中之大。（《貞觀政要》卷第一論君道第一）

君主是國家興盛繁榮之本源，是國家政治治理之樞要，當神器之重。《貞觀政要》與《荀子》皆認識到君主在政治治理中的重要性。然荀子並沒有如孟子一樣，認為一國的治亂僅僅取決於是否有王者實行仁政。《貞觀政要》與《荀子》也並未只就君道謀求統治和自身利益（profit），而皆提出君道應該以安民為主，注重人民福祉（welfare）：

故人主欲強固安樂，則莫若反之民；欲附下一民，則莫若反之政；欲修政美國，則莫若求其人……。故君人者愛民而安，好士而榮，兩者無一焉而亡。（《荀子‧君道》）

天之生民，非為君也。天之立君，以為民也。故古者列地建國，非以貴諸侯而已；列官職，差爵祿，非以尊大夫而已。（《荀子‧大略》）

為君之道，必須先存百姓。若損百姓以奉其身，猶割股以啖腹，腹飽而身斃。（《貞觀政要》論君道第一）

天子者，有道則人推而為主，無道則人棄而不用，誠可畏也。（《貞觀政要》論政體第二）

《荀子‧大略》雖被部分學者認為不是荀子本人手筆，然也應該屬於荀學思想之一部

分。[10]從上述引文中我們可以看到荀子認為君主愛民才能實現國家強固安樂，且認為「天之生民，非為君也；天之立君，以為民也」則民之重，遠勝於君。《貞觀政要》也認為「為君之道，必須先存百姓」，損害百姓以奉養君主，等於自毀基業。此外，若是君主無道，則人民可以「棄而不用」。這些思想無論現實中實現與否，能書之於策，皆是十分先進與大膽的。佐藤將之認為田氏代齊、三家分晉的政治變局啟示早期儒家國君如果失去人民的支持，終會走向滅亡。孟子是「民為貴」思想的先覺者，荀子肯定了孟子的主張。[11]《貞觀政要》則是借鑑了隋亡的教訓，認為統治應先謀求人民福祉。

君主為民之行為典範，上行下效，故更應重視自我修養：

> 請問為國？曰：聞修身，未嘗聞為國也。君者，儀也，儀正而景正；君者，盤也，盤圓而水圓；君者，盂也，盂方而水方。君射則臣決。楚莊王好細腰，故朝有餓人。故曰：聞修身，未嘗聞為國也。（《荀子·君道》）

> 主者、民之唱也；上者、下之儀也。彼將聽唱而應，視儀而動。唱默則民無應也，儀隱則下無動也。不應不動，則上下無以相有也。若是，則與無上同也，不祥莫大焉。故上者，下之本也，上宣明則下治辨矣，上端誠則下願愨矣，上公正則下易直矣。治辨則易一，願愨則易使，易直則易知。易一則強，易使則功，易知則明，是治之所由生也。上周密則下疑玄矣，上幽險則下漸詐矣，上偏曲則下比周矣。疑玄則難一，漸詐則難使，比周則難知。難一則不強，難使則不功，難知則不明，是亂之所由作也。（《荀子·正論》）

> 貞觀二年，太宗謂侍臣曰：「古人云『君猶器也，人猶水也；方圓在於器，不在於水』。故堯、舜率天下以仁，而人從之；桀、紂率天下以暴，而人從之。下之所行，皆從上之所好。（《貞觀政要》慎所好第二十一）

> 民之生也，猶鑠金在爐，方圓薄厚，隨溶制耳！是故世之善惡，俗之薄厚，皆在於君。（《貞觀政要》論公平第十六）

> 凡奸人之所以起者，以上之不貴義，不敬義也。夫義者，所以限禁人之為惡與奸者也。今上不貴義，不敬義，如是，則下之人百姓皆有棄義之志，而有趨奸之心矣，此奸人之所以起也。且上者，下之師也，夫下之和上，譬之猶響之應聲，影

---

10 廖名春認為：「屬於荀子弟子所記錄的荀子言行的篇目有五，它們是〈儒效〉、〈議兵〉、〈強國〉、〈大略〉、〈仲尼〉。這五篇雖然經過了荀子弟子之手的整理，但其思想卻基本是荀子的，其價值就好像《論語》對於研究孔子，《孟子》對於研究孟子一樣。所以，它們也應視為研究荀子的可靠史料。」筆者贊同其觀點。詳參氏著：《荀子的智慧》，頁24。
11 佐藤將之：《參於天地之治——荀子禮治政治思想的起源與構造》，頁252。

之像形也。故為人上者不可不順也。夫義者，內節於人而外節於萬物者也，上安於主而下調於民者也。內外上下節者，義之情也。然則凡為天下之要，義為本而信次之。古者禹、湯本義務信而天下治，桀、紂棄義倍信而天下亂，故為人上者必將慎禮義，務忠信然後可。此君人者之大本也。(《荀子・強國》)

以上各條，或自《荀子》，或自《貞觀政要》，皆以譬喻方式論述君民之行為模式，上為下之師，民以君為榜樣，「君儀民景」、「君盤民水」、「君射臣決」、「君唱臣應」、「君爐民金」，上好之，下必甚之。故君主不應放縱自我，因世之善惡，民俗厚薄皆以君為綱紀。這些都強調社會環境對人的行為的影響。《荀子》和《貞觀政要》都認識到，在國家政治體制中，君主的行為影響到政治環境和國家興亡，君主公平、誠實、正直，臣子就會容易驅使和忠誠。相反，如果君主殘暴不仁，狡詐幽暗，則臣子就會多疑，不忠誠，結黨蒙蔽君主。君主乃是治亂之源：

> 合符節，別契券者，所以為信也；上好權謀，則臣下百吏誕詐之人乘是而後欺。探籌、投鉤者，所以為公也；上好曲私，則臣下百吏乘是而後偏。衡石、稱縣者，所以為平也；上好覆傾，則臣下百吏乘是而後險。斗、斛、敦、槩者，所以為嘖也；上好貪利，則臣下百吏乘是而後豐取刻與，以無度取於民。故械數者，治之流也，非治之原也；君子者，治之原也。(《荀子・君道》)

> 諫議大夫魏徵對曰：「古者聖哲之主，皆亦近取諸身，故能遠體諸物。昔楚聘詹何，問其治國之要，詹何對以修身之術。楚王又問治國何如，詹何曰：『未聞身治而國亂者。』陛下所明，實同古義。」(《貞觀政要》論君道第一)

> 夫安人寧國，惟在於君。君無為則人樂；君多欲則人苦。朕所以抑情損欲，克己自勵耳。(《貞觀政要》論務農第三十)

> 此皆朕所目見，故夙夜孜孜，惟欲清淨，使天下無事。遂得徭役不興，年穀豐稔，百姓安樂。夫治國猶如栽樹，本根不搖，則枝葉茂榮。君能清淨，百姓何得不安樂乎？(《貞觀政要》論政體第二)

《貞觀政要》認為若要政治清明，君主必須先正其身，如果君主多欲，則生民不安，政治動亂由此而興，故君主應「近取諸身，遠體諸物」、「惟欲清淨」。《貞觀政要》以隋煬帝奢侈縱欲「采域中之子女，求遠方之奇異。宮苑是飾，台榭是崇，徭役無時，干戈不戢」，最終導致「上下相蒙，君臣道隔，民不堪命，率土分崩。遂以四海之尊，殞於匹夫之手，子孫殄絕，為天下笑」為反面例證，告誡君王不應奢侈縱欲。且列出君德之三種，以君王簡單質樸、節省民力為「上德」：

若能鑒彼之所以失，念我之所以得，日慎一日，雖休勿休，焚鹿臺之寶衣，毀阿房之廣殿，懼危亡於峻宇，思安處於卑宮，則神化潛通，無為而治，德之上也。若成功不毀，即仍其舊，除其不急，損之又損，雜茅茨于桂棟，參玉砌以土階，悅以使人，不竭其力，常念居之者逸，作之者勞，億兆悅以子來，群生仰而遂性，德之次也。若惟聖罔念，不慎厥終，忘締構之艱難，謂天命之可恃，忽采椽之恭儉，追雕牆之靡麗，因其基以廣之，增其舊而飾之，觸類而長，不知止足，人不見德，而勞役是聞，斯為下矣。（《貞觀政要》論君道第一）

《荀子》則認為君主之欲望乃人之通情：

夫人之情，目欲綦色，耳欲綦聲，口欲綦味，鼻欲綦臭，心欲綦佚。此五綦者，人情之所必不免也。養五綦者有具。無其具則五綦者不可得而致也。萬乘之國，可謂廣大、富厚矣，加有治辨強固之道焉，若是，則恬愉無患難矣，然後養五綦之具具也。故百樂者生於治國者也，憂患者生於亂國者也。急逐樂而緩治國者，非知樂者也。故明君者必將先治其國，然後百樂得其中；暗君必將急逐樂而緩治國，故憂患不可勝校也，必至於身死國亡然後止也，豈不哀哉！將以為樂，乃得憂焉；將以為安，乃得危焉；將以為福，乃得死亡焉，豈不哀哉！於乎！君人者，亦可以察若言矣。（《荀子‧君道》）

荀子認為，目、耳、口、鼻、心五欲乃「人情之所必不免」，明君善於控制欲望，治國而後享樂；暗君則被欲望牽引，昏聵玩樂，憂患接踵而至，難免身死國亡的下場。荀子也具體提出君子修身之道：「見善，修然必以自存也；見不善，愀然必以自省也。善在身，介然必以自好也；不善在身，菑然必以自惡也。故非我而當者，吾師也；是我而當者，吾友也；諂諛我者，吾賊也。故君子隆師而親友，以致惡其賊。好善無厭，受諫而能誡，雖欲無進，得乎哉！」（《荀子‧修身》）以上皆是儒家見賢思齊，見不善自省的觀點，且突出臣子的選擇對君主修身的重要作用，君主應該選擇善於進諫修正君主錯誤行為之賢才。

## （二）擇官任賢

《荀子》認為君道的最重要特徵是「能群」，即可以實現社會各階層的統整和諧。[12]

---

[12] 黎紅雷認為：「在荀子看來，國家管理者的職責就在於按一定的分工和等級把人們組織起來。所『君』，就是善『群』的人，即善於按照一定的原則把社會組織起來的人。組織社會的原則恰當，天下百姓和世間萬物就能各得其所，各得其宜。」、「所謂『生養人』、『班治人』、『顯設人』、『藩飾人』，用現代的語言來說，就是養活百姓、管理百官、任用人才、等級供給。」詳參氏著：〈荀子的組織哲學與現代管理〉，《中山大學學報》1998年第1期，頁2。

「群」的四統為「生養」、「班治」、「顯設」、「藩飾」。其中的「生養」即為前一節所論述之君道愛民。何謂「藩飾」？「修冠弁衣裳，黼黻文章，琱琢刻鏤，皆有等差：是所以藩飾之也。」(《荀子‧君道》)《貞觀政要》「太子諸王定分」記載：

> 貞觀十六年，太宗謂侍臣曰：「當今國家何事最急？各為我言之。」尚書右僕射高士廉曰：「養百姓最急。」黃門侍郎劉洎曰：「撫四夷急。」中書侍郎岑文本曰：「《傳》稱：『道之以德，齊之以禮。』由斯而言，禮義為急。」諫議大夫褚遂良曰：「即日四方仰德，不敢為非，但太子、諸王，須有定分，陛下宜為萬代法以遺子孫，此最當今日之急。」太宗曰：「此言是也。朕年將五十，已覺衰怠。既以長子守器東宮，諸弟及庶子數將四十，心常憂慮在此耳。」

由上段引文可見太宗皇帝對「藩飾」差等定分的重視。然而貞觀十七年，唐太宗卻廢太子（嫡長子李承乾），另立李治（嫡三子）為太子，後來又想廢李治，改立庶出的李恪為太子（沒有成功），導致宗法名分大亂。可見理論的鋪陳是容易的，現實的執行卻是困難的。

「班治」、「顯設」則涉及到君主擇官任賢問題，這即是「明分使群」：

> 君者何也？曰：能群也。能群也者何也？曰：善生養人者也，善班治人者也，善顯設人者也，善藩飾人者也。善生養人者人親之，善班治人者人安之，善顯設人者人樂之，善藩飾人者人榮之。四統者俱而天下歸之，夫是之謂能群。不能生養人者人不親也，不能班治人者人不安也，不能顯設人者人不樂也，不能藩飾人者人不榮也。四統者亡而天下去之，夫是之謂匹夫。故曰：道存則國存，道亡則國亡。……天子三公，諸侯一相，大夫擅官，士保職，莫不法度而公，是所以班治之也。論德而定次，量能而授官，皆使其人載其事，而各得其所宜。上賢使之為三公，次賢使之為諸侯，下賢使之為士大夫，是所以顯設之也。(《荀子‧君道》)

君主掌握任用提拔人才之權，故《貞觀政要》、《荀子》多次強調取才之重要性：

> 人主者，以官人為能者也……論德使能而官施之者，聖王之道也，儒之所謹守也。(《荀子‧王霸》)

> 若夫謫德而定次，量能而授官，使賢不肖皆得其位，能不能皆得其官，萬物得其宜，事變得其應……(《荀子‧儒效》)

> 程者，物之準也；禮者，節之準也。程以立數，禮以定倫，德以敘位，能以授官。(《荀子‧致士》)

論法聖王，則知所貴矣；以義制事，則知所利矣。論知所貴，則知所養矣；事知所利，則動知所出矣。二者，是非之本，得失之原也。故成王之於周公也，無所往而不聽，知所貴也。桓公之于管仲也，國事無所往而不用，知所利也。吳有伍子胥而不能用，國至於亡，倍道失賢也。故尊聖者王，貴賢者霸，敬賢者存，慢賢者亡，古今一也。故尚賢使能，等貴賤，分親疏，序長幼，此先王之道也。故尚賢、使能，則主尊下安；貴賤有等，則令行而不流；親疏有分，則施行而不悖，長幼有序，則事業捷成而有所休。(《荀子‧君子》)

荀子認為人主的主要職能就是按照德行和能力授官，使政治秩序井然有條。擇官恰當與否，影響到國家興亡，影響到君主的政治效能，故一定要慎重其事。《荀子‧大略》認為：「以賢易不肖，不待卜而後知吉。以治伐亂，不待戰而後知克。」啟用賢人與否直接和政治治亂相關。荀子以成王之於周公、桓公之於管仲為君主用賢而王的正面典型，吳失子胥而亡為倍道失賢的負面典型論證自古以來尚賢使能的重要性。[13] 同樣，《貞觀政要》也強調擇官之重要：

貞觀元年，太宗謂房玄齡等曰：「致治之本，惟在於審。量才授職，務省官員。故《書》稱：『任官惟賢才。』又云：『官不必備，惟其人。』若得其善者，雖少亦足矣；其不善者，縱多亦奚為？古人亦以官不得其才，比於畫地作餅，不可食也。《詩》曰：『謀夫孔多，是用不就。』又孔子曰：『官事不攝，焉得儉？』且『千羊之皮，不如一狐之腋』。此皆載在經典，不能具道。當須更並省官員，使得各當所任，則無為而治矣。卿宜詳思此理，量定庶官員位。」(《貞觀政要》論擇官第七)

貞觀二年，太宗謂右僕射封德彝曰：「致安之本，惟在得人。比來命卿舉賢，未嘗有所推薦。天下事重，卿宜分朕憂勞，卿既不言，朕將安寄？」對曰：「臣愚豈敢不盡情，但今未見有奇才異能。」太宗曰：「前代明王使人如器，皆取士於當時，不借才於異代。豈得待夢傅說，逢呂尚，然後為政乎？且何代無賢，但患遺而不知耳！」德彝慚赧而退。(《貞觀政要》論擇官第七)

《貞觀政要》認為，任用官員並不在多，真正的賢才可以節省人力、輔佐君主無為而治，而且每個時代都有賢才，應該多注重挖掘當代的賢能之士，並不是非要等到出現傅說、呂尚才可以為政，注重「取士於當時，不借才於異代」。太宗認為「四嶽、九官、五臣、十亂，豈惟生之於曩代，而獨無於當今者哉？在乎求與不求。好與不好耳！」能否發掘當世人才，取決於君主是否真心去取士。

---

13 關於失賢而亡的歷史例證，《荀子‧堯問》中尚有：「昔虞不用宮之奇而晉並之，萊不用子馬而齊並之，紂剖王子比干而武王得之，不親賢用知，故身死國亡也。」

關於推舉賢才之標準，《荀子·王制》提出，不應該以出身作為標準，而應該注重禮義、文學：「雖王公士大夫之子孫，不能屬於禮義，則歸之庶人。雖庶人之子孫也，積文學，正身行，能屬於禮義，則歸之卿相士大夫。」這種思想繼承了早期儒家學者的倫理論辯：「將過去只有實習貴族能擁有的權位，在某種程度上開放給新的人才」。[14]《貞觀政要》也認為求士不應受出身限制，任用賢才不避親仇：

> 貞觀初，太宗謂侍臣曰：「朕今孜孜求士，欲專心政道，聞有好人，則抽擢驅使。而議者多稱『彼者皆宰臣親故』，但公等至公，行事勿避此言，便為形跡。古人『內舉不避親，外舉不避仇』，而為舉得其真賢故也。但能舉用得才，雖是子弟及有仇嫌，不得不舉。」（《貞觀政要》論公平第十六）

《貞觀政要》亦非常注重學識與禮義：

> 貞觀二年，太宗謂侍臣曰：「為政之要，惟在得人。用非其才，必難致治。今所任用，必須以德行、學識為本。」諫議大夫王珪曰：「人臣若無學業，不能識前言往行，豈堪大任？漢昭帝時，有人詐稱衛太子，聚觀者數萬人，眾皆致惑。雋不疑斷以蒯聵之事。昭帝曰：『公卿大臣，當用經術明於古義者，此則固非刀筆俗吏所可比擬。』」上曰：「信如卿言。」（《貞觀政要》崇儒學第二十七）

> 貞觀二年，太宗問黃門侍郎王珪曰：「近代君臣治國，多劣於前古，何也？」對曰：「古之帝王為政，皆志尚清淨，以百姓之心為心。近代則唯損百姓以適其欲，所任用大臣，復非經術之士。漢家宰相，無不精通一經，朝廷若有疑事，皆引經決定，由是人識禮教，治致太平。近代重武輕儒，或參以法律，儒行既虧，淳風大壞。」太宗深然其言。自此百官中有學業優長，兼識政體者，多進其階品，累加遷擢焉。（《貞觀政要》論政體第二）

《貞觀政要》之「學業優長，兼識政體者」正是荀子之「文學」與「禮義」[15]。《貞觀政要》除了注重士官文學修養外，更加注重品行，因為人可以修飾言行，僅僅通過學識選拔人才，有可能被蒙蔽，這種擇官的錯誤給人民帶來的傷害是無法彌補的。唐太宗將兩漢的推舉制視為擇官的典範制度，認為「亂世惟求其才，不顧其行。太平之時，必須才行俱兼，始可任用」。[16]牟宗三認為「親親、尊尊是維繫人群的普遍底子，尚賢則是一

---

14 佐藤將之：《參於天地之治——荀子禮治政治思想的起源與構造》，頁246。

15 佐藤將之認為，「禮」的功能之一即為選出在天下或整個國家中的地位僅次國君的相國的時候，特別需要採用的道德標準。荀子堅信人的德性能夠在「禮」的實踐中呈現。詳參氏著：《參於天地之治——荀子禮治政治思想的起源與構造》，頁27。

16 貞觀三年，太宗謂吏部尚書杜如晦曰：「比見吏部擇人，惟取其言詞刀筆，不悉其景行。數年之後，惡跡始彰，雖加刑戮，而百姓已受其弊。如何可獲善人？」如晦對曰：「兩漢取人，皆行著鄉閭，州

生動活躍之觸角,前兩者是倫常,後一者是人格。倫常是維繫網,而人格則是每一個體自己奮發向上完成其自身之德的事。」[17]政治體制擇官尚賢,是社會階層實現優序流動,全社會人民素養普遍提高的保證。而具體來看,荀子的尚賢和太宗的尚賢則又略有不同。荀子處於戰國時期,當時各國國君為解決重要城邑的權力歸屬問題,加強對地方的控制,防範分權,希望可以招募具有知識和技術,同時忠誠於國家的人才來做地方城邑長官,故注重人才的學問和品行。[18]唐太宗則是大權在握後,希望求得賢才輔佐政事。

擇官之中,特應注重擇相。荀子認為「人主不可以獨也。卿相輔佐,人主之基杖也,不可不早具也。」《荀子・王霸》:「相者,論列百官之長,要百事之聽,以飾朝廷臣下百吏之分,度其功勞,論其慶賞,歲終奉其成功以效於君。當則可,不當則廢,故君人勞于索之,而休於使之」。荀子認為取相恰當,人君可以無為而治。同篇中尚有:

> 彼持國者必不可以獨也,然則強固榮辱在於取相矣。身能相能,如是者王;身不能,知恐懼而求能者,如是者強;身不能,不知恐懼而求能者,安唯便僻左右親比己者之用,如是者危削,綦之而亡。國者,巨用之則大,小用之則小,綦大而王,綦小而亡,小巨分流者存。巨用之者,先義而後利,安不恤親疏,不恤貴賤,唯誠能之求,夫是之謂巨用之。小用之者,先利而後義,安不恤是非,不治曲直,唯便僻親比己者之用,夫是之謂小用之。巨用之者若彼,小用之者若此,小巨分流者亦一若彼,一若此也。故曰:「粹而王,駁而霸,無一焉而亡。」此之謂也。(《荀子・王霸》)

荀子認為持國者不能獨斷,國家的強固榮譽在於「取相」。如果皇帝和宰相都很能幹,則可以稱王;如果皇帝無能,卻知道求助於賢相,那麼國家還是可以富強;如果皇帝無能,卻不知用賢而喜歡親近小人,那麼國家就會日漸滅亡。而用相之關鍵在於「誠」,在於選拔人才的公平性,無論親疏貴賤,然後「先義而後利」。《荀子・仲尼》中齊桓公任用管仲而有天下的大節正是「尚賢」原則的實例。[19]這是儒家以仁義治國理想的實

---

郡貢之,然後入用,故當時號為多士。今每年選集,向數千人,厚貌飾詞,不可知悉,選司但配其階品而已。銓簡之理,實所未精,所以不能得才。」太宗乃將依漢時法令,本州辟召,會功臣等將行世封事,遂止。(《貞觀政要》論擇官第七)貞觀六年,太宗謂魏徵曰:「古人云,王者須為官擇人,不可造次即用。朕今行一事,則為天下所觀;出一言,則為天下所聽。用得正人,為善者皆勸;誤用惡人,不善者競進。賞當其勞,無功者自退;罰當其罪,為惡者戒懼。故知賞罰不可輕行,用人彌須慎擇。」徵對曰:「知人之事,自古為難,故考績黜陟,察其善惡。今欲求人,必須審訪其行。若知其善,然後用之,設令此人不能濟事,只是才力不及,不為大害,誤用惡人,假令強幹,為害極多。但亂世惟求其才,不顧其行。太平之時,必須才行俱兼,始可任用。」(《貞觀政要》論擇官第七)

17 牟宗三:《政道與治道》,《牟宗三全集》(臺北:聯經出版公司,2003年),頁31。
18 佐藤將之:《參於天地之治——荀子禮治政治思想的起源與構造》,頁100。
19 佐藤將之:《參於天地之治——荀子禮治政治思想的起源與構造》,頁247。

踐。很明顯，荀子時代的「相」，地位崇高，起著左右國家治亂的重要作用。唐朝實行三權分立的政體，中書省（主擬定政令）、門下省（主審核政令）、尚書省（主執行政令）三省的長官都是「相」，雖然多相制削弱了相權，但是「相」仍然位於官僚制度的頂端，整個官僚體制能否運轉流暢也取決於相。《貞觀政要》中良相的代表即是房玄齡：

> 房玄齡……獨先收人物，致之幕府。及有謀臣猛將，與之潛相申結，各致死力。……聞人有善，若己有之。明達吏事，飾以文學，審定法令，意在寬平。不以求備取人，不以己長格物，隨能收敘，無隔疏賤。論者稱為良相焉。（《貞觀政要》論任賢第三）

房玄齡為唐太宗廣搜人才，無論貴賤，總任百司，明達吏事，飾以文學，審定法令，無論是房玄齡本人，還是其為官之道，搜羅人才之行為，皆體現儒家的擇官理想以及為相輔佐君王的理想君臣行為範式。

《荀子》和《貞觀政要》在人主用賢方面的告誡，都看到了君主口稱用賢而行為相反的弊病：

> 人主之患，不在乎不言用賢，而在乎誠必用賢。夫言用賢者口也；卻賢者行也，口行相反而欲賢者之至，不肖者之退也，不亦難乎！夫耀蟬者務在明其火，振其樹而已，火不明，雖振其樹，無益也。今人主有能明其德，則天下歸之，若蟬之歸明火也。（《荀子·致士》）

> 國家思欲進忠良，退不肖，十有餘載矣，徒聞其語，不見其人，何哉？蓋言之是也，行之非也，言之是，則出乎公道，行之非，則涉乎邪徑。（《貞觀政要》論擇官第七）

《荀子》認為，若君主用賢的明德能夠彰顯，則賢才自至；否則，口行相反，則奸佞歸之而賢才遠之。《貞觀政要》也將賢才不至的原因歸結為君主口行不一。「尚賢」作為儒家政治理想在現實政治實行中的落差，來自於君主拒絕讓渡權利給「賢人」。[20] 那麼如何取才呢？除了上文講的，注重士官的文學修養，還應注重從哪些方面考察呢？

> 故古之人為之不然。其取人有道，其用人有法。取人之道，參之以禮；用人之法，禁之以等。行義動靜，度之以禮；知慮取捨，稽之以成；日月積久，校之以功。故卑不得以臨尊，輕不得以縣重，愚不得以謀知，是以萬舉不過也。故校之以禮，而觀其能安敬也；與之舉措遷移，而觀其能應變也；與之安燕，而觀其能無流慆也；接之以聲色、權利、忿怒、患險，而觀其能無離守也。彼誠有之者與

---

20 佐藤將之：《參於天地之治——荀子禮治政治思想的起源與構造》，頁248。

誠無之者，若白黑然，可誑邪哉！故伯樂不可欺以馬，而君子不可欺以人，此明王之道也。(《荀子‧君道》)

魯哀公問於孔子曰：「請問取人。」孔子對曰：「無取健，無取詌，無取口啍。健、貪也；詌、亂也；口啍、誕也。故弓調而後求勁焉，馬服而後求良焉，士信愨而後求知能焉。士不信愨而有多知能，譬之其豺狼也，不可以身邇也。語曰：『桓公用其賊，文公用其盜。』故明主任計不信怒，闇主信怒不任計。計勝怒則強，怒勝計則亡。」(《荀子‧哀公》)

然而今之群臣，罕能貞白卓異者，蓋求之不切，勵之未精故也。若勖之以公忠，期之以遠大，各有職分，得行其道；貴則觀其所舉，富則觀其所養，居則觀其所好，習則觀其所言，窮則觀其所不受，賤則觀其所不為；因其材以取之，審其能以任之，用其所長，掩其所短；進之以六正，戒之以六邪，則不嚴而自勵，不勸而自勉矣。(《貞觀政要》論擇官第七)

《荀子》認為取人之道要以禮義為準繩，用人之法乃是根據個人才能適得其宜，同時在不同境遇下觀察其應變操守。同時，荀子借孔子之口強調了人才忠誠度是取用的標準，如果人才不忠誠，猶如豢養豺狼，最終會招致國破家亡的下場。荀子的這些分辨人才的方法，同時借鑑滿足了儒墨「尚賢」的主張和稷下學者「心術論」、「形名論」的思路。[21]《貞觀政要》亦是強調觀察群臣在富貴貧賤不同境遇中的表現，從居住與習慣等細節考察臣子的品格，同時認為君主的求賢與激勵將對群臣起到勸勉的功效。

那麼君主應該如何運用賞罰砥礪群臣呢？《荀子》和《貞觀政要》提出以下建議：

貞觀五年，太宗謂房玄齡等曰：「自古帝王多任情喜怒，喜則濫賞無功，怒則濫殺無罪。是以天下喪亂，莫不由此。(《貞觀政要》論求諫第四)

是非相亂，好惡相攻。所愛雖有罪，不及於刑；所惡雖無辜，不免於罰。此所謂愛之欲其生，惡之欲其死者也。或以小惡棄大善，或以小過忘大功。(《貞觀政要》論擇官第七)

故聖哲君臨，移風易俗，不資嚴刑峻法，在仁義而已。故非仁無以廣施，非義無以正身。惠下以仁，正身以義，則其政不嚴而理，其教不肅而成矣。然則仁義，理之本也；刑罰，理之末也。為理之有刑罰，猶執御之有鞭策也，人皆從化，而刑罰無所施；馬盡其力，則有鞭策無所用。由此言之，刑罰不可致理，亦已明矣。(《貞觀政要》論公平第十六)

---

21 佐藤將之：《參於天地之治──荀子禮治政治思想的起源與構造》，頁250。

所愛雖有罪，不及於刑；所惡雖無辜，不免於罰。此所謂愛之欲其生，惡之欲其死者也。或以小惡棄大善，或以小過忘大功。此所謂君之賞不可以無功求，君之罰不可以有罪免者也。賞不以勸善，罰不以懲惡，而望邪正不惑，其可得乎？若賞不遺疏遠，罰不阿親貴，以公平為規矩，以仁義為準繩，考事以正其名，循名以求其實，則邪正莫隱，善惡自分。（《貞觀政要》論擇官第七）

君子……怒不過奪，喜不過予，是法勝私也。《書》曰：「無有作好，遵王之道；無有作惡，遵王之路。」此言君子之能以公義勝私欲也。（《荀子·修身》）

賞不欲僭，刑不欲濫，賞僭則利及小人，刑濫則害及君子。若不幸而過，寧僭無濫；與其害善，不若利淫。（《荀子·致士》）

上文已經論述，君主為一國之首腦，上行下效，那麼君主的賞善罰惡即對群臣有一定之規範作用。《貞觀政要》認為賞罰不應根據君主個人之喜怒，尤其是「愛之欲其生，惡之欲其死」的不理智做法，這樣容易導致「濫賞無功」、「濫殺無罪」，最後「天下喪亂」的後果。荀子也認為不應該以君主私欲凌駕於公義之上，同時要注重賞罰有度，取輕勿重。《貞觀政要》認為理想的做法是君主「惠下以仁，正身以義」，仁義重於刑賞，「賞不遺疏遠，罰不阿親貴，以公平為規矩，以仁義為準繩，考事以正其名，循名以求其實」。

荀子認為人君之大節，在乎三者：平政愛民、隆禮敬士、尚賢使能。「三節者當，則其餘莫不當矣。三節者不當，則其餘雖曲當，猶將無益也。孔子曰：『大節是也，小節是也，上君也。大節是也，小節一出焉，一入焉，中君也。大節非也，小節雖是也，吾無觀其餘矣。』」（《荀子·王制》）《貞觀政要》亦是強調為政應愛民、求賢。雖有學者認為荀子愛民求賢的立場皆在為封建君權而服務，「荀子的立足點任然在於由君主而行的禮治，所以他的民本思想亦不免都是為君立言，卻不是為民立言」、「不免有流於外在的權威主義之嫌」，[22]但我們應該從當時的政治背景來客觀看待這一問題。理想與現實總是存在著落差，荀子與太宗君臣皆處於當時政治體制之內，改變政體非一人之政治理念可以達成，故愛民、任賢若是能實行已經是統治階層最大限度範圍內的對權力公平性、人民福祉的保障。愛民、任賢的政治觀點是可以得到政治體制內所有官員認同和落實的，是具有實踐品格的政治理念，非如荀子所批評的十二子的高談闊論、詭譎詐言。正如廖名春所論，荀子尊君是事實，但是他並不是君本論者，不主張「專制的一尊主義」。[23]荀子的理論「是提供給預期成為恢復秩序及和諧之統治者的」，是「帝王之術」。[24]

---

22 張鉉根：〈論荀子思想中的君、臣、民關係〉，頁17-18。
23 廖名春：《〈荀子〉新探》（北京：中國人民大學出版社，2014年），頁108。
24 佐藤將之：《參於天地之治——荀子禮治政治思想的起源與構造》，英文版序。

## 三 君臣相保

　　君臣關係為五倫之一，《荀子・天論》：「若夫君臣之義，父子之親，夫婦之別，則日切瑳而不舍也。」《荀子・大略》：「《易》之〈咸〉，見夫婦。夫婦之道，不可不正也，君臣父子之本也。咸，感也，以高下下，以男下女，柔上而剛下。聘士之義，親迎之道，重始也。」荀子強調君臣關係如同夫婦關係，不可不正，且應注重聘士之禮。《荀子・王制》中更將君臣的理想關係視為「日日相親愛」：「君臣上下之間者，彼將厲厲焉日日相離疾也，我今將頓頓焉日日相親愛也，以是待其敝。」君臣共同治理國家，為共生關係。《貞觀政要》認為：「君臣本同治亂，共安危，若主納忠諫，臣進直言，斯故君臣合契，古來所重。若君自賢，臣不匡正，欲不危亡，不可得也。君失其國，臣亦不能獨全其家。」(《貞觀政要》君臣鑒戒第六) 且將隋朝的滅亡歸因於隋煬帝暴虐，臣下鉗口，無法實行勸諫職能：「貞觀初，嘗謂公卿曰：『人欲自照，必須明鏡；主欲知過，必藉忠臣。主若自賢，臣不匡正，欲不危敗，豈可得乎？故君失其國，臣亦不能獨全其家。至於隋煬帝暴虐，臣下鉗口，卒令不聞其過，遂至滅亡。虞世基等，尋亦誅死。前事不遠，公等每看事有不利於人，必須極言規諫。』」(《貞觀政要》論求諫第四) 君臣共榮辱，「主憂臣辱，主辱臣死」、「明主思短而益善，暗主護短而永愚……天子有諍臣，雖無道，不失其天下。……人君必須忠良輔弼，乃得身安國寧……君暗臣諛，危亡不遠。」(《貞觀政要》論求諫第四)

　　《貞觀政要》和《荀子》中皆有以人身為譬喻來論述君臣關係。「身體」與「社會」之類比關係的早期論述呈現在《孟子》中：「心之官則思」、「夫志，氣之帥也；氣，體之充也」，《五行》、《管子》、《莊子》中也可見這種譬喻表達。《貞觀政要》：「朕既在九重，不能盡見天下事，故布之卿等，以為朕之耳目。」(《貞觀政要》論政體第二)、「朕居深宮之中，視聽不能及遠，所委者惟都督、刺史，此輩實治亂所系，尤須得人。」(《貞觀政要》論擇官第七) 此處君主將臣子視為耳目，以廣政治見聞。《荀子》也強調君主借便嬖左右足信者可以廣耳目，以知「天下之變、境內之事」，且可以應對突發事件：

> 牆之外，目不見也；里之前，耳不聞也；而人主之守司，遠者天下，近者境內，不可不略知也。天下之變，境內之事，有弛易齵差者矣，而人主無由知之，則是拘脅蔽塞之端也。耳目之明，如是其狹也；人主之守司，如是其廣也；其中不可以不知也，如是其危也。然則人主將何以知之？曰：便嬖左右者，人主之所以窺遠收眾之門戶牖向也，不可不早具也。故人主必將有便嬖左右足信者，然後可。其知惠足使規物、其端誠足使定物然後可，夫是之謂國具。人主不能不有游觀安燕之時，則不得不有疾病物故之變焉。如是國者，事物之至也如泉原，一物不應，亂之端也。(《荀子・修身》)

《荀子‧大略》:「主道知人,臣道知事。故舜之治天下,不以事詔而萬物成。」君主依賴賢臣則可以對國家事務無為而治。「武王始入殷,表商容之閭,釋箕子之囚,哭比干之墓,天下鄉善矣。」君主任用賢臣的表率行為也會成為人民模仿的榜樣,起到再使民風淳的效果。《貞觀政要》將良相視為「兩手」:「太宗遣使謂曰:『國家久相任使,一朝忽無良相,如失兩手。』」(《貞觀政要》論任賢第三)「夫上易事,則下易知,君長不勞,百姓不惑。故君有一德,臣無二心,上播忠厚之誠,下竭股肱之力,然後太平之基不墜,『康哉』之詠斯起。」(《貞觀政要》論刑法第三十一)「君為元首,臣作股肱,齊契同心,合而成體,體或不備,未有成人。」(《貞觀政要》君臣諫戒第六)此處將臣子視為君主之「股肱」。以上之人身譬喻皆突出臣子對君主之輔助作用。太宗認為,如果君臣相疑,則對國家安危產生不利影響:「今天下安危,繫之於朕,故日慎一日,雖休勿休。然耳目股肱,寄於卿輩,既義均一體,宜協力同心,事有不安,可極言無隱。儻君臣相疑,不能備盡肝膈,實為國之大害也。」(《貞觀政要》論政體第二)故太宗特別重視君臣關係。戰國後晚期的思想家們不斷主張,人類社會中的「君-民」關係,需效仿「心-身體其他部位」所呈現的平衡和秩序。[25]由此延伸出「君-臣」關係的身體譬喻,一直影響中國政治統治思想。太宗對君臣關係的營建,不只是公共事務上的倚靠,尚有倫理之溫情:

> 勣時遇暴疾,驗方云須灰可以療之,太宗自剪須為其和藥。頓首見血,泣以陳謝。太宗曰:「吾為社稷計耳,不煩深謝。」(《貞觀政要》論任賢第三)

> 太宗手敕魏王泰曰:「虞世南於我,猶一體也。拾遺補闕,無日暫忘,實當代名臣,人倫準的。吾有小善,必將順而成之;吾有小失,必犯顏而諫之。今其云亡,石渠、東觀之中,無復人矣,痛惜豈可言耶!」未幾,太宗為詩一篇,追思往古理亂之道,既而歎曰:「鍾子期死,伯牙不復鼓琴。朕之此篇,將何所示?」(《貞觀政要》論任賢第三)

> 貞觀七年,襄州都督張公謹卒。太宗聞而嗟悼,出次發哀,有司奏言:「准陰陽書云:『日在辰,不可哭泣。』此亦流俗所傳。」太宗曰:「君臣之義,同于父子,情發于衷,安避辰日?」遂哭之。(《貞觀政要》慎所好第二十一)

太宗為臣下治病,為其剪須和藥,對臣下疾病的關心可見其宅心仁厚。對股肱之臣虞世南的去世,譬之於子期伯牙之友情,君臣之間和若鹽梅,固若金湯的關係,乃是君臣相遇之典範。

此外,唐太宗還以琢磨玉石為比喻,強調臣子對君王的重要性:「顧謂徵曰:『玉雖

---

[25] 佐藤將之:《參於天地之治——荀子禮治政治思想的起源與構造》,頁297。

有美質，在於石間，不值良工琢磨，與瓦礫不別。若遇良工，即為萬代之寶。朕雖無美質，為公所切磋，勞公約朕以仁義，弘朕以道德，使朕功業至此，公亦足為良工爾。』」（《貞觀政要》論政體第二）此處太宗雖自謙無美質，然將臣子比喻為良工，靠工匠之雕琢切磋，美玉才可開顯，靠良臣之仁義道德督導，君王才可成就功業，太宗充分肯定了臣子的作用。

太宗善於納諫，《貞觀政要》中總結了納諫對於防止君主獨斷專行的重要性。太宗以隋帝之滅國為反面例證：

> 太宗曰：「公知其一，未知其二。此人性至察而心不明。夫心暗則照有不通，至察則多疑於物。又欺孤兒寡婦以得天下，恒恐群臣內懷不服，不肯信任百司，每事皆自決斷，雖則勞神苦形，未能盡合於理。朝臣既知其意，亦不敢直言。宰相以下，惟即承順而已。朕意則不然，以天下之廣，四海之眾，千端萬緒，須合變通，皆委百司商量，宰相籌畫，於事穩便，方可奏行。豈得以一日萬機，獨斷一人之慮也。且日斷十事，五條不中，中者信善，其如不中者何？以日繼月，乃至累年，乖謬既多，不亡何待？豈如廣任賢良，高居深視，法令嚴肅，誰敢為非？」因令諸司，若詔敕頒下有未穩便者，必須執奏，不得順旨便即施行，務盡臣下之意。（《貞觀政要》論政體第二）

> 貞觀元年，太宗謂侍臣曰：「正主任邪臣，不能致理；正臣事邪主，亦不能致理。惟君臣相遇，有同魚水，則海內可安。朕雖不明，幸諸公數相匡救，冀憑直言鯁議，致天下太平。」諫議大夫王珪對曰：「臣聞，木從繩則正，後從諫則聖。是故古者聖主必有爭臣七人，言而不用，則相繼以死。陛下開聖慮，納芻蕘，愚臣處不諱之朝，實願罄其狂瞽。」太宗稱善，詔令自是宰相入內平章國計，必使諫官隨入，預聞政事。有所開說，必虛己納之。（《貞觀政要》論求諫第四）

太宗認為君主做決策應該「委百司商量」，不應獨斷，否則乖謬錯出，最終錯誤的決策會帶來國家滅亡的後果，不如廣任賢良，垂拱而治。太宗在教育皇太子時，也以木受則直為譬喻講授臣子進諫對君主的匡正作用：「見其休于曲木之下，又謂曰：『汝知此樹乎？』對曰：『不知。』曰：『此木雖曲，得繩則正，為人君雖無道，受諫則聖。此傳說所言，可以自鑒。』」（《貞觀政要》教戒太子諸王第十一）《荀子》也強調君主不可以獨，而應該有可以信任的良臣。「明主急得其人，而暗主急得其埶」：

> 故曰：人主不可以獨也。卿相輔佐，人主之基、杖也，不可不早具也。故人主必將有卿相輔佐足任者然後可，其德音足以填撫百姓、其知慮足以應待萬變然後可，夫是之謂國具。四鄰諸侯之相與，不可以不相接也，然而不必相親也。故人主必將有足使喻志決疑于遠方者然後可。其辯說足以解煩、其知慮足以決疑、其

齊斷足以距難，不還秩、不反君，然而應薄捍患足以持社稷，然後可，夫是之謂國具。故人主無便嬖左右足信者謂之暗，無卿相輔佐足任使者謂之獨，所使于四鄰諸侯者非其人謂之孤，孤獨而晻謂之危。國雖若存，古之人曰亡矣。《詩》曰：「濟濟多士，文王以寧。」此之謂也。(《荀子・君道》)

魏武侯謀事而當，群臣莫能逮，退朝而有喜色。吳起進曰：「亦嘗有以楚莊王之語聞於左右者乎？」武侯曰：「楚莊王之語何如？」吳起對曰：「楚莊王謀事而當，君臣莫逮，退朝而有憂色。申公巫臣進問曰：『王朝而有憂色，何也？』莊王曰：『不穀謀事而當，群臣莫能逮，是以憂也。其在中蘬之言也，曰：諸侯自為得師者王，得友者霸，得疑者存，自為謀而莫己若者亡。今以不穀之不肖而群臣莫吾逮，吾國幾於亡乎！是以憂也。』楚莊王以憂，而君以憙。」武侯逡巡再拜曰：「天使夫子振寡人之過也。」(《荀子・堯問》)

《荀子・堯問》以楚莊王無謀臣而悲為例，強調君主有諫臣之重要。〈大略〉也強調君主博問的重要性：「天下、國有俊士，世有賢人。迷者不問路，溺者不問遂，亡人好獨。《詩》曰：『我言維服，勿用為笑。先民有言，詢於芻蕘。』言博問也。」《貞觀政要》認為人臣應該有順美匡惡的職責：「夫為人臣，當進思盡忠，退思補過，將順其美，匡救其惡，所以共為治也」、「危而不持，焉用彼相？」若要臣子進諫，需要君主廣開言路。《貞觀政要》認為君主廣開言路，則不容易被蒙蔽，「君之所以明者，兼聽也；其所以暗者，偏信也。……是故人君兼聽納下，則貴臣不得壅蔽，而下情必得上通也。」(《貞觀政要》論君道第一)《荀子・不苟》也強調偏聽偏信會帶來詐偽惑亂：「公生明，偏生暗，端愨生通，詐偽生塞，誠信生神，夸誕生惑。此六生者，君子慎之，而禹、桀所以分也。」《荀子・成相》：「請布基，慎聖人，愚而自專事不治。主忌苟勝，群臣莫諫必逢災。」正如海外漢學家安樂哲所論，「從現實政治的角度來看儒家思想的一個重要特徵是對『諫』（remonstrance）的強調。在共同面對現實政治問題時臣子也即下級官員絕不能僅僅是帝王聖旨和上級官員的法令政策的傳聲筒，他們有義務隨時隨地提醒君王、為帝王獻計獻策。」[26]但荀子同時也強調進諫應該遵守臣子的禮儀，《荀子・大略》：「為人臣下者，有諫而無訕，有亡而無疾，有怨而無怒。」這正體現了儒者在不會挑戰或威脅君主權威的前提下，被期盼能提供國政建言，並替國君管理城邑的君臣合作關係。[27]

若是廣開言路，君主要面對的另一個問題即為流言誣告，如何進良退奸，《荀子》與《貞觀政要》都給出了示範：

---

26 美・安樂哲著，溫海明編：《和而不同：比較哲學與中西會通》（北京：北京大學出版社，2002年），頁198。

27 佐藤將之：《參於天地之治——荀子禮治政治思想的起源與構造》，頁92。

衡聽、顯幽、重明、退奸、進良之術：朋黨比周之譽，君子不聽；殘賊加累之譖，君子不用；隱忌雍蔽之人，君子不近；貨財禽犢之請，君子不許。凡流言、流說、流事、流謀、流譽、流愬，不官而衡至者，君子慎之。聞聽而明譽之，定其當而當，然後士其刑賞而還與之，如是則奸言、奸說、奸事、奸謀、奸譽、奸愬莫之試也，忠言、忠說、忠事、忠謀、忠譽、忠愬莫不明通，方起以尚盡矣。夫是之謂衡聽、顯幽、重明、退奸、進良之術。（《荀子・致士》）

貞觀二年，太宗謂侍臣曰：「比有奴告主謀逆，此極弊法，特須禁斷。假令有謀反者，必不獨成，終將與人計之；眾計之事，必有他人論之，豈藉奴告也？自今奴告主者，不須受，盡令斬決。」（《貞觀政要》論刑法第三十一）

正直之臣與奸佞小人同時存在是每個朝代都有的政治情狀，荀子認為君子應該遠離阿諛奉承的臣子，不被貨財賄賂引誘，不盲目聽信流言流謀，才能讓忠臣得到重用。唐太宗更是以政治智慧認為奴告主謀逆的情況不應聽信，因為主謀反必有同黨，不會輪到奴來揭發，故此種情況多是誣告，奴應被判斬決。唐太宗認為為政必須「黜邪佞，用賢良，不以小人之言而議君子。」

關於如何處理好君臣關係，《貞觀政要》強調君主應以禮待臣，臣子根據君主的行為調整自己對君主的忠誠度：

貞觀十一年，太宗謂侍臣曰：「狄人殺衛懿公，盡食其肉，獨留其肝。懿公之臣弘演呼天大哭，自出其肝，而內懿公之肝於其腹中。今覓此人，恐不可得。」特進魏徵對曰：「昔豫讓為智伯報仇，欲刺趙襄子，襄子執而獲之，謂之曰：『子昔事范、中行氏乎？智伯盡滅之，子乃委質智伯，不為報仇；今即為智伯報仇，何也？』讓答曰：『臣昔事范、中行，范、中行以眾人遇我，我以眾人報之。智伯以國士遇我，我以國士報之。』在君禮之而已。亦何謂無人焉？」（《貞觀政要》論忠義第十四）

《禮記》稱：「魯穆公問於子思曰：『為舊君反服，古歟？』子思曰：『古之君子，進人以禮，退人以禮，故有舊君反服之禮也。今之君子，進人若將加諸膝，退人若將隊諸淵。毋為戎首，不亦善乎，又何反服之禮之有？』」齊景公問於晏子曰：「忠臣之事君如之何？」晏子對曰：「有難不死，出亡不送。」公曰：「裂地以封之，疏爵而待之，有難不死，出亡不送，何也？」晏子曰：「言而見用，終身無難，臣何死焉？諫而見納，終身不亡，臣何送焉？若言不見用，有難而死，是妄死也；諫不見納，出亡而送，是詐忠也。」《春秋左氏傳》曰：「崔杼弒齊莊公，晏子立於崔氏之門外，其人曰：『死乎？』曰：『獨吾君也乎哉！吾死

也？』曰：『行乎？』曰：『吾罪也乎哉！吾亡也？故君為社稷死，則死之；為社稷亡，則亡之。若為己死，為己亡，非其親昵，誰敢任之？』門啟而入，枕屍股而哭，興，三踊而出。」孟子曰：「君視臣如手足，臣視君如腹心；君視臣如犬馬，臣視君如國人；君視臣如糞土，臣視君如寇仇。」雖臣之事君無二志，至於去就之節，當緣恩之厚薄，然則為人主者，安可以無禮於下哉？（《貞觀政要》君臣鑒戒第六）

「臣以身許國，直道而行，必不敢有所欺負。但願陛下使臣為良臣，勿使臣為忠臣。」太宗曰：「忠良有異乎？」徵曰：「良臣使身獲美名，君受顯號，子孫傳世，福祿無疆。忠臣身受誅夷，君陷大惡，家國並喪，獨有其名。以此而言，相去遠矣。」太宗曰：「君但莫違此言，我必不忘社稷之計。」（《貞觀政要》直言諫爭附）

唐太宗以衛懿公之臣弘演為忠君之典範，魏征認為臣子忠誠與否可從豫讓的行為中得到答案，豫讓認為范氏、中行氏只將自己視為眾人，故以眾人報答；而智伯將豫讓視為國士優待，故豫讓吞炭為智伯報仇。這充分說明，君主是否禮遇才是士是否忠心的決定條件。《貞觀政要》引用《孟子》的說法，認為君臣關係的互動是雙方的：「君視臣如手足，臣視君如腹心；君視臣如犬馬，臣視君如國人；君視臣如糞土，臣視君如寇仇」。君主對待臣子過於澆薄，臣子將離心離德，故「君使臣以禮」，才會「臣事君以忠」。由此可見，君臣關係的主導在於君。《荀子・王霸》也認為「臣不忠」的原因在於「主不公」：「欲是之主，並肩而存；能建是之士，不世絕；千歲而不合，何也？曰：人主不公，人臣不忠也。」與荀子同樣出入稷下學宮的慎子強調亂世才可出忠臣，魏征也勸導太宗，要做一個明君，不要讓自己成為亂主之下的「忠臣」，而是成為輔佐明主的「良臣」。晏子的事例則是《荀子》「從道不從君」理念的具體實踐，晏子拒絕以身殉君，乃是因為君主非為國而亡，而是自取滅亡。由此可見，晏子對君主並沒有過多的感恩與讚賞。

《貞觀政要》強調「令君子小人是非不雜」，君主根據臣子的重要性與才行優劣而有親疏之別，「委大臣以大體，責小臣以小事」：

毀譽在於小人，刑罰加於君子，實興喪之所在，可不慎哉！此乃孫卿所謂「使智者謀之，與愚者論之，使修潔之士行之，與汙鄙之人疑之，欲其成功，可得乎哉？」夫中智之人，豈無小惠？然才非經國，慮不及遠，雖竭力盡誠，猶未免於傾敗；況內懷奸利，承顏順旨，其為禍患，不亦深乎？夫立直木而疑影之不直，雖竭精神，勞思慮，其不得亦已明矣。（《貞觀政要》論誠信第十七）

夫委大臣以大體，責小臣以小事，為國之常也，為治之道也。今委之以職，則重大臣而輕小臣；至於有事，則信小臣而疑大臣。信其所輕，疑其所重，將求至

治，豈可得乎？又政貴有恆，不求屢易。今或責小臣以大體，或責大臣以小事，小臣乘非所據，大臣失其所守，大臣或以小過獲罪，小臣或以大體受罰。職非其位，罰非其辜，欲其無私，求其盡力，不亦難乎？小臣不可委以大事，大臣不可責以小罪。任以大官，求其細過，刀筆之吏，順旨承風，舞文弄法，曲成其罪。自陳也，則以為心不伏辜；不言也，則以為所犯皆實。進退惟谷，莫能自明，則苟求免禍。大臣苟免，則譎詐萌生。譎詐萌生，則矯偽成俗。矯偽成俗，則不可以臻至治矣。(《貞觀政要》君臣鑒戒)

《貞觀政要》借鑑《荀子》的觀點，認為君主不應與小人一起論議、懷疑賢臣智者的政策，「信小臣而疑大臣。信其所輕，疑其所重」。因為中人之資「才非經國，慮不及遠，雖竭力盡誠，猶未免於傾敗」，而小人「內懷奸利，承顏順旨」，利用文筆之利，網羅構陷大臣，大臣無法自明，就會造成吏治混亂腐敗，更是國家的禍患。

## 四　臣道

《荀子》強調「君君臣臣」，然而荀子對君臣雙方行為的規定是相互的，且以禮為雙方的標準：「請問為人君？曰：以禮分施，均遍而不偏。請問為人臣？曰：以禮侍君，忠順而不懈。」(〈君道〉)[28]《貞觀政要》同樣強調君臣雙方各自的行為軌則：「夫君能盡禮，臣得竭忠，必在於內外無私，上下相信。上不信，則無以使下，下不信，則無以事上，信之為道大矣。」(〈論誠信第十七〉)上文關於君道的論述已詳備，此節專論臣道。

《荀子‧臣道》中區分了幾種臣子的類型，為清楚故，列表如下：

表一　《荀子‧臣道》中的臣子類型

| 名稱 | 表現 | 代表 | 使用功效 |
| --- | --- | --- | --- |
| 態臣 | 內不足使一民，外不足使距難，百姓不親，諸侯不信，然而巧敏佞說，善取寵乎上 | 齊之蘇秦，楚之州侯，秦之張儀 | 亡，必死 |
| 篡臣 | 上不忠乎君，下善取譽乎民，不恤公道通義，朋黨比周，以環主圖私為務 | 韓之張去疾，趙之奉陽，齊之孟嘗 | 危，必危 |

---

28 佐藤將之認為，《荀子》哲學之究竟目標絕非在於所謂「君權」之鞏固化，而是在於倫理學說之重建。《荀子》的「忠」概念還保留戰國早期以來的濃厚「君德」色彩，使用許多作為「君德」的「忠信」一詞，並且提倡君王「致忠信」的重要性。詳參佐藤將之：〈「君—臣—民」倫理關係的重建：《荀子》「忠」與「誠」概念探析〉，《荀子研究》第三輯。

| 名稱 | 表現 | 代表 | 使用功效 |
|---|---|---|---|
| 功臣 | 內足使以一民，外足使以距難，民親之，士信之，上忠乎君，下愛百姓而不倦 | 齊之管仲，晉之咎犯，楚之孫叔敖 | 強，必榮 |
| 聖臣 | 上則能尊君，下則能愛民，政令教化，刑下如影，應卒遇變，齊給如響，推類接譽，以待無方，曲成制象 | 殷之伊尹，周之太公 | 王，必尊 |

《荀子‧不苟》中也區分了幾種臣子的類型，列表如下：

表二　《荀子‧不苟》中的臣子類型

| 名稱 | 表現 |
|---|---|
| 通士 | 上則能尊君，下則能愛民，物至而應，事起而辨 |
| 公士 | 不下比以闇上，不上同以疾下，分爭於中，不以私害之 |
| 直士 | 身之所長，上雖不知，不以悖君，身之所短，上雖不知，不以取賞，長短不飾，以情自竭 |
| 愨士 | 庸言必信之，庸行必慎之，畏法流俗而不敢以其所獨甚 |
| 小人 | 言無常信，行無常貞，唯利所在，無所不傾 |

　　從上面兩表可以看出，荀子的「聖臣」等於「通士」。《荀子‧大略》中亦區分了幾種臣子的類型：「君有妒臣，則賢人不至。蔽公者謂之昧，隱良者謂之妒，奉妒昧者謂之交譎。交譎之人，妒昧之臣，國之穢孽也」、「口能言之，身能行之，國寶也，口不能言，身能行之，國器也。口能言之，身不能行，國用也。口言善，身行惡，國妖也。治國者敬其寶，愛其器，任其用，除其妖。」荀子喜歡將人、事細分差異，與其「正名」主張相關，仔細分類並命名，才能「制名以指實」、「名定而實辨」，也就是「循名責實」。《貞觀政要》受《荀子》影響比較明顯的部分，應該是將臣子「分類」這件事情。荀子的分析較精簡，《貞觀政要》運用《說苑》詳細劃分了人臣中的「六正」、「六邪」，詳參下表：

表三　《貞觀政要》中的「六正」、「六邪」

| 分類 | 名稱 | 表現 |
|---|---|---|
| 六正 | 聖臣 | 萌芽未動，形兆未見，昭然獨見存亡之機，得失之要，預禁乎未然之前，使主超然立乎顯榮之處 |
| | 良臣 | 虛心盡意，日進善道，勉主以禮義，諭主以長策，將順其美，匡救其惡 |

| 分類 | 名稱 | 表現 |
|---|---|---|
| 六正 | 忠臣 | 夙興夜寐，進賢不懈，數稱往古之行事，以勵主意 |
| | 智臣 | 明察成敗，早防而救之，塞其間，絕其源，轉禍以為福，使君終以無憂 |
| | 貞臣 | 守文奉法，任官職事，不受贈遺，辭祿讓賜，飲食節儉 |
| | 直臣 | 家國昏亂，所為不諛，敢犯主之嚴顏，面言主之過失 |
| 六邪 | 具臣 | 安官貪祿，不務公事，與世浮沉，左右觀望 |
| | 諛臣 | 主所言皆曰善，主所為皆曰可，隱而求主之所好而進之，以快主之耳目，偷合苟容，與主為樂，不顧其後害 |
| | 奸臣 | 內實險詖，外貌小謹，巧言令色，妒善嫉賢，所欲進，則明其美、隱其惡；所欲退，則明其過、匿其美，使主賞罰不當，號令不行 |
| | 讒臣 | 智足以飾非，辯足以行說，內離骨肉之親，外構朝廷之亂 |
| | 賊臣 | 專權擅勢，以輕為重，私門成黨，以富其家，擅矯主命，以自貴顯 |
| | 亡國之臣 | 諂主以佞邪，陷主於不義，朋黨比周，以蔽主明，使白黑無別，是非無間，使主惡布於境內，聞於四鄰 |

《貞觀政要》認為人臣之優劣可以借鑑六正六邪來辨別，「設禮以待之，執法以禦之，為善者蒙賞，為惡者受罰」，則人臣自會勵精圖治。《貞觀政要》的「聖臣」更主張尊君，《荀子》則強調尊君的同時要愛民。

荀子突出臣子對君主並非完全服從的關係，而是要有自己的立場。正如〈子道〉中所論：「入孝出弟，人之小行也。上順下篤，人之中行也。從道不從君，從義不從父，人之大行也。」「道」為臣子行為之旨歸。

> 子貢曰：「子從父命，孝矣；臣從君命，貞矣；夫子有奚對焉？」孔子曰：「小人哉！賜不識也。昔萬乘之國有爭臣四人，則封疆不削；千乘之國有爭臣三人，則社稷不危；百乘之家有爭臣二人，則宗廟不毀。父有爭子，不行無禮；士有爭友，不為不義。故子從父，奚子孝？臣從君，奚臣貞？審其所以從之之謂孝、之謂貞也。」（《荀子·子道》）

此處荀子突出爭臣對國家社稷的重要性，爭臣對君主不合理的行為會有匡正效果，而不是無原則的服從。爭臣是荀子褒揚的良臣之一，《荀子·臣道》中認為臣子的政治行為可以分為以下幾種：

表四　《荀子‧臣道》中臣子的政治行為

| 名稱 | 行為 | 例子 |
|---|---|---|
| 順 | 從命而利君 | |
| 諂 | 從命而不利君 | |
| 忠 | 逆命而利君 | 若周公之於成王也，可謂大忠矣；若管仲之於桓公，可謂次忠矣；若子胥之於夫差，可謂下忠矣；若曹觸龍之於紂者，可謂國賊矣。 |
| 篡 | 逆命而不利君 | |
| 國賊 | 不卹君之榮辱，不卹國之臧否，偷合苟容以持祿養交而已耳 | |
| 諫 | 君有過謀過事，將危國家、隕社稷之懼也，大臣父兄有能進言於君，用則可，不用則去 | 伊尹、箕子 |
| 爭 | 有能進言於君，用則可，不用則死 | 比干、子胥 |
| 輔 | 有能比知同力，率群臣百吏而相與強君撟君，君雖不安，不能不聽，遂以解國之大患，除國之大害，成於尊君安國 | 平原君 |
| 拂 | 有能抗君之命，竊君之重，反君之事，以安國之危，除君之辱，功伐足以成國之大利 | 信陵君 |

　　荀子認為諫爭輔拂之臣是「從道不從君」的代表，是社稷之臣、國君之寶也。諫爭輔拂之臣可以匡正君主過錯，保境安民。桀紂所以滅亡正是缺乏這些良臣的緣故。《荀子‧大略》籠統地區分臣事君的方法：「下臣事君以貨，中臣事君以身，上臣事君以人」，《荀子‧臣道》則從實際政治環境出發，站在臣子的立場，分析了侍奉不同君主的方法：

表五　《荀子‧臣道》臣子侍奉不同君主的方法

| 君主類型 | 侍君之法 | |
|---|---|---|
| 聖君 | 有聽從，無諫爭 | 恭敬而遜，聽從而敏，不敢有以私決擇也，不敢有以私取與也，以順上為志 |
| 中君 | 有諫爭，無諂諛 | 忠信而不諛，諫爭而不諂，撟然剛折，端志而無傾側之心，是案曰是，非案曰非 |

| 君主類型 | 侍君之法 | |
|---|---|---|
| 暴君 | 有補削，無撟拂。迫脅於亂時，窮居於暴國，而無所避之，則崇其美，揚其善，違其惡，隱其敗，言其所長，不稱其所短，以為成俗。 | 調而不流，柔而不屈，寬容而不亂，曉然以至道而無不調和也，而能化易，時關內之。若馭樸馬，若養赤子，若食餒人。故因其懼也，而改其過；因其憂也，而辨其故；因其喜也，而入其道；因其怒也，而除其怨；曲得所謂焉。 |

從上表可以看出荀子對於人臣如何應對不同的君主有不同的方案。面對暴君和昏庸之主，荀子不似孔子持明哲保身的態度：「邦有道則仕，邦無道則可卷而懷之」；也不似孟子「暴君可誅」的激烈性；而是強調面對暴君應該因其性而駕馭之，即使是湯武革命，也不過是「奪然後義，殺然後仁，上下易位然後貞，功參天地，澤被生民，夫是之謂權險之平」[29]，是明主才會明白的道理。荀子也對臣子如何在君主面前保持進退的禮儀，以保有君主的信任提出了非常切實可靠、細化的建議：

> 持寵處位終身不厭之術：主尊貴之，則恭敬而僔；主信愛之，則謹慎而嗛；主專任之，則拘守而詳；主安近之，則慎比而不邪；主疏遠之，則全一而不倍；主損絀之，則恐懼而不怨。貴而不為夸，信而不處謙，任重而不敢專。財利至則善而不及也，必將盡辭讓之義然後受。福事至則和而理，禍事至則靜而理。富則施廣，貧則用節，可貴可賤也，可富可貧也，可殺而不可使為奸也，是持寵處位終身不厭之術也。雖在貧窮徒處之埶，亦取象於是矣，夫是之謂吉人。詩曰：「媚茲一人，應侯順德。永言孝思，昭哉嗣服。」此之謂也。（《荀子·仲尼》）

針對荀子為臣之術，郭沫若認為：「以上所舉的那些『術』讀起來有些實在太卑鄙了，太鄉愿了，特別像『持寵處位終身不厭之術』，實在有點不太像荀子所說的話。」[30]孔繁也持同樣觀點：「荀子提倡儒者持寵、處位、終身不厭之術，與儒家出仕行道精神則背道而馳了。」[31]然而筆者認為，這些為臣之術皆是實踐層面的論述，畢竟烏托邦的政治理想在現實中是很難實現的，為臣之道首先是要保全自己，而這是人類趨利避害的本能。這也是荀子對他之前的《莊子》和《列子》、《楊朱》「反忠論」的回應。荀子並不是追求以此道邀功，而是認為持此道「可貴可賤」、「可富可貧」、「可殺而不可使為奸」、

---

[29] 張鉉根認為韋政通《荀子與古代哲學》中提出荀子贊同湯、武，因而具有革命精神的觀點是過度解讀，詳參氏著〈論荀子思想中的君、臣、民關係〉，頁18。筆者認為荀子將湯武革命視為「權險之平」，則不過是一種特殊政治情況下因應政治局勢的隨機應變，不能視為荀子贊同暴力革命，卻也體現出荀子追求「修其道，行其義，興天下之同利，除天下之同害」的政治理想。

[30] 郭沫若：《十批判書》（北京：中國華僑出版社，2008年），頁179。

[31] 孔繁：《荀子評傳》（南京：南京大學出版社，1997年），頁106。

「雖在貧窮徒處之埶，亦取象於是矣」。這些都是儒家的政治操守，非玩弄世俗權位之小人之術，也絕非毫無立場之鄉愿腐儒可比。

## 五　結論

綜上所述，《荀子》與《貞觀政要》皆就政治現實，提供可實踐與操作化的君、臣、民關係論述，屬於行為主義。荀子最重要的思想是禮治，關於「禮」的含義，除了具有形上宇宙的本體意涵，[32]更重要的是其行為秩序意涵。德效騫將「禮」即翻譯為「the rules of proper conduct」，是非常正確的翻譯。[33]正如孔子所論：「道之以政，齊之以刑，民免而無恥。道之以德，齊之以禮，有恥且格。」為政，首先需要齊同行為，追求外表的一致。這屬於社會治理的第一層面。在這一層面基礎上，方可追求道德內化於心的第二層面。《荀子》與《貞觀政要》皆追求如何在實際的政治行為中實現君─民─臣的協調，而較少探討倫理上之三者關係，屬於社會治理第一層面的論述。

歷代以來，不乏學者認為荀子是孟子的反對者，然，從君臣關係的論述上，我們不難發現，荀子關注的議題是國家的治亂問題，這是荀子受到稷下學者的影響。[34]君─臣─民三者關係的統整，也是為了國家安危。此外，荀子與《貞觀政要》皆強調沒有道德力量的統治者無法統一天下，選賢任能，採用道德標準，君臣都應修身，以禮為規範，這些都是孟子等早期儒家「倫理論辯」所要培養「邑宰」（地方行政長官）的標準。[35]此外，「就倫理價值遠高於現實政治這點而言，荀子的信心絲毫不亞於孟子」。[36]這些正說明，荀子和孟子學說所側重點不同，然皆是在儒家倫理價值統攝下的。筆者雖不認同以「內聖」和「外王」來區隔孟子與荀子，但荀子所論，乃是「帝王之術」，《貞觀政要》所載，為帝王政論，二者正可相互比對發明。正如筆者前文所述，荀子的理論是提供給預期成為恢復秩序及和諧之統治者的，而唐太宗正是處於如此政治情境的統治者。《荀子》及《貞觀政要》皆強調君主在一國政治中的主宰地位，君主要摒棄個人私欲、謀求人民福祉，擇官不計出身，唯賢是舉。《荀子》及《貞觀政要》皆是以儒家思想治國，故都注重君臣品行，尤其凸顯爭臣和諫臣對匡正君主、治理國家的重要作用。《荀子》及《貞觀政要》雖然強調君臣都有自己的禮儀規範，但是提升了君臣倫理中臣的地位，從道不從君是其中最有價值的倫理見解。可以說，《貞觀政要》是《荀子》君臣關係政治理想的完整實踐。

---

32　佐藤將之：《參於天地之治──荀子禮治政治思想的起源與構造》，頁14。
33　佐藤將之：《參於天地之治──荀子禮治政治思想的起源與構造》，頁6。
34　佐藤將之：《參於天地之治──荀子禮治政治思想的起源與構造》，頁26。
35　佐藤將之：《參於天地之治──荀子禮治政治思想的起源與構造》，頁25。
36　佐藤將之：《參於天地之治──荀子禮治政治思想的起源與構造》，頁80。

# 徵引文獻

## 一　原典文獻

唐・吳　兢著，葛景春、張弦生注譯：《貞觀政要》，鄭州：中州古籍出版社，2008年。
清・王先謙《荀子集解》，北京：中華書局，1988年。

## 二　近人論著

孔　繁：《荀子評傳》，南京：南京大學出版社，1997年。
牟宗三：《政道與治道》，《牟宗三全集》，臺北：聯經出版公司，2003年。
佐藤將之：《參於天地之治——荀子禮治政治思想的起源與構造》，臺北：國立臺灣大學出版中心，2016年。
美・安樂哲著、溫海明編：《和而不同：比較哲學與中西會通》，北京：北京大學出版社，2002年。
郭沫若：《十批判書》，北京：中國華僑出版社，2008年。
廖名春：《荀子的智慧》，吉林：延邊大學出版社，1998年。
任育才：〈唐太宗君臣治國之志略探賾——以《貞觀政要》為中心〉，《興大人文學報》第32期，2002年6月，頁643-682。
佐藤將之：〈「君－臣－民」倫理關係的重建：《荀子》「忠」與「誠」概念探析〉，《荀子研究》第三輯。
張鉉根：〈論荀子思想中的君、臣、民關係〉，《衡陽師範學院學報（社會科學）》，頁14-18。
黎紅雷：〈荀子的組織哲學與現代管理〉，《中山大學學報》1998年第1期，頁1-9。

# 六　《群書治要》編纂典籍之探析

# 《群書治要》選錄《桓子新論》之「術」思想探析

江伊薇

成功大學中國文學系博士生

## 摘要

　　《群書治要》一書選錄漢代思想家桓譚的《新論》，摘擷其要點，呈現魏徵等人期待的為君與政治之道，其中所論的「術」文化思想，可區分為兩個面向，加以討論，恰可與桓譚的學術觀點以及唐代的政治時代對應。其一，為《群書治要》選錄了《桓子新論》中關於「君術」的思想，文中桓譚以「方藥」比喻人才，以「良醫」比喻賢君將醫術與君術相互連結，透過治身延展至治國，建構其任用賢明的人才觀，而醫術在傳統思維中，被視為數術技藝的一種，桓譚的比擬，以及《群書治要》的選錄，都可見魏徵等人對於此種「術」思維的接受；其二，為《群書治要》選錄了書中與讖緯數術相關的思想，加以駁斥討論，從執政者的觀點論述，提出「災異變怪者，天下所常有」，而賢君會修行美德、改善施政，順應事變，於是能轉禍為福，相對地，若君王一味沈迷數術，因星宿或災異的變化而憂心，則德義之心不再，世俗不良，政治頹廢，各地災異更是四起，因此，文中以「士庶多邪心惡行，是以數有災異怪變」為論，貶低了對於數術迷信的觀點，此種精神，可與統治者與方術間的推拉有關，君王一方面嚮往數術的神秘力量，一方面又忌憚其未知，故在政治上，也常陷入反對數術的命運推占，卻又在無意中，以數術之一的醫術，比擬為君拔才之道，由是可見其中「術」文化的演進與轉變。到了《群書治要》這樣一本供帝王觀覽治國要領，並加以借鏡與參考的選輯中，政治上被期待的「術」，漸漸地從先秦以降盛行的命運數術、災異表徵，轉為更具人文精神的統御君術，這也是「術」文化從社會實用，過渡到政治意義的觀察進路與脈絡。本文期待能藉由釐清《群書治要》選錄《桓子新論》的「術」意蘊，探究其中「術」概念的轉換與異同，並對應到《群書治要》擇選的政治主張與意義，讓「術」的概念變動能清楚探析，並了解唐代社會對於「術」思想的接受與認識。

**關鍵詞**：群書治要、桓子新論、桓譚、數術、君術

## 一　《群書治要》編纂背景與桓譚《桓子新論》思想

　　《群書治要》一書是唐朝貞觀五年（631）由魏徵（580-643）等奉敕編纂的著作，該書摘錄了六十八種唐代以前的經典作品，重新節錄編排為五十卷，以作為君王治國要領的借鏡與參考，深入考察該書的體例與編纂問題，可以重新梳理貞觀君臣的互動狀態，並且對於「貞觀之治」的歷史脈絡更完整且多面向的認識，透過分析《群書治要》節鈔文獻的具體內容，在書與不書之間，可以窺見貞觀君臣的治國理念與志向。

　　探究《群書治要》的編輯與初唐時代的社會情境需一併察考，隋末唐初，天下方定，唐太宗李世民欲以古為鑑，明治亂之道，有鑑於當時典籍混亂，書目混淆，文義斷絕，因而有了《群書治要》的纂輯，根據《唐會要》記載：

> 太宗欲覽前王得失。爰自六經，訖於諸子，上始五帝，下盡晉年。徵與虞世南、褚亮、蕭德言等始成凡五十卷。[1]

根據上文，敘述了《群書治要》的編纂用意，可見唐太宗是為了觀覽前代作品，以作為施政得失的參考，由是也可窺見魏徵等人在採擷經典時，會依照著這樣的編輯目的，進行節選，以呼應帝王治理國政之需求。另《大唐新語》亦曾記錄《群書治要》的成書過程：

> 太宗欲見前代帝王事得失以為鑒戒，魏徵乃以虞世南、褚遂良、蕭德言等采經史百家之內嘉言善語，明王暗君之跡，為五十卷，號《群書理要》，上之。太宗手詔曰：「朕少尚威武，不精學業，先王之道，茫若涉海。覽所撰書，博而且要，見所未見，聞所未聞，使朕致治稽古，臨事不惑。其為勞也，不亦大哉！」賜徵等絹千匹，彩物五百段。太子諸王，各賜一本。[2]

可見《群書治要》的宗旨，在於借古鑑今，透過經史百家的整理，以供唐太宗資鑑帝王為政之事，為治國立下根基，並積極探求風化理政的本源。回歸到魏徵所著〈群書治要序〉所言：

> 以為六籍紛綸，百家蹖駁。窮理盡性，則勞而少功；周覽汎觀，則博而寡要。故爰命臣等，採擷群書，翦截浮放，光昭訓典，聖思所存，務乎政術，綴敘大略，咸發神衷，雅致鉤深，規摹宏遠，網羅政體，事非一日。[3]

---

[1] 宋・王溥：《唐會要》（京都：中文出版社，1978年），頁651。
[2] 唐・劉肅：〈著述第十九〉，《大唐新語》（北京：中華書局，1985年），卷9，頁95。
[3] 唐・魏徵等編撰：〈群書治要序〉，《群書治要》（上海：世界書局，2011年），頁22-23。

從「六籍紛綸，百家踳駁」，可見編者期待透過搜羅古籍，以使實用治事者，達到「勞而少功」之效，其中「採擿群書，翦截浮放」是《群書治要》擷取古典文獻的原則，亦是關注《群書治要》編輯概念的核心重點，由此可見魏徵等人以「翦截」的方式去採擿古典書籍，讓君王能有效率的觀覽群書，並緊扣「務乎政術」、「網羅政體」的要點，以呼應書名「治要」的精神，故可知魏徵等人在節錄文字時，是以適合君王從政思辨的內容為主，透過《群書治要》的搜羅與裁翦，可見初唐社會君臣間的處世思維與政治社會，有助於更加掌握貞觀之治的重要內涵。

總體而論，《群書治要》所引典籍，包括經、史、子三部共六十五種，卷一至卷十為經部，卷十一至卷三十為史部，卷三十一至卷五十為子部。經部引書十二種，史部六種，子部四十七種，其中，在子部中收錄了唐代前重要的諸子作品，如先秦的《管子》、《老子》、《孟子》、《莊子》等重要思想作品，或是漢代學術經典的《新序》、《桓子新論》、《潛夫論》等作品，所錄之作，皆具有代表性意義與價值，並由魏徵等人重新整理編輯，篇幅剪裁的「收」與「不收」，更具有筆削之法的用意，故而研究《群書治要》的選錄與內涵，能重新照見《群書治要》「總立新名」、「見本知末」的效果，正如其序言：「今之所撰，異乎先作，總立新名，各全舊體，欲令見本知末，原始要終，並棄彼春華，采茲秋實。」[4] 此書的特色正體現於「棄彼春華，采茲秋實」的說明上，春華與秋實者，皆比喻書中的意義，透過編輯者的捨棄與摘錄，使經世治國之理，有意識地呈現重要精神，才能總立新名，呈現編者想強調與看重的意蘊，並見本知末，雖有所節選，但魏徵亦特別標明一書中的選錄內容，結構皆全面完整，細讀《群書治要》，文句通暢，且文氣連結，若非與原文比對，很難發現其中之差異，這正是該書在編輯與撰寫時的用心經營，更可見編者並非只是將該書視為文獻收錄的類書，而是藉由文本的選擇與編排，重新二創，賦予嶄新意義。

梳理《群書治要》中對於漢代諸子的典籍整理，所收作品有黃石公（生卒年不詳）的《三略》、陸賈（240B.C.-170B.C.）的《新語》、賈誼（200B.C.-168B.C.）的《賈子》、劉安（179B.C.-122B.C.）的《淮南子》、桓寬（生卒年不詳）的《鹽鐵論》、劉向（77B.C.-6B.C.）《新序》與《說苑》、桓譚（40B.C.-32B.C.）的《桓子新論》、王符（78-163）《潛夫論》、崔寔（200-170）《崔寔政論》、仲長統（180-220）《昌言》、荀悅（148-209）年的《申鑒》、徐幹（171-218）《中論》等著作，由上述可見，《群書治要》所選錄的作品，多出自於當代重要的政治家與思想家，對於社會與學術有著舉足輕重的影響力。其中，桓譚的《桓子新論》一書，旨在總結歷史經驗教訓，為帝王提供治國之道，恰與《群書治要》的編輯宗旨不謀而合，而桓譚，字君山，其生平歷經了西漢哀帝、平帝、新莽、更始、東漢光武帝等政權更迭，是漢代重要的古文經學家，並在哲

---

4　唐‧魏徵等編撰：〈群書治要序〉，《群書治要》，頁23-24。

學、音樂、天文等方面,都頗有造詣,根據《後漢書》載:

> 桓譚字君山,沛國相人也。父成帝時為太樂令。譚以父任為郎,因好音律,善鼓琴。博學多通,徧習五經,皆詁訓大義,不為章句。能文章,尤好古學,數從劉歆、揚雄辯析疑異。性嗜倡樂,簡易不修威儀,而憙非毀俗儒,由是多見排抵。[5]

由上述記載,可知桓譚博學能文,且能與當代的學術名士如劉歆、揚雄論辯,所擅長者,也不止於五經,更精通於數術、音律,乃一時之大家,其中,史傳中更特意記載了桓譚對於讖緯的態度:

> 是時帝方信讖,多以決定嫌疑。又酺賞少薄,天下不時安定。譚復上疏曰:

> 臣前獻瞽言,未蒙詔報,不勝憤懣,冒死復陳。愚夫策謀,有益於政道者,以合人心而得事理也。凡人情忽於見事而貴於異聞,觀先王之所記述,咸以仁義正道為本,非有奇怪虛誕之事。蓋天道性命,聖人所難言也。自子貢以下,不得而聞,況後世淺儒,能通之乎!今諸巧慧小才伎數之人,增益圖書,矯稱讖記,以欺惑貪邪,詿誤人主,焉可不抑遠之哉!臣譚伏聞陛下窮折方士黃白之術,甚為明矣;而乃欲聽納讖記,又何誤也!其事雖有時合,譬猶卜數隻偶之類。陛下宜垂明聽,發聖意,屏群小之曲說,述五經之正義,略靐同之俗語,詳通人之雅謀。又臣聞安平則尊道術之士,有難則貴介冑之臣。今聖朝興復祖統,為人臣主,而四方盜賊未盡歸伏者,此權謀未得也。臣譚伏觀陛下用兵,諸所降下,既無重賞以相恩誘,或至虜掠奪其財物,是以兵長渠率,各生狐疑,黨輩連結,歲月不解。古人有言曰:「天下皆知取之為取,而莫知與之為取。」陛下誠能輕爵重賞,與士共之,則何招而不至,何說而不釋,何向而不開,何征而不剋!如此,則能以狹為廣,以遲為速,亡者復存,失者復得矣。帝省奏,愈不悅。[6]

漢代乃讖緯之術盛行之際,數術方技成為左右政權的工具與手段,上至君王,下至要臣,皆迷信於讖緯,所謂的「讖」是指秦漢間巫師、方士預言吉凶的隱語,而「緯」則是指以儒家經典為詮釋對象的書籍,緯書的寫成與定型都在漢代,並且為有心人運用,將兩者內容闡述為神話,並加之以陰陽家及方士的妖妄說詞,成為一種對未來的政治預言,甚至不惜穿鑿附會,篡改天文紀錄,以提高政治君權的至高性。桓譚有鑒於此情此景,故而不惜違逆上意,上疏勸諫,桓譚認為後世一些見識淺薄的儒者,歪曲天道性命之說,甚至造作圖書與讖記,來欺惑眾人,詒誤人主,他認為讖緯就如同卜卦一樣,偶爾的相應,只是偶合,不可以這種小道的數術方技為正統,應該排斥這些小人的歪曲邪

---

5 劉宋・范曄撰,楊家駱主編:《後漢書》(臺北:鼎文書局,1981年),頁955。
6 劉宋・范曄撰,楊家駱主編:《後漢書》,頁959-961。

說，以五經為道統，才是人主之典範。根據《後漢書》所載桓譚之言行與思想，可見他對於方士之術，持反對意見，但觀其生平，卻又非傳統世俗儒生，所擅長者音律、鼓琴、推衍等能力，卻又帶著數術的特點。故而，本文聚焦桓譚對於「術」的想法，一方面可以釐清當時知識分子對於數術之態度，一方面透過《群書治要》對於桓譚「術」內涵的收錄，亦可見唐初政治家，對於「術」的立場與見解。

桓譚重要的代表作為《新論》，而《新論》的取名，是因為他「劉向省新語而作新序，桓譚詠新序而作新論。」[7]其中「新」的概念，雖取法於《新序》等作，但就其內容來論，卻較前者更為廣泛，如《新論》更多地涉及了哲學、自然科學、社會科學與文學藝術等重要領域，是一部涉獵廣泛的重要學術作品，然《新論》一書久佚，目前無從知其原貌，若根據李賢（654-684）注所曰：

> 《新論》：一曰〈本造〉、二〈王霸〉、三〈求輔〉、四〈言體〉、五〈見徵〉、六〈譴非〉、七〈啟寤〉、八〈袪蔽〉、九〈正經〉、十〈識通〉、十一〈離事〉、十二〈道賦〉、十三〈辨惑〉、十四〈述策〉、十五〈閔友〉、十六〈琴道〉。〈本造〉、〈閔友〉、〈琴道〉各一篇，餘並有上下。[8]

由上文所說，桓譚文分上下篇者，共十二，而未分者乃四，故總數乃二十八篇。而《隋書‧經籍志》云：

> 《桓子新論》十七卷。後漢六安丞桓譚撰。[9]

又清人孫馮翼在〈桓子新論序〉云：

> 《隋書‧經籍志》及《新唐志》俱稱十七卷，蓋乃依十六篇為卷，並目錄為十七耳。（古書多列目一卷，《隋書》中甚多。）[10]

從上述資料所載，大致可推論《桓子新論》之原貌，將上下篇者合為一卷，加上列目，分為十七卷，而今比對《群書治要》中所收錄的《桓子新論》，其選錄篇章有〈求輔〉、〈言體〉、〈見徵〉、〈譴非〉這四篇，共十四段落，所收字數大約有三千八百多字，且文中多涉及對於「術」觀點的討論，包含了君術與讖緯之術的正反兩面論述，體現了桓譚

---

[7] 唐‧房玄齡撰，楊家駱主編：《晉書》（臺北：鼎文書局，1980年），頁1486。
[8] 劉宋‧范曄撰，唐李賢等注，王先謙集解：《後漢書集解》第一冊，收入《二十五史》（臺北：藝文印書館，1956年，據1915年王氏校刊本影印），第5冊，卷28上，頁5，總頁353。
[9] 唐‧魏徵、令狐德棻等撰，汪紹楹點校：《隋書》（北京：中華書局，1987年），第4冊，卷34，頁998。
[10] 清‧孫馮翼：〈桓子新論序〉，收入漢‧桓譚撰，孫馮翼輯：〈序目〉，《桓子新論》，編入《四部備要》（臺北：中華書局，1996年，據問經堂輯本校刊），頁1a。

任人治國的統御路線，以及非難讖緯的哲學思想，透過《群書治要》所收的內涵，一方面可以更清楚梳理桓譚對於「術」在大道與小道上的思想探析，一方面可見唐代魏徵等臣子，期待透過《桓子新論》的裁剪，更認識貞觀時代的政治觀點與數術精神的變化。

關於《群書治要》的研究，過去多側重於文獻輯佚方面，如吳金華〈略談日本古寫本《群書治要》的文獻學價值〉、[11]潘銘基〈日藏平安時代九條家本《群書治要》研究〉[12]等論文，皆是從版本與古籍之間的價值為探究面向；林溢欣〈從《群書治要》看唐初《孫子》版本系統——兼論《孫子》流傳、篇目序次等問題〉、[13]潘明基〈《群書治要》所錄《漢書》及其注解研究——兼論其所據《漢書》注本〉、[14]蔡蒙〈《群書治要》所引《尸子》校勘研究〉[15]等論文，針對《群書治要》收錄異文進行校勘比對，加以研究探討，上述內容多著重於文本比對與文獻分析，對於思想與意義的著墨較少，至於，論及對該書時代思想沒落與價值的探析，要以林朝成〈《群書治要》與貞觀之治——從君臣互動談起〉、[16]林朝成〈無為於親事，有為於用臣——論《群書治要·莊子》中「聖人」觀之流衍〉、[17]張瑞麟〈轉舊為新：《群書治要》的編纂與意義〉、[18]施穗鈺〈為君之難，為臣不易——以《群書治要》之納諫與勸諫為主軸〉[19]等論文為主，但多聚焦於全書整體編纂脈絡與單一古籍的選錄意義，對於《群書治要》與《桓子新論》的關係，並未有專論討論，且對於桓譚的研究，雖有周大任〈桓譚見知著述探玫〉、[20]李振宏〈桓譚的學術立場與政治個性〉、[21]郭茵〈桓譚及其《新論》考辨〉[22]等論文，但多聚焦於桓

---

[11] 吳金華：〈略談日本古寫本《群書治要》的文獻學價值〉，《文獻》（2003年7月），頁118-127。

[12] 潘銘基：〈日藏平安時代九條家本《群書治要》研究〉，《中國文化研究所學報》（2018年7月），頁1-38。

[13] 林溢欣：〈從《群書治要》看唐初《孫子》版本系統——兼論《孫子》流傳、篇目序次等問題〉，《古籍整理研究學刊》（2011年5月），頁62-68。

[14] 潘明基：〈《群書治要》所錄《漢書》及其注解研究——兼論其所據《漢書》注本〉，《成大中文學報》（2020年3月），頁73-114。

[15] 蔡蒙：〈《群書治要》所引《尸子》校勘研究〉，《文教資料》，2018年12月，頁84-85。

[16] 林朝成：〈《群書治要》與貞觀之治——從君臣互動談起〉，《成大中文學報》（2019年12月），頁101-142。

[17] 林朝成：〈無為於親事，有為於用臣——論《群書治要·莊子》中「聖人」觀之流衍〉，收錄自林朝成、張瑞麟主編：《第一屆《群書治要》國際學術研討會論文集》（臺北：萬卷樓圖書公司，2020年），頁331-354。

[18] 張瑞麟：〈轉舊為新：《群書治要》的編纂與意義〉，《文與哲》（2020年6月），頁81-134。

[19] 施穗鈺：〈為君之難，為臣不易——以《群書治要》之納諫與勸諫為主軸〉，收錄自林朝成、張瑞麟主編：《第一屆《群書治要》國際學術研討會論文集》（臺北：萬卷樓圖書公司，2020年），頁409-433。

[20] 周大任：〈桓譚見知著述探玫〉，《臺大中文學報》（2011年6月），頁93-136。

[21] 李振宏：〈桓譚的學術立場與政治個性〉，《北京師範大學學報》（社會科學版）2019年第2期，頁111-128。

[22] 郭茵：〈桓譚及其《新論》考變〉，《淮陰師專學報》（1996年第3期），頁35-40。

譚其人與思想的論證，而無聚焦於《桓子新論》中「術」的觀點加以論述。故對於《群書治要》選錄《桓子新論》之「術」的思想主題，仍有許多空間加以剖析，因此，本論文試圖盤點《群書治要》與《桓子新論》的節選關係，藉此探究桓譚對於「術」的精神變化，以及貞觀時代政治與「術」的關係，以展示其豐富的時代意義與思維內涵。

## 二　《群書治要》選錄《桓子新論》中的「君術」思想

「君術」的概念，可先追溯至先秦典籍中，對於「術」字的詮解。「術」字是由道路、途徑之意，轉化為方法，《說文解字》載：「術，邑中道也。」桂馥《說文解字義證》云：

「術，邑中道也」者，〈倉頡〉篇：「邑中道曰術。」《廣雅》：「術，道也。」《一切經音義・十》云：「《字林》：邑中道曰術。道、術者，通也。又言：達解也，無所不通也。」[23]

另段玉裁《說文解字注》又曰：

邑，國也。引申為技術。[24]

從上述資料所載，大致可以發現「術」字的意涵，從強調為道路之義，漸漸轉為技術的概念，可見先秦典籍中，亦開始出現了以「技術」為解的「道術」之用，而道術者，包含眾術，具有普遍性意義，能為社稷之佐。以《莊子・天下》為例，提及「術」者有九次，其中，有七處是「道」、「術」連稱，可見此「術」已帶有「道術」詮解的面向。故曰：「古之所謂『道術』者，果惡乎在？曰无所不在。」[25]、「後世學者不幸，不見天地之純、古人之大體，『道術』將為天下裂。」[26]莊子在此提出了「道術」與一般「方術」、「學術」之別，他認為今之學者，已將「術」的整全完備加以切割，不得其全，只能主其一端，故而為「天下裂」。

「術」的概念，既然從道路，轉為各項技術的通稱，並在不同的知識領域的切割下，產生若干的特殊方法和技巧，因此，在先秦典籍中，即有「方術」、「心術」、「儒術」、「墨術」及「法術」、「君術」、「王術」、「力術」、「謀術」等各種技巧概念，[27]透過

---

23 桂馥：《說文解字義證》（北京：中華書局，1987年），卷6，頁40。
24 清・段玉裁：《說文解字注》（臺北：藝文印書館影，1989年，印經韻樓刊本），頁18。
25 清・郭慶藩編、王孝魚整理：《莊子集釋》（臺北：木鐸出版社，1982年），頁1065。
26 清・郭慶藩編、王孝魚整理：《莊子集釋》，頁1065。
27 如「方術」一詞見於《莊子・天下》、《荀子・堯問》；「心術」見於《禮記・樂記》；「儒術」、「墨術」見於《荀子・富國》；「法術」見於《管子・明法解》、《商君書・算地》及《韓非子・孤憤》

先秦文獻中,「術」語詞的延伸,可見其意義與概念的轉換,底下舉《管子》與《呂氏春秋》中,論及「術」的討論,以及其延展至人君統御百官之法的思想演進:

> 心之在體,君之位也;九竅之有職,官之分也。心處其道,九竅循理,……毋代馬走,使盡其力;毋代鳥飛,使獘其羽翼;毋先物動,以觀其則。動則失位,靜乃自得。……故曰:「心術者,無為而制竅者也。」[28]

《管子》所言之「術」,從《莊子》「道術」的普遍性範疇,更聚焦到領導統御的刑名之「術」,由天道的層次,回歸人世間的應用與方法。而《呂氏春秋》亦載:

> 古之王者,其所為少,其所因多。因者,君術也;為者,陳道也。[29]

上文論及為君之道,認為古代之明君,乃擅於憑藉統御的方法,故而能清靜無為,任用臣子做事,無需事必躬親,更能事半功倍,此處更清楚地將「術」用於君臣治理的關係上,進一步引申為君王統治國家、派用臣子的明君之法。

「術」的學術概念,從宇宙間普遍性的大原則,漸漸應用在具體的人事上,而有了特定的範疇與意義,到了漢代,承接著先秦以降,對於「術」概念的應用與轉變,並與西漢的黃老治術相結合,作為領導統御的「君術」理解,更為盛行。另《新書‧道術》中亦曾明確點出「道」、「術」之間的體用之別:「道者,所從接物也,其本者謂之『虛』,其末者謂之『術』。」[30]可見「術」的概念,被視為末用,具體落實於生活,作為一種手段與方法,應用於各領域之中,故可知「術」的面向多元而豐富,對知識份子而言,有其涉及、認同之用,亦有反對之法,如桓譚在《桓子新論》中,關於「術」的討論,有著君術與數術之別,透過探析其立場與思想的論述,能更清楚釐清「術」的概念,以及作者桓譚、《群書治要》選錄者對於此議題的見解。

本節以桓譚書中對於「君術」的討論為焦點,細看《群書治要》中選錄的「君術」內文如下:

> 維針艾方藥者,已病之具也。非良醫不能以愈人,材能德行者,治國之器也。非明君不能以立功,醫無針藥,可作為求買以行術伎,不須必自有也。君無材德,可選任明輔,不待必躬能也。由是察焉。則材能德行,國之針藥也。其得立功效,乃在君輔。傳曰:得十良馬,不如得一伯樂,得十利劍,不如得一歐冶,多

---

等;「君術」見於《呂氏春秋‧審分覽》;「王術」、「曆術」見於《荀子‧彊國》;「謀術」見於《呂氏春秋‧季春紀》。

[28] 清‧戴望:《管子校注》(臺北:世界書局,1990年),頁219-221。

[29] 秦‧呂不韋:《呂氏春秋》,收錄自國學整理社編:《諸子集成》(北京:中華書局,2006年),頁1065。

[30] 漢‧桓譚:《新書》,收錄自清‧張元濟編:《四部叢刊》(上海:上海書店,2015年),頁300。

得善物,不如少得能知物,知物者之致善珍,珍益廣,非特止於十也。[31]

上述段落,出於《桓子新論‧求輔》篇中,其主要蓋在於論述治國與用人的輔佐治術,文中以「銀針、艾草、藥方、藥物」比擬為傑出的才能、美好的品格,而「良醫」則是明君,桓譚認為君王並不需要自己樣樣傑出,善假於人、知人用人,亦是重要的統治方法,就如同醫生可以透過自己製作、購買銀針、藥物,施展醫術,不一定每樣都需要自己擁有,只要能妥善運用這些外加工具,即能發揮醫者的之功。此處以醫藥概念比喻君王的統御之術,可追溯於《漢書‧藝文志》提出的「論病以及國,原診以知政。」[32]的方技特質精神,以及《黃帝內經》中,除了論病之外,言「治天下」的內容其實不少,甚至以《內經》為「醫國」之書,是「治皇帝學」的專書,由是可見醫與政的關係,有其學術淵源。故而,桓譚在論君術時,承接著這樣的文化背景,將治國與治病視為相似的原理原則,指出論病之理可以推及國情政事,一方面強調君主治國為政之道,另一方面反映了方技發展的意義與特質,桓譚以醫藥論君術的思想,相當程度呈現了方技在中國傳統政治社會中的無孔不入,而回歸到桓譚對於數術、方技的思想,從史傳所載,桓譚是漢代激烈反對讖緯的學者,甚至不惜以性命表達他對於數術、神仙與讖緯的排斥,他認為通曉數術的的小人,會自製讖緯之書來混淆人主,動搖國政,故而反對一切與此相關的陰陽方術,但若從其選擇的喻依為「醫藥」來看,「藥方、藥物」等類的性質歸屬,卻又有著與方術內涵相連之處,如此照見了桓譚論「君術」時,思想精神中所涵蓋的複雜文化背景。

在《漢書‧藝文志》中,班固(32-92)本於劉歆(前50-23)父子《七略》的編寫內容,[33]將其整理的兩漢圖書分類,放置於《藝文志》中,因而有了〈數術略〉與〈方技略〉之別,從其兩者的區分,大致可見漢代之際,對於「數術」與「方技」範疇與概念的差異,數術的面向有六種:天文、曆譜、五行、蓍龜、雜占和形法,以其內涵而論:「數術者,皆明堂羲和史卜之職也。」[34]所謂明堂,意指帝王宣布政教的地方,羲和則是掌管天文曆法的官吏,史卜是指太史、太卜等官,由此可見,「數術」一詞,指涉著與天文、曆法、占卜、推演等相關之法,主要用於預言吉凶禍福,並且不同的門類有其獨特的實用性質,可作為君王施政與服務的參考,總體而言,《漢書‧藝文志》中所羅列的「數術」概念,與後代較廣泛的意義不同,多是透過觀察自然以比附人事,進而根據自然現象加以判斷祥災模式。

---

[31] 唐‧魏徵、虞世南、褚亮、蕭德言編撰:《群書治要》,《四部叢刊初編縮本》(上海:商務印書館,1936年),頁673-674。
[32] 東漢‧班固撰,楊家駱主編:《漢書》(臺北:鼎文書局,1986年),卷30,頁1780。
[33] 注:《七略》內容今已亡佚。
[34] 東漢‧班固撰,楊家駱主編:《漢書》,卷30,頁1775。

而《漢書‧藝文志》中代表方技的項目，共有四種：醫經、經方、房中、神仙，內容主要包含醫學、經方、房中術與神仙養生之法，誠如《漢書》云其內涵載：「方技者，皆生生之具，王官之一守也。太古有岐伯、俞拊，中世有扁鵲、秦和，蓋論病以及國，原診以知政。漢興有倉公。今其技術晻昧，故論其書，以序方技為四種。」[35]班固以「生生之具」歸納方技之作用，認為方技是使生命生存不息的工具，不管是醫藥、房中或是神仙養生，都能幫助人們延年益壽，以保全性命、治療身上疾病。文中更提及上古的岐伯、俞拊，中古有扁鵲、秦和等名醫，他們能透過論述病情以推及國情，因此探求疾病的道理，便可以推知理政的方法，這樣的論述，與《群書治要》選錄《桓子新論》中，以醫藥比擬君術的概念一致，由此可知，桓譚在論為君之道時，亦吸納了方技的概念，且對於「論病以及國」傳統精神的接受，關於疾病與國政之間的關係，金仕起曾以「晉平公病案」來論述中國文化中，病理與治國的連結，[36]在春秋中晚期，晉平公（557B.C.-532B.C.在位）曾兩度發病（541B.C.秋與535B.C.夏），這中間先後曾直接或間接聞、問其病的人物，至少有晉之卜、史、卿相，鄭相子產與秦之醫和等人，他們對於平公致病之由，觀點雖異，重點不同，但大體而言，均指向平公個人出入、哀樂之節，或是身為人君的施政作為，是否有違封建禮俗、倫理等面向，故由此觀察，可見從論晉平公病症，能連結至國家施政與天下秩序，由此說明人君之身，與國家發展為一整體，透過觀病、診病，亦是察考國家、觀察天下的一種方式。

綜合上述，關於數術與方技淵源的論述，大體可以發現以下概念：一、《漢書》稱數術「皆明堂、羲和、史卜之職」，方技「王官之一守也」，顯示在兩漢學術中，數術與方技和戰國以前的古代王官傳統有相當淵源，可見方術學與政治的緊密關係；二、《漢書》所次序的「數術」與「方技」名目和內涵，可見在漢代之初，兩者的範疇與意義仍有差異，數術所指多代表推占吉凶之術，而方技則多與治療身體、養生之道有關，對應到桓譚的思想來看，他對於讖緯之學的反動，強調理性務實的層面，而數術中強調預言命運禍福的概念，正是桓譚反對的性質，相較之下，《群書治要》所選錄《新論》的內容中，曾引醫藥與國政相互連結，故可知涉及醫藥、經方的方技精神，亦為桓譚所吸納，將治身與治國相通，成為結合方技與治道的政治秩序論述。

除此之外，在《貞觀政要》中亦在病與國的聯繫，正可作為《群書治要》選錄《新論》中，以醫病論君術的時代思想背景：

> 貞觀五年，太宗謂侍臣曰：「治國與養病無異也。病人覺愈，彌須將護，若有觸犯，必至殞命。治國亦然，天下稍安，尤須兢慎，若便驕逸，必至喪敗。今天下安危，系之於朕，故日慎一日，雖休勿休。然耳目股肱，寄於卿輩，既義均一

---

[35] 東漢‧班固撰，楊家駱主編：《漢書》，卷30，頁1780。
[36] 可參看金仕起：〈晉平公病案鉤沉〉，《國立政治大學歷史學報》第31期（2009年5月），頁1-50。

體。宜協力同心,事有不安,可極言無隱。儻君臣相疑,不能備盡肝膈,實為國之大害也。」[37]

從上述太宗所言,即可見病與國並論的思想,以病人快痊癒之際,更需仔細養護為例,說明國家稍微安定之際,更是人主需謹慎之時,若驕縱安逸,必至衰亡,太宗將養病之理與治國之理相互連結參照,可見在唐代對於身體觀與政治觀二者的文化對應,早有脈絡,故而能理解《群書治要》在論君術時,特意選錄《桓子新論》中涉及醫藥與國政的文句。

關於《桓子新論》中的君術思想,除了上文以醫藥論君國一體的概念外,《群書治要》亦選錄了三大難處,以供君王參看:

> 言求取輔佐之術,既得之,又有大難三,而止善二,為世之事,中庸多,大材少,少不勝眾,一口不能與一國訟,持孤特之論,干雷同之計,以疏賤之處,逆貴近之心,則萬不合,此一難也。夫建踔殊,為非常,乃世俗所不能見也。又使明智圖事,而與眾平之,亦必不足,此二難也。既聽納有所施行,而事未及成,讒人隨而惡之,即中道狐疑,或使言者還受其尤,此三難也。智者盡心竭言以為國造事,眾間之則反見疑,壹不當合,遂被譖想想恐訴,雖有十善,隔以一惡去,此一止善也。材能之士,世所嫉妒,遭遇明君,乃壹興起,既幸得之,又復隨眾弗與知者,雖有若仲尼,猶且出走,此二止善也。[38]

文中論及君王得到輔佐之才後,在發揮人才上,仍有三大難處,第一是少數難以制衡眾數,擁有特殊才能的人才較少,而一般才能者多,因此一張嘴難以同一國之口爭論是非;第二是特殊功績與事業,並不是一般庸俗之人所能識別,故而也難以被認可;第三是施行有遠見之意見時,還未等到事情成功,就遭受許多小人從旁的中傷,而遭到君主的猜疑與怪罪。上述三大難處,可見君王在得到人才後,於賢才輔佐發揮上,亦存在著有許多困難與挑戰,且文中還列出了兩種情況,強調了人才難以被終始任用之狀,其一是人才容易遭受惡人的挑撥,即使有十善,也容易因一惡就被輕易抹煞,故而人才難以長久得到君王的信任與任用;其二則以孔子為例,哪怕君王已經起用了賢士,但假如君臣之間不能推心置腹、關係緊密,那麼再好的人才,也依然會離開出走。這兩種情境,展現了國君與人才間的種種考驗,哪怕獲得奇才,但在任用的過程,依樣會遭遇他人的讒言與情感的質變,這都會影響君臣間的充分信任,以至於讓功績、抱負難以真正實現。

從《群書治要》選錄《桓子新論》的內容,可見魏徵等人一方面強調人才之重要,另一方面,更務實的提出任用過程中會遇到難處與考驗,這些情境都可能使人才輔作之

---

[37] 唐・吳兢撰:《貞觀政要》(北京:中華書局,2003年),頁33。
[38] 唐・魏徵、虞世南、褚亮、蕭德言編撰:《群書治要》,《四部叢刊初編縮本》,頁764。

功,大打折扣,進而失去了輔佐人才的作用,因此,此處的「君術」比起論人才識別之術,桓譚更著重於任用的過程,所面臨的阻礙與考驗,而魏徵等人特意選取此段內容,亦有提醒太宗皇帝終始用人之不易,如《貞觀政要》中曾載:

> 貞觀五年,太宗謂侍臣曰:「自古帝王亦不能常化,假令內安,必有外擾。當今遠夷率服,百穀豐稔,盜賊不作,內外寧靜。此非朕一人之力,實由公等共相匡輔。然安不忘危,治不忘亂,雖知今日無事,亦須思其終始。常得如此,始是可貴也。」魏徵對曰:「自古已來,元首股肱不能備具,或時君稱聖,臣即不賢,或遇賢臣,即無聖主。今陛下明,所以致治。向若直有賢臣,而君不思化,亦無所益。天下今雖太平,臣等猶未以為喜,惟願陛下居安思危,孜孜不怠耳!」[39]

自古以來,論為政之道,人才一直是討論的焦點,但魏徵與太宗的對話,除了強調知人之外,更特意提出用人之重要,文中魏徵以「向若直有賢臣,而君不思化,亦無所益。」明確指出雖有賢臣,但若無明君,則人才的輔佐之效,亦無所發揮,此正呼應了《群書治要》選錄《桓子新論》對於君術的論述,知人之後,用人更難,會受到三種難處,使人才的輔佐成效降低,也有兩種止善,使君臣間的信任關係遭受破壞,故而賢臣遭遇讒言而為君王所摒棄,正如孔子最終周遊列國一樣,哪怕有孔子般的人才,亦無所益。因此,明君若想要長保國政之太平,則必須居安思危,在任用人才上,需時時謹慎,勿陷入桓譚所論的三難與二止善中。另外,在貞觀十五年時,太宗與魏徵的討論,亦可見相似的「君術」思維:

> 貞觀十五年,太宗謂侍臣曰:「守天下難易?」侍中魏徵對曰:「甚難。」太宗曰:「任賢能,受諫諍,即可。何謂為難?」徵曰:「觀自古帝王,在於憂危之間,則任賢受諫。及至安樂,必懷寬怠,言事者惟令兢懼,日陵月替,以至危亡。聖人所以居安思危,正為此也。安而能懼,豈不為難?」[40]

魏徵所言守天下之難,並不在於「任賢受諍」,而是在安逸的統治時間中,用人之難與君臣之間不信任的情境,會被凸顯出來,故魏徵以憂危之間的君主與安樂時期的君王做對比,在危機四伏之際,君主行事較為謹慎,用人也能聚焦於才能之上,心無旁騖,但當天下太平時,君王難免鬆懈寬怠,就容易產生「桓子新論」中提及的三難與二止善,因此魏徵提醒太宗皇帝,守天下之難,正在於人君難以居安思危,哪怕身邊有人才輔佐,易容易難以終始,或是為小人影響,而難以得到輔佐之效。

整體而論,《群書治要》所選錄《桓子新論》的「君術」思想,大致涵蓋兩種特色,

---

[39] 唐・吳兢撰:《貞觀政要》,頁530-531。
[40] 唐・吳兢撰:《貞觀政要》,頁25。

其一,透過醫藥與君國的比喻,呈現了自古「論病以知政」的文化傳統,以及君國一體的政治思想;其二,透過論述用人過程會產生的三難與二止善,強調妥善運用人才之重要,以及在安逸過程中,容易產生的阻礙與關係質變,藉此提醒君王,知人雖難,但能妥善用人亦不簡單,需時時自我提點,以免陷入難以堅持信任人才、半途而廢的錯誤。

## 三　《群書治要》選錄《桓子新論》中的「數術」思想

桓譚作為東漢著名的反讖緯學者,他對於數術的思想,反對多於贊同,並敦促君王重視五經,遠離讖緯、煉丹、推占等陰陽方技,從《新論》中更可見其對於迷信、數術、神仙與讖緯,一貫的排斥態度,而《群書治要》在選錄過程中,亦將這樣的精神收錄於書冊內涵:

> 聖王治國崇禮讓,顯仁義,以尊賢愛民為務,是為卜筮維寡,祭祀用稀,王翁好卜筮,信時日,而篤於事鬼神,多作廟兆,潔齋祀祭,犧牲殽膳之費,吏卒辨治之苦,不可稱道,為政不善,見叛天下,及難作兵起,無權策以自救解,乃馳之南郊告禱,搏心言冤,號興流涕,叩頭請命,幸天哀助之也。當兵入宮日,矢交集,燔火大起,逃漸臺下,尚抱其符命書及所作威斗,可謂蔽惑至甚矣。[41]

上文中強調賢明的國君,治理國家都是以禮節、仁義為主,當國君以尊賢為重,愛護百姓,如此一來,占卜與祭祀等儀式就會減少。由這樣的論述,可知桓譚認為明君不應耽溺於占卜、數術等迷信的方法,反而應務實聚焦在為百姓服務、施行仁政;文中更以王莽為例,詳細說明王莽喜好占卜,相信時曆的吉凶預言,並且多番舉辦祭祀,以侍奉鬼神,而這樣沈溺於數術的結果,就是導致全國上下皆為了祭祀用品而奔波、耗損,甚至遭致眾人的反對;遇到戰爭、災難時,王莽會搖胸喊冤、叩頭請求上天的保佑,甚至到了皇宮被攻破的那天,他還死守符命書和驅妖鎮邪之物,不知反省,可見其愚昧。《群書治要》透過選錄《桓子新論》中論推占數術的荒誕、糊塗,呈現魏徵等人對於數術的態度,基本上,他們繼承了桓譚反對方術的核心精神,提醒太宗對於鬼神之術,不宜依賴,反而應推崇正道,才是明君治國之理。至於魏徵等人,為何特意提出桓譚的數術觀,置於《群書治要》供君王資鑒?此處可以溯源至《群書治要》論述唐初的政治氛圍:

> 貞觀二年,太宗謂侍臣曰:「神仙事本是虛妄,空有其名。秦始皇非分愛好,為方士所詐,乃遣童男童女數千人,隨其入海求神仙。方士避秦苛虐,因留不歸,始皇猶海側跂蹰以待之,還至沙丘而死。漢武帝為求神仙,乃將女嫁道術之人,

---

[41] 唐・魏徵、虞世南、褚亮、蕭德言編撰:《群書治要》,《四部叢刊初編縮本》,頁767。

事既無驗，便行誅戮。據此二事，神仙不煩妄求也。[42]

從貞觀二年太宗所言，可見當執政者對於神仙方術的態度，但從太宗所列舉的秦始皇與漢武帝，亦可知歷朝各代皇帝，對於神仙方術的追求與信仰，故而，政治上對於方術的態度，就顯重要。文中太宗以「神仙事本虛妄」、「方士所詐」等觀點論述數術的缺陷，並以秦始皇與漢武帝二人求仙失敗之案例，強調執政者不應追求神仙方術，此並非王道施政的方向。

除此之外，《群書治要》中亦選錄了與災異相關的內容：

> 夫異變怪者，天下所常有，無世而不然，逢明主賢臣，智士仁人，則修德善政，省職慎行以應之，故咎殃消亡，而禍轉為福焉。昔大戊遭桑穀生朝之怪，獲中宗之號，武丁有雛雄升鼎之異，身享百年之壽，周成王遇雷風折木之變，而獲反風歲熟之報，宋景公有熒惑守心之憂，星為徙三舍，由是觀之，則莫善於以德義精誠報塞之矣。故周書曰：天子見怪則修德，諸侯見怪則修政，大夫見怪則修職，士庶見怪則修身，神不能傷道，妖亦不能害德，及衰世薄俗，君臣多淫驕失政，士庶多邪心惡行，是以數有災異變怪，又不能內自省視，畏天戒，而反外考謗議，求問厥故，惑於佞愚，而以自註誤，而令患禍得就，皆違天逆道者也。[43]

文中桓譚提出災害與異常等現象，是天下常有之事，各個朝代皆有可能遇到，不論是明君或是暴君，都可能在任內遭遇災害，因為災異乃自然景象，隨著環境而生，否定了董仲舒提出的天人感應之說，不把災異視為上天的譴告，或是人主德性施政的優劣評價，以理性客觀的視角看待自然界的變化。因此，桓譚特意舉仁政與衰世的災異觀，否定了漢代以陰陽數術解釋災害的思維，以商王太戊、商王武丁、周成王為例，他們在任內都遭遇了怪事或異象，但明君面對的態度，皆是慎重觀察反省，而後順應事變，災害自然就消失了，甚至還能將禍害轉為福氣；相對地，心術不正的君王與大臣，遇到災禍之際，常常求問災變異象的原因，只恐懼上天降下懲罰，而不願恪守職責，在迷惑愚昧中，反而使災禍更頻繁發生，這就是衰世之主與盛世之主面對災異的態度之別，而上文中，桓譚所言「神不能傷道，妖亦不能害德」明確點出以天人感應概念，解釋災異所生的謬誤，上天不會降下災禍以傷天道，故而一位明君，在面對災變時，所擔憂者，不該在上天的懲罰之，從而怪罪他人、向外指責，這些都非正道，由此可見桓譚對於陰陽數術與天地交感論述的反對態度。

而《群書治要》收錄這樣的災異觀，可見編者魏徵等人，期待唐太宗面對異變的態度，已與漢人承襲董仲舒與讖緯思想不同，在《舊唐書・太宗本紀》中載：

---

[42] 唐・魏徵、虞世南、褚亮、蕭德言編撰：《群書治要》，《四部叢刊初編縮本》，頁332。
[43] 唐・魏徵、虞世南、褚亮、蕭德言編撰：《群書治要》，《四部叢刊初編縮本》，頁769-770。

壬子，詔私家不得輒立妖神，妄設淫祀，非禮祠禱，一皆禁絕。其龜易五兆之外，諸雜占卜，亦皆停斷。[44]

史傳中記錄著太宗時代禁止私家設立淫祀，並且斷絕雜占，《資治通鑑》將這條詔文記作「自非卜筮正術，其餘雜占，悉從禁絕。」[45]這就是說，在唐代數術被區分為卜筮正術與雜占卜兩類，而卜筮正術一般由朝廷掌管，規範在法令的職掌中，如在《舊唐書‧職官志》和《新唐書‧百官志》中均有太卜令相關的職掌，而在《唐律疏議》載：「諸玄象器物、天文圖書、讖書、兵書、七曜曆、太一、雷公式，私家不得有。」[46]從上述記載，可知唐代律法明確禁止私家涉入某些數術，由是也可見君王的官方立場，並不希望數術之風過於擴散，也擔憂民間若盛行雜占之術，會對於社會風氣產生不良影響。

另外，從太宗時代施行的救災舉措、「荒政」制度亦可見其面對災異的態度，根據《新唐書‧五行志》的記載，貞觀年間，災害不斷，如：

## （一）水災

貞觀三年秋，貝、譙、鄆、泗、沂、徐、豪、蘇、隴九州水。[47]

四年秋，許、戴、集三州水。[48]

七年八月，山東、河南州四十大水。[49]

八年七月，山東、江淮大水。[50]

十年，關東及淮海旁州二十八大水。[51]

十一年七月癸未，黃氣際天，大雨，谷水溢，入洛陽宮，深四尺，壞左掖門，毀宮寺十九；洛水漂六百餘家。九月丁亥，河溢，壞陝州之河北縣及太原倉。[52]

十六年秋，徐、戴二州大水。[53]

---

44 後晉‧劉昫撰，楊家駱主編：《舊唐書》（臺北：鼎文書局，1981年），卷2，頁31。
45 宋‧司馬光編：《資治通鑑》（臺北：明倫出版社，1977年），卷192，頁6023。
46 唐‧長孫無忌撰：《唐律疏議》（北京：中華書局，1996年），卷9，頁847。
47 宋‧歐陽修、宋祁撰，楊家駱主編：《新唐書》（臺北：鼎文書局，1981年），卷36，頁927。
48 宋‧歐陽修、宋祁撰，楊家駱主編：《新唐書》，卷36，頁927。
49 宋‧歐陽修、宋祁撰，楊家駱主編：《新唐書》，卷36，頁928。
50 宋‧歐陽修、宋祁撰，楊家駱主編：《新唐書》，卷36，頁928。
51 宋‧歐陽修、宋祁撰，楊家駱主編：《新唐書》，卷36，頁928。
52 宋‧歐陽修、宋祁撰，楊家駱主編：《新唐書》，卷36，頁928。
53 宋‧歐陽修、宋祁撰，楊家駱主編：《新唐書》，卷36，頁928。

十八年秋，谷、襄、豫、荊、徐、梓、忠、綿、宋、亳十州大水。[54]

十九年秋，沁、易二州水，害稼。[55]

二十一年八月，河北大水，泉州海溢，驪州水。[56]

二十二年夏，瀘、越、徐、交、渝等州水。[57]

## （二）旱災

貞觀元年夏，山東大旱。[58]

二年春，旱。[59]

三年春、夏，旱。[60]

四年春，旱。自太上皇傳位至此，而比年水旱。[61]

九年秋，劍南、關東州二十四旱。[62]

十二年，吳、楚、巴、蜀州二十六旱；冬，不雨，至於明年五月。[63]

十七年春、夏，旱，二十一年秋，陝、絳、蒲、夔等州旱。[64]

二十二年秋，開、萬等州旱；冬，不雨，至於明年三月。[65]

## （三）蝗災

貞觀二年六月，京畿旱、蝗。[66]

三年五月，徐州蝗。秋，德、戴、廓等蝗。[67]

---

[54] 宋・歐陽修、宋祁撰，楊家駱主編：《新唐書》，卷36，頁928。
[55] 宋・歐陽修、宋祁撰，楊家駱主編：《新唐書》，卷36，頁928。
[56] 宋・歐陽修、宋祁撰，楊家駱主編：《新唐書》，卷36，頁928。
[57] 宋・歐陽修、宋祁撰，楊家駱主編：《新唐書》，卷36，頁928。
[58] 宋・歐陽修、宋祁撰，楊家駱主編：《新唐書》，卷35，頁915。
[59] 宋・歐陽修、宋祁撰，楊家駱主編：《新唐書》，卷35，頁915。
[60] 宋・歐陽修、宋祁撰，楊家駱主編：《新唐書》，卷35，頁915。
[61] 宋・歐陽修、宋祁撰，楊家駱主編：《新唐書》，卷35，頁915。
[62] 宋・歐陽修、宋祁撰，楊家駱主編：《新唐書》，卷35，頁915。
[63] 宋・歐陽修、宋祁撰，楊家駱主編：《新唐書》，卷35，頁915。
[64] 宋・歐陽修、宋祁撰，楊家駱主編：《新唐書》，卷35，頁915。
[65] 宋・歐陽修、宋祁撰，楊家駱主編：《新唐書》，卷35，頁915。
[66] 宋・歐陽修、宋祁撰，楊家駱主編：《新唐書》，卷36，頁938。
[67] 宋・歐陽修、宋祁撰，楊家駱主編：《新唐書》，卷36，頁938。

以上述所列災害來看，可見太宗時期，災害發生的頻率頗高，間隔時間亦短，且史傳的記載亦詳盡。唐朝初年，面對災異的態度，也有受到漢代天人感應學說的影響，不過，比較盲目迷信天人之間的譴告、懲罰，唐太宗更傾向於務實的救災策略，高澤峰曾言：「唐太宗救災，不盲目迷信光靠敬天自省以取得上天寬宥來排除災異的做法，而是關注民生，積極救災，在救災過程中貫徹民本思想。」[68] 由是可見，比起信仰上天降下的吉凶禍福，唐太宗更傾向投入賑災，解決天災產生的人民之困，讓人民度過難關，以《舊唐書》中所載為例：

> 貞觀十一年秋七月癸未，大霪雨。谷水溢入洛陽宮，深四尺，壞左掖門，毀宮寺十九所；洛水溢，漂六百家。壬寅，廢明德宮及飛山宮之玄圃院，分給遭水之家。[69]

由上述所言，可見在水患之際，唐太宗選擇將宮殿分給遭水之家的百姓居住，這充分體現了唐太宗心懷人民的民本思想。除此之外，唐太宗對於祥瑞、神仙的說法，亦保持懷疑的態度，在《貞觀政要》中云：

> 貞觀六年，太宗謂侍臣曰：「朕比見眾議以祥瑞為美事，頻有表賀慶。如朕本心，但使天下太平，家給人足，雖無祥瑞，亦可比德於堯、舜。若百姓不足，夷狄內侵，縱有芝草遍街衢，鳳凰巢苑囿，亦何異於桀、紂？[70]

在太宗眼中，奇珍異草或是奇特祥獸並非真正的祥瑞表徵，反而，能使天下太平、百姓自足的景象，才是太宗心中真正的人間祥瑞，可見對於太宗而言，陰陽數術遠不如務實的施政策略與民本思想，這也對應了《群書治要》特意選取《桓子新論》中對於神仙方術的反對，以及強調理性客觀態度的時代精神。

## 四　結語

　　桓譚所著《桓子新論》其中豐富的思想內涵與政治建言，對於執政者有著重要的參考價值，故而魏徵等人在編纂《群書治要》一書時，亦選錄了部分篇章，以供太宗閱覽參考，期待成為君王借鑑得失的指標與方向，因此，本論文藉由整理《群書治要》選錄《桓子新論》中「術」概念的呈現，試圖爬梳「術」思想由漢代至唐代，如何演進與發展，以及作為知識份子的桓譚與魏徵等人，如何看待「術」思維對於政治與時代的影

---

[68] 高澤峰：〈看唐太宗是如何「以史為鑒」的——貞觀年間農業救災舉措為考察對象〉，《農業考古》（2015年第3期），頁122。（119-123）
[69] 後晉・劉昫撰，楊家駱主編：《舊唐書》（臺北：鼎文書局，1981年），卷3，頁48。
[70] 唐・吳兢撰：《貞觀政要》，頁521。

響。底下，筆者藉由考察《群書治要·桓子新論》中「術」的文句，整理出以下幾個重點與觀察：

## （一）桓譚《桓子新論》一書的思想重要性

桓譚作為漢代重要政治家與思想家，其作品中即涵蓋了他對於時局的見解，以及漢代社會思潮的看法與立場，而《群書治要》搜羅各代作品，期待能剪裁重點，以幫助皇上治世之用，在諸子百家中，《桓子新論》作為漢代思想作品的代表，被魏徵等人置入《群書治要》之中，即可見《桓子新論》一書對後世的影響，以及知識份子對該書的認同，書中涉及桓譚對於政治與社會現況的了解，亦是重要的文史資料，能從中照見漢代的思維變化與政治邏輯，故本文以此書為焦點，透過觀察與盤點《群書治要》對於《桓子新論》的選錄情形，以探究由漢至唐的治國思想與「術」的社會思潮。

## （二）「術」概念的學術溯源與意義多元性

從「術」一詞的字源追溯，可見「術」的概念，從《說文解字》中的「道路」轉為「技術」之意，而在《莊子》中亦可見「術」的解釋，可見在先秦之際，「術」即具有大道與小道之別，代表形而上至高意涵的大道，與被視為末用的形而下小技，有著意義上的區別，而《桓子新論》中涉及的「君術」與「數術」概念，都是「術」的小道意涵，分別從政治與陰陽視角出發的專門技藝。

## （三）《群書治要·桓子新論》中「君術」概念對人才觀的開展

觀察《群書治要·桓子新論》中對於「君術」思想的論述，其中以人才觀為主要的核心焦點，文中不只強調君王需有知人之明，能依照不同材性，妥善運用，還提出三難處與二止善的建言，強調為政之難，不只在難以網羅天下之才，或是讓其適得其所，在用人的過程中，還會遭受平庸大臣的詆毀與君臣關係的考驗，可見《群書治要》特意節選《桓子新論》中對於人才的論述，展現了其對於人才識別與運用的看重，亦可見唐代君臣間對於人才思想的實務運作與開展。

## （四）《群書治要·桓子新論》呈現的漢、唐時代文化思想

《群書治要》選錄前代重要作品，一方面展現作品反映作者當代的社會情境與學術價值，一方面透過魏徵等人的編纂視角，亦反映唐代在思想與議題上，有相似於前代的

共性,如上述所舉的人才觀,漢代的桓譚,強調君王對於人才的識別與運用,到了唐代亦是十分重要的治術之道,除此之外,《群書治要・桓子新論》中,亦可探見諸多漢唐之際的時代特色與政治思維。首先,在論君術時,漢、唐兩代呈皆呈現了「論病以知政」的觀點,桓譚曾言:「非明君不能以立功,醫無針藥,可作為求買以形術伎,不須必自有也。」[71]而《貞觀治要》亦載:「治國與養病無異也。病人覺愈,迷須將護,若有觸犯,必至殞命,治國亦然,天下稍安,尤須兢慎,若便驕逸,必至喪敗。」[72]可見漢唐之際,在政治上,承襲著病與政相連的概念,並認為君身與國家發展連為一體,透過考察君王身體的情況,亦可知國政之優劣,這樣的君術思維,在漢唐兩代間的實踐,透過《群書治要》的選錄,可窺其面貌。

其次,是讖緯觀的論述,從桓譚的生平可知,他對於讖緯之術深惡痛絕,甚至不惜死諫,也希望君王能杜絕此風,而在《群書治要・桓子新論》中,以迷信於讖緯的王莽為例,批判君王沈溺於陰陽數術,最終將導致滅亡,這樣對於數術的反對思維,在唐太宗時代亦可見,太宗曾言「神仙事本是虛妄」,[73]並禁止私家設立淫祀,對絕雜占,由此可見其對於神仙方術的反對態度,而魏徵等人特意選錄桓譚對於讖緯方術的批評,亦有著提醒君王之意涵。

最後,在災異觀的描述上,漢代深受董仲舒(179B.C.-104B.C.)天人感應學說的影響,認為天災所降,乃是一種譴告,上天透過災異的形式,警示執政者德行有缺或為政不良,但是作為強調理性思維的桓譚,對於董仲舒這樣天人災異思想,提出了不一樣的思維,在《群書治要・桓子新論》中言:「夫異變怪者,天下所常有,無世不然。」[74]可見桓譚將自然現象是為宇宙常態,以客觀的視角看待環境的變化,並未將之與人事比附,徒增迷信,而太宗時代對於災異的思維亦如此,面對貞觀年間,國家一連串的災害變動,太宗著重於救災行動與制度的建立,相比前朝許多君王下詔罪己的災異觀,太宗的思維更為務實與客觀,更可見其民本的概念,故而《群書治要》對於《桓子新論》內涵的選取,可以與唐代太宗皇帝的施政相互對應。

## (五)《群書治要・桓子新論》中政治與數術精神的推拉效應

綜觀《群書治要・桓子新論》的意蘊,可見其中政治與數術複雜的推拉效應,這樣的情形在歷程各代中,並不少見,如曹植(192-232)的方術思想,在受父寵時,寫作的〈辨道論〉,站在統治者鞏固政權的視角,批判方士之術,不過,晚年的曹植,面對

---

71 唐・魏徵、虞世南、褚亮、蕭德言編撰:《群書治要》,《四部叢刊初編縮本》,頁673-674。
72 唐・吳兢撰:《貞觀政要》,頁33。
73 唐・魏徵、虞世南、褚亮、蕭德言編撰:《群書治要》,《四部叢刊初編縮本》,頁332。
74 唐・魏徵、虞世南、褚亮、蕭德言編撰:《群書治要》,《四部叢刊初編縮本》,頁769。

著客觀情境與思想感受的改變,在作品中透露著對於方術的企羨,以他的〈五遊詠〉為例:「帶我瓊瑤佩,漱我沆瀣漿。踟躕玩靈芝,徙倚弄華芳。王子奉仙藥,羨門進奇方。服食享遐紀,延壽保無疆。」[75]在神仙境界裡,他毫不孤獨,他可以與眾仙暢遊、歡飲、高談,更有仙人王子喬、羨門為其進獻「仙藥」與「奇方」的殷勤,何其快樂!方術的影響力,一方面又羨慕方術所帶來的養生、仙道等秘方,而有著複雜的態度,這也正反映政治家對於術士的既推又拉的複雜情壞。

這樣的數術推拉概念,在《群書治要·桓子新論》亦可見,書中強烈反對讖緯與占卜之術的桓譚,在論君術時,卻以醫藥、針艾等中醫概念比擬國政,醫藥之學,在漢代《七略》中被歸類於方技略,以生生之具為核心,著重於身體的康健與性命之保全,雖與預言吉凶的數術略有別,但到了後代史傳,如陳壽(233-297)《三國志·方技傳》與范曄(398-445)《後漢書·方術列傳》對於數術的整理,皆採以廣義視之,將醫藥、占卜等皆歸入數術學的範疇,雖然生於西漢末年至東漢初年的桓譚,對於數術與方技的歸納概念,仍有區分,但唐代選擇收錄「以病論證」的魏徵等人,則可見其政治思維中對於數術的推拉,一方面反對神仙、命定等迷信之說,擔心這些陰陽小道會影響朝政,一方面又認同數術實務之效,對於社會傳統文化有其影響力,故而展現在剪裁選文中,既有嚴厲反對,又期待以之擬政,希望對國家朝政有正向之功,如此,對於數術學的推拉概念,也反映了執政者對於數術學的矛盾感受,有忌憚之憂,又有利用之想,故而產生了既推又拉的複雜意蘊。

總結來說,《群書治要·桓子新論》中對於「術」的意涵,可以分為兩種,其一是引導君王治理國政的「君術」,其二是批判迷信命運的「數術」,文中可見桓譚對於占卜、災異、讖緯等學說的反動,但又可見桓譚以醫藥方技為喻,引導君王思考治國之道,由此,呈現了歷代學者,對於「術」概念的發展,以及面對數術時,在反對的立場中,無形間又深受數術概念的影響,透過觀察《群書治要》對於《桓子新論》的擷取,一方面可見漢代桓譚的思想特色,另一方面亦可探知唐代魏徵君臣面對與期待的社會與政治運作。

---

[75] 曹植:〈五遊詠〉,逯欽立輯校:《先秦漢魏晉南北朝詩》(北京:中華書局,2008年),頁433-434。

# 徵引文獻

## 一 原典文獻

秦・呂不韋：《呂氏春秋》，收錄自國學整理社編：《諸子集成》，北京：中華書局，2006年。
漢・桓　譚：《新書》，收錄自清・張元濟編：《四部叢刊》，上海：上海書店，2015年。
漢・桓　譚撰，孫馮翼輯：《桓子新論》，編入《四部備要》，臺北：中華書局，1996年，據問經堂輯本校刊。
東漢・班　固撰，楊家駱主編：《漢書》，臺北：鼎文書局，1986年。
劉宋・范　曄撰，楊家駱主編：《後漢書》，臺北：鼎文書局，1981年。
唐・劉　肅：《大唐新語》，北京：中華書局，1985年。
唐・魏　徵等編撰：《群書治要》，上海：世界書局，2011年。
唐・魏　徵、虞世南、褚亮、蕭德言編撰：《群書治要》，《四部叢刊初編縮本》，上海：商務印書館，1936年。
唐・房玄齡撰，楊家駱主編：《晉書》，臺北：鼎文書局，1980年。
唐・魏　徵、令狐德棻等撰，汪紹楹點校：《隋書》，北京：中華書局，1987年。
唐・吳　兢撰：《貞觀政要》，北京：中華書局，2003年。
唐・長孫無忌撰：《唐律疏議》，北京：中華書局，1996年。
後晉・劉　昫撰，楊家駱主編：《舊唐書》，臺北：鼎文書局，1981年。
宋・王　溥：《唐會要》，京都：中文出版社，1978年。
宋・司馬光編：《資治通鑑》，臺北：明倫出版社，1977年。
宋・歐陽修、宋祁撰，楊家駱主編：《新唐書》，臺北：鼎文書局，1981年。
清・段玉裁：《說文解字注》，臺北：藝文印書館，1989年，影印經韻樓刊本。
清・郭慶藩編、王孝魚整理：《莊子集釋》，臺北：木鐸出版社，1982年。
清・戴　望：《管子校注》，臺北：世界書局，1990年。
藝文印書館印行：《二十五史》，臺北：藝文印書館，1956年，據1915年王氏校刊本影印。

## 二 近人論著

### （一）專著

林朝成、張瑞麟主編：《第一屆《群書治要》國際學術研討會論文集》，臺北：萬卷樓圖書公司，2020年。

桂　馥：《說文解字義證》，北京：中華書局，1987年。

## （二）期刊論文

吳金華：〈略談日本古寫本《群書治要》的文獻學價值〉，《文獻》，2003年7月，頁118-127。

潘銘基：〈日藏平安時代九条家本《群書治要》研究〉，《中國文化研究所學報》，2018年7月，頁1-38。

林溢欣：〈從《群書治要》看唐初《孫子》版本系統——兼論《孫子》流傳、篇目序次等問題〉，《古籍整理研究學刊》，2011年5月，頁62-68。

潘明基：〈《群書治要》所錄《漢書》及其注解研究——兼論其所據《漢書》注本〉，《成大中文學報》，2020年3月，頁73-114。

蔡　蒙：〈《群書治要》所引《尸子》校勘研究〉，《文教資料》，2018年12月，頁84-85。

林朝成：〈《群書治要》與貞觀之治——從君臣互動談起〉，《成大中文學報》，2019年1月，頁101-142。

張瑞麟：〈轉舊為新：《群書治要》的編纂與意義〉，《文與哲》，2020年6月，頁81-134。

周大任：〈桓譚見知著述探攷〉，《臺大中文學報》，2011年6月，頁93-136。

李振宏：〈桓譚的學術立場與政治個性〉，《北京師範大學學報》（社會科學版），2019年第2期，頁111-128。

郭　茵：〈桓譚及其《新論》考變〉，《淮陰師專學報》，1996年第3期，頁35-40。

金仕起：〈晉平公病案鉤沉〉，《國立政治大學歷史學報》，2009年5月，頁1-50。

高澤峰：〈看唐太宗是如何「以史為鑒」的——貞觀年間農業救災舉措為考察對象〉，《農業考古》，2015年第3期，頁119-123。

七　《群書治要》與《貞觀政要》之經營策略

# 省察臣道：從《群書治要》與《貞觀政要》反思中階經理人的角色與使命

劉正山

中山大學政治學研究所教授

## 摘要

　　管理實踐的討論，多是從「如何為君」——怎麼樣做好一個領導者——的角度出發，強調領導者的專業能力、素養與自我要求。然而從治理的角度來看，領導人的定義已不限是組織的最高負責人；現今社會中的企業與組織，多數職務是中階管理者，而這層次的管理者不僅要帶領團隊（為君），但同時也是幕僚（為臣）。換言之，現代的領導者，不論是中階或高階幹部，都必須扮演君、親、師的角色。可惜的是，我們往往會因為看重領導者的角色而忽略了組織與團隊中「臣」的使命——擔任收集、彙整資訊、建議乃至於修正長官錯誤的角色。本文嘗試聚焦在臣道，藉此擴展當前政治與管理實踐者的視角。本文前半段勾勒出《群書治要》與《貞觀政要》中所期待的臣道，接續探討兩書在臣道上的差異。本文後半段依這兩部經典的觀點，省察當今為臣（如政府文官、政黨的民意代表，與企業的中階經理人）的角色，以及實踐價值，並提供領導者在思考如何整合僕人式領導來發揮組織的效能與德行之際，從臣道中看見如何為君。

**關鍵詞**：臣道、政治、僕人式領導、群書治要、貞觀政要

---

\* 本文於2023年10月14日發表於成功大學中文系舉辦之第五屆《群書治要》與《貞觀政要》國際學術研討會暨經典現代化論壇。作者感謝張高評及黃人二的評論意見及宋德熹、吳秋育與吳哲生的回饋建議。

# 一 前言：《群書治要》與《貞觀政要》中的串接

　　《群書治要》為唐初大臣魏徵、褚遂良、虞世南等人所編，將該朝貞觀以前（五帝到晉代）共六十五種、近九千卷的原著經典匯聚成為五十卷的「菁華版」，作為唐太宗修身與治國參考之用。[1]《貞觀政要》則是唐朝史官吳兢於唐太宗的繼任者唐玄宗開元年間輯成（西元713-741年），所記錄的唐太宗與其重臣之間的互動與對話，計有十卷共四十篇。[2]其中大多數（前七卷或前二十九篇）偏重君道及君王的修心、修身的對治國平天下的必要性，後十多篇則屬在治國各面向上的應用，如用刑、農業、國防等。第二卷與第三卷，特別將君王如何與臣子（領導者與幕僚）的互動及原則勾勒出來，例如〈任賢〉（第三篇）、〈求諫〉（第四篇）與〈納諫〉（第五篇）。[3]從《貞觀政要》風行於日本幕府時期，成為受到德川家康（1603-1868）重視的君王學，乃至於今日有經營之聖美譽的稻盛和夫對回歸領導者修德、修心的苦心呼籲，都可以看出貞觀時期流傳下來的著作，強調領導者品性及其對治國的影響，對日本深遠的影響。

　　綜觀兩大著作，可以發現無論是《群書治要》中的經典彙整，還是《貞觀政要》的君臣對話，著作主軸是在記錄與倡議君王如何修身與治國。串接修身與治國的是王道與修心，多數讀者的注意力是在討論「經營」、「領導力」。另一個串接點則是君王如何兼顧自己的「團隊」，也就是臣道。臣道是領導者在修己之外，需要平等重視的課題。這兩大著作的重要貢獻，是能為今日管理與治理相關文獻，補充關於臣道這一環節的哲學與實作。

　　二〇一二年起，馬來西亞中華文化教育中心使用民國初年商務印書館在校勘日本保存原版《群書治要》將之重排的版本，出版《群書治要三六〇》，以君道、臣術、貴德、為政、敬慎與明辨六綱目分類整理。其中臣道一類，可與唐太宗過世之後才出版的《貞觀政要》對接，呈現了中國歷史中最早典籍一直到貞觀之治中千古相承的心法脈絡。本文初步嘗試由此勾勒出當今政治與管理學門傳統中極少碰觸的「幕僚之學」，並依此與當前的僕人式領導文獻對話。文末則反思「經世致用」之學在今日產生更多實踐參考價值的可能。

---

[1] 馬來西亞中華文化教育中心：《群書治要三六〇》第3冊（臺北：世界書局，2015年）。馬來西亞中華文化教育中心：《群書治要三六〇》第1冊（臺北：世界書局，2012年）。馬來西亞中華文化教育中心：《群書治要三六〇》第2冊（臺北：世界書局，2014年）。馬來西亞中華文化教育中心：《群書治要三六〇》第4冊（臺北：香港佛陀教育協會，2016年）。

[2] 《貞觀政要》，中華古詩文古書籍網，網址：https://www.arteducation.com.tw/guwen/book_62.html，檢索日期：2023年9月10日。

[3] 吳兢：《貞觀政要》（新北：華夏出版社，2021年）。

## 二　《群書治要》與《貞觀政要》中的臣道

　　《群書治要》所彙整的經典，是魏徵等名臣成就臣道的基礎。他們為唐太宗所整理的這部「教材」，是唐太宗年輕時因從軍而未能廣讀，但當時文人卻都已非常熟悉的教科書內容。因此若是從《群書治要》來看臣道，就可以發現這些教材的基礎，不只是文人用於科考的知識，更是被群臣內化之後成為安身立命、進退於官場的人生守則。

　　《群書治要》中所勾勒的臣子之道，除了與王道一樣有修心與修身這些項目外，還包括了立節（例如不貪、不受物質誘惑）、盡忠、勸諫與舉賢等。舉例而言，《群書治要》中引用了晏子的話。晏子將臣道總結得很完整。他對齊景公說，所謂為臣之道就是見到善事一定宣揚，與人同利不占為己有，推薦賢人而不求自己出名，看自己的德行位階來做官，不苟且升官，依自己的功勞來接受俸祿，君主採納他的建言讓大家獲利而自己不居功。其中「君用其言，人得其利，不伐其功」可視為結合了立節、盡忠與勸諫三者（〈卷三十三晏子‧問上〉）。

　　「勸諫」是臣子自己立節之後的外顯行為表現。臣子在「盡忠」時有三種策略，依上策、中策、下策來看，分別為「先其未然」的預防、「發而進諫」的補救，以及「行為責之」的戒（〈卷四十六　申鑒〉）。臣子使用這些策略的目標是「納善於君」，讓領導者免於危難（〈卷三十三　晏子〉）。換言之，「諫」是臣道中與領導者互動的日常或進行式，且是個較不得已的手段。最萬不得已的手段則是「戒」，也就是「伏死而爭」。臣子被期待以放眼天下的胸懷去諫諍規勸（〈卷五　春秋左氏傳中〉）。這個態度可追溯到孔子對子路所說的，對待領導者，「勿欺，而犯之」——不要欺瞞，有錯就要犯顏諫諍（〈卷九　論語〉）。管仲認為臣子的功績要從三個地方來看：有沒有匡正君王的過錯、有沒有補救君王的過失，以及有沒有用社會道德規範來開導君主讓他不受蒙蔽（〈卷三十二　管子‧明法解〉）。由此可知，古籍中所期待的優秀臣子，是個能與君王一樣將國家興旺放在首位的孝子「子從命者，不得為孝；臣苟順者，不得為忠」（〈卷四十七　政要論〉）。

　　臣道亦包含協助領導團隊吸納人才這個面向，也就是孔子對子貢所說的「進賢賢哉」——能推薦優秀人才的人是賢明的（〈卷十　孔子家語〉）。墨子說「大人之務，在於眾賢而已。」也就是大臣們的要務，就是讓賢才愈多愈好（〈卷三十四　墨子〉）。這樣的推舉，關鍵不在這個人是不是與自己熟識，而是就事論事，就才論才，「唯善所在，親疏一也」——有德就推薦，親與不親一視同仁（〈卷六　春秋左氏傳下〉）。

　　推薦身邊優秀的人並不難，但若依據臣道的舉才原則，有個重要前提：要問提名者自己算不算是個講求修德之人。正因一般人推薦別人時，總是「求與己同者也」——被薦者很可能是和自己同一類的人，因此《群書治要》提醒領導者反而必須謹慎小心，推薦人選的這位臣子本身是不是個君子（〈卷四十一　淮南子〉）。戰國時期的軍事家吳

起，對送行的魏武侯分享了他如何把西河地區治好的四字箴言：「忠信勇敢」。這四個字指的是他自己「忠於國君、取信於百姓、勇於剔除不賢的人、敢於啟用賢能的人」(〈卷三十九　呂氏春秋〉)。一個心存臣道的人，在行事作為上除了舉薦人才，也能將立節、盡忠納入他的薦才行為之中。

臣道與君道並非兩種學問，而是相輔相成，必須合璧學習。臣道如手足，王道如大腦、頭部(〈卷四十八　體論〉)。身體需領導者與臣子、幕僚合作，方能正常運作。例如「得其人有賞」——臣子推舉了人才，君王就要給獎勵以鼓勵效尤(〈卷三十　晉書下〉)。「不與君行邪」——臣子本身不盲從，不走愚忠路線，君王有道就跟進一起打拚，否則就隱退，不與上級一起做邪惡的事(〈卷三十三　晏子〉)。晏嬰當齊景公的宰相，說他選拔人才的原則是「見賢即進之，不同君所欲；見不善則廢之，不避君所愛。行己而無私，直言而無諱。」——在君王側，即使是進用人才，臣子也應該有相當程度的主見(〈卷三十三　晏子·雜下〉)。[4]

《貞觀政要》中記載了各種唐太宗與群臣的對話，可視為《群書治要》中的具體實踐與心法的展現。《貞觀政要》可以說是《群書治要》的「印證」。魏徵不僅領銜主編了《群書治要》，從《貞觀政要》更可看出他更身體力行臣道的內涵。《貞觀政要》類似史書，以相對客觀的方式地展現了經過數千年傳承的臣道心法，在唐代仍能運行。

魏徵親自給臣道下的定義是「賢臣處六正之道，不行六邪之術，故上安而下治，生則見樂，死則見思，此人臣之術也」(《貞觀政要》〈卷七　擇官〉)。他強調臣子生時應該為百姓造福，死後能被人追憶。因此，為臣之胸懷不下於王道。[5]臣道與王道能夠並行的重要前提是君王願意將修德、納諫當作是治理的首要。《貞觀政要》重點在於，若領導者缺了「將修德、納諫當作是治理的首要」的王道素養，則臣道將無以為繼。

對唐太宗與他的幕僚團隊來說，那個時代每個讀書人都已經學過、已經知道的事，本來不必大費周章為君王重新彙整。正因為唐太宗親見前朝荒誕而敗亡，深受刺激，轉而珍惜前人的智慧並將之視為維繫政權最重要的憑據，才啟動了《群書治要》這個編寫

---

[4] 本文的評論人黃人二教授為此補充道：「古書中論君主所應為者，若馬王堆帛書《明君》、《韓非子·主道》、《呂氏春秋·君守》、《淮南子·主術》，主張有異，但無礙於論君；上博簡文《從政》、《尚書·堯典》之諸臣分治諸事則為論臣。此乃個別諸篇之分論君臣者。君臣合論見於一篇者，可參考《管子·君臣》。在同一本書，列於相次篇章，需要兩篇章合看者，有《慎子·君人》與《君臣》、《說苑·君道》與《臣術》、《荀子·君道》與《臣道》。依循此理，簡文《從政》當與簡文《民之父母》合看，前者為臣，後者為君。君為內，臣為外；君為根本，臣為枝葉；君為胸脇，臣為股肱；君當無為，臣當有為，君臣分工設職，乃能成就王道之事業。」

[5] 魏徵以《說苑》為基礎，定義了臣子品性的六正與六邪。六正為有先見之明，善於管理現場的「聖臣」、能適時給出建議的「良臣」、勤勉工作提拔人才的「忠臣」、預見機先並轉危為安的「智臣」、守法自制的「貞臣」、情勢混亂仍給出諍言的「直臣」。六邪為在乎別人眼光卻不做事的「具臣」、只會拍馬屁的「諛臣」、表裡不一私下破壞的「奸臣」、把力氣用在離間的「讒臣」、用權勢一手遮天的「賊臣」，以及人前逢迎、人後搞陷害的「亡國之臣」(詳見〈擇官第七·第十章〉)。

工程。因此,「領導者在乎」可說是《群書治要》的啟動編寫最特殊的因緣。這個任務與奉行臣道的魏徵志業相投,所以《群書治要》亦可視為魏徵等臣子送給領導人(含唐太宗之後的領導者)最大的獻禮。

《貞觀政要》與《群書治要》最大的差異,就是《貞觀政要》作者吳兢為了復興臣道,或是感嘆唐太宗與名臣離世之後王道與臣道的衰退而試圖振作之作。這位史官將魏徵等人被從幕後送上了前臺。直接用(當時)更白話但不失真的方式,演繹了君臣分際。以下略舉數例。首先,君道強調知人善任,用人要說得出光明正大的理由。臣道則是從操守來為人才的進用把關,兩者若有矛盾,則以德行來作為最終取捨標準。君與臣都要對此有共識才能走得下去。正因為領導層求才亦求德,所以這成了臣子(人事單位)嚴峻的挑戰。杜如晦曾建議唐太宗仿照漢朝在文官獲得提名之前先檢驗學識與人品。他擔心畢竟只用考試舉才不易看出此人的真實人品(〈擇官第七‧第五章〉)。馬周則接力上書給唐太宗,擔心中央選才嚴,但地方首長(刺史、縣令)的選才鬆,會導致地方(尤其是偏遠區)民眾生活困苦。唐太宗同意杜如晦與馬周辨所識出的真實困境,表示自己非常在乎這件事「從此以後,我將親自挑選州刺史,五級以上部長要跟我推薦縣令人選。」從這裡雖然看得出治理,需要首重人才的才識與德行,但如何執行仍相當不易。唐太宗的想法是「地方官在百姓心目中是皇帝代理人」,所以一方面請優秀臣子舉薦,二方面則定期派人督導地方官的工作績效。唐太宗甚至把刺史名字寫在寢宮的屏風上,隨時記錄他們的表現作為升遷的依據,標準是「才能、誠信、審慎、勤勉與公正」。[6]

君道與臣道除了基於德與忠,各自修練德行之外,要維繫君臣關係以及團隊默契於不墜,還需要彼此對信任的堅持。這個堅持,從幕僚的角度來看,常常會需要以諫的方式,積極營造[7]。貞觀六年魏徵遭人汙陷給親戚好處。朝廷雖查明無此事,但當時唐太宗還是找了溫彥博去「善意提醒」魏徵要警惕自己的言行舉止。魏徵極度不快,找了機會跟唐太宗直言「怎麼不跟我直說要找人帶話?」並說出「請你讓我做好良臣而非忠臣」重話。唐太宗不解,魏徵便把他動怒的道理說出來:你在意的那些事(我是不是清白)並不重要,而是我們的關係,不能像商朝的忠臣比干因諫言而被商紂處死。良臣是與君王一起讓國家變好,美名一起流芳的人!唐太宗聽進去後賞賜了魏徵表達謝意(〈卷二 求諫第四〉)。

---

[6] 唐慶華著,謝明珊譯:《唐太宗領導學》(臺北:采實文化公司,2017年),頁203。
[7] 相似的論點可參見:張瑞麟:〈轉舊為新:《群書治要》的編纂與意義〉,《文與哲》第36卷(2020年6月),頁81–134。

## 三　與僕人式領導的對話

《貞觀政要》中的唐太宗展現的是「禮賢下士」的領導風格。這是他帶領堅強幕僚團隊的基礎。這個風格與近世在西方管理學界廣為討論的僕人式領導（servant leadership）的概念有相當程度的呼應。也值得略作對話與比較。

僕人式領導指的是以服務他人為主，將追求個人權力或控制的目標放在次要位置的領導風格和哲學。僕人式領導有兩個層面，就字面上拆解就是「領導」與「僕人」。讓團隊知道領導者的價值觀，以及要帶大家到哪裡去的團隊願景、方向和目標，這是「領導」的部分。而讓大家有參與感，則是「僕人」的部分——領導者為自己的員工工作，而間接為客戶工作。「一旦願景、方向和目標都明確了，領導者的工作就是幫助人們按照價值觀和目標去過想要的生活，並最終獲得成功」。[8]

僕人式領導有別於偏向注重僱主和員工之間權威關係的傳統的領導風格，而更接近一種基於道德的領導風格，特點包括信任、誠信、正直、關懷、傾聽和關注等，目標是賦予他人實現目標的權力。僕人式領導者關注追隨者的個人成長和發展，通過以道德方式對待他們來實現這一目標。僕人式領導者傾聽跟隨者的聲音，同情他們，優先考慮他們的個人需求和利益。[9]當前有些成功企業如 SAS 軟體、Mariott 酒店集團、Starbucks 咖啡連鎖集團等在西方媒體上被視為應用僕人式領導的成功案例。但是，即使教科書說出了僕人式領導者應具備「傾聽、同情、關懷、警覺、說服、講理、遠見、堅持、共好」等字眼時，[10]這個領導風格仍被視為藝術，不易找到具體的實踐範例，在西方文獻中仍缺乏好的實踐例子。[11]媒體稱讚這些「應用僕人式領導有成」的企業時，多半強調的是員工的幸福與工作滿意度（包含提供訓練與資源來支援員工的專業成長與透明的工

---

[8] Seles, "【大師教路】服務你的員工？僕人式領導力最終會獲得高效團隊？", BusinessFocus, June 25, 2018, https://businessfocus.io/article/67006/大師教路-服務你的員工-僕人式領導力最終會獲得高效團隊；Ken Blanchard and Renee Broadwell, eds., *Servant Leadership in Action: How You Can Achieve Great Relationships and Results*, 1st edition (Oakland, Ca: Berrett-Koehler Publishers, 2018).

[9] Nathan Eva et al., "Servant Leadership: A Systematic Review and Call for Future Research," *The Leadership Quarterly* 30, no. 1 (February 2019): 111–132, https://doi.org/10.1016/j.leaqua.2018.07.004; Shann Ray Ferch and Larry C. Spears, eds., *The Spirit of Servant-Leadership* (New York: Paulist Press, 2011); Robert K. Greenleaf, *The Servant as Leader* (Cambridge, Mass.: Center for Applied Studies, 1970); Robert K. Greenleaf, *The Power of Servant-Leadership*, ed. Larry C. Spears, 1st edition (San Francisco, Calif: Berrett-Koehler Publishers, 1998).

[10] Sonnya Kourteva, "Forbes EQ Brandvoice: Have You Heard of Servant Leadership?," *Forbes,* March 29, 2021, https://www.forbes.com/sites/forbeseq/2021/03/29/have-you-heard-of-servant-leadership/.

[11] Krishna Athal, "The Problems with Servant Leadership," *Entrepreneur,* October 13, 2021, https://www.entrepreneur.com/leadership/the-problems-with-servant-leadership/384496.

作環境等)。[12]至於領導人或領導階層是如何運作道德原則，文獻多半無從介紹清楚。較新一代的領導／管理學者也開始注意到了這個問題，指出僕人式領導在執行上及傳承上的難處，是它的不易複製與學習。《貞觀政要》中所勾勒出的君臣互動，正好能補上這個缺口。從《貞觀政要》來看，企業的盛名與員工的滿意度應該視為領導風格的結果。僕人式領導強調它的因——決策團隊的付出，以及就「做對的事」不斷的折衝，因此並不強調企業成功、國家富強這個結果。

目前西方文獻中所提到僕人式領導，除了強調照顧員工這面向之外，另一個討論的焦點是擔憂這個領導風格流於軟弱、耗時，以及增加太多額外情感上的負擔。由於領導者必須不斷評估如何在權威決策和創造共識之間取得平衡，或是去平衡不同利益相關者的需求，背後的代價很可能會是自己的時間與健康。畢竟投入大量這樣的領導成本，將容易造成自己的疲憊。[13]這些說法能在《貞觀政要》得到相當程度的呼應。唐太宗在平衡自己治國需要、傾聽群臣諫言、透過與幕僚互動產生雙方合意的背後，的確有個相當耗時且費心的工程。

《貞觀政要》為僕人式領導文獻帶來最大的貢獻與啟示是：若沒有持續投入強大的誠意，僕人式領導風格所辛苦累積的成果很容易消退。唐太宗剛即位第一年，本應意氣風發，但他告訴重臣王珪說「人之意見，每或不同，有所是非，本為公事。或有護己之短，忌聞其失，有是有非，銜以為怨。或有苟避私隙，相惜顏面，知非政事，遂即施行。難違一官之小情，頓為萬人之大弊。此實亡國之政，卿輩特須在意防也。」(〈政體第二〉)唐太宗認為領導者一就位，應該開門見山創造一個團隊互動的文化並身體力行，讓團隊清楚知道，有意見就要直說，不能為了愛惜顏面而不糾正過錯，間接傷害了團體利益。他當政十二年後，再次問大臣們「為什麼我的功業還是比不上三皇五帝時代？」魏徵不改直諫的風格回答他，以前的盛世衰退，是因為太平之後，君或臣就自我放縱，只顧自保。「若使君臣常無懈怠，各保其終，則天下無憂不理，自可超邁前古也。」——若能持續投入努力與誠意，自然可以讓國家創造新猷，超越古人的記錄。這句話得到唐太宗同意「誠如卿言。」(〈卷十　論慎終〉)由此可知，要維持僕人式領導的風格，以及這個領導風格所構建出來的君臣互動文化，領導人必須一直努力並維持風格的一致性和誠意。

---

12 Preethi Jathanna, "11 Best Servant Leadership Examples in Business to Inspire You," *Sorry, I Was on Mute* (blog), January 4, 2023, https://www.sorryonmute.com/servant-leadership-examples-8/; Simon Sinek, *Leaders Eat Last: Why Some Teams Pull Together and Others Don't*, Illustrated edition (New York, New York: Portfolio, 2014).

13 Scott Mautz, "The Problem with Servant Leadership (and How to Lead Instead)," *Scott Mautz* (blog), March 23, 2021, https://scottmautz.com/the-problem-with-servant-leadership-and-how-to-lead-instead/; Robert Siekert, "Top 5 Servant Leadership Challenges," *Thrive Global*, August 12, 2019, https://community.thriveglobal.com/top-5-servant-leadership-challenges/.

《貞觀政要》中的唐太宗，除了要向群臣展現個人的修為、誠意與努力之外，還得積極建構出能盡忠且直言的幕僚文化，以及仰賴群臣對這個君臣互動風格的堅持，以及家人（長孫王后）的包容與智慧（例如表態不參與官中決策，以及群臣激怒唐太宗後的情緒安撫等）。《貞觀政要》展現了僕人式領導者，如何用審議的態度、對下屬及百姓的同情，來克服取得平衡過程中與僚臣之間產生的緊繃。《貞觀政要》中的領導者時時觀照自己內心「施展權力」、「節制權力」、以及「下放權力」三者之間的平衡。這部分正是當前僕人式領導文獻尚未觸及的面向。

## 四　當前需要的「經世致用」之學，得從「做」開始

吳兢作為史官為了能達到教化、勸諫君主的目的，透過《貞觀政要》記錄了當初編寫《群書治要》的魏徵及群臣，與唐太宗的互動對話語錄，讓將這些角色的言行舉止背後的智慧透過對話展現出來。這些文字的重要性，不只在於彙整與保存，而在於「做」與實踐。《貞觀政要》成功的將《群書治要》中無法呈現貞觀時期君臣之間的所思、所想、所為，以對話錄的方式呈現出來。

常言「文以載道」——君臣之間的互動言行，是為了展現自己所知道的真理，並從互動中來排除每個人的盲點，進而取得真知。這個真知就是「道」。所以臣以文載道，君以道治國。《群書治要》與《貞觀政要》就是這個「道」的辯證過程與記錄。這樣的文體不同於古今的管理與統治文獻，或是單純的奏表或策論，而能讓「道」更靈活地展現在領導人面前。

目前的管理學領域的文獻或圖書，多半著重於領導者如何提高績效與生產表現，或是在談如何為企業經營帶來最高的收益。市場上關於個人職涯成長的書籍，也同樣強調自己如何提升生產力，或是調適自己的節奏與心態來幫助組織成功。即使是談到了唐太宗及《貞觀政要》，也多是從企業管理的角度，朝著「如何把人管好」的目標來詮釋經典。當前「政治的領導」、「政黨的領導」與「政府的領導」相關的主題乏人問津，不但極少出現在華文書市管理類暢銷排行榜中，也從未成為國內政治與公共行政學界的主流研究課題。在中高階經理人的角色與使命的出版品之中，比較少出現的是比管理更為上游的（政治）課題——領導者跟幕僚之間的互動，以及這些君臣角力背後的哲學辯論。政府和企業與以前的朝廷一樣，是由人組成的。《貞觀政要》展現的是「決策是由人在領導與被領導的互動中產生出來的」，因此對吳兢來說。「辦公室政治」或「企業內部政治」本就該被面對與嚴肅討論。這個決策過程的複雜面與真實面，能用寫實且白話的角度來呈現的文學作品很少。《貞觀政要》跟《群書治要》能夠讓我們看見領導者或決策者與幕僚左右手之間互動基本原則的重要文本，其重要性及珍貴性至此愈發鮮明。

多數的領導學相關文獻從 CEO 企業經理人的角度看「管理」（績效與表現），[14]很少文獻能夠從王或君的角度來看「治理」（群眾與群臣）。所有的主管，無論高階或中階（含家長），都是《貞觀政要》中唐太宗所扮演的角色，所以若閱讀《貞觀政要》便有機會體會唐太宗如何展現他的領導技巧，用於改善治理的品質。雖然古籍記載的是朝廷中的討論，但那樣的朝中對話，即使是今日的社會也相當適用。擔任主管者，尤其是掌握經費分配權力的民意代表、局處首長，乃至於大學中的研究計畫主持人，都應該能對號（唐太宗）入座，將自己團隊去對比與唐太宗的團隊，並追問自己：團隊的盲點是不是能有良臣協助點出與排除？自己所在的組織，有多少人願意為自己與組織的未來說真話而不被排擠？自己有多願意聽見諫言？自己會不會珍惜這樣會「放炮」的人才？以及自己在聽到真話之後是否仍能謙懷若谷？若有幸得到或建立了求真的團隊，又能持續多久？同樣的，身為經理人或者是領導者身旁的幕僚，也應要能從這兩部典籍中看見幕僚的使命、角色和進退的時機與智慧，在日常中實踐臣道。

今天政府政黨組織、學校課堂和家庭，每個人不只是扮演「君」，也同時在不同場合扮演「臣」。每個人都在這兩個角色中切換與輪轉。因此，在閱讀《貞觀政要》時不只是要讓自己「對號入座」唐太宗，每個人也該問自己，對下屬與同事扮演明君的同時，對上司與主管能否扮演好良臣的角色。讀者若能產生這個「君臣一體」的警覺，將能讓這兩部書的參考價值更上層樓。

《貞觀政要》所呈現出來的畫面，其層次及趣味，遠遠超過了當前領導風格這種學術型討論，也就是將領導風格分類，再談那個時候會用到什麼風格[15]。畢竟風格很難被某一概念完全包括，而是在不同情境中轉換。僕人式領導一詞不能概括唐太宗的全部風格，而《貞觀政要》中的唐太宗也並不只會用僕人式領導來帶領群臣。若能將這兩本古籍所呈現出來的領導風格作一盤點，可能會是東西方領導學界對話的新章。至於本文最強調的臣道，在當前的政治與公共管理文獻中，是個更為罕見課題。「臣」在今日往往被誤解為聽命辦事的角色，在效率二字之前，沒有討論的空間。在權力安排下，「臣」的確僅是官僚中必須服從於領導者的一個「位階」且非實體職銜。但有趣的是魏徵和群臣跟他們君王的互動，超越了這個「臣只能聽命」的結構，展現了在傳統「禮制」體系與今日團隊合作中間，非常巧妙的平衡。這面鏡照出了我們談論治理實務時的盲點，也照出了學術界的一大真空地帶。

---

14 田口佳史著，黃瀞瑤譯：《天可汗的領導學》（新北：野人文化公司，2017年），頁163。

15 Barbara C. Crosby and John M. Bryson, *Leadership for the Common Good: Tackling Public Problems in a Shared-Power World*, 2nd edition (San Francisco: Jossey-Bass, 2005); Peter Guy Northouse, *Leadership: Theory and Practice*, Ninth edition, international student edition (Los Angeles London New Delhi Singapore Washington DC Melbourne: SAGE, 2022); Edgar H. Schein and Peter A. Schein, *Humble Leadership: The Power of Relationships, Openness, and Trust*, 1st edition (Berrett-Koehler Publishers, 2018).

王朝體制下，君王擁有絕對的權力，是金字塔結構下必然的狀況。無論集權還是民主，政府與企業、各行各業裡不都有相似的安排？何以在貞觀年間的金字塔體系中所呈現出來的臣道會有精采的火花，而今日的科層體系卻常出現揣摩上意、習以為常的現象？從這兩部典籍中可以看得出來，能激出火花的前提，是組織內的領導者與被領導者共享了一定程度的道德價值的緣故。這個共享的道德價值，足以讓他們就事論事，平起平坐。一般來說，領導者擁有權力，所以難免會想透過它來達成目標。領導者如何收攝或節制權力，才是創造平衡，讓臣道浮現的最關鍵所在。

　　除了領導者自己的修養之外，社會整體以及組織內部，必須有一個清楚的、支持臣子或幕僚有勇氣說真話的文化氛圍。《群書治要》中所呈現出來的道德立場、價值與堅持，就成了臣道賴以為繼的基礎。如果組織中，沒有《群書治要》所彙集的這個讀書人風骨的基礎存在，那就不會有上自管仲，下至吳兢這一類型的臣子或幕僚會使用道德的高標準來要求自己跟領導者。因此，我們不得不感嘆，現代的制度與社會氛圍，相當不利於諫官與良臣的立足，[16]更遑論大力支持對這方面人才培育的教育單位。

## 五　結論

　　管理實踐的討論，多是從「如何為君」（怎麼樣做好一個領導者）的角度出發，強調領導者的專業能力、素養與自我要求。然而從治理的角度來看，組織中多數的是「中階領導人」。幕僚人員協助領導人排除錯誤、預見趨勢，並甄拔人才。幕僚人員不只對下為君的角色，也同時要扮演對上為臣的角色。對下為君，當然要學習如何領導。但更重要的對上為臣，就不會只是學習「被領導」，也得學習成為稱職的幕僚，也就是臣道。幕僚之道，就是臣道。

　　我們或許知道領導者在組織中同時具備了君（領導）、親（關懷）、師（教化）的角色，但切到「臣」的角色時，就退回了只剩「服從」與「和諧」。《群書治要》與《貞觀政要》所談的臣道並不強調表面上的服從與和諧，而是背後對道德的在乎與堅持。臣道所展現出對道德的堅持與自持的程度，甚至超過了王道。因為這樣的基礎，才能讓唐太宗在息武之後想進修，想好好治國時，有人才（群臣）與教材的支援。也因為擁有大量對道德原則堅持立場的人才，才能讓君王欽敬倚重，並且夠拿出自己的原則與群臣「在對話中互相學習」，在對話中淬鍊出君臣都能取得的共識、真相與心法。最後，也唯有這樣對道德原則堅持立場的人才，才能在唐太宗之後，仍惦記著把這些心法加以記載與傳承下來，讓後世得以一窺唐初及更早前朝代先人的智慧。

　　當今政府文官、政黨的民意代表，與企業的中階經理人，與其商討如何學習單一的

---

16 唐慶華著，謝明珊譯：《唐太宗領導學》，頁83。

君道或臣道，不妨更積極修習傳統文化教材之中豐富的道德元素。先期勉自己修德（為君），再去求（招募）社會上具道德修養的人才（臣）。政黨、企業及教育單位不妨從同樣的角度，來創造學習道德、講德的殿堂。在臺灣，這風氣尚未開展，但日本企業經營典範之一的稻盛和夫所創立的「盛和塾」在日本與全世界的商界都已傳為美談。這個由組織領導者親自帶領的讀書會、講道之會，雖然隨著稻盛和夫的過世而停辦，但超過二十年的傳承，這個以強調企業中領導者應該重視個人修為的做法，仍值得各政黨與各級政府尊敬與參考。

至於當前的高教系統，已將注意力灌注到國家之間、產業之間技術面的競爭。從這角度培育產業所需的人才，可以理解。只是一旦重視道德的人才供給短缺，數年之後，重金打造的王國也將受到德性不佳的「人才」反噬與傷害。科技高度發展下的各式詐騙型態層出不窮，企業王國、政府部會，以及政黨對於內部人員可能的失德行為一堵再堵，對照唐太宗晚年臣道逐步崩壞的局面，恐有過之而不急。道德崩落、倫理退位、官箴敗壞的影響所及，便是萬民的身家財產無法保全。君道與臣道接合的紐帶，就是君臣共享一套高標的道德標準。組織內部要有這樣互相提醒的機制，才有守成的可能。一旦任何一邊失去對這個標準的堅持，盛世也可能衰敗。

《群書治要》在當今這個環境下，非常適合作為領導者與幕僚共學的教材。相對於厚重的經史子集，它已可稱作是個「懶人包」。學習這個教材之際，若要看如何應用臣道，就要同時參照《貞觀政要》。因為《群書治要》教材的編者魏徵，後來成為《貞觀政要》此劇中的第二男主角（唐太宗為主角）。再加上這部劇還是由深具臣道素養的史官吳兢所拍的，是部「紀錄片」，才能讓我們今日，得以用常民百姓的語言，看見千年來就在使用且可行的臣道與君道。在此軌道上，政治、歷史、管理與中文學界或有更多合作空間，得將更多古籍中的臣道以及臣君互動智慧——例如唐太宗親著之《帝範》與武則天所著之《臣軌》重新放上實踐者彼此之間學習與對話的平臺。

# 徵引文獻

## 一　原典文獻

吳　兢：《貞觀政要》（新北：華夏出版社，2021年）。
唐太宗：《帝範》（臺北：臺灣商務印書館，1966年）。
唐武后：《臣軌》（新北：臺灣商務印書館，1966年）。

## 二　近人論著

Athal, Krishna. "The Problems with Servant Leadership." *Entrepreneur,* October 13, 2021. https://www.entrepreneur.com/leadership/the-problems-with-servant-leadership/384496.

Blanchard, Ken, and Renee Broadwell, eds. *Servant Leadership in Action: How You Can Achieve Great Relationships and Results*. 1st edition. Oakland, Ca: Berrett-Koehler Publishers, 2018.

Crosby, Barbara C., and John M. Bryson. *Leadership for the Common Good: Tackling Public Problems in a Shared-Power World*. 2nd edition. San Francisco: Jossey-Bass, 2005.

Eva, Nathan, Mulyadi Robin, Sen Sendjaya, Dirk Van Dierendonck, and Robert C. Liden. "Servant Leadership: A Systematic Review and Call for Future Research." *The Leadership Quarterly* 30, no. 1 (February 2019): 111-132. https://doi.org/10.1016/j.leaqua.2018.07.004.

Ferch, Shann Ray, and Larry C. Spears, eds. *The Spirit of Servant-Leadership*. New York: Paulist Press, 2011.

Greenleaf, Robert K. *The Power of Servant-Leadership*. Edited by Larry C. Spears. 1st edition. San Francisco, Calif: Berrett-Koehler Publishers, 1998.

_____. *The Servant as Leader*. Cambridge, Mass.: Center for Applied Studies, 1970.

Jathanna, Preethi. "11 Best Servant Leadership Examples in Business to Inspire You." *Sorry, I Was on Mute* (blog), January 4, 2023. https://www.sorryonmute.com/servant-leadership-examples-8/.

Kourteva, Sonnya. "Forbes EQ Brandvoice: Have You Heard of Servant Leadership?" *Forbes,* March 29, 2021. https://www.forbes.com/sites/forbeseq/2021/03/29/have-you-heard-of-servant-leadership/.

Mautz, Scott. "The Problem with Servant Leadership (and How to Lead Instead)." *Scott Mautz* (blog), March 23, 2021. https://scottmautz.com/the-problem-with-servant-leadership-and-how-to-lead-instead/.

Northouse, Peter Guy. *Leadership: Theory and Practice*. Ninth edition, International student edition. Los Angeles London New Delhi Singapore Washington DC Melbourne: SAGE, 2022.

Schein, Edgar H., and Peter A. Schein. *Humble Leadership: The Power of Relationships, Openness, and Trust*. 1st edition. Berrett-Koehler Publishers, 2018.

Seles. "【大師教路】服務你的員工？僕人式領導力最終會獲得高效團隊？"，Business Focus, June 25, 2018. https://businessfocus.io/article/67006/大師教路-服務你的員工-僕人式領導力最終會獲得高效團隊。

Siekert, Robert. "Top 5 Servant Leadership Challenges." Thrive Global, August 12, 2019. https://community.thriveglobal.com/top-5-servant-leadership-challenges/.

Sinek, Simon. *Leaders Eat Last: Why Some Teams Pull Together and Others Don't*. Illustrated edition. New York, New York: Portfolio, 2014.

唐慶華著，謝明珊譯：《唐太宗領導學》，臺北：采實文化公司，2017年。

張瑞麟：〈轉舊為新──《群書治要》的編纂與意義〉，《文與哲》第36卷，2020年6月，頁81–134。

田口佳史著，黃瀞瑤譯：《天可汗的領導學》，新北：野人文化公司，2017年。

馬來西亞中華文化教育中心：《群書治要三六〇》第1冊，臺北：世界書局，2012年。

_____：《群書治要三六〇》第2冊，臺北：世界書局，2014年。

_____：《群書治要三六〇》第3冊，臺北：世界書局，2015年。

_____：《群書治要三六〇》第4冊，臺北：世界書局，2016年。

# 從《貞觀政要》談領導藝術

## 鄧文龍

文藻外語大學歷史文化觀光產業創新研究中心教授

## 摘要

　　領導是領導者及其領導活動的簡稱。傳統的君臣，就如同現代的領導與被領導者。本文主要從《貞觀政要》談領導藝術，唐太宗善於聽取諫言，特別重視用儒家倫理教化方式來治理國家。如同孔子所說：「道之以政，齊之以刑，民免而無恥；道之以德，齊之以禮，有恥且格。」本文所討論之《貞觀政要》是一部政論性的歷史文獻，分類編撰唐朝貞觀年間唐太宗和身邊大臣的政論、奏疏以及重大政治措施等，全面地反映了太宗君臣論政的主要內容。但在現今的社會當中此書可以扮演什麼樣的角色呢？它雖經過千年仍具有很大的參考價值，這是本文想探究的主題，為此本文分成三節，第一節引論說明領導藝術的重要性，第二節討論貞觀政要中的領導藝術包括確定治國方針、接受歷代統治中的經驗教訓、培養統治的接班人，以及精簡機構、選賢任能、謙遜謹慎、尊崇儒術等許多方面的具體材料。不論是唐太宗兼德則明、從善如流的態度，還是以魏徵為首的直言諫諍精神，其他修己治人與追求超越智慧的方法都具有借鑑意義。第三節結論與建議，其重要觀念都足以作為今日國家公司管理經營的參考。

**關鍵詞**：修身、治國、自我反省、領導藝術

# 一　前言

根據薛裕民的〈《四庫全書總目》中的帝王之學探析〉[1]，帝王的學問範圍寬泛，舉凡修身養性、統御臣下、治理國家等等皆可屬之，與之相似的詞彙為「帝王之道」、「帝王之術」，然其指涉範圍沒有帝王之學來得廣。北宋范祖禹（1041-1098）著有《帝學》一書，「務學求師著儀軌修身莅政」[2]（圖一），裡面提及「人君讀書學堯、舜之道，務知其大指，必可舉而措之天下之民，此之謂學也」（圖2）[3]。

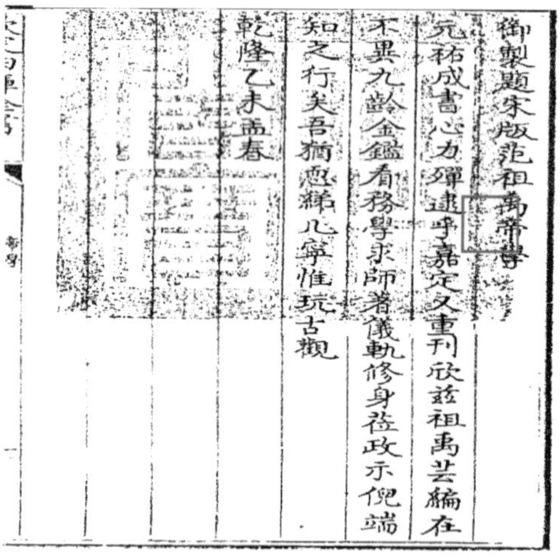
御製題宋版范祖禹帝學
元祐成書心力殫遠乎嘉定又重刊欣茲祖禹芸編在
不異九齡金鑑看務學求師著儀軌修身莅政示倪端
知之行矣吾猶恧綈几寧惟玩古觀
乾隆乙未孟春

圖一　欽定四庫全書帝學

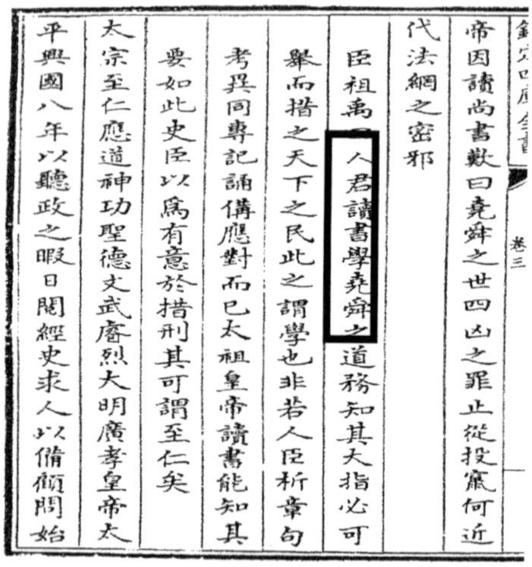
帝因讀尚書歎曰堯舜之世四凶之罪止從投竄何近
代法網之密耶
臣祖禹曰人君讀書學堯舜之道務知其大指必可
舉而措之天下之民此之謂學也非若人臣析章句
考異同專記誦備應對而已太祖皇帝讀書能知其
要如此史臣以為有意於措刑其可謂至仁矣
太宗至仁應道神功聖德文武睿烈大明廣孝皇帝太
平興國八年以聽政之暇日閱經史求人以備顧問始

圖二　人君讀書學堯、舜之道原文

領導（Lead）是領導者及其領導活動的簡稱。帝王學起源於古代君主治國理政、駕馭政權的經驗，包含了權謀學、運籌學、管理學、閱人術、用人術、縱橫術等等諸多內容，並未形成一個系統的學科。在中國兩千多年封建體制的過程中，隨著君主集權、中央集權的不斷加強，帝王學的內涵和外延都遠遠的超過了國外的理解。其中本文《貞觀政要》一書自古以來被奉為帝王學的經典，不但是中國皇帝們領導臣民的必修教科書，甚至在鄰近的日本也廣受歡迎。現在它是當今政、經、商、學界推崇公認之「帝王學」第一書。讓我們一窺堂奧吸取其參考價值。

# 二　為何需要「貞觀政要」？

在一個組織與機構中，要想充分的發揮功能，重要的是上下的關係。在古代是君臣

---

1　薛裕民：〈《四庫全書總目》中的帝王之學探析〉，《止善》第29期（2020年12月），頁73-95。

2　范祖禹：《帝學》，頁3。

3　范祖禹：《帝學》，頁76。

關係,在今天是長官與部屬的關係。而一千多年前的《貞觀政要》是否有值得學習與參考之處。或許有人說:「『帝王學』這類的書和我們當前的時代毫無關係,且《貞觀政要》這本書很多人都沒聽說過。」然而換個角度,去深入後也許發現《貞觀政要》正是當代領導階級最需要研讀的一本「領導學」的書籍。

現今是民主時代,擁有最大權力的應該是大眾。「大眾就是帝王」,如果漫不經心的背叛大眾,很快就會受到反叛,而主權在民,權力要求分散,各式各樣的領導者,可以參考《貞觀政要》的哲理學習領導統御,同時提示領導者應該如何修持,才能善盡克終之美。

在權力的周圍,必然聚集阿諛逢迎之輩,《貞觀政要》書中所提的「六邪」,會使得領導者失去「十思」與「九德」,故應回歸六正,則上安而下治,豈不快哉!此次有幸參加成功大學《群書治要》與《貞觀政要》國際研討會,希望從歷史學的古今之變的角度用現代方式分析《貞觀政要》,提供企業、機關、團體領導階層的新思維,請多體會!

唐朝(西元618-907年)是中國歷史上一個最為昌隆燦爛的年代,國力壯盛、疆域廣闊,特別是在唐太宗(西元626-649年在位)統治的期間,國泰民安、民風淳樸,被譽為「貞觀之治」。而《貞觀政要》是唐代史家吳兢(西元670-749年)所著,他所生存年代約在唐高宗至玄宗年間。以直筆修史著稱,曾參與《則天皇后實錄》[4]、《中宗實錄》[5]、《睿宗實錄》[6]的修纂,以及多種「國史」的編寫工作,可惜上述這些作品幾乎都已不存於世。在《貞觀政要》此書中記錄唐太宗創造「貞觀之治」的經營之法,詳實記載了唐太宗與群臣共同打造繁華大唐帝國的重要關鍵,其中包括領導之術、人才之育、決策之方和修養之必要等等。

成書之後,在中國歷代較有作為的帝王無不奉為「治國安邦」之術的書。元朝皇帝重視,明朝皇帝更規定每天中午都請侍臣教授,到了清朝康熙、乾隆兩朝也都很熟悉《貞觀政要》,十分仰慕「貞觀之治」。另外將相以及講求經世致用的知識份子,幾乎沒有不讀《貞觀政要》。

此外如日本開啟江戶幕府讓從日本戰國時代走向穩定社會的德川家康[7](とくがわ

---

4 《唐實錄》國史凡兩次散失《則天皇后實錄》二十卷魏元忠、武三思、祝欽明、徐彥伯、柳沖、韋承慶、崔融、岑羲、徐堅撰。劉知幾、吳兢刪正。見《藝文志》及〈元忠傳〉。按劉子玄修《武后實錄》,有所改正,武三思不聽,而吳兢書張易之誣元忠有不順之言,引張說為證,說已許之,賴宋璟力阻,始對武后謂「元忠無此語。」後復見《實錄》所書如此,囑兢改之,兢曰「如此何名實錄?」是劉、吳二人修《實錄》,尚多直筆。《廿二史劄記》,卷十六,頁8-9。

5 《中宗實錄》二十卷見《藝文志》,謂吳兢撰,而岑羲傳又謂羲撰,趙翼:《廿二史劄記》,卷十六,頁9。

6 《睿宗實錄》五卷吳兢撰,劉知幾又有《太上皇實錄》十卷,記睿宗為太上皇時事也,趙翼:《廿二史劄記》,卷十六,頁9。

7 一六〇三年,家康命令各方大名出錢出力對江戶城和城邑進行大規模的改擴建(天下普請)。對日比

いえやす〔とくがはいへやす，1542-1616）在一五九三年曾禮聘儒者講授《貞觀政要》，直到現在，日本政經領袖及大企業家仍奉之為帝王學第一書。

當今政、經、商、學界推崇公認之「帝王學」第一書。

## 三　領導藝術

《貞觀政要》是一部政論性的歷史文獻，它分類編撰貞觀時代（西元627-649年），二十二年間唐太宗和身邊大臣魏徵、王珪、房玄齡、杜如晦、虞世南、褚遂良、溫彥博、劉洎、馬周、戴胄、孔穎達、岑文本、姚思廉等四十五位大臣的政論、奏疏以及重大政治措施等，全面地反映了唐太宗與君臣論政的主要內容，包括確定治國方針、接受歷代統治中的經驗教訓、培養統治的接班人，以及精簡機構、選賢任能、謙遜謹慎、尊崇儒術等許多方面的具體材料。

有一天，唐太宗問大臣：「是創業艱難呢？還是守成艱難呢？」[8]大臣房玄齡（西元579-648年）回答：「陛下創業的初期，英雄並起，割據四主，歷經大小數百次戰役，才將他們鏟平，統一天下。我深覺是創業艱難的。」魏徵（西元580-643年）卻說：「自古以來帝王獲得天下，大都經過一番困難，但卻失之於安逸。因此，我以為守成才是真正的困難。」唐太宗聽了他們兩位的見解，便下結論說：「房玄齡跟我平定天下，在大小數百戰中，是從萬死一生中走出來，他感到創業艱難是正確的。現在我已建立了唐朝，魏徵則替我安撫天下，我也感到，一個人到了富貴的時候便會驕奢起來，驕奢了便會懶散，不再努力，到頭來便要失敗了。因此，創業實在不易，守成也是很不容易的啊！」他嘆了口氣說：創業，已經創好了，階段的困難已成過去。第二個階段的困難是怎樣守成，我和你們都要鼓起勇氣，要絲毫不苟的幹下去才是啊！」文中討論唐朝帝國的情況，就如同現代的公司團體經過草創時期的艱難，有規模後，要如何永續的經營下去？

所以《貞觀政要》一開始引述唐太宗李世民的想法：「若安天下，必須先正其身，未有身正而影曲，上治而下亂者。」[9]強調修身之術，以及魏徵隨即發表的對於君主來說「修身之術」與「治國之要」原本一致的觀點，強調如若「身治」，則不可能「國亂」（《貞觀政要‧君道》）等等，都是一種以「德」自律的自覺。古代帝王的「罪己」詔或者類似的文書中「薄德」、「寡德」的自責儘管並不都是真摯之言，但是在形式上，仍然可以看作一種面對某種道德標準的自我檢討。

---

　穀入海口區域實施大面積填埋，開闢了小名木川和道三堀等水道。除了這些水運工程外，還開始完善陸上交通。以江戶的日本橋為起點，修建了五條街道，並在沿途設立了驛站。最終，在家康晚年時，江戶發展成了一個擁有十多萬人口的大城市。

8　吳兢：〈君道第一〉，《貞觀政要》，卷一：「帝王之業，草創與守成孰難？」。
9　吳兢：〈君道第一〉，《貞觀政要》，卷一。

從《貞觀政要》討論的領袖角色,是繼承孟子(前372年-前289年)「民貴君輕」的主張,書中闡述「為君之道必須先存百姓,若損百姓以奉其身,猶割股以啖腹,腹飽而身斃。」[10]他這段話的意思是,做國君的原則,就是必須以百姓的存活為先。若是以損害百姓的利益來奉養自身,那等於是割自己大腿上的肉來填飽肚子。這毫無疑問是飲鴆止渴,雖然填飽了肚子,但是人也死了。「不可本末倒置,殘民自逞」,那麼怎樣做個領袖?在《貞觀政要》中,「若安天下必須先正其身,未有身正而影曲,上理而下亂者。」、「人君兼聽納下則貴臣不得壅蔽而下情必上通」。白話一點說就是為人君主,應全面聽取各種意見,重視並採納來自基層的建言,那麼尊貴的大臣也無法壅塞君主的視聽,而基層的意見也必然能向上傳達而無有窒礙。」以取得群眾的尊敬服從。

其次,就是多管道取得資訊,鼓勵部屬說真話以避免被群小包圍。當然,對領導者最受用、最具體完整的應是魏徵所提的君王「十思」[11](圖三)。「十思」是魏徵上諫唐太宗的十項用以自我反省的建言,可視為領導統御的原則。其重要內容為下:

| | | |
|---|---|---|
| 憂懈怠,則思慎始而敬終。 | | 誠能見可欲,則思知足以自戒。 |
| 慮壅蔽,則思虛心已納下。 | | 將有作,則思知止以安人。 |
| 懼讒邪,則思正身以黜惡。 | 十思 | 念高危,則思謙沖而自牧。 |
| 恩所加,則思無因喜以謬賞。 | | 懼滿溢,則思江海下百川。 |
| 罰所及,則思無因怒而濫刑。 | | 樂盤遊,則思三驅以為度。 |

是魏徵上諫唐太宗的十個用以自我反省的建言,可視為帝王領導統御的原則。

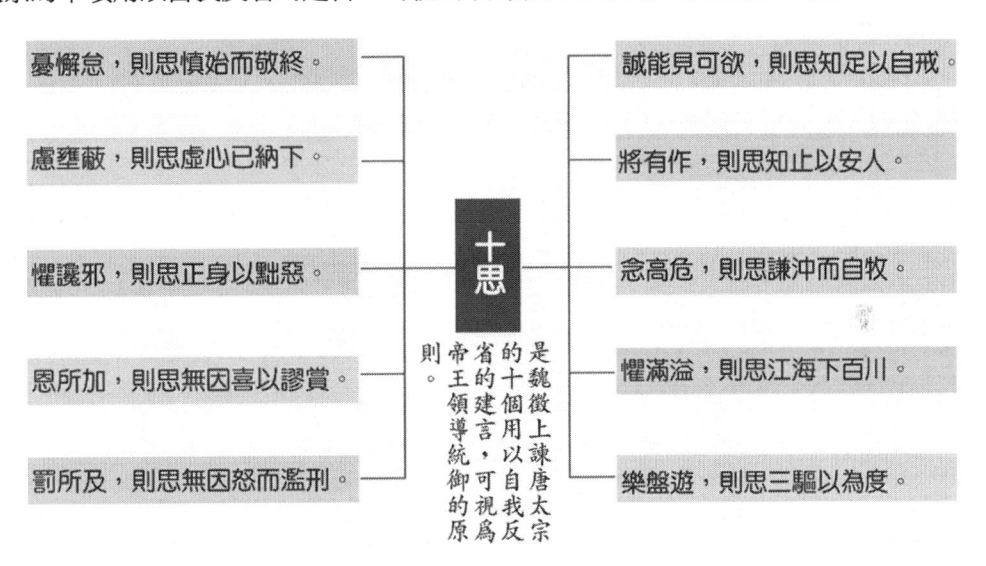

**圖三 《貞觀政要‧君道》十思**

建立領導者風範:處事手腕高明,善於體察人意,從「十思」鍛鍊自我反思的勇氣,如果從另一角度十思的相反,也就是圖四的「十不思」,也頗值參考。

---

10 吳兢:〈君道第一〉,《貞觀政要》,卷一。
11 吳兢:〈君道第一〉,《貞觀政要》,卷一。

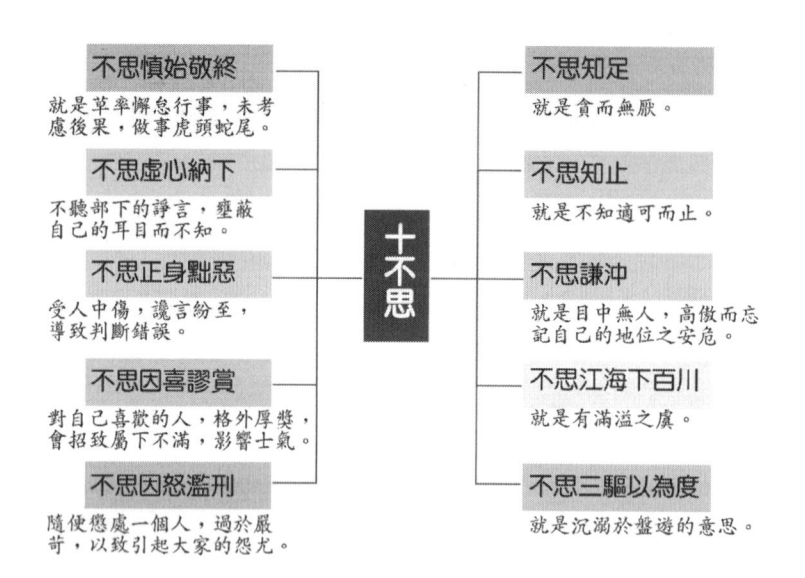

## 圖四　十不思

**十不思：**
- 不思慎始敬終：就是草率懈怠行事，未考慮後果，做事虎頭蛇尾。
- 不思虛心納下：不聽部下的諍言，壅蔽自己的耳目而不知。
- 不思正身黜惡：受人中傷，讒言紛至，導致判斷錯誤。
- 不思因喜謬賞：對自己喜歡的人，格外厚獎，會招致屬下不滿，影響士氣。
- 不思因怒濫刑：隨便懲處一個人，過於嚴苛，以致引起大家的怨尤。
- 不思知足：就是貪而無厭。
- 不思知止：就是不知適可而止。
- 不思謙沖：就是目中無人，高傲而忘記自己的地位之安危。
- 不思江海下百川：就是有滿溢之虞。
- 不思三驅以為度：就是沉溺於盤遊的意思。

孔子在《論語》裡講「九思」，「君子有九思，視思明，聽思聰，色思溫，貌思恭，言思忠，事思敬，疑思問，忿思難，見得思義。」細琢磨「九思」跟「九德」同屬一脈。「思」也好，「德」也罷，都是先賢留給後人的做人名言。

　　魏徵則把九思變為「九德」是做人的九種德性，即寬而栗，柔而立，愿而恭，亂而敬，擾而毅，直而溫，簡而廉，剛而塞，疆而毅（圖五的九德）。此十思與九德也是領導人應有的涵養。

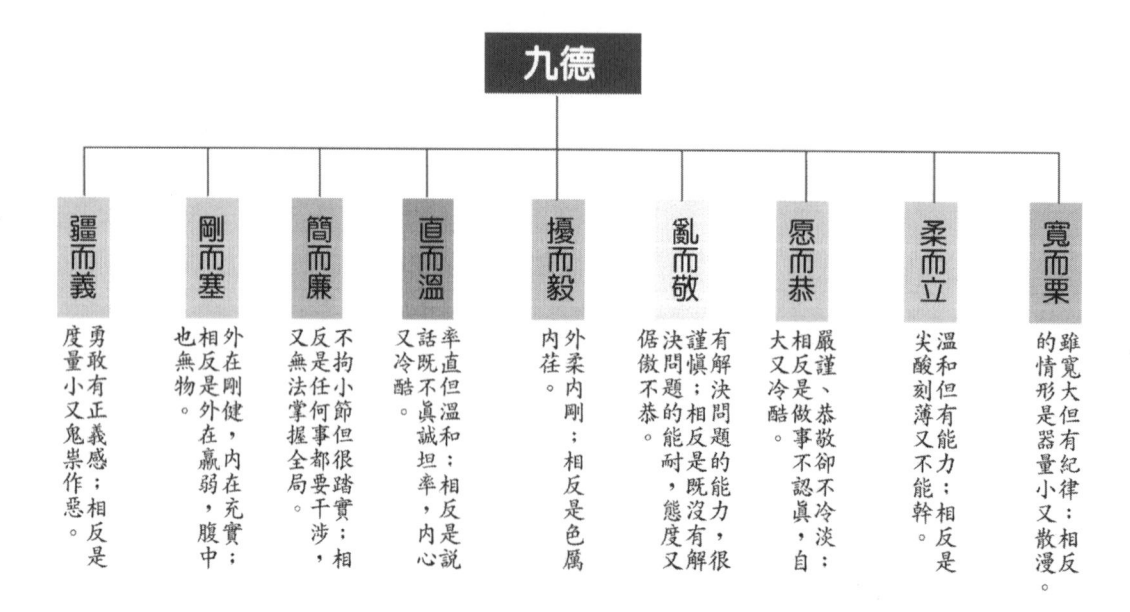

## 圖五　九德

**九德：**
- 疆而義：勇敢有正義感；相反是度量小又鬼祟作惡。
- 剛而塞：外在剛健，內在充實，腹中也無物。相反是外在贏弱。
- 簡而廉：不拘小節但很踏實。又無法掌握全局，任何事都要干涉；相反。
- 直而溫：話直但溫和；相反是說話既不真誠坦率，內心又冷酷。
- 擾而毅：外柔內剛；相反是色厲內荏。
- 亂而敬：有解決問題的能力，態度又很倨傲不恭。相反是沒有解決問題的能力又不謹慎做事。
- 愿而恭：嚴謹、恭敬卻不冷淡。相反是做事不認真，態度又大又冷酷。
- 柔而立：溫和但有能力；相反是尖酸刻薄又不能幹。
- 寬而栗：雖寬大但有紀律的情形是器量小又散漫。

其次,「論任賢致治」[12],《貞觀政要》反覆宣揚「致安之本,惟在得人[13]」,用人自然要講標準,而不應只是為「君」者口袋裡隨興摸出來的人物!「明王使人如器」[14],棄其短、取其長,所以唐太宗的身邊房玄齡、杜如晦、魏徵……逐一出列。西漢光祿大夫劉向[15](前77年-前6年)著有《說苑》一書,其中臣術談到為官之道時,把官員分為十二類,列為「六正六邪」。《政要》提及:致理之本,惟在於審,量才授職,務省官員,故書稱:「任官惟賢才。」又云:「官不必備,惟其人。」若得其善者,雖少亦足矣;其不善者,縱多亦奚為。應該採用六正,而避免六邪當做鑒別人才的基準(圖六、圖七)。

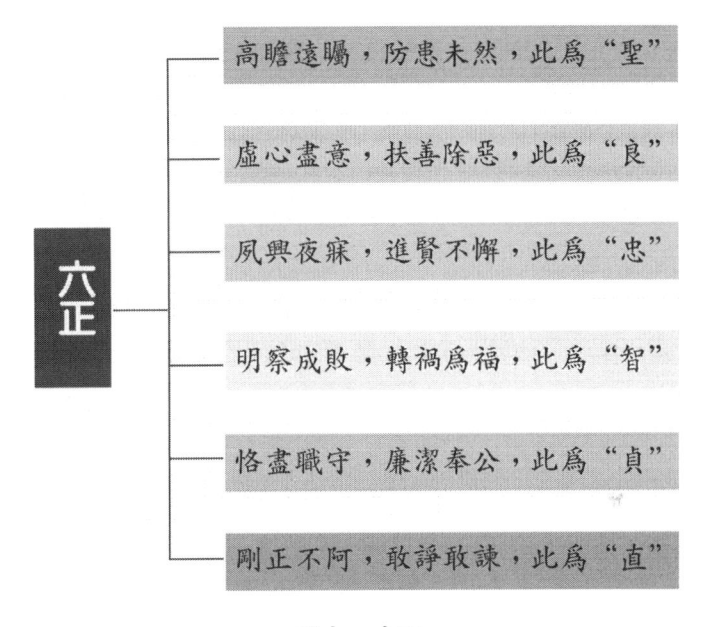

```
            ┌─ 高瞻遠矚,防患未然,此為"聖"
            │
            ├─ 虛心盡意,扶善除惡,此為"良"
            │
     六正 ──┼─ 夙興夜寐,進賢不懈,此為"忠"
            │
            ├─ 明察成敗,轉禍為福,此為"智"
            │
            ├─ 恪盡職守,廉潔奉公,此為"貞"
            │
            └─ 剛正不阿,敢諍敢諫,此為"直"
```

**圖六　六正**

相對的則是六邪[16],如何能避免之,賢臣處六正之道,不行六邪之術,故上安而下治。生則見樂,死則見思,此人臣之術也。

---

12 吳兢:〈論任賢〉,《貞觀政要》,卷二。
13 吳兢:〈擇官第七〉,《貞觀政要》。為政,指治國。要,關鍵。惟,只。致治,達到天下太平。治國的關鍵只在於任用人才,但是人才任用不當,也一定難於達到天下大治的目標。治國安邦要靠人才,但人才任用務須得當,人盡其才,官得其人,才能有助於國政。
14 吳兢:〈擇官第七〉,《貞觀政要》。
15 劉向,西漢經學家、目錄學家、文學家。歷經宣帝、元帝、成帝三朝;曾屢次上書稱引災異,彈劾宦官外戚專權。成帝時受詔命校書近二十年,撰有《別錄》、《洪範五行》、《新序》、《說苑》、《列女傳》等。
16 六邪:安官貪祿,不務公事,此為「庸」;溜鬚拍馬,曲意逢迎,此為「諛」;巧言令色,嫉賢妒能,此為「奸」;巧舌如簧,挑撥離間,此為「讒」;專權擅勢,結黨營私,此為「賊」;幕後指揮,興風作浪,此為「險」。

何謂六邪?

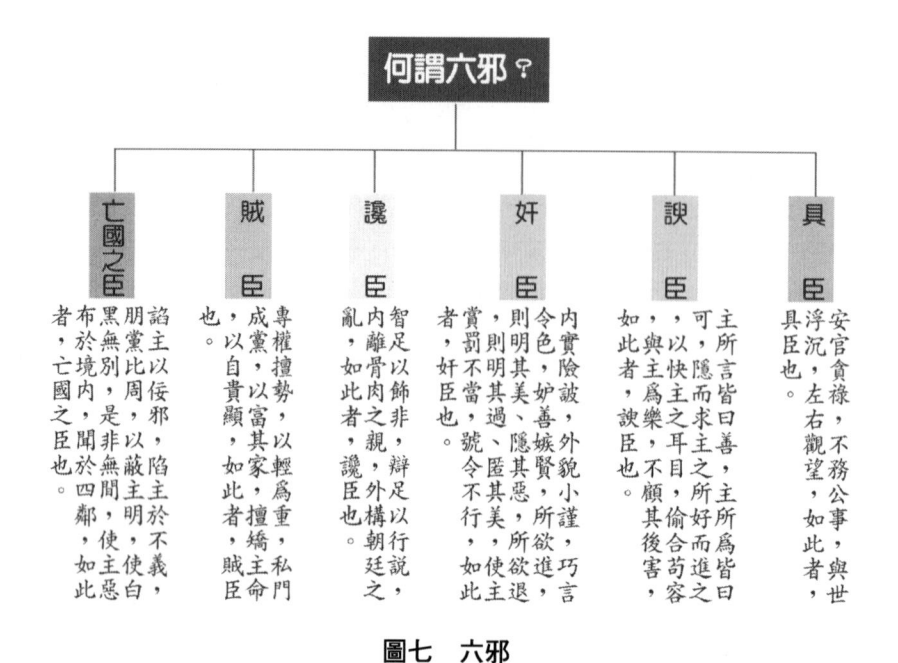

| 亡國之臣 | 賊臣 | 讒臣 | 奸臣 | 諛臣 | 具臣 |
|---|---|---|---|---|---|
| 諂主於惡，布黨以蔽主明，使白黑無別，是非無間，主之所過，宣於境內，聞於四鄰，如此者，亡國之臣也。 | 專權擅勢，以輕為重，以自貴顯，其家富成黨以自彊，而以矯主命，如此者，賊臣也。 | 內實險詖，外貌小謹，巧言令色，妒善嫉賢，所欲進，則明其美而隱其惡；所欲退，則明其過而匿其美，使主賞罰不當，號令不行，如此者，奸臣也。 | 智足以飾非，辯足以行說，內離骨肉之親，外構朝廷之亂，如此者，讒臣也。 | 主所言皆曰善，主所為皆曰可，隱而求主之所好而進之，以快主之耳目，偷合苟容，與主為樂，不顧其後害，如此者，諛臣也。 | 安官貪祿，不務公事，左右觀望，如此者，具臣也。 |

圖七　六邪

　　如果用現代的角度，「六邪臣」，六邪幹部包含：貪得無厭，不務正業的「具（庸）幹部」；只會阿諛諂媚，只會助長錯誤的「諛媚幹部」；巧言令色，嫉妒賢能的「奸邪幹部」；挑撥賣弄，怠惰命令的「讒言幹部」；結黨營私，專權霸道的「賊幹部」；陷害好人，欺下瞞上的「陰險臣」；六邪幹部只會陷領導不仁不義，造成公司企業單位上下雞飛狗跳，不得安寧。

　　第三，「論求諫與納諫」。唐太宗之了不起是不把自己當作「盡見天下事」的完人，以天下之廣、四海之眾豈得以一人獨斷得了的，他知道「兼聽則明」。「君之所以明者，兼聽也；其所以暗者，偏信也。人君兼聽納下，則貴臣不得壅蔽，而下情必得上通也。」[17]多方聽取意見才能辨明是非得失，若只聽一方的意見，則容易愚昧不明。

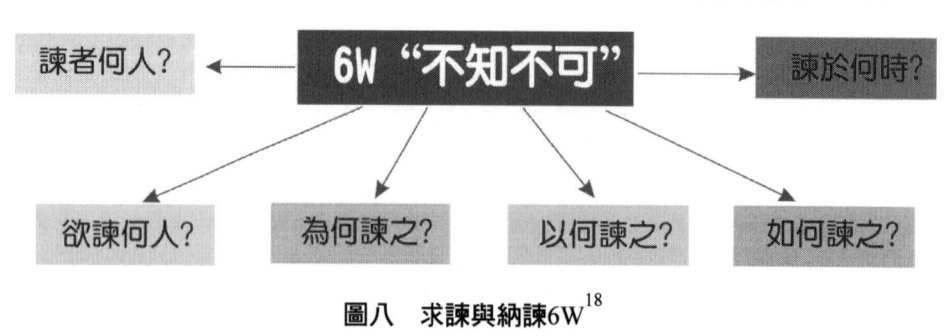

6W "不知不可"
　諫者何人? ← → 諫於何時?
　↓　　↓　　↓　　↓
欲諫何人?　為何諫之?　以何諫之?　如何諫之?

圖八　求諫與納諫6W[18]

---

[17] 王符（西元78-163年）《潛夫論·明闇》：「君之所以明者，兼聽也；其所以暗者，偏信也。」（《唐紀八·太宗貞觀二年》，《資治通鑑》，卷192）。
[18] 即何人（Who）、何時（When）、何事（What）、何地（Where）、為何（Why）及如何（How）。

## 四　貞觀之治的個人因素[19]

作為一個領導者，唐太宗能締造貞觀之治有以下四點個人因素值得注意：

（一）用人無私，唯才是任，史稱太宗「拔人物而不黨於私，負志業則咸盡其才」，並非過譽。太宗所用之人中，有親戚舊友，有高祖仇敵，有隋末群雄之部屬，亦有隋朝官吏。唯才是舉，一視同仁，不論出處。最突出的，很多是出身前隋遺臣或敵對陣營的人，太宗也都坦誠相待。《新唐書》袁朗傳記載的隱太子所羅致的人才，如李綱、竇軌、裴矩、鄭善果、友賀德仁、魏徵、王珪、徐師謩、歐陽詢、任璨、唐臨、韋挺、庾抱、唐憲等等，後來幾乎都成了唐太宗貞觀名臣[20]。貞觀十六年（西元642年）所繪淩煙閣二十四功臣，多數與太宗並無深厚關係，魏徵、王珪甚至是太子建成的謀臣（圖九）。

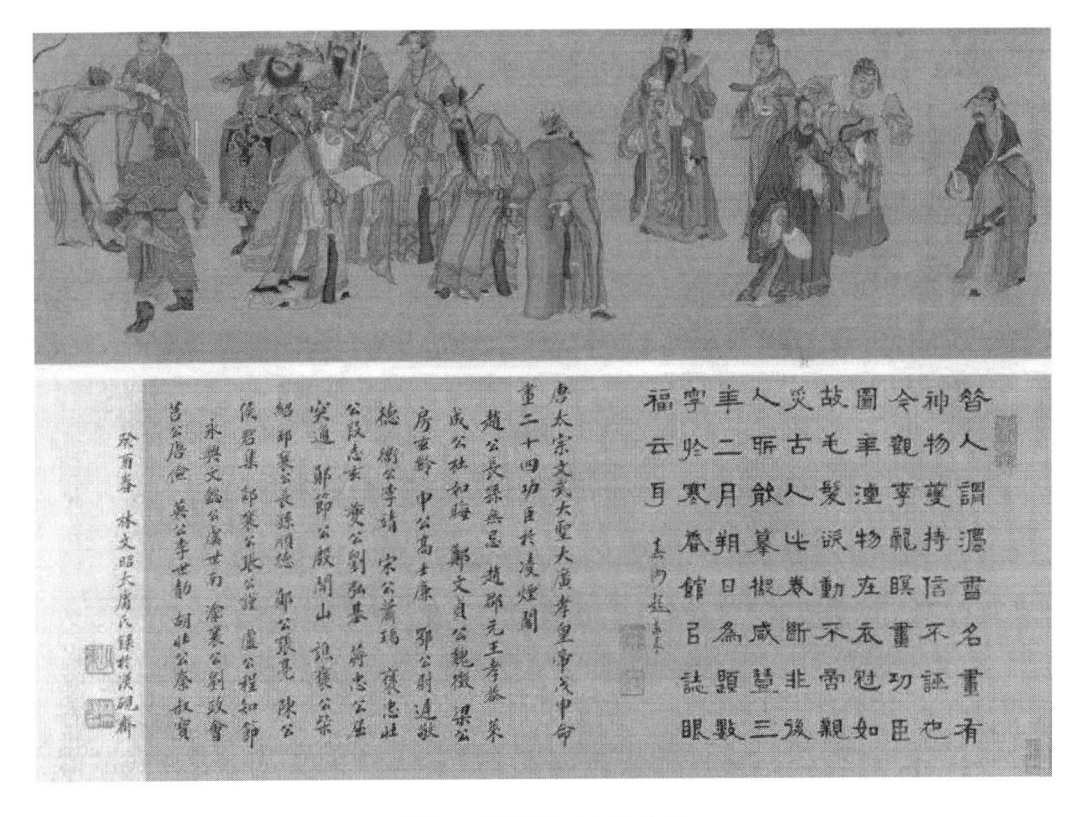

**圖九　淩煙閣二十四功臣**

（二）度量寬大，納諫從善太宗從諫如流，《貞觀政要》記載，貞觀時代，二十多年間，諫臣盈廷，諫諍成風。前後進諫者不下三十人，其中比較著名者有：魏徵、劉洎（？-西元646年）、岑文本（西元595-645年）、馬周（西元601-648年）、褚遂良（西元

---

19　王壽南：《隋唐史》（臺北：三民書局，2002年），頁114-121。
20　歐陽修、宋祁：〈列傳〉第一百二十六，文藝上，《新唐書》，頁96。

596-658年）[21]等人。而其中以魏徵為最有名，所諫前後共二百多事。唐代的諫風實為歷史少有。

貞觀十八年（西元644年），太宗曾對長孫無忌等人說：「人臣之對帝王，多順從而不逆，甘言以取容。朕今發問，不得有隱，宜以次言朕過失。[22]」又說：「但能正詞直諫，裨益政教，終不以犯顏忤旨，妄有誅賞。[23]」《舊唐書》為「聽斷不惑，從善如流。千載可稱，一人而已！」[24]聽從好的意見，就像流水般的自然順暢。比喻樂於接受別人好的意見。

（三）講求治道，關心吏治，太宗命長孫無忌等修訂律令，減大辟九十二條，死刑需要三覆奏，後改為五覆奏。行刑日太宗不飲酒，不聽音樂。貞觀四年（西元630年）以後，連年豐稔，馬牛布野，外戶不閉。自長安南至嶺表，東至大海，行旅無須自帶糧食，沿途皆有供應。貞觀九年（西元635年），遣李靖（西元571-649年）等十三人為黜陟大使，分別到各地考核吏治，酌予獎懲。而唐太宗也記錄都督、刺史之名於屏風，隨時注記其善惡事蹟，作為黜陟之依據。

（四）坦率真誠，君臣一體，在貞觀時代，君臣互相稱讚對方的優點，也批評對方的缺點。

> 上謂司徒（長孫）無忌等曰：「人苦不自知其過，卿可為朕明言之。」對曰：「陛下武功文德，臣等將順之不暇，又何過之可言？」[25]上曰：「朕問公以己過，公等乃曲意訬悅。朕欲面舉公等得失，以相戒而改之，何如？」皆拜謝。[26]

這如同領導者與被領導互相讚美。

# 五　結論

「以銅為鏡，可以正衣冠；以古為鏡，可以知興替；以人為鏡，可以明得失。」[27]

---

[21] 褚遂良楷書線條瘦勁，結字謹嚴，用筆富於節奏，華麗而不失剛勁，上承隋人書法，下開唐一代書風，是一位承前啟後的重要人物。
[22] 吳兢：〈求諫第四〉，《貞觀政要》，卷二。
[23] 吳兢：〈君道第一〉，《貞觀政要》，卷一。
[24] 張昭、賈緯等撰：《舊唐書・卷三・太宗本紀下》（臺北：臺灣商務印書館，2010年），卷5，頁53。
[25] 司馬光：《資治通鑑》（臺北：中華書局，2011年），卷197，貞觀十八年八月（西元644年）。
[26] 司馬光：《資治通鑑》，卷197，貞觀十八年八月（西元644年）。太宗對司徒長孫無忌等人說：「人們苦於不自知過錯，你可以直言不諱的指出我的失誤。」無忌答道：「陛下的文德武功，我們臣子承順都應接不暇，怎麼會有過錯可言？」太宗說：「朕向你們詢問我的過失，你們卻要曲意逢迎使我高興，朕想要當面列舉出你們的優缺點以互相監督改正，怎麼樣？」眾大臣急忙磕頭謝罪。
[27] 張昭：《舊唐書・魏徵傳》（臺北：臺灣商務印書館，2010年）。

討論《貞觀政要》的領導藝術，不僅可以一窺唐朝天可汗帝國繁盛的奧秘，並可由此借鑑現代企業溝通、經營與領導的藝術，打造屬於自己的成功團隊。筆者認為有幾個要點值得省思與實踐：

## （一）修己治人

從中可以學習到「修己治人」的領導哲學，「治人」也就是領袖的立場。為了達到「治人」的目的必先「修己」。要「修己」需從人格與能力兩方面雙管齊下，然而最重要的是修「德」。這也就是領袖的條件之一，那就是「修己」。自我內在的覺醒與努力。尤其身為一個「治理眾人」的領袖，更不該缺乏這份應有的修身條件。最重要的就是心懷「仁」「德」，而且博施於人。一位領袖者若缺乏「仁德」，則不能使眾人心服，當然也不能期望得周圍部屬的支持。簡而言之，一位沒有仁德的領袖，會失去統率部下的說服力。

## （二）「智」與「明」（追求超越智慧的真明）

一位優秀的領袖需要何種「德行」？其實「智、仁、勇，三者，天下之達德也。」[28]
首先是「智」。即是知人、具有洞察力的透徹「智慧」，或是具有超凡的先知。如果有「智」的條件，卻不知好好善加利用，反而讓它脫離軌道，走向邪惡的一方。次之「仁」之一德，首要體恤他人的立場。第三是「勇」。意義永遠不做錯誤的決斷就是「勇」。清廉純正而有包容他人的雅量，寬厚仁慈而能善於決斷事物。意即「富於決斷力」的在位者才是理想的領袖。然而在發揮「勇」德的時候，必須謹言慎行，尤其是決斷的方向。領導者所需要的「勇」，可說是「能屈能伸的勇」。

## （三）上善若水

在《貞觀政要》「論君道」——強調「為君之道，必須先存百姓」[29]要確定了安人治理的根本方略。「君子務本，本立而道生」[30]。「君，舟也；人，水也。水能載舟亦能覆舟。」[31]也就是說，領導者將所有的聰明智慧斂藏於內，在外表上則表現出虛懷若谷的態度。「江海所以能為百谷王者，以其善下之，故能為百谷王。」[32]。

---

28　《禮記‧中庸》，《史記‧平津侯主父列傳》。
29　吳兢：〈君道第一〉，《貞觀政要》，2010。
30　〈學而第一〉，《論語》。
31　吳兢：〈政體〉，《貞觀政要》，卷一。
32　〈德經〉第66章，《老子河上公章句》。

## （四）寬與栗

「寬」，即是寬容。也是領袖必備的美德。它可以分成兩個層面。也就是說，一個心胸狹窄的領導者，終必眾叛親離，不能得到部屬的支持。換言之，無論是在人際關係中，帶領部屬都要存有「寬容」之心。「寬」是領導者得人心的法寶，是使他遠離「禍害」的必要美德。然而反過來說，若是一味「寬容」，而戕害組織的構造，使組織的緊張感、警戒心蕩然無存，那就會危及組織的延續。「栗」即是「栗」，即是實行嚴法。「寬」與「栗」兩者並行，才是中庸的為政之道。使「寬」與「栗」（猛、嚴）的應用自如，才可稱作萬全的組織管理。

# 徵引文獻

## 一

范祖禹：《帝學》，上海：華東師範大學出版社。
歐陽修、宋祁：《新唐書》，北京：中華書局。
趙　翼：《廿二史劄記》，北京：中華書局。
吳　兢：《貞觀政要》，臺北：宏業書局。
山本七平著，周君銓譯：《貞觀政要的領導藝術》，香港：三聯書店，1990年。
許麗雯：《教你看懂唐太宗與貞觀政要》，臺北：高談文化公司，2004年。
吳　兢：《貞觀政要：締造唐代極盛時期》，臺北：豐閣文化出版社，2008年。
張　昭、賈緯等撰：《舊唐書》，臺北：臺灣商務印書館，2010年。
司馬光：《資治通鑑》，臺北：中華書局，2011年。
王壽南：《隋唐史》，臺北：三民書局，2022年。
謝四海：《儒商的論語活學》，臺北：書泉出版社，2021年。

## 二　期刊論文

林朝成：〈《群書治要》與貞觀之治——從君臣互動談起〉，《成大中文學報》第67期，2019年12月，頁101-141。
林朝成：〈《群書治要》與貞觀之治——以「牧民之道」為例〉，《成大中文學報》第68期2020年3月，頁115-154。
薛裕民：〈《四庫全書總目》中的帝王之學探析〉，《止善》第29期，2020年12月，頁73-95。

# 從〈金鏡〉與《帝範》
# 看唐太宗的領導哲學
## ——用以檢視《貞觀政要》中的實踐

### 吳秋育
#### 中華企業研究院現代總裁國學中心執行長

### 摘要

　　貞觀盛世的成就來自貞觀君臣間的同心協力；貞觀團隊的建構與經營，當然來自唐太宗的領導哲學，在二十三年中長期使得群臣長期的心悅誠服，並經由貫徹唐太宗的企圖，終究實現貞觀盛世的鼎盛文明。關於唐太宗領導哲學，固然在一九七〇年就有王雲五先生：「要研究其政治思想，主要當從下開二書得之，一為《貞觀政要》，一為《帝範》。」[1]大師定調毋容置疑；然而《全唐文》卷十之三十六章〈金鏡〉就其宗旨而言，驗諸於上開二書，堪稱一致；就時間而言，獨具其階段性意義。因此本文嘗試根據唐太宗親筆巨作二千四百餘字的〈金鏡〉與四千三百餘字的《帝範》中提及有關的「人性掌握」、「君臣分際」與「用人基準」的論述，採擷《貞觀政要》的相關篇章來彼此驗證。

**關鍵詞**：唐太宗、帝範、貞觀政要、領導哲學

---

[1]　王雲五：《晉唐政治思想・李世民的政治思想》（臺北：臺灣商務印書館，1970年），頁66。

# 一 〈金鏡〉

據范祖禹《帝學》卷二,〈金鏡〉[2]寫成於貞觀二年正月。作為歷史迷的唐太宗自述,看到「軒昊之無為,唐虞之至治,未嘗不留連讚詠,不能已已。」相對的看到「夏殷末世,秦漢暴君,使人懍懍然兢懼,如履朽薄。」而從「覩治亂之本源,足為明鏡之鑒戒。」的發言中,可以確定的是,以唐太宗的務實精神,其好古絕非孔子般的「述而不作,信而好古,竊比於我老彭。」(《論語》〈述而〉)反而是在「而得失異趣,興滅不常者何也?蓋短於自見,不聞逆耳之言,」的自問自答當中,可以一窺書寫〈金鏡〉的動機初衷就在:探討帝國之得失興滅;而在此時唐太宗總結的答案是「短於自見,不聞逆耳之言」。基於太原起義以來約十年的創業歷練,他有效歸納出治亂本源之所在,並且引為鑒戒:「亂未嘗不任不肖,治未嘗不任忠賢,任忠賢則享天下福,用不肖則受天下禍。」至於任忠賢與用不肖的關鍵,竟然僅就在區區四字「留心任使」。

## (一) 人性掌握:天命其性,有善有不善者也

雖然退藏於密只有「留心任使」的四個字;其散諸彌六合的步驟程序絕非易事。對於人性掌握,唐太宗首先在前段說:「夫人有強躁寬弱之志,愁樂貪欲之心,思情聰哲之才,此乃天命其性,有善有不善者也。」並先就帝王的一方舉例說明:堯舜禹湯,躬行仁義。治致隆平,此稟其性善也。幽厲桀紂,乃為炮烙之刑,剖孕婦,剖人心,斮朝涉,脯鬼侯,造酒池糟邱,為長夜之飲,此其受於天不善之性也。

在〈金鏡〉的中後段落中,太宗再度提及人性的論述:「人,才有長短,不必兼通。」進一步地舉例說明:「是以公綽優於大國之老,子產善為小邦之相,絳侯木訥,卒安劉氏之宗,嗇夫利口,不任上林之令。捨短取長,然後為美。」隨後又說:「夫人剛柔之情各異,曲直之性不同。」提出主張並舉例:「為上之孝,與下豈均。上則匡國寧家,志存崇禮;下則承顏悅色,止存敬養。虞舜孝也,不為慈親所安,曾參仁也,不為宣尼所善。孔子曰:『子從令者,不得為孝;臣苟順者,不得為忠。』如斯之類,不可不察也。」

## (二) 君臣分際:臣安君社稷之固,君處臣危亡之地,豈是相酬之道也

關於君臣分際,飽讀歷史上君臣際遇的典故,太宗感歎:「高祖攝衣於酈生,比干

---

[2] 未能找到專書,謹以「哲學書電子化」網站之《全唐文》卷十第三十六篇為文本。

剖心於辛紂。殷湯則留情於伊尹,龍逢則被誅於夏桀。楚莊暇隙而懷憂,武侯罷朝而含喜。」歸納「闇主護短而永愚,明主思短而長善。」的結論;而在襃「漢祖殷湯豈非麒麟之類乎?」、貶「夏桀商辛,豈非猛獸之儔乎?」之餘,對於天道與人事的關聯,更有跨越當代的卓越見地:「予以此觀之,豈非天道之數也。雖曰天時,抑亦人事。」

在忠奸之辨方面,對於周公、易牙、紀信、袁盎、屈原與宰嚭,唐太宗做出超然詳實的評論,並引為永鑒。對於白起、周亞夫、文種與伍子胥等人的受害,直言「乃是君之過也,非臣之罪也。」相對的,趙高、韓信、黥布,陳豨的下場,則認定「此則自貽厥釁,非君之濫刑也。」最最難能可貴、甚至難以置信的是,唐太宗綜論上古至當時的君臣際遇之餘,直接喊出「君臣對等」的質疑與論述:「臣安君社稷之固,君處臣危亡之地,豈是相酬之道也。」甚至將此「君臣對等」的心胸氣度,視為「為君不易」的警誡。

## (三)用人基準:各令遂志,不失其能

〈金鏡〉堪稱唐太宗總結創業歷練的心得報告書,故而尚未全面探討國家治理,而是集中於人才選用與君臣互動。在整篇〈金鏡〉的用人論述中,最為經典者當為:「若使各令遂志,不失其能。」而其前提敘述是「大鯨出水,必廢游波之功;鴻鵠沈泥,定無淩空之效。」「游波之功」與「淩空之效」就是所謂的特異功能,而擁有特異功能的人才在展現功能時,當然有其特定環境,就是不能「出水」、不能「沈泥」。因此知人善任者,對於人才的「志」與「能」,豈能不作精準掌握?!

〈金鏡〉的用人論述中,知人善任者必須引為警惕者在於:「輕陵天地,眾精顯其妖;忽慢神靈,風雨應其暴。」,因為人才的才能發揮方向,是呼應領導者的企圖:良善的精靈會因領導者的邪惡而變成妖孽;風調雨順也會因領導者的暴虐而轉成狂風暴雨。杜淹與裴矩在隋朝是為佞臣,在唐太宗的手下都轉化成忠良諫官,甚至引發司馬光的讚歎。[3]至於「必以大材為棟梁,以小材為榱橑,所有中尺寸之木無棄,此善治木者也。」的比喻、「升不盛石,小智不可謀大,巧詐不如拙誠」的引述,及前面探討人性時提到的「捨短取長,然後為美。」等普遍原則,當然是唐太宗純熟使用的基本手法。

## 二 《帝範》

《帝範》[4]唐太宗寫成於貞觀二十二年正月,是走過文治武功盛世巔峰之餘,又歷

---

[3] 宋・司馬光撰:《資治通鑑》(長沙:嶽麓書社,1990年),《資治通鑑》,卷192,頁505。
[4] 唐・唐太宗御撰:《帝範》四卷(臺北:臺灣商務印書館,1983年)。

經十七年承乾太子謀叛、李泰爭寵與十九年征伐高句麗功敗垂成各種衝擊的心路歷程，在後記中更有自我評論與總結。而在前序中清楚說明書寫動機是因擔心太子李治「未辨君臣之禮節，不知稼穡之艱難。每思此為憂，未嘗不廢寢忘食。」[5]文如其名，唐太宗以自己兼具創業與守成的治理心得，整理出作為「帝王典範」治理國家主要重點領域的完整十二篇的架構，其中故而有關領導哲學的敘述，集中在於〈求賢第三〉、〈審官第四〉與〈去讒第六〉，其比重相對〈金鏡〉而言顯得微薄。

## （一）人性掌握：戢翼隱鱗，懷奇蘊異

首先關於人性掌握而言，「士之居世，賢之立身，莫不戢翼隱鱗，待風雲之會；懷奇蘊異，思會遇之秋。」（〈求賢第三〉）[6]，因此，明君賢主必須「旁求俊乂，博訪英賢，搜揚側陋。不以卑而不用，不以辱而不尊。」[7]對人性負面的描述則是：「夫讒佞之徒，國之蟊賊也。爭榮華於旦夕，競勢利於市朝。以其諂諛之姿，惡忠賢之在己上；奸邪之志，恐富貴之不我先。朋黨相持，無深而不入；比同相習，無高而不升。令色巧言，以親於上；先意承旨，以悅於君。」（〈去讒第六〉）[8]

## （二）君臣分際：明職審賢，擇材分祿

關於君臣互動約略道出「夫六合曠道，大寶重任。曠道不可偏制，故與人共理之；重任不可獨居，故與人共守之。」（〈建親第二〉）[9]及「立國制人，資股肱以合德；宣風道俗，俟明賢而寄心。列宿騰天，助陰光之夕照；百川決地，添溟渤之深源。海月之深朗，猶假物而為大。君人御下，統極理時，獨運方寸之心，以括九區之內，不資眾力，何以成功？必須明職審賢，擇材分祿。得其人則風行化洽，失其用則虧教傷人。」（〈審官第四〉）[10]，完全是建立在國家治理上的公事關係。

## （三）用人基準：智愚勇怯，兼而用之

至於用人基準，近乎完全承襲〈金鏡〉的論述，集中在〈審官第四〉：「故明主之任

---

5　唐・唐太宗御撰：〈帝範序〉，《帝範》，頁4。
6　唐・唐太宗御撰：《帝範》，頁9-10。
7　同前註，頁10。
8　同前註，頁22-23。
9　同前註，頁4。
10　同前註，頁18。

人，如巧匠之制木，直者以為轅，曲者以為輪；長者以為棟梁，短者以為栱角。無曲直長短，各有所施。明主之任人，亦猶是也。智者取其謀，愚者取其力；勇者取其威，怯者取其慎，無智、愚、勇、怯，兼而用之。故良匠無棄材，明主無棄士。」、「然則函牛之鼎，不可處以烹雞；捕鼠之貍，不可使以搏獸；一鈞之器，不能容以江漢之流；百石之車，不可滿以斗筲之粟。何則大非小之量，輕非重之宜。」及「今人智有短長，能有巨細。或蘊百而尚少，或統一而為多。有輕才者，不可委以重任；有小力者，不可賴以成職。」[11] 經過二十年的實務淬鍊，唐太宗在用人心得並無創新；或者可說創業期的領導哲學依然適用於守成期。

## 三　《貞觀政要》

《貞觀政要》[12] 十卷四十篇二百五十八章，四十篇各有篇目，對照於《帝範》的章目，其中雖然只有納諫、務農，完全一致之外，求賢與任賢；審官與擇官；去讒與杜讒邪；崇儉與儉約；崇文與崇儒學，大致雷同。嘗試以《帝範》十二篇為主架構，可將《貞觀政要》四十篇歸納包絡如下：

| 帝範 | 貞觀政要 | 備註 |
|---|---|---|
| 君體第一 | 01君道　02政體　13仁義　20仁惻　34辯興亡　39災祥　40慎終 | |
| 建親第二 | 08封建　09太子諸王定分　11教戒太子諸王　12規諫太子 | |
| 求賢第三 | 03任賢　14忠義　15孝友 | |
| 審官第四 | 06君臣鑒戒　07擇官 | |
| 納諫第五 | 04求諫　05納諫 | |
| 去讒第六 | 21慎所好　23杜讒邪 | |
| 誡盈第七 | 19謙讓　22慎言語　24悔過 | |
| 崇儉第八 | 18儉約　25奢縱　26貪鄙　37行幸　38畋獵 | |
| 賞罰第九 | 16公平　17誠信　31刑罰　32赦令 | |
| 務農第十 | 30務農　33貢賦 | |
| 閱武十一 | 35征伐　36安邊 | |
| 崇文十二 | 10尊敬師傅　27崇儒學　28文史　29禮樂 | |
| 備註 | | |

---

11 同前註，頁15-17。
12 許道勳：《貞觀政要》（臺北，三民書局，2008年）。

據上表可以大膽地說，吳兢的《貞觀政要》就是以《帝範》為架構，以貞觀史實為血肉，將貞觀盛世作系統性的整理，綱舉目張，詳細介紹。從〈貞觀政要序〉中「庶乎有國有家者克遵前軌，擇善而從，則可久之業益彰矣，可大之功尤著矣！」[13]的著述初衷而言，實已將唐太宗只為太子「未辨君臣之禮節，不知稼穡之艱難。每思此為憂，未嘗不廢寢忘食。」的書寫動機，擴而充之，至少是針對大唐帝國的繼位者；就史實而言，其後的宋元明清的賢明帝王幾乎無一不將之奉為治國圭臬。

## （一）人性掌握：夫在殷憂，必竭誠以待下；既得志，則縱情以傲物

在人性掌握上，當是作者的刻意安排，《貞觀政要》中呈現的，絕大部分是群臣對於太宗關於君王人性方面的建言。

1. 〈君道篇・第三章〉，貞觀十二年九月在回答唐太宗「草創與守成孰難？」提問時，魏徵回答：「然既得之後，志趣驕逸，百姓欲靜而徭役不休，百姓凋殘而侈務不息，國之衰弊，恆由此起。」所以主張守成難。[14]
2. 〈君道篇・第四章〉，貞觀十一年四月魏徵在〈十思疏〉中論述：「有善始者實繁，能克終者蓋寡，豈取之易而守之難乎？昔取之而有餘，今守之而不足，何也？夫在殷憂，必竭誠以待下；既得志，則縱情以傲物。」[15]
3. 〈君道篇・第五章〉，貞觀十五年魏徵再度對守天下抱持「甚難」的觀點，強調「觀自古帝王，在於憂危之間，則任賢受諫。及至安樂，必懷寬怠。」[16]
4. 〈求諫篇・第十一章〉，貞觀十七年二月褚遂良對於唐太宗「食器之間，何須苦諫？」質疑的回答「首創奢淫，危亡之漸。漆器不已，必金為之；金器不已，必玉為之。」[17]
5. 〈納諫篇・第二十章〉，貞觀十二年三月魏徵解釋太宗功業與德義不相稱的原因：「昔者四方未定，常以德義為心。旋以海內無虞，漸加驕奢自溢。」[18]
6. 〈君臣鑒戒篇・第四章〉，貞觀十五年魏徵接續太宗因平殄高昌國而自勉「黜邪佞，用賢良，不以小人之言而議君子」之餘，提出警言：「臣觀古來帝王撥亂創業，必自戒慎，採蒭蕘之議，從忠讜之言。天下既安，則恣情肆欲，甘樂諂諛，惡聞正諫。」[19]

---

13 同前註，頁1。
14 同前註，頁9-10。
15 同前註，頁17。
16 同前註，頁24。
17 同前註，頁96。
18 同前註，頁142。
19 同前註，頁151-152。

7. 〈慎終篇・第四章〉，貞觀十二年魏徵回應太宗「然致理比於三、五之代，猶為不逮，何也？」的提問時，淋漓盡致道出「人性富貴能淫」的本性：「然自古帝王初即位者，皆欲勵精為政，比跡於堯、舜；及其安樂也，則驕奢放逸，莫能終其善。人臣初見任用者，皆欲匡主濟時，追縱於稷、契；及其富貴也，則思苟全官爵，莫能盡其忠節。」[20]
8. 甚至，在〈政體篇・第十三章〉，歷經遠征高麗功敗垂成後，貞觀十九年太宗自述：「朕觀古來帝王，驕矜而取敗者，不可勝數。」[21]

足見，在《貞觀政要》中對人性探討角度，截然不同於〈金鏡〉與〈帝範〉，當然更可感受出作者吳兢的苦心孤詣。

## （二）君臣分際：君使臣以禮，臣事君以忠

關於在君臣分際與用人基準的舉證中，可說完全呈現唐太宗的歷史特徵：「為己求諫、為國求賢。」先就君臣分際的為己求諫而言。就太宗對君臣分際的要求，可歸納如下：

1. 〈君道篇・第四章〉，貞觀十一年七月手詔回應魏徵〈諫作飛山宮疏〉與〈十思疏〉中太宗表白：「夫為人臣，當進思盡忠，退思補過，將順其美，匡救其惡，所以共為治也。」[22]
2. 〈政體篇・第八章〉，貞觀六年十二月太宗斬釘截鐵定義：「古人云：『危而不持，顛而不扶，焉用彼相？』君臣之義，得不盡忠匡救乎？」[23]
3. 〈求諫篇・第二章〉，貞觀元年正月太宗闡述：「正主任邪臣，不能致理；正臣事邪主，亦不能致理。惟君臣相遇，有同魚水，則海內可安。」都是歸結到「冀憑直言鯁議，致天下太平。」[24]
4. 除了在〈君道篇・第二章〉，貞觀二年正月問了魏徵明君與暗君的定義之外，在〈求諫篇・第三章〉中，太宗同年稍後就此議題作了論述，也不例外地勉勵群臣：「若人主所行不當，臣下又無匡諫，苟在阿順，事皆稱美，則君為暗主，臣為諛臣，君暗臣諛，危亡不遠。朕今志在君臣上下，各盡至公，共相切磋，以成治道。」[25]

---

20 同前註，頁586。
21 同前註，頁47。
22 同前註，頁21。
23 同前註，頁35-36。
24 同前註，頁83。
25 同前註，頁85。

5. 〈君臣鑒戒篇・第一章〉，貞觀三年太宗開宗明義：「君臣本同治亂，共安危，若主納忠諫，臣進直言，斯故君臣合契，古來所重。若君自賢，臣不匡正，欲不危亡，不可得也。」其後更舉隋朝滅亡作為殷鑒。而對隋煬帝的描述內容又與〈求諫篇・第一章〉高度雷同，足見作者吳兢對本章章旨的高度重視。[26]

除了太宗對群臣的要求之外，對於包容異己、察納雅言的唐太宗，群臣當然有其諫諍，茲引〈君臣鑒戒篇・第五章〉中的〈治道疏〉看貞觀十四年十二月魏徵的幾段建言：

1. 「夫君臣相遇，自古為難。以石投水，千載一合，以水投石，無時不有。其能開至公之道，申天下之用，內盡心膂，外竭股肱，和若鹽梅，固同金石者，非惟高位厚秩，在於禮之而已。」[27]
2. 「孟子曰：『君視臣如手足，臣視君如腹心；君視臣如犬馬，臣視君如國人；君視臣如糞土，臣視君如寇仇。』雖臣之事君無二志，至於去就之節，當緣恩之厚薄，然則為人主者，安可以無禮於下哉？」[28]
3. 「《禮》曰：『上人疑，則百姓惑。下難知，則君長勞。』上下相疑，則不可以言至治矣。」[29]
4. 「若君為堯、舜，臣為稷、契，豈有遇小事則變志，見小利則易心哉！此雖下之立忠未有明著，亦由上懷不信，待之過薄之所致也。豈君使臣以禮，臣事君以忠乎！」[30]

其中，引述「君使臣以禮，臣事君以忠」(《論語》)的訴求，同時出現在〈誠信篇・第二章〉的〈誠信治國疏〉與〈慎終篇・第五章〉的〈不克終疏〉，甚至可說是魏徵對唐太宗諫諍的基本主軸。

## （三）用人基準：擢才而居，委任實重

就為國求賢的用人基準而言，在《貞觀政要》中對於賢才的殷盼確實如魏徵在〈慎終篇〉第五章〈不克終疏〉第六條所言「貞觀之初，求賢如渴」，姑且淺論如下：

1. 〈政體篇・第四章〉，貞觀三年四月太宗強調，中樞機構當然必須優秀人才擔任並授予權柄：「中書、門下，機要之司。擢才而居，委任實重。詔敕如有不穩便，皆須執論。」[31]

---

26 同前註，頁147。
27 同前註，頁154。
28 同前註，頁156。
29 同前註，頁158。
30 同前註，頁159。
31 同前註，頁29。

2. 〈政體篇・第五章〉，貞觀四年七月在評論隋文帝之餘，太宗主張：「豈如廣任賢良，高居深視，法令嚴肅，誰敢為非。」[32]

3. 〈納諫篇・第二章〉，貞觀四年六月面對於置死地而強諫「不如煬帝」、「與桀紂同歸於亂」的張玄素，不世出明君的唐太宗喟然歎曰：「我不思量，遂至於此」，蕩氣迴腸之餘，甚且讚許：「且『眾人之唯唯，不如一士之諤諤』可賜絹五百匹。」[33]

4. 〈擇官篇・第一章〉，武德九年底，初膺大位的太宗基於參與創業，敉平群雄的經驗，定調：「致理之本，惟在於審，量才授職，務省官員，故書稱：『任官惟賢才。』」[34]

5. 〈擇官篇・第二章〉，在貞觀三年要求房玄齡、杜如晦：「公為僕射，當助朕憂勞，廣聞耳目，求訪賢哲。」[35]

6. 〈擇官篇・第四章〉，在貞觀元年正月要求封德彝舉賢不果，當面指謫：「前代明王使人如器，皆取士於當時，不借才於異代。豈得待夢傅說、逢呂尚，然後為政乎？且何代無賢，但患遺而不知耳！」[36]又，本段語詞出自〈仁義篇・第一章〉杜正倫的進言，足見太宗果然善於學習！

7. 〈擇官篇・第六章〉，貞觀六年底業已收伏東突厥，又詔令顏師古考定五經，堪稱文治武功的巔峰。太宗有感「賞罰不可輕行，用人彌須慎擇。」魏徵應機適時建言：「但亂代惟求其才，不顧其行；太平之時，必須才行俱兼，始可任用。」[37]

8. 〈擇官篇・第八章〉，貞觀十一年劉洎目睹尚書省運作日漸僵化，於是上疏建言：「且選眾授能，非才莫舉，天工人代，焉可妄加。至於懿戚元勳，但宜優其禮秩，」[38]

9. 〈擇官篇・第九章〉，貞觀十五年太宗求賢殷切卻不滿意，竟然想出偏方：「能安天下者，惟在用得賢才。公等既不知賢，朕又不可徧識，日復一日，無得人之理。今欲令人自舉，於事何如？」[39]

10. 〈擇官篇・第十章〉，貞觀十四年魏徵在〈御臣術疏〉中舉例說明，自古盛世無不人才濟濟；無非是說，唯有人才濟濟，可能盛世：「故堯、舜、文、武，見稱前載，咸以知人則哲，多士盈朝，」[40]

---

32 同前註，頁31。
33 同前註，頁104。
34 同前註，頁169。
35 同前註，頁171。
36 同前註，頁173。
37 同前註，頁176。
38 同前註，頁179。
39 同前註，頁182。
40 同前註，頁183。

11. 〈封建篇・第一章〉，貞觀二年李百藥上〈封建論〉論及：「爵非世及，用賢之路斯廣；民無定主，附下之情不固；」主張廢除封建，才能廣開用賢之路。[41]

12. 〈太子諸王定分篇・第四章〉，貞觀十六年八月在肯定褚遂良舉出當今國家最急者，在於太子諸王定分後，太宗說出內心隱憂：「但自古嫡庶無良佐，何嘗不傾敗家國。公等為朕搜訪賢德，以輔儲宮，爰及諸王，咸求正士。」可見求賢不只是為國理政，甚至涉及皇室祥和安危。[42]

13. 〈教戒太子諸王篇・第三章〉，貞觀七年太宗命魏徵編錄《自古諸侯王善惡錄》以賜諸王，其中分析始封之君的艱阻憂勤：「或設醴以求賢，或吐殄而接士，故甘忠言之逆耳，得百姓之懽心。」[43]

14. 〈教戒太子諸王篇・第四章〉，貞觀十年太宗面授親炙弟子侯王：「汝等鑒誡，宜熟思之。揀擇賢才，為汝師友，須受其諫諍，勿得自專。」[44]並舉自己因敬仰帝舜而夢見帝舜的經歷，勉勵侯王。

15. 〈公平篇・第一章〉，武德九年九月，太宗即位後即有秦府舊僚未得官者藉由房玄齡奏言，太宗曉以大義：「今所以擇賢才者，蓋為求安百姓也。用人但問堪否，豈以新故異情？」[45]元年十二月又有類似情事，太宗再度申述：「朕以天下為家，不能私於一物，惟有才行是任，豈以新舊為差？」[46]

16. 〈公平篇・第四章〉，貞觀二年二月太宗有感蜀相諸葛亮與隋相高熲盛名，與房玄齡共勉：「朕今每慕前代帝王之善者，卿等亦可慕宰相之賢者。若如是，則榮名高位可以長守。」[47]

17. 〈公平篇・第七章〉，貞觀初年太宗因「孜孜求士，欲專心政道，聞有好人，則抽擢驅使，而議者多稱彼者皆宰臣親故。」因而勉勵群臣：「古人內舉不避親，外舉不避讎，而為舉得其真賢故也。但能舉用得才，雖是子弟及有讎嫌，不得不舉。」[48]

18. 〈公平篇・第八章〉，貞觀十一年魏徵上〈理獄聽諫疏〉陳言：「夫以耳目之玩，人猶死而不違，況聖明之君，求忠正之士，千里斯應，信不為難。」更一秉耿直本性直言：「若徒有其言，而內無其實，欲其必至，不可得也。」[49]呼應〈誠信篇・第二章〉之〈誠信治國疏〉，唯有誠信，賢才遠來！

---

[41] 同前註，頁199。
[42] 同前註，頁221。
[43] 同前註，頁240。
[44] 同前註，頁245。
[45] 同前註，頁312。
[46] 同前註，頁313。
[47] 同前註，頁317-318。
[48] 同前註，頁322-323。
[49] 同前註，頁336。

19. 〈誠信篇・第二章〉，固然太宗求賢若渴；貞觀十一年魏徵在〈誠信治國疏〉提醒太宗：「夫中智之人，豈無小慧，然才非經國，慮不及遠，雖竭力盡誠，猶未免於傾敗；況內懷奸利，承顏順旨，其為禍患，不亦深乎？」[50]而類似的提醒也出現在〈公平篇・第八章〉之〈論君子小人疏〉。

20. 〈崇儒學篇・第四章〉，貞觀二年太宗再三強調：「為政之要，惟在得人，用非其才，必難致治。今所任用，必須以德行、學識為本。」[51]

21. 〈辯興亡篇・第四章〉，太宗遠觀古今歷史，近觀當代諸國，貞觀元年七月告諸侍臣：「觀古人君，行仁義、任賢良則理，行暴亂、任小人，則敗。突厥所信任者，並共公等見之，略無忠正可取者。頡利復不憂百姓，恣情所為，朕以人事觀之，亦何可久矣？」[52]完全呼應〈金鏡〉中，太宗分論述高祖殷湯之德行與夏桀商辛之悖惡後，所歸納的結論「予以此觀之，豈非天道之數也。雖曰天時，抑亦人事。」

22. 〈慎終篇・第五章〉，貞觀十三年五月魏徵上〈十漸不克終疏〉，其中第六項直言太宗求賢心態的轉變：「貞觀之初，求賢如渴，善人所舉，信而任之，取其所長，恆恐不及。近歲以來，由心好惡，或眾善舉而用之，或一人毀而棄之，或積年任而用之，或一朝疑而遠之。」[53]堪謂直搗黃龍；總和其他九項，深信對貞觀盛世善始令終極具意義與價值，而太宗「自得公疏，反覆研尋，深覺詞強理直，遂列為屏障，朝夕瞻仰。又尋付史司，冀千載之下識君臣之義。」的真情回應，譜曲君臣知遇，當是千古美談。

## 四 結語

> 吾在位以來，所制多矣。奇麗服玩，錦繡珠玉，不絕於前，此非防欲也；雕楹刻桷，高臺深池，每興其役，此非儉志也；犬馬鷹鶻，無遠必致，此非節心也；數有行幸，以亟勞人，此非屈己也。斯事者，吾之深過，勿以茲為是而後法焉。但我濟育蒼生其益多，平定寰宇其功大，益多損少人不怨；功大過微德未虧。然猶之盡美之蹤，於焉多愧；盡善之道，顧此懷慚。（《帝範・後記》）[54]

> 盛哉，太宗之烈也！其除隋之亂，比跡湯、武；致治之美，庶幾成、康。自古功德兼隆，由漢以來未之有也。至其牽於多愛，復立浮圖，好大喜功，勤兵於遠，

---

50 同前註，頁351。
51 同前註，頁428。
52 同前註，頁504。
53 同前註，頁590。
54 同前註，頁44-45。

此中材庸主之所常為。然春秋之法，常責備於賢者，是以後世君子之欲成人之美者，莫不歎息於斯焉。(《新唐書‧本紀第二‧贊》)

　　無論是出自太宗的自我評論，或是宋朝史官歐陽修的總評，一代明君唐太宗畢竟開創了人類中古世紀史上絕無僅有的貞觀盛世。貞觀初期的〈金鏡〉關心帝國王朝之得失興滅，歸納的方案是「逆耳之言」與「留心任使」，強調任賢擇官時必須注意「各令遂志，不失其能」與「輕陵天地，眾精顯其妖；忽慢神靈，風雨應其暴。」檢視《貞觀政要》與《資治通鑑‧唐紀一～十五》中的史實，唐太宗確實實踐〈金鏡〉信念，而將國家推至文治武功鼎盛狀態。

　　歷經十年參與創業與二十年治理國家，貞觀末期的《帝範》，是唐太宗歷經內外尖銳鬥爭的刻骨銘心，面對帝國王朝的傳承，竭精殫智，嘔心瀝血地循循善誘、諄諄嘉勉繼承人李治，就史實而言，唐高宗也成就了永徽之治，《帝範》似乎完成唐太宗的心願；然而武則天的以周代唐，似乎毀滅了《帝範》的使命？！至於睿宗復辟、玄宗繼起能否視為《帝範》任何影響？在《貞觀政要》中似乎可以獲得啟示：「臣歷睹前代，自夏、殷、周及漢氏之有天下，傳祚相繼，多者八百餘年，少者猶四五百年，皆為積德累業，恩結於人心。豈無僻王？賴前哲以免爾！」(〈奢縱篇‧第一章〉)[55]果然，大唐近三百年的國祚，似乎又歸因於太宗的貞觀盛世所奠立的百年基業。

---

[55] 同前註，頁408。

# 徵引文獻

## 一　原典文獻

宋・司馬光撰：《資治通鑑》，長沙：嶽麓書院，1990年。
唐・唐太宗御撰：《帝範》四卷，臺北：臺灣商務印書館，1983年。

## 二　近人論著：

王雲五：《晉唐政治思想・李世民的政治思想》，臺北：臺灣商務印書館，1970年。
許道勳：《貞觀政要》，臺北：三民書局，2008年。
許道勳：《唐太宗傳》，臺北：臺灣商務印書館，2015年。
陳　飛：《唐太宗》，臺北：雲龍出版社，1998年。

# 《群書治要》現代化意義與實踐舉隅

洪儒瑤

中華科技大學企業資訊與管理系助理教授

洪裕琨

逢甲大學金融博士學位學程博士生

## 摘要

　　《群書治要》是唐太宗以其誠，任命魏徵、虞世南、褚亮與蕭德言等人擷取六經、四史、諸子百家等，有關於修身、齊家、治國、平天下之精要篇章，匯編而成，是一部匯集治國大道思想之類書。《群書治要》裨益唐朝君臣之共治，而奠基並成就了近三百年唐朝之大業。《群書治要》書成之後，太宗大喜並命人繕寫十餘部，分賜太子及諸王，然而其後卻在中土逐漸佚失，爾後流傳至日本，在其平安時代（西元794-1192年），日本皇室將《群書治要》作為帝王學教材必讀之書，並樹立了有體系的精研講習傳統。直至清朝嘉慶年間，《群書治要》始自日本傳回中土。《群書治要》既能助唐太宗成就唐朝大業，復能受異邦日本皇室之珍視重用，自有其可用之內容與魅力。學者林朝成（2019）及張瑞麟（2020）認為《群書治要》並非僅具一般類書的性質，而是兼具編者個人與時代特殊意蘊之作品，且透過其對於古籍經典的選錄，展現了唐初時代性的獨特思維內涵。本文依循林朝成（2019）與張瑞麟（2020）之思維見解，自《群書治要》各篇章中擷取顯具現代化意義與實踐價值之內容，並參酌《德甫揪論》（洪儒瑤，2021）之相關內容，舉隅重點摘釋，並以《群書治要360》為本，擬具人民觀點之「現代社會執政思維圖」，對於現今政治作為、企業經營以及為人處世之參酌，盼有萬一之益，並期《群書治要》之應用層面更加擴大。

**關鍵詞**：群書治要、貞觀政要、德甫揪論、現代社會執政思維圖

# 一　前言

　　每一朝代之創建，都有其錯綜複雜之背後因素，如唐虞之選賢禪讓、夏商之暴政翻亡，而新朝創建後的經營眼光、獨到策略則影響著往後數十百年之社會政治與經濟發展，攸關著人民生活、社會穩定及國祚之久暫。周興八百年止，強秦續之卻因苛征繁政，二代而亡；漢高祖劉邦率先攻入秦都咸陽並與民約法三章，並擊敗項羽，以平民之姿登上帝位，休養生息而能使西漢綿延兩百年。東漢末朝，三國爭權，曹丕逼迫漢獻帝禪讓而篡位，又進入天下混亂之局，魏晉南北朝時群雄征戰三百餘年。隋文帝滅陳，統一南北，勵精圖治、發展生產，使經濟繁榮、社會安定，然而，煬帝矯情以得帝位，驕矜暴戾、荒淫無度，終引起民變，各地紛紛起義，亂世最後為李淵父子所統一。戰功彪炳的李世民發動玄武門之變不久，李淵便將帝位內禪給李世民，李世民登基後，有感於帝位得之不譽，且歷代治亂興替，多因敗德、偏信或失勢，因此虛心納諫，文治天下，開創了著名的貞觀之治，終成為歷史上著名的明君。吳秋育在其《貞觀學》一書中言，[1]唐太宗在長期富貴之餘，依然能夠「不作無益害有益」、「不見可欲，使民心不亂」，堪稱人間殊勝。吾人藉此，可推測唐太宗有古聖「內聖外王」之德修。吳怡認為，[2]誠字是從內聖通往外王的動力。因此，《群書治要》之成，可謂誠之所感。

　　《群書治要》編纂的起因在於唐太宗欲盡覽前王得失，以為治世之用。在魏徵、虞世南、褚亮與蕭德言等人涵養深厚的學術底子下，匯集出初唐新時代的治理視野，也蘊含著新舊並存的思維內涵，匯集而成《群書治要》。因此，《群書治要》對於新唐走向盛世，深具其時代意義與價值。書成之後，唐太宗命人繕寫十餘部，分賜太子及諸王，然而《群書治要》在當時卻未受到普遍重視或學者廣泛討論，甚至到了南宋即已散佚，元代之後即已不傳。何以致此？匡國巨著、循善為治的寶典，竟不知所蹤。幸由日本遣唐使將其帶回日本，從此被日本歷代天皇及皇子、大臣奉為圭臬，成為學習中華文化的一部重要經典，其在日本所扮演角色，竟也是帝王望治之參考書。日本第五十六代清和天皇年號亦為「貞觀」（西元859-877年），年代相當於唐末懿宗、僖宗時代，可見日本皇室對於唐朝貞觀之治的醉心，《群書治要》對於領導者之效用之大，由此可見一斑。到了清嘉慶年間，《群書治要》始由日本回傳中土，如今我輩得以親炙此一治世宏寶，而得以從中覓得其精要，反思其對於現代社會的意義，以及實用上的參照，實在有福。

　　本文循林朝成（2019）及張瑞麟（2020）的見解以及其所梳理出唐朝初年《群書治要》之重要意義，期能從《群書治要》發掘出其適於現代的思想焦點與內涵，並建構出

---

1　吳秋育：《貞觀學──貞觀政要新編》（新北：貞觀書院，2022年）。
2　吳怡：《中庸誠的哲學》（臺北：東大圖書公司，1990年）。

一套思維體系。本文之目的即在於探索《群書治要》現代化之功能，並發現其現代化意義及實踐價值，並舉隅以釋之。

## 二 《群書治要》之編纂型態與現代化意義

《群書治要》是一部纂輯前人思想的類書，林朝成（2019）藉由與《貞觀政要》相關聯的梳理，分析《群書治要》編輯所內含的文本詮釋與體系化思維。張瑞麟（2020）則剖析該書取材古籍性質、取材範圍、選編內容以及撰寫方式，提出極為精闢而深入的描述，撮其要，擷其精，認為《群書治要》一書係以舊文義來呈現新意義，亦即轉舊為新，以編代作。《群書治要》以經、史、子為順序，以個別典籍為單位，自十二部經、八部史及四十八部子書中，摘擇精要，並以編纂手法展現其撰述意志與著作理想，而注文之擷擇，更蘊涵了其想要表達之新意，選錄之故事亦鮮明傳達其言外之意，十足凸顯了其時代價值。

張瑞麟（2020）精算出《群書治要》自六十八部古籍個別摘錄之篇章內容比例，其中《周禮》與《孝經》皆選錄了百分之九十四的篇章內容，比例最高，隱約強調了禮與孝之重要，或許其旨在於唐太宗的振聾啟聵作用吧！唐太宗自言「朕往為群凶未定，東西征討，躬親戎事，不暇讀書。……君臣父子，政教之道，共在書內……卻思少小時行事，大覺非也」、「朕自二九之年，……東西征伐，日不暇給，……，多慚往代，若不任舟楫，豈得濟彼巨川？」[3]、「太宗讀漢末徐幹《中論》，義理甚深，恨不得早見此書，……太上皇之喪，依例以日代月，僅守喪三十六天，自咎自責，因而悲泣起來」[4]。《群書治要》的撰寫方式是「各全舊體」、「去華從實」，保留個別典籍原始面貌與原本立意，並積極地自選錄篇章中進行剪裁的動作，期能賦予唐初當代新意。

《群書治要》取材自六十八部典籍內容並加以綴敘，到底如何轉舊為新，有何新意？林朝成（2019）大量取證於詳實記載貞觀事蹟的《貞觀政要》，深入探究牧民、戢兵與法制三大焦點主題，最後以「牧民之道」概括之。林朝成（2019）及張瑞麟（2020）則據此針對《群書治要》細細梳理出以下七大主題，揭開其欲傳達的言外之意：一、為君難；二、為臣不易；三、君臣共生；四、直言受諫；五、牧民；六、法制；七、戢兵。此七大方向確可提供君王思考，知為君之難，體會為臣之不易，洞悉君臣共生之理，藉由直言受諫而強化決策主體，而牧民、法制、戢兵，正是執政時最主要針對的決策對象客體。經由林朝成（2019）及張瑞麟（2020）深度抽絲剝繭，得以窺見《群書治要》的體與用、舊與新，而知其賦予當時唐世代之要義。

---

3　許道勳注譯：《新譯貞觀政要》（臺北：三民書局，2018年）。
4　雷家驥：《天可汗的時代──貞觀政要》（臺北：時報文化公司，1998年）。

二〇一一年馬來西亞漢學院在釋淨空法師的囑咐下，從《群書治要》中節錄三百六十條，編成《群書治要360》[5]，並期許每年選編三百六十條原典，譯成各國文字印行於全世界流通。淨空法師的立意是解決二十一世紀的社會問題，使天下太平、人人幸福。馬來西亞漢學院欲從《群書治要》中擷取能解決現代問題，使社會趨向於太平的有用篇章，乃萃取出六條大綱：一、君道；二、臣術；三、貴德；四、為政；五、敬慎；六、明辨。每一大綱下又分為若干項，在最基本重要的項下，再細分羅列不同的細目。在不同年份所編纂《群書治要360》，其細目或有增刪或前後挪動或用詞更改之調整，在各綱目中對於個別典籍內容的選取，則不依其先後順序，而依選句的義理，考慮其重要性及相互間關係來加以排列。

從《群書治要360》所摘錄萃取之六大綱：君道、臣術、貴德、為政、敬慎、明辨等六大方向，細思其義，其摘擇之重點已然轉脫成為政治、企業、社會各個階層領導者與組織成員之間的處事與相處之道，再從各綱目中觀其各項目用詞，對於修身、治家、處事的著墨，更是鞭辟入裡，直可謂修身、齊家、處世的寶鑒。舉如二〇一八年版《群書治要360》綱目如下：

一、君道
　（一）修身
　　甲、戒貪
　　乙、勤儉
　　丙、懲忿
　　丁、遷善
　　戊、改過
　（二）敦親
　（三）反身
　（四）尊賢
　（五）納諫
　（六）杜讒邪
　（七）審斷
二、臣術
　（一）立節
　（二）盡忠
　（三）勸諫

三、貴德
　（一）尚道
　（二）孝悌
　（三）仁義
　（四）誠信
　（五）正己
　（六）度量
　（七）謙虛
　（八）謹慎
　（九）交友
　（十）學問
　（十一）有恆
四、為政
　（一）務本
　（二）知人
　（三）任使
　（四）至公

---

[5] 馬來西亞漢學院：《群書治要360》（臺北：華藏淨宗弘化基金會，2018、2019年）。

（四）舉賢　　　　　　　（五）教化
（六）禮樂　　　　　　　（三）治亂
（七）愛民　　　　　　　（四）鑒戒
（八）民生　　　　　　　（五）應事
（九）法古　　　　　　　（六）慎始終
（十）綱紀　　　　　　　（七）養生
（十一）賞罰　　　　六、明辨
（十二）法律　　　　　　（一）邪正
（十三）慎武　　　　　　（二）人情
（十四）將兵　　　　　　（三）才德
五、敬慎　　　　　　　　（四）朋黨
（一）微漸　　　　　　　（五）辨物
（二）風俗　　　　　　　（六）因果

茲將上述整理如表一：

### 表一　《群書治要360》綱目

| 一、君道 | 二、臣術 | 三、貴德 | 四、為政 | 五、敬慎 | 六、明辨 |
|---|---|---|---|---|---|
| （一）修身<br>甲、戒貪<br>乙、勤儉<br>丙、懲忿<br>丁、遷善<br>戊、改過<br>（二）敦親<br>（三）反身<br>（四）尊賢<br>（五）納諫<br>（六）杜讒邪<br>（七）審斷 | （一）立節<br>（二）盡忠<br>（三）勸諫<br>（四）舉賢 | （一）尚道<br>（二）孝悌<br>（三）仁義<br>（四）誠信<br>（五）正己<br>（六）度量<br>（七）謙虛<br>（八）謹慎<br>（九）交友<br>（十）學問<br>（十一）有恆 | （一）務本<br>（二）知人<br>（三）任使<br>（四）至公<br>（五）教化<br>（六）禮樂<br>（七）愛民<br>（八）民生<br>（九）法古<br>（十）綱紀<br>（十一）賞罰<br>（十二）法律<br>（十三）慎武<br>（武事）<br>（十四）將兵 | （一）微漸<br>（二）風俗<br>（三）治亂<br>（四）鑒戒<br>（五）應事<br>（六）慎始終<br>（七）養生 | （一）邪正<br>（二）人情<br>（三）才德<br>（四）朋黨<br>（五）辨物<br>（六）因果 |

由以上五十四個綱目（表一）檢視可推知，《群書治要360》君道代表領導者，臣術乃幹部權能，貴德係個人修為，為政是各級領導者之管理能力，敬慎則是處事之道，而明辨

是處世之方，其編輯之意旨與方向，清晰可辨。淨空法師欲解決二十一世紀的社會亂象，促使天下太平、人人幸福的意念，於是有了可依恃的理念與工具。

由上，《群書治要360》的編撰方式可說是「切合當代」、「實用為先」，而其實際內容則適切地詮釋個別典籍選句之意義，並積極進行剪裁編排，使賦予現代化之實用新意。

## 三　《群書治要》內容之現代化應用與釋例舉隅

本文旨在發現《群書治要》的現代化意義與實踐舉隅，擬以《群書治要》選句以及《群書治要360》所編之六大綱——君道、臣術、貴德、為政、敬慎、明辨等為方向，自其項目與細目中，摘擇現代化應用意義之嘉句、段落或實際故事，整合出適用於現代政經社會的理念思維與事例。

以下由君道、臣術、貴德、為政、敬慎、明辨等六方向五十四個綱目之選句中，揀選具現代化意義與實際發生之事例，部分摘自《德甫揪論》[6]，並依照《群書治要360》不同版本之綱目序數，列舉十一則說明如下：

一、君道
（一）修身
　　甲、使命：第一則〈文子篇〉：「聖人之從事也……」。
　　（三）反身：第二則〈管子篇〉：「身不善之患……」。
二、臣術
　　（一）立節：第三則〈政要論篇〉：「忠臣之事主……」。
三、貴德
　　（四）誠信：第四則〈傅子篇〉：「天地著信，而四時不悖……」。
　　（五）正己：第五則〈文子篇〉：「非澹真無以明德……」。
四、為政
　　（一）務本：第六則〈晉書（下）篇〉：「昔在前聖之世，欲敦風俗……」。
　　（七）愛民：第七則〈淮南子篇〉：「古之君人者，甚憯怛於民也……」。
　　（十三）武事（慎武、將兵、征伐）：第八則〈政要論篇〉：「聖人之用兵也……」。
五、敬慎
　　（一）微漸：第九則〈尸子篇〉：「夫禍之始也，猶熛火蘗足也……」。
六、明辨
　　（一）邪正：第十則〈管子篇〉：「聖人之求事也，先論其理義，計其可否……」。
　　　　　第十一則〈管子篇〉：「政者，正也……」。

---

[6] 洪儒瑤：《德甫揪論——群書治要與易經之相遇》（臺中：漢澄公司，2021年）。

**第一則事例：**

〈文子篇〉：「聖人之從事也，所由異路而同歸，其存亡定傾若一，志不忘乎欲利人也。……其澤之所及亦遠也。」

上文大意：有德聖賢所做的事，雖然方法不同，但都是殊途同歸，他們要使瀕臨滅亡的國家得以延續，使即將動亂的國家得以安定，目的是一致的，他們的心思總不忘有利於人民。……因此他們的恩澤所播及的地方非常廣遠。

陽明心學創建者明代大儒王陽明（王守仁），對後世影響極大，且因平亂之功而封新建侯，是明朝唯一文人立功封伯晉侯者。王陽明幼時就有「為萬世開太平」，成為聖人的理想，因此模擬軍事遊戲經略四方，就經常是他與玩伴的遊戲，也開始學習兵法。一五一七年南贛土匪猖獗，王陽明受兵部尚書王瓊舉薦，巡撫南、贛、汀、漳等地，內心湧現安定一方拯救萬民的良知，善用其所習兵法，帶兵蕩平當地土匪，鋒芒初露。最重要一戰是一五一九年平定寧王朱宸濠江西南昌叛亂，王陽明先施疑兵計，讓寧王大軍留駐南昌，而後決戰鄱陽湖，利用寧王大軍鐵索連舟弱點，火燒寧王大營，生擒寧王，成功平亂。然而西南方土司、流官貪污暴虐，導致長期民不聊生，一五二七年王陽明在家守喪，卻仍奉命前往廣西平定土司亂源，於次年七月即平亂，然而回師途中，因肺病加重，病逝於南安舟中。由上，王陽明的心志，總不忘利於人民。

王陽明以心學傳千秋濟萬世，即使處於戰爭期間，他還是一面指揮戰事一面講學。心學目標是「觸之不動」、「存天理，去人欲」，面對任何處境皆能寵辱不驚，不因得失而動心。即使到了二十世紀，梁啟超、孫中山、蔣介石等人皆將王陽明視為心靈導師，該學說更擴及於海內外，在日本、朝鮮半島都有其重要深遠的影響。陽明心學強調內心良知的力量，這是每個人內心與生俱來的道德感和判斷力，可讓人在浮躁不安的社會中獲得內心的寧靜，是現代人的修心寶典。《群書治要‧文子篇》「聖人之從事也，所由異路而同歸，志不忘乎欲利人也。……其澤之所及亦遠也」，王陽明堪稱一代聖人！[7]

**第二則：**

〈管子篇〉：「身不善之患，無患人莫己知。民之觀也察矣，不可遁逃。故我有善則立譽我，我有過則立毀我。當人之毀譽也，則莫歸問於家矣。」

上文大意：管子說：「為政者只須擔心自己是否盡善盡美，無須擔心他人不了解自己。百姓人民自會明察秋毫，沒有什麼事可以逃過他們的眼睛。因此當政者若有善行嘉言，百姓會立刻加以讚美，一旦有過錯，人民就會立刻予以詆毀。當政者若聽到百姓有所讚美或詆毀，根本就不必回去才詢問智囊左右近侍。

---

7　洪儒瑤：《德甫揪論──群書治要與易經之相遇》（臺中：漢澄公司，2021年）。

人民的聲音是上帝的聲音嗎？二〇一八年民進黨地方選舉敗選後，行政院針對選舉結果，提出「聽見人民的聲音」檢討報告。報告內容：第一，人民最期待政府做什麼；第二，政府過去兩年多施政，是否符合人民最急迫的需要；第三，接下來政府該怎麼做。然而多年過去了，政府的作為合乎人民期待嗎？人民的聲音被聽見了嗎？《群書治要‧管子篇》「身不善之患，無患人莫己知。民之觀也察矣，不可遁逃。故我有善則立譽我，我有過則立毀我。當人之毀譽也，則莫歸問於家矣」，人民的毀譽，如果只是殿堂上閒談的話題，那麼就難以期待上帝的聲音是悅耳的！

第三則：

〈政要論篇〉：「忠臣之事主，投命委身，期於成功立事，便國利民。故不為難易變節、安危革行也。」

上文大意：古代忠心為國為君服務的人，會奮不顧身，希望能夠為國為君成就一番功業，福國而利民。因此不會因為事情難易而改變節操，不會因為個人安危而放棄自己志行。

政治上，歷朝歷代開國君王與沙場功臣，多是拋頭顱灑熱血，奮不顧身投命委身，才有革命成功機會，成就一番事業或解民於水火。現代社會，各行各業同樣有著很多全心投入工作，卻奮不顧身，或疏於留意自己身體健康的從業者，因而青壯時期便失去健康，甚至殞命，實在令人惋惜。自二〇二〇年初迄二〇二一年八月，多位臺灣社會名人英年早逝，例如國標舞女王劉真因心臟主動脈瓣狹窄開刀，引發腦部栓塞與出血致腦壓過高而逝世，享年四十四歲；臺灣 AI 產業推手玉山金控科技長陳昇瑋，運動跌倒致腦溢血送醫不治，享年四十四歲；知名經濟學者沈中華教授，罹患胃癌病逝，享壽六十歲；金鐘、金馬及臺北電影獎三金影帝吳朋奉因腦中風引發心肌梗塞逝世，享年五十五歲；資深藝人、主持人羅霈穎，疑因服用安眠藥等多種藥物意外猝死，享年五十九歲；綜藝及娛樂節目主持人、歌手黃鴻升，因主動脈剝離致心因性休克而過世，享年三十六歲；臺灣唯一農業害蟲粉蝨專家、臺大教授柯俊成，因高血壓猝死於研究室內，享年五十七歲；臺灣不孕症權威婦產科名醫陳信孚，因罹患大腸癌過世，享壽六十歲；再現劇團團長黃民安於演出活動空檔突發心因性休克驟逝，享年四十二歲。上述社會菁英在各領域皆嶄露頭角，可惜因健康因素而早逝，社會痛失英才！因此，各行各業從業人員，在奮力工作時，皆應時時注意安全並留意自身長期健康，才不至於壯志未酬身先離，家人朋友痛失親，社會專業嘆失才！《群書治要‧政要論》「忠臣之事主，投命委身，期於成功立事」，以實用主義言，期盼現代人從事事業，除了忠於事業，設立階段性成功目標之外，也應為家人朋友及國家社會，特別注意自身安全健康，絕對不能因疏忽而失去防範，使自己生命橫生變節，絕不可讓健康安全問題，中斷了自己專業貢獻與此生待成之

志行！[8]

**第四則：**

〈傅子篇〉：「天地著信，而四時不悖；日月著信，而昏明有常；王者體信，而萬國以安；諸侯秉信，而境內以和；君子履信，而厥身以立。」

上文大意：天地昭顯其誠信，因此四季運行如常、不違常軌；日月顯現其信實，因而黑夜白晝交替如常；人君若能體會此理而依循誠信之道，四方各國就得以安寧；天下諸侯若能秉持信義，國境之內才能和平無事；而君子必須履行誠實信用，始能在社會上有立足之地。

晚清紅頂商人胡雪巖，幼年喪父，家境貧寒，流離失所，但手段靈活，又逢時運，錢莊老闆膝下無子，死後將錢莊交由胡雪巖繼承，成其發跡起點。此時如何運用資金賺取更大獲利，成為其投機心態的轉折點。胡雪巖憑其信用與交際手腕，結識左宗棠，協助其開發閩浙一代，也讓自己登上布政使銜（清朝官職）三品高官，賞黃馬褂，所戴朝冠為頂上飾以鏤空珊瑚，俗稱「紅頂子」的二品頂戴，被稱為「紅頂商人」，是清朝商而仕的少數特例，事業擴展至當鋪、房地產、鹽業、茶業、布業、航運、糧食買賣、中藥行以及軍火事業，更擁有六銀號及三家錢莊。然而由於投機囤積生絲，於一八八二年對決洋商，當時李鴻章為遏制左宗棠勢力，胡雪巖成其標靶，故意拖延款項二十日，竟成胡雪巖於一八八四年破產的第一張骨牌，而致命的卻是其代辦清廷借款時，私下多計利息賺取暴利一事，為慈禧太后得知，因而被革職抄家。一位因信用而起的巨商，卻也因一時官商計息誠信之疑而殞落，真是情何以堪？胡雪巖於一八八五年十一月在孤寂潦倒中離世，杭州知府率兵前往抄家查封，結果發現「所有家產，前已變抵公私各款，現人亡財盡，無產可封」。《群書治要・傅子篇》「天地著信，而四時不悖；……君子履信，而厥身以立」，身處兩強相爭狹縫如胡雪巖，須知如臨深淵、如履薄冰，君子履信、厥身以立，一失足可致家破人亡！

**第五則：**

〈文子篇〉：「非澹真無以明德，非寧靜無以致遠，非寬大無以並覆，非平正無以制斷！」

上文大意：不能淡泊名利，就無法顯示美德；不能清靜寡欲，就難以維持長久；沒有寬大胸懷，就不能包容萬事萬物；不以公正平直的態度任事，就難以做出正確決斷。

今引臺灣社會重大事件郭台銘董事長購捐新冠疫苗一事為例，固然大眾對郭董個人

---

[8] 洪儒瑤：《德甫揪論——群書治要與易經之相遇》（臺中：漢澄公司，2021年）。

行事風格看法不一,但純就購捐疫苗一事來談,願意捐輸社會新臺幣五十億元,幾人能辦?幾人敢辦?此事若不能淡泊名利,難顯其德,難成其事。郭董自今(2021)年五月下旬提出購捐案,幾經波折,終於六月十八日晉見總統而得撥雲見日,若非心志專一、寧靜以對,恐難持久而得當局支持。再者,郭董若不以寬大心胸包容諸多言詰與事端,也就撐不到六月中旬。若不能以公正平直的態度據理力爭,於六月十八日發八點聲明為蒼生請命,並要求晉見總統,恐就做不了最後購捐疫苗的正確、有價值的決案。終在七月十二日宣布順利完成合約簽署,成就了一樁美事,堪告幸慰![9]

## 第六則:

〈晉書(下)篇〉:「昔在前聖之世,欲敦風俗,鎮靜百姓,隆鄉黨之義,崇六親之行,人道賢否,於是見矣……故天下之人,退而脩本,州黨有德義,朝廷有公正,天下大治。浮華邪佞,無所容厝。」

上文大意:古代聖王在位,為使民風敦厚、百姓生活安定,因此推崇鄉鄰族人間之道義,倡導家庭成員崇尚六親間人倫德行,如此一來,個人為人賢德與否,便在其日常敦倫盡份中可見……因此天下百姓都將回返到修身立德本份中,而使鄉親鄰里講求德行道義,朝廷用人公正無私,天下將為之大治。因此浮華奸邪之人,便無容身之地。

遙想二〇〇〇年七月二十六日,時任行政院副院長游錫堃因八掌溪事件四名施工工人遭暴漲溪水沖走致死,他挺身代替才上任兩個月之久的行政院長唐飛負起政治責任,辭職下臺,而行政院並迅速成立國家搜救指揮中心,可說是鎮靜百姓,隆鄉黨之義,發揚官道。而遠在一九七七年,國民黨舉辦大專院校師生參觀國家建設活動,卻在蘇澳發生翻船意外,師生死亡三十二名,教育部長蔣彥士因此引咎辭職,成為政務官首次為政治責任主動下臺第一人,這也是州黨有德義,朝廷有公正之風氣,因此而天下大治,造就了最受臺灣人誇讚的蔣經國時代清明聖世。[10]

## 第七則:

〈淮南子篇〉:「古之君人者,甚憯怛於民也。國有饑者,食不重味;民有寒者,冬不被裘。歲豐穀登,乃始懸鐘鼓陳干戚,君臣上下同心而樂之,國無哀人。」

上文大意:上古人君,是真正感同於百姓的憂苦悲傷。人民若挨餓,人君就寧不自享美食;民眾受凍餒,君主寒冬就不穿厚裘。只在五穀豐收、百姓富足歡樂時,才敢擺出鐘鼓樂器舞具,與百官民眾同樂,因為國中沒有悲傷的人。

---

9 洪儒瑤:《德甫揪論——群書治要與易經之相遇》(臺中:漢澄公司,2021年)。
10 洪儒瑤:《德甫揪論——群書治要與易經之相遇》(臺中:漢澄公司,2021年)。

回顧二〇一六年二月六日小年夜凌晨，高雄美濃發生芮氏規模六點六級大地震，主震後觸發臺南第二主震，臺南永康維冠金龍大樓因而倒塌，造成臺灣歷來單一建築物倒塌罹難人數最多的災害死亡一百一十五人事件，合計死亡一百一十七人，受傷五百五十一人。當天上午九點半，總統馬英九與行政院長張善政搭乘空軍一號專機，抵達臺南市災害應變中心視察地震災情。到了大年初二馬總統依慣例前往苗栗馬家庄祭祖，卻因南臺灣強震全民同悲，而取消發放紅包福袋的傳統，並表達「在農曆年前發生大地震，相關公安工作卻還有許多待加強處，身為總統我感到相當歉疚」。此外，二〇一七年八月臺北舉辦世大運，臺灣代表隊奪下二十六金三十四銀三十銅歷史最佳成績，當時總統蔡英文指示中華文化總會仿效歐美國家辦理英雄大遊行，讓選手們接受英雄式的歡呼，蔡總統也在個人臉書貼文「挺臺灣，為英雄喝采！」邀請大家一同共襄盛舉。國有喜，兆民同慶！今（2021）年東京奧運我代表隊屢創佳績，賽前美國數據分析公司 Gracenote 曾發布獎牌預測，臺灣隊有望奪下隊史最佳二金四銀五銅成績，期許臺灣代表隊小將們能善用戰略並持續奮勇拚戰，超越獎牌預測數。更盼在現今民眾陷於疫情影響的低迷心情下，再舉辦慶功喝采的大場面來振奮人心！[11]

## 第八則：

〈政要論篇〉：「聖人之用兵也，將以利物，不以害物也；將以救亡，非以危存也。……故曰：好戰者亡，忘戰者危。」

上文大意：聖明君王之所以用兵征戰，是為了利益萬眾萬物，而不是想要殘民害物；征戰目的是為了挽救自己國家的傾滅，而不是用來危害他國的生存。……因此說：愛好戰爭的國家，終因傷民害物而走向滅亡，但疏於備戰的國家，也必然時時面臨危機。

歷史上魏蜀吳三國鼎立時，魏佔優勢，但仍戰爭不斷。曹魏大臣桓范因此撰〈政要論〉，書中多論行兵戰事。桓范雖智高有才，卻恃才傲物，錯失明主，行不果決，而為司馬懿誅族。然而桓范〈政要論〉所述「好戰者亡，忘戰者危」，卻是至理名言，觀西方國家法蘭西第一帝國皇帝拿破崙、二次世界大戰德國希特勒以及東方日本帝國主義，都因好戰窮兵黷武，使得生靈塗炭，最終導致國家淪陷及傾亡危機。忘戰者如古代商紂王沉迷肉林酒池，最終被周武王推翻，周幽王烽火戲諸侯，以戰爭為兒戲，加速了周朝的覆滅。近代滿清閉關鎖國，安於現狀，不思進取，積貧積弱，則引得西方諸國恃強侵略！

## 第九則：

〈尸子篇〉：「夫禍之始也，猶熛火蘖足也，易止也；及其措於大事，雖孔墨之賢，弗能救也。」

---

11 洪儒瑤：《德甫揫論——群書治要與易經之相遇》（臺中：漢澄公司，2021年）。

上文大意：禍患初起之時，就像剛燃著的火苗或樹木砍去後剛長出的新芽，容易撲滅與去除；一旦大火熊熊或新芽長成大樹之時，已難回復原貌，就連孔子墨子般聖賢，大概也難以收拾了。

援引美國對待新冠肺炎（COVID-19）疫情為例，截至今（2021）年7月15日止美國確診數超過3390萬人，死亡人數超過60萬人，情況慘重。回顧2020年1月初媒體報導，白宮幕僚試圖說服時任總統川普重視病毒的嚴重性，但川普無動於衷。直到1月18日才接見衛生部長艾薩（Alex Azar），聆聽新冠病毒疫情簡報。1月21日出現了新冠病毒感染首例，成為亞洲以外第一個出現確診案例的國家，此時川普卻仍拒絕將病毒視為嚴重威脅。3月起美國疫情急轉直下，到3月21日確診人數已逼近2萬，有268人病亡，紐約州與加州約有6千萬居民都被「禁足」，相當於全美近兩成人口須整天待在家中，經濟娛樂活動停擺的規模史無前例，才數日後3月26日確診人數已超過8萬2千，成為全球確診數最多的國家。一年多過去了，美國平均每天數萬人確診，至今仍是新冠肺炎確診及死亡人數最多的國家。足見禍患初起易治，及其舉成大事，難為也。[12]

**第十則：**

〈管子篇〉：「聖人之求事也，先論其理義，計其可否。故義則求之，不義則止。……小人求事也，不論其理義，不計其可否。不義亦求之，不可亦求之，故其所得事者，未嘗為賴也。」

上文大意：有德者做事，先考慮是否合乎公理正義，考慮是否可行，合於義理才做，不合義理就停止。……而小人做事，不管公理與正義，也不考慮是否可行，即使不合義理也做，而實質上不可行，但為一己之利卻也強行去做，因此小人所做之事，並不值得信賴。

我們記憶猶深的「只要我喜歡，有什麼不可以？」這句話，第一次出現於一九八〇年口香糖廣告，一九九〇年又被飲料業廣告引用，而成為大家朗朗上口的口頭禪，卻也刺激很多人不經大腦地意氣行事，只要心裡喜歡，便不顧一切行去，增加了許多社會問題與糾紛。由於當時社會正在教育大眾自由與民主概念，一般人初聽那一句話似未覺不妥，正合潮流，但仔細深思，民主自由實不應毫無節制，而須建立在公義正理之上，才不致成為社會亂源，才不會製造犯罪溫床。《群書治要·管子篇》「求事先論其理義，計其可否」，這句話應是「只要我喜歡，有什麼不可以？」說出口的前提要素吧！[13]

---

[12] 洪儒瑤：《德甫揪論──群書治要與易經之相遇》（臺中：漢澄公司，2021年）。
[13] 洪儒瑤：《德甫揪論──群書治要與易經之相遇》（臺中：漢澄公司，2021年）。

**第十一則：**

〈管子篇〉：「政者，正也，聖人明正以治國。故正者，所以止過而逮不及也。過與不及，皆非正也。非正，則傷國一也。勇而不義傷兵，仁而不法傷正。故軍之敗也，生於不義；法之侵也，生於不正。故言有辯而非務者，行有難而非善者。故言必中務，不苟為辯；行必思善，不苟為難。」

上文大意：為政治國，其義在正，賢君應正中其分來治理國家。而正之意義，係用以防止過度而補其不足。過度與不足，都不合正中之道。不正，過度與不足，同樣都會傷害國家。軍隊武勇卻不義，就傷害士兵身命，待民仁厚而不符法令制度，就會失去正中之道。因此軍隊作戰失敗，多是因為不合乎義理；法令制度受到侵害，多因為不能嚴守正中之道。因而，有些巧令言辭雖然動聽卻無法切中實際，許多行政處事雖然戒慎畏懼卻非良善之行。因此為政者言辭必定要切中實務，不應任意以動聽言詞強為辯駁；行事必定基於善念，不可故作戒慎恐懼貌而行不善。

《聯合國憲章‧序言》：「非為公共利益，不得使用武力」，《巴黎非戰公約》第二條：「各締約國同意，各國之間若發生任何性質或起因的爭端或衝突，只能以和平方式加以處理或解決」。上述都已實質上地禁止國家主動挑起戰爭。而正義戰爭是軍事倫理學的一種學說，該學說的目的是通過一系列標準來確保戰爭在道德上是合理的，一場戰爭必須符合所有標準才能將其視為正義。其標準可分為兩類：1. 參戰權，這涉及參戰理由的正當性；2. 戰爭手段正當性，涉及戰爭所用手段的正當性。戰爭時正義一方經常被稱作「正義之師」，師出有名。基督教與伊斯蘭對於戰爭的傳統觀念，也都講求「戰爭手段正當性」的兩個標準：第一為比例原則，第二為區別對待。前者要求節制，不濫施無謂的暴力；後者則要求不殃及非戰鬥的無辜平民。由上足見，不義之戰乃世所唾棄。《群書治要‧管子篇》「政者，正也。……勇而不義傷兵，仁而不法傷正。故軍之敗也，生於不義」，非正，則傷國，勇而不義則傷兵害民，欲興不義之師豈可不深思？

以上十一則用於現代化實際應用事例，皆以《群書治要》及《群書治要360》六大綱五十四個綱目之選句為基底，輔以符合現代化意義與實踐之說明，容或有本文作者一偏之思，但期獲得眾先進指正，而冀有利於現今政治、企業經營以及為人處世之一絲參考，冀使《群書治要》之應用層面更加擴大。

## 四 《群書治要》現代化創新意義

林朝成（2019）及張瑞麟（2020）剖析《群書治要》，梳理出為君難、為臣不易、君臣共生、直言受諫、牧民、法制、戢兵等七大主題，並繪圖顯示其間關係（圖一），

以君王的視角，以君臣互動為決策主體，以牧民、法制、戢兵為決策體必須思考與面對的問題，而遙思當年魏徵的構思情境。

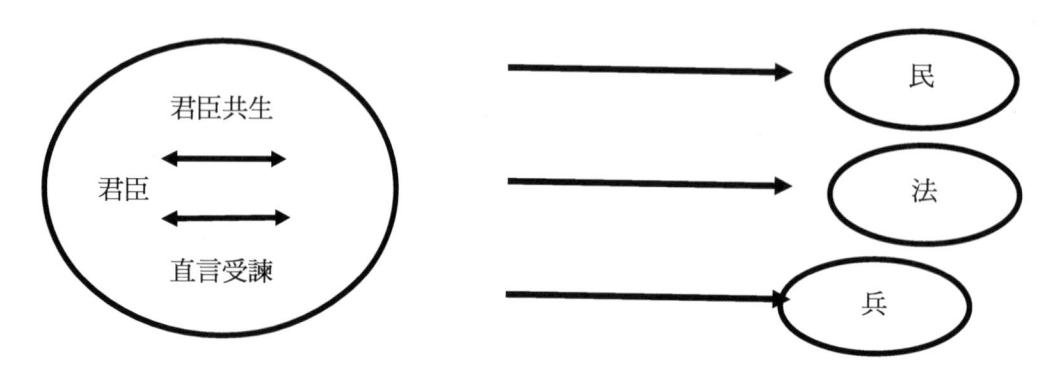

圖一　《群書治要》七大主題關係（林朝成，2019；張瑞麟，2020）

馬來西亞漢學院編《群書治要360》，以君道、臣術、貴德、為政、敬慎、明辨為六大綱，立意在於使天下太平、人人幸福，實堪為現代民主社會治政之參考、企業管理之指導原則以及個人治家治身之參酌。本文循著林朝成（2019）及張瑞麟（2020）繪圖取義之精神，以《群書治要360》六大綱為本，以本文所取材十一則選句及事例綱目之要義，著眼於君道修身與反身之思、臣術之立節、貴德重在誠信與正己、為政在於務本愛民與武事之慎重、敬慎繫於微漸之知覺、明辨乃邪正之別，並站在民主社會人民之觀點，以君道、臣術、貴德、為政、敬慎、明辨六大綱，繪圖取義為「現代社會執政思維圖」，如圖二：

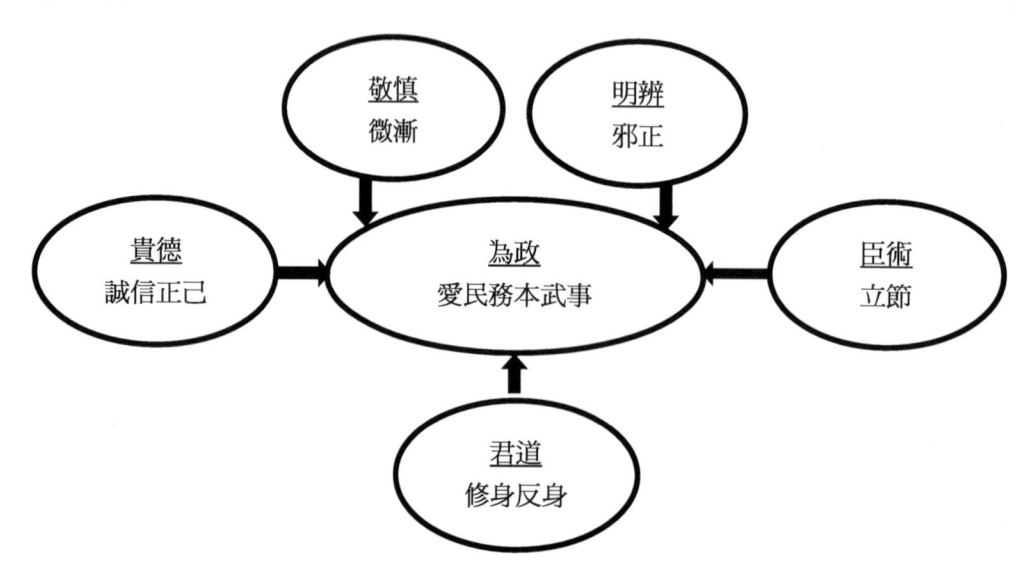

圖二　《群書治要360》六大綱關係──現代社會執政思維圖

《群書治要》之於現代民主社會的重大意義，略加論述於下：

一、代表國家的領導者君道，其修身與反身之明，民之觀察不可遁逃（第2則），存天理去人欲（第1則），則可正其國，是撐起國家社會進步發展的基礎。

二、為政之道在於務本、愛民、重武而避戰，州黨有德義、朝廷有公正（第6則），則天下大治，使歲豐穀登，則國無哀人（第7則），明好戰者亡、忘戰者危之理（第8則），則家可保國可全。

三、為官臣術重在立節，既投身委命，則應便國利民，不為難易變節、不因安危而革其行（第3則）。

四、貴德乃民主社會官場必要之修為，誠信與正己是內外雙修之道，君子履信則厥身以立（第4則），漠真以明德、寧靜以致遠（第5則）。以上應是現代社會執政的決策體系應備之合理正常思維，若得以實踐，則可期待有一正常之社會。

由上，君道得明、為政務本、為官有節、官場貴德，則社會可得祥和之氣、國泰而民安。

五、敬慎、明辨：人民只要能夠敬慎、明辨，了解禍之始於燎火蘗足（第9則），能秉義計理（第10則），不使為政者過與不及，使其行必思善、不苟為難（第11則），則世可平、民可安。因此，民主社會裡，一旦選舉時人民也能夠敬慎、明辨，則為官為政者自然有道，社會自然祥和樂利，否則君道不明、臣術無節，則為政紛擾，官場無德，則國家危矣。

因之，本文站在人民觀點的《群書治要360》六大綱關係——現代社會執政思維圖，或值一視。

## 五　結論

魏徵等人編《群書治要》以言志，唐太宗得以史為鑑而福國利民，創貞觀之治，君臣留名千古。魏徵在《群書治要》序言道「欽明之后，屈己以救時；無道之君，樂身以亡國」、「用之當今，足以鑒覽前古；傳之來葉，可以貽厥孫謀」（魏徵等，2015）。千餘年後，《群書治要360》之編輯，以天下太平、人人幸福為念，並以各語言印行世界各國，其志實在世界大同之道。

本文參酌林朝成（2019）及張瑞麟（2020）二位學者之思維，以馬來西亞漢學院編《群書治要360》為本，並參酌君道、臣術、貴德、為政、敬慎、明辨六大綱，構築一個利於現代民主社會政治、企業管理以及個人修身利世之思維理念——現代社會執政思維圖，盼能賦予《群書治要》現代化之意義，開展其廣泛應用之層面，以表獻曝之忱。

唐太宗馬上征戰而得天下，因其誠而知下馬治天下之理，始有貞觀盛世出現。現代

社會民主選舉,候選人在勝選之後,是否能放低姿態為民服務?為政者能否師法唐太宗,以《群書治要》為鑒,以福國利民之志,開拓天下太平、人民幸福的社會?大同之世遠乎?似遠,但值得期待!

# 徵引文獻

## 一　原典文獻

魏　徵等：《群書治要》，天津：天津人民出版社，2015年。

## 二　近人論著

吳　怡：《中庸誠的哲學》，臺北：東大圖書公司，1990年。
吳秋育：《貞觀學——貞觀政要新編》，新北：貞觀書院，2022年。
林朝成：〈《群書治要》與貞觀之治——從君臣互動談起〉，《成大中文學報》第67期，2019年，頁101-142。
林朝成：〈《群書治要》與貞觀之治——以「牧民之道」為例〉，《成大中文學報》第68期，2020年，頁115-154。
馬來西亞漢學院：《群書治要360》，臺北：華藏淨宗弘化基金會，2018、2019年。
洪儒瑤：《德甫揪論——群書治要與易經之相遇》，臺中：漢澄公司，2021年。
張瑞麟：〈轉舊為新：群書治要的編纂與意義〉，《文與哲》第36期，2020年，頁81-134。
許道勳注譯：《新譯貞觀政要》，臺北：三民書局，2018年。
雷家驥：《天可汗的時代——貞觀政要》，臺北：時報文化公司，1998年。
《聯合國憲章・序言》，網址：https://zh.wikipedia.org/zh-tw/%E8%81%94%E5%90%88%E5%9B%BD%E5%AE%AA%E7%AB%A0，發表時間：1945年，檢索日期：2021年11月17日。
《巴黎非戰公約》，網址：https://zh.wikipedia.org/zh-tw/%E9%9D%9E%E6%88%98%E5%85%AC%E7%BA%A6#%E5%9B%BE%E7%89%87，發表時間：1928年，檢索日期：2021年11月18日。

# 八 《群書治要》之文獻學研究

# 敦煌遺書與《群書治要·左傳》的流佈

聶菲璘

中國傳統文化促進會《群書治要》傳承委員會副主任

## 摘要

　　《群書治要》是一部彙集了六經及諸子古聖先王治國理政智慧精華的資政巨著。其思想價值的歷史影響不僅體現在作為「帝王學」參考書輔助帝王成就盛世，同樣體現在作為教科書在士庶之中傳播治道修身思想，敦煌藏經洞中發現的《群書治要·左傳》節本殘卷即是後者之證明。雖然在敦煌遺書中未能尋見《群書治要》所缺失的《左傳》上卷，亦未發現《群書治要》其他相關段落，但 S.133 號中的避諱用字確鑿地將其抄寫時間推斷為唐高宗前期，已然說明《群書治要·左傳》在唐朝時就已從皇宮走入民間，從長安流入邊遠的敦煌，作為當地童蒙學習的教材，有了一定的傳播；同時也說明，《群書治要》成書後，其中的部分篇章可能很快就在士大夫乃至庶民百姓中傳抄閱讀了。

**關鍵詞**：群書治要、左傳、敦煌遺書、S.133

---

\* 基金項目：國家社會科學基金一般項目「《群書治要》中的德福觀研究」（19BZX123）。

《群書治要》是唐太宗李世民為求先王治理之道而下令編纂的一部治世經典，成書於貞觀五年（西元631年）九月二十七日。魏徵等學識淵博、德高望重的社稷之臣，從一萬四千多部，八萬九千多卷古籍中，刪除浮華的辭藻和無關緊要的內容，僅將經世治國的智慧精華輯錄出來，成為一部彙集歷代帝王執政得失的「帝王學」參考書——《群書治要》五十卷。

　　唐太宗閱讀此書手不釋卷，感慨「觀所撰書，見所未見，聞所未聞，使朕致治稽古，臨事不惑。其為勞也，不亦大哉！」[1]特令繕寫十餘部，分賜太子及諸王以作從政龜鑒。《群書治要》不僅是魏徵向唐太宗進諫的重要理論依據，也是唐太宗創建「貞觀之治」的思想源泉和理論基礎。唐太宗君臣能夠開創「貞觀之治」，《群書治要》功不可沒。

　　唐太宗對《群書治要》的重視及運用也使他成為唐朝後世朝臣勸諫當朝君主效法的榜樣。晉陽尉楊相如向唐玄宗上〈陳便宜疏〉，言及太宗「以書籍為古鏡，魏徵為人鏡，見善則行之，不善則去之」，從諫如流，勵精圖治，貞觀之時，海內浹洽，願玄宗能閱讀《群書治要》，以「見忠臣之讜言，知經國之要會」。[2]據《玉海》引《集賢注記》云：「天寶十三載（754）十月，敕院內別寫《群書政要》，刊出所引《道德經》文。先是，院中進魏文正所撰《群書政要》。上覽之稱善，令寫十數本分賜太子以下。」[3]

　　《群書治要》東傳日本後，被日本皇室及大臣奉為圭臬，日本皇室確立了系統講授《群書治要》的傳統。據日本文獻記載，仁明、清和、宇多和醍醐四位天皇都曾閱讀此書。日本朝散大夫國子祭酒林信敬〈校正群書治要序〉云：「我朝承和、貞觀之間，致重雍襲熙之盛者，未必不因講究此書之力。則凡君民、臣君者，非所可忽也。」[4]這充分說明《群書治要》在成就日本平安前期繁榮局面中所起的作用，也強調了大凡領導人民、事奉國君者是不可輕忽此書的。

　　一七九六年（嘉慶元年），《群書治要》從日本回傳中國，此本或其再刊本被阮元訪書時尋得，收入《四庫未收書》上呈嘉慶皇帝，並在清朝學術界產生了深遠影響。

　　一九九六年春，我國原駐日大使符浩先生通過日本皇室成員獲得一套影印天明版《群書治要》，由關學研究專家呂效祖等對其點校考譯。《群書治要考譯》的編纂當時受到了老一輩無產階級革命家習仲勳老先生的親切關懷。二〇〇一年二月二十五日，習老

---

1　唐・劉肅撰：《唐新語》卷9《著述》，景印文淵閣《四庫全書》（臺北：臺灣商務印書館，2008年），總第1035冊，頁363下。
2　宋・王欽若、楊億等撰：《冊府元龜》卷533《諫諍部・規諫》第10，景印文淵閣《四庫全書》，總第911冊，頁274，275上。
3　宋・王應麟撰：《玉海》卷54《藝文・承詔撰述》，景印文淵閣《四庫全書》，總第944冊，頁449下。
　　按：為避唐高宗李治名諱，《群書治要》又稱《群書政要》或《群書理要》。
4　日・林信敬：〈校正群書治要序〉，唐・魏徵等輯：《群書治要》（永青文庫四種），第1冊（北京：國家圖書館出版社，2019年），頁7-8。

先生親筆為《考譯》一書題詞「古鏡今鑒」，為繼承和弘揚這部治世寶典提供了明確的實踐指南，為其在當代的弘揚和傳播揭開了新的篇章。

二〇二二年新年賀詞中，習主席右手邊的書架上再次出現了這部極其珍貴的經世之作。其實，早在二〇一五年的新年賀詞中，便有細心的記者在習主席辦公室書架上發現了這部書。習主席閱讀此書不僅有對父親的情感，也有對《群書治要》蘊含治理之道的重視和借鑑，更有他為中華民族謀復興初心的堅守。據統計，《習近平談治國理政》（第1卷）中的用典來自《群書治要》的就有八十二條之多。黨的十八大之後，習近平總書記提出的一系列治國理政的新思想和新理念也都可以從《群書治要》中找到其思想淵源。[5]

由此可見，《群書治要》無論是在歷史上，還是在當今時代，都產生了巨大影響。誠如魏徵在〈群書治要序〉中所稱讚的，此書實為一部「用之當今，足以鑒覽前古；傳之來葉，可以貽厥孫謀」[6]的治世寶典。

要特別指出的是，經魏徵等人「採摭群書，翦截淫放，光昭訓典」[7]的《群書治要》，還走出宮廷，在士大夫、民間學者乃至童蒙之中獲得了傳播，這是研究《群書治要》歷史影響的另一個重要方面。六經諸子早在漢代就已不限於漢武帝向董仲舒的策問，以謀治國安邦之道，建元五年（前136年），武帝就已興辦太學，置五經博士，大力向士大夫乃至庶民百姓傳播經典思想，六經也成為了正統的治道思想。《群書治要》「爰自六經，迄乎諸子，上始五帝，下盡晉年」[8]，「專主治要，不事修辭」[9]，自然也成為了傳播治道思想的教科書。

在《春秋》三傳中，《左傳》是最具價值的，也是唯一入選《群書治要》的。《群書治要》輯錄《左傳》三卷，是五經中選取分量最多者，其選編君臣之嘉言懿行、存乎勸誡的內容，也最適合成為士庶童蒙閱讀學習《左傳》的節本。本文研究的對象——敦煌遺書 S.133號殘卷，便很可能是從都城長安傳入河西走廊，成為敦煌地區童蒙學習儒家經典的教科書。本研究旨在通過對 S.133殘卷的避諱用字作進一步分析，尋究其中與《群書治要·左傳》民間流佈有價值的線索，解釋端倪，以期日後學界的研究有所突破。

此外，《群書治要·左傳》上卷在流傳過程中亡佚。前輩學者也曾嘗試在敦煌遺書中尋找亡佚的《左傳》卷子或《群書治要》的其他相關篇章。本文還研究了《敦煌經籍

---

[5] 劉余莉：〈《群書治要》與百年大黨〉，李文堂、董山峰主編：《文化經典與中國共產黨》（北京：中國方正出版社，2021年），頁114-127。

[6] 唐·魏徵：〈群書治要序〉，《群書治要》（永青文庫四種），第1冊，頁19。

[7] 唐·魏徵：〈群書治要序〉，《群書治要》（永青文庫四種），第1冊，頁16-17。

[8] 唐·魏徵：〈群書治要序〉，《群書治要》（永青文庫四種），第1冊，頁18。

[9] 清·阮元撰：〈群書治要五十卷提要〉，《宛委別藏》（南京：江蘇古籍出版社，1988年），第73冊，阮序頁1。

敘錄》中列入「佚名《春秋左氏經傳集解節本》」之下的四個敦煌殘卷：S.1443V，P.3634+3635，S.11563，P.2767+S.3354，將其與《群書治要‧左傳》的編選體例進行對比，以推斷四個殘卷是否屬於《群書治要‧左傳》節本。

## 一　英藏斯一三三寫卷

S.133（斯一三三）寫卷正面為《春秋左氏經傳集解》節本，背面（S.133V）為《秋胡變文》和一種失名類書。據《英藏敦煌文獻》圖版，S.133起《襄公四年》「獸有茂草」之「草」[10]，節抄襄公九年、十一年、十三年、十四年、十五年、二十一年、二十三年內容，至《襄公二十五年》「今吾見其心矣」止。[11]卷首兩列中部殘缺[12]，無《春秋》經文，「楷法嚴整，大字為傳文，雙行小字為杜預注，有朱筆句讀，和黃色筆跡塗改」[13]，存一百二十七行。

### （一）S.133 的定名

S.133的定名經歷了從《春秋左氏經傳集解》節本到《群書治要‧左傳》節本的轉變。

翟理斯[14]從一九一九年開始為斯坦因所劫敦煌卷子編寫目錄（簡稱「翟目」），其〈英倫博物館漢文敦煌卷子收藏目錄〉第四章世俗文獻（IV Secular Texts）第一節儒家經典（1. Confucian Classics）中7081號即S.133寫卷，錄為：「[*—] Selections from 襄公 IV, §7, 草各有攸處, IX, XI, XIV, XXI, XXIII, XXV. [569-548 B.C.] With commentary by Tu Yü. Begin. mtd. Fine MS. of 7th cent.」[15]

---

10 郝春文：《英藏敦煌社會歷史文獻釋錄》第一卷（修訂版）上冊S.133條則在釋文中補錄了「草」字之前的幾個字，並出校記。見郝春文：《英藏敦煌社會歷史文獻釋錄》第一卷（修訂版）上冊（北京：社會科學文獻出版社，2018年），頁359、365。

11 中國社會科學院歷史研究所等合編：《英藏敦煌文獻》（成都：四川人民出版社，1990年）第一卷，頁53-59。

12 郝春文：《英藏敦煌社會歷史文獻釋錄》第一卷（修訂版）上冊云「首尾均缺」，見頁365。

13 郝春文：《英藏敦煌社會歷史文獻釋錄》第一卷（修訂版）上冊，頁365。

14 Lionel Giles, 1875-1958，又譯作小翟理斯、翟理思、翟爾斯，自取中文名翟林奈。

15 Lionel Giles, Descriptive Catalogue of the Chinese Manuscripts from Tunhuang in the British Museum (London: The Trustees of the British Museum, 1957). 收入《敦煌叢刊初集》。英‧翟爾斯撰：〈英倫博物館漢文敦煌卷子收藏目錄〉，《敦煌叢刊初集》（臺北：新文豐出版公司，1985年），第一冊，頁230。許建平《敦煌經籍敘錄》譯為：「《左傳》襄公四年第7章『草各有攸處』起及九年、十一年、十四年、二十一年、二十三年、二十五年的節選。杜預注。開頭破損。七世紀寫本。」見許建平：《敦煌經籍敘錄》（北京：中華書局，2006年），頁262。

向達（字覺明）於一九三六年九月至一九三七年八月在不列顛博物院閱讀敦煌卷子，由於受到翟理斯的刁難，只閱讀了不到五百卷，拍照並編寫了經眼目錄，簡稱「向目」，著錄：「一三三春秋左傳杜注襄公四年至二十五年（一二七）。」[16]

一九五四年，不列顛博物院將所藏全部敦煌卷子拍攝成顯微膠片公開售賣，中國科學院購得一份。一九五七年，劉銘恕通過購得的顯微膠片編成〈斯坦因劫經錄〉，簡稱「劉目」，著錄：「0133 春秋左傳杜注」，「說明：存襄公九年至二十五年」[17]。

王重民（字有三）在《敦煌古籍敘錄》中對此卷子的題錄為「《春秋左傳抄》（？），杜預注，斯一三三，斯一四三三」[18]。其中 S.133著錄為：「《左氏傳》節本，並杜預《注》。存者百二十七行，自襄公四年至二十五年。……按《唐書‧經籍志》有《春秋左氏抄》十卷，新志作《左氏抄》十卷，並不著撰人，然均置於《左氏杜預評》二卷上，似隱示亦用《杜注》者，疑即此卷是也。」[19]

以上翟目、向目、劉目以及王重民的著錄都將 S.133歸入或定名為《左傳》節本並杜預《春秋左氏經傳集解》這一類。未提及《群書治要》，當是諸位學者尚未見到這部書。

陳鐵凡在〈《左傳》節本考——從英法所藏敦煌兩殘卷之綴合論《左傳》節本與《群書治要》之淵源〉中對 S.133進行了再考。首先通過著錄分析，認為王重民以「抄」命名是難以成立的。[20]進而對比 S.133寫卷與《群書治要》相關內容，發現「綜計全卷異文，一共不過二十餘字。考其所以歧異，則又大都是因為卷子本多通假、訛俗之體，如陵作凌，馮作憑，毋作無，克作剋，以及極少數的詳略互異。至於行款、體例以及刪略的章節與字數，則完全相同；那末，此卷與『治要』中的左傳，為同一節本，當是毫無疑義的了」[21]。因此，陳鐵凡認為，S.133是「淵源於《群書治要》中《左傳集解》節本」[22]。這是學界首次將 S.133與《群書治要》相關聯。

郝春文《英藏敦煌社會歷史文獻釋錄》第一卷對 S.133定名有所更改，《釋錄》初版時定名為「《春秋左傳杜注抄（襄四—二十五年）》」[23]，修訂版則改為「《群書治要‧

---

16 向達：〈倫敦所藏敦煌卷子經眼目錄〉，《唐代長安與西域文明》（北京：生活‧讀書‧新知三聯書店，1957年），頁197。按：括號標注的127指S.133現存行數。
17 劉銘恕：〈斯坦因劫經錄〉，《敦煌遺書總目索引》（北京：中華書局，1983年），頁111。
18 王重民：《敦煌古籍敘錄》（北京：中華書局，1979年），頁56。
19 王重民：《敦煌古籍敘錄》，頁56-57。
20 陳鐵凡：〈《左傳》節本考——從英法所藏敦煌兩殘卷之綴合論《左傳》節本與《群書治要》之淵源〉，《大陸雜誌語文叢書》（臺北：大陸雜誌社，1975年），第3輯第3冊，頁282上-283下。（下引用簡稱「〈《左傳》節本考〉」）
21 陳鐵凡：〈《左傳》節本考〉，頁285下。
22 陳鐵凡：〈《左傳》節本考〉，頁279上。
23 郝春文：《英藏敦煌社會歷史文獻釋錄》，第一卷（北京：科學出版社，2001年），頁206。

左傳》（襄公四—二十五年）」[24]。這是編者對 S.133進行了再考，同時吸取了其他學者的研究成果而做出的更新。

李索在《敦煌寫卷〈春秋經傳集解〉異文研究》第一章對 S.133考論時，認同陳鐵凡關於此卷是源自《群書治要》抄本之說，但依然定名此卷定為「《春秋左傳杜注》（襄公四年至二十五年）（節本）」[25]。

許建平《敦煌經籍敘錄》例舉了歷史上對 S.133的著錄情況，認為 S.133「既然這是抄自《群書治要》的寫本，則當據《治要》定名，茲擬名為《群書治要‧左傳（襄公四年—二十五年）》」[26]。

至此，經歷了數位前輩學者的研究，S.133的定名從《春秋左氏經傳集解》節本類被歸入《群書治要‧左傳》節本類。

要特別指出的是，陳鐵凡、郝春文、李索、許建平等學者在對比研究 S.133與《群書治要‧左傳》時，所用的《群書治要》為影印自日本天明七年（1787）的刻本（「天明本」）或寬政三年（1793）的修訂本（「寬政本」）。而日本學者在刊刻天明本時，曾依據所引原書的通行本進行校勘並依傳世本回改，同時將一些難以辨認的異體字、俗體字改為當時的通行字，這使得天明本《群書治要》與《群書治要》原本產生了差異。目前《群書治要》「最古的全本」為抄寫於鐮倉時期（1185-1333）的金澤文庫本（「金澤本」）[27]，現藏於日本宮內廳書陵部，上世紀九〇年代才被公之於眾，截至目前國內仍未影印出版。因此學者在研究 S.133時，可能尚未見到金澤本《群書治要》。

王雨非通過對比 S.133與金澤本《群書治要》的用字和內容，發現 S.133與金澤本《群書治要》在異體字俗體字的使用上保持高度一致，在內容方面也有許多相同的特徵，陳鐵凡所說的 S.133與尾張本《群書治要》之間的多數異文和用字差異，在金澤本中並不存在，推測 S.133與金澤本《群書治要》擁有共同的文獻上源，可以證明 S.133的文字就是《群書治要》中的《左傳》部分。[28] 此判定是對陳鐵凡等的結論的有益補充。

筆者將 S.133寫卷與金澤文庫本《群書治要‧左傳》相應段落再次進行了比對，發現二者在文句和文字上高度一致，僅存少量歧異，例如句末虛詞。這與王雨非的發現一致。二者在行文上的少量差異主要是傳抄形成的訛誤，這恰恰使 S.133寫卷可與金澤本《群書治要》進行互校。二者在文字上的差異則更為稀少，S.133與金澤本在正俗字和異體字上的一致性要遠遠高於與天明本的一致性。王雨非在其文章中也以表格呈現了這一特徵。

---

24 郝春文：《英藏敦煌社會歷史文獻釋錄》，第一卷（修訂版）上冊，頁359。
25 李索：《敦煌寫卷〈春秋經傳集解〉異文研究》（北京：中國社會科學出版社，2008年），頁26。
26 許建平：《敦煌經籍敘錄》，頁263。
27 金澤文庫本《群書治要》之前尚有平安本《群書治要》，但僅存13卷殘卷。金澤本《群書治要》現存47卷，是目前諸《群書治要》版本的母本，也是「最古的全本」。
28 王雨非：〈敦煌寫卷S.133補考〉，《文教資料》第36期（2019年）。

綜合判斷，S.133寫卷的傳抄內容確為《群書治要・左傳（襄公4年—25年）》無疑，以此定名是完全合理的。

## （二）S.133 的性質及抄寫主體

至於 S.133的性質，王重民認為其「多取嘉言懿行，蓋用以諷誦或教童蒙者」[29]。

陳鐵凡則提出了三種可能：1.《群書治要》殘帙；2. 當時民間學塾根據《群書治要》的傳抄本，作為單行的教材；3. 唐初以前的《左傳》節本。[30]通過分析，陳鐵凡認為第二種的可能性最大。

首先排除第一種情況，此卷不太可能為流入敦煌的《群書治要》殘帙。陳鐵凡云：「因為在敦煌卷子中，據所知見，《左傳》節本，殆有四卷之多。假如這是《治要》的殘卷，似不應只剩《左傳》。《治要》共收六十五種書[31]的節本，其餘也應該或有孑遺。而至今敦煌發現的三萬餘卷，就未見有其他《治要》的殘片。而且《治要》卷帙浩繁，傳抄不易。當時雖曾『諸王各賜一本』，卻未頒行天下。同時，敦煌僻處西陲，在刊本尚未通行之時，此一大部叢書，亦不易流傳得如此廣遠，如此之多；而千佛洞的卷帙，至今還未出現過偌大篇幅的典籍。」[32]

其次排除第三種情況，此卷也不太可能是唐前的一種《左傳》節本，即《治要》從已有的《左傳》節本錄入。理由有二：其一，如果唐前存在這種《左傳》節本，隋唐諸志理應著錄，但卻全無。其二，《群書治要》的編纂者之一蕭德言尤精《左傳》，《群書治要・左傳》恐出其手，即使已經存在《左傳》節本，也未必符合《治要》的編纂目的，不會徑直收入。因此第三種情況也不太可能。[33]

排除兩種情況後，陳鐵凡認為「這種寫本多半是當時學塾根據《治要》傳抄，用作童蒙的課本」[34]。

金光一認為陳鐵凡的說法大體可從，只是傳抄主體值得商榷。根據《集賢注記》「天寶十三載（754）十月，敕院內別寫《群書政要》，刊出所引《道德經》文」之記載，金光一推測「《左傳》節本也很可能是由集賢院據《群書治要》抄出而單行的」[35]。

---

29 王重民：《敦煌古籍敘錄》，頁57。
30 陳鐵凡：〈《左傳》節本考〉，頁285下。
31 陳鐵凡所見《群書治要》當為天明本或寬政本。日人在刊刻天明本時，將《時務論》兩段歸入《體論》之後，從而導致天明本及寬政本《群書治要》目錄顯示只有六十五部典籍。實則加上《時務論》當是六十六部典籍。若按《群書治要》目錄《魏志》、《蜀志》、《吳志》計算，則為六十八部典籍。
32 陳鐵凡：〈《左傳》節本考〉，頁285下。
33 陳鐵凡：〈《左傳》節本考〉，頁285下-286上。
34 陳鐵凡：〈《左傳》節本考〉，頁286上。
35 韓・金光一：《《群書治要》研究》（上海：復旦大學中國古代文學專業博士論文，2010年），頁48。

王雨非認為，由於《群書治要》長期只流傳於皇室，民間學塾不會接觸到足本《治要》，基於這樣的事實，「S.133寫卷不會是由民間學塾直接從《治要》中抄出的，同時也不可能是民間傳抄《群書治要》的殘存卷帙。《治要》所引《左傳》節本最初應當由有一定身份地位的人自皇室藏書中抄出，而 S.133寫卷既有可能是上層人士直接從《群書治要》中節抄的段落，也有可能是由有機會接觸上層社會書籍的人從一種自《群書治要》析出的《左傳》節本轉抄而成。至於此節本如何流入西域，則難以考證」[36]。

筆者對 S.133的性質和抄寫主體也作了探究。根據史料，唐太宗與唐玄宗都曾下令抄寫《群書治要》並分賜太子諸王，如果《群書治要》由此而流佈民間，似乎不應只存《左傳》。那麼，單獨傳出《群書治要·左傳》的或許另有其人。筆者認為，除金光一認為集賢院單獨刊行的猜想外，蕭德言是值得關注的。《舊唐書·蕭德言傳》記載：「德言博涉經史，尤精《春秋左氏傳》，好屬文。……晚年尤篤志於學，自晝達夜，略無休倦。每欲開五經，必束帶盥濯，危坐對之。妻子候間請曰：『終日如是，無乃勞乎？』德言曰：『敬先聖之言，豈憚如此。』」[37]蕭德言精通《左傳》，陳鐵凡〈《左傳》節本考〉推測《群書治要·左傳》或出自蕭德言之手。那麼，這種出自《群書治要》的《左傳》節本是否會是蕭德言晚年抄於家中，隨後流入民間的呢？遺憾的是，史料中既無對《群書治要》流佈民間之記載，也無《左傳》節本西傳之記錄。只能推測，S.133號殘卷或是從流入民間的《群書治要·左傳》節本輾轉抄寫而來。

綜上，筆者認為，陳鐵凡對寫卷性質的分析大體合理，寫卷作為從《群書治要》中析出的一種《左傳》節本用於諷誦或教學可備一說。至於傳抄的主體，則較難判斷，無論是集賢院刊行，還是蕭德言晚年抄寫，抑或另出他人之手，都只能是推測。

## （三）S.133 的抄寫年代及流傳

伴隨 S.133定名及性質研究的是對其傳抄年代及流傳的研究。學界依據內容、書法、字形、紙質及形制等方法對敦煌寫卷進行斷代研究，其中據字形斷代的方法又分為避諱用字、武周新字及俗字。[38]關於避諱用字，據張涌泉《敦煌寫本文獻學》：「唐代前期敦煌寫本避諱的現象比較普遍；吐蕃佔領敦煌（約786）以後，敦煌與唐中央王朝的聯繫被切斷，避諱制度也就失去了存在的土壤，這一時期的敦煌寫本雖也有避諱字形，但不過是原有書寫習慣的存沿；繼之的歸義軍政權名義上效忠於中央王朝，但實為獨立王國，故避諱情況與陷蕃階段略同。所以敦煌寫本的避諱現象主要涉及唐世祖至唐玄宗

---

36 王雨非：〈敦煌寫卷S.133補考〉，頁73轉51。
37 後晉·劉昫等撰：《舊唐書》卷一百八十九《列傳》第一百三十九上《儒學上·蕭德言傳》，景印文淵閣《四庫全書》，總第271冊，頁539。
38 參見張涌泉：《敦煌寫本文獻學》，第十八章（蘭州：甘肅教育出版社，2013年）。

等少數幾個皇帝的名諱，避諱方法則以缺筆、改形、換字為主。」[39]學界對S.133的抄寫年代有不同意見，主要依據都是避諱用字。

翟目著錄此卷為七世紀寫本。許建平《敦煌經籍敘錄》云：「寫卷第86、87、88行三『民』字缺筆，此蓋翟目以為7世紀寫本之原由。」[40]

王重民認為：「唐諱不避，為六朝寫本；內有一節，筆跡不同，且民字缺筆，則唐人所補也。」[41]姜亮夫亦從：「S一三三，《左氏傳節本》，亦杜預注。存百二十七行。自襄公四年至二十五年。不全載傳文，節取嘉言懿行，故應為節本。唐諱不避，亦六朝寫本也。」[42]

陳鐵凡則認為S.133為唐初本。[43]在〈《左傳》節本考〉中，陳鐵凡對六朝寫本之說進行了駁斥：「G七○八一（S一三三）卷是一個整卷中的片斷，首尾兩端雖稍有殘泐，而在這片斷的中間，卻再沒有任何割裂之跡象。果如王氏所說，就好像六朝人寫好前段若干節，又寫好後段若干節；而兩端之間預先留下一段空白，傳到唐朝人之手，又才在這段空白上補寫了一節。這種推測是難以令人置信的。實際上，這一個殘卷從頭到尾，自成起訖，確為「節略左傳」十二節的足本，而其所據的藍本……和此殘卷在形式與內容上也都一模一樣；決不可能發生割裂補寫的情事，而且此一藍本的成書，又出於唐代學人之手。至於「民」字的缺筆與不缺筆，那只是寫經生的偶爾疏忽。這種情形，在敦煌卷子中，可謂數見不鮮。所以在一個卷中，只要有一個避唐諱的字，除了偽作或如王氏所謂後補者外；就可認定是唐代寫本，而決非六朝遺物。因為六朝人是不會預先為唐代帝王避諱的。」[44]

許建平則不認同初唐寫本之說，認為：「寫卷雖然『虎』、『世』、『民』、『治』諸字多不諱，但五十四行『民奉其君，愛之如父母』句之『民』寫作『仁』，則為『民』之諱改字『人』的音誤字；又一百一十九行『君民者，豈以陵民』句，下一『民』字寫作『人』。此二例皆避『民』字之諱也。此種避諱形式的寫卷必定是經過長期傳抄、回改造成的，因而陳鐵凡以為是唐初寫本的說法也值得懷疑，此卷極有可能是盛唐以後的寫本。」[45]

筆者在前人斷代研究的基礎上，對S.133寫卷的抄寫及流傳進行了深入研究。首先

---

39 張涌泉：《敦煌寫本文獻學》，頁626。
40 許建平：《敦煌經籍敘錄》，頁263。按：三「民」字即《襄公二十一年》「夫上之所為，民之歸也。上所不為，而民或為之，是以加刑罰焉，而莫敢不懲。若上之所為，而民亦為之，乃其所也，又可禁乎」句中的三個「民」字缺筆。
41 王重民：《敦煌古籍敘錄》，頁57。
42 姜亮夫：《莫高窟年表》（上海：上海古籍出版社，1985年），頁164。
43 陳鐵凡：〈敦煌本禮記、左、穀考略〉，《孔孟學報》第21期（1971年），頁144。
44 陳鐵凡：〈《左傳》節本考〉，頁283下-284上。
45 許建平：《敦煌經籍敘錄》，頁263-264。

對比了 S.133與金澤文庫本《群書治要‧春秋左氏傳中》的相關段落，梳理了其中的避諱用字。

首先，梳理了 S.133寫卷中唐朝帝王的避諱用字。為全面起見，自初唐至晚唐，太祖至憲宗（太祖虎、世祖昞、高祖淵、太宗世民、高宗治、中宗顯、睿宗旦、玄宗隆基、肅宗亨、代宗豫、德宗適、順宗誦、憲宗純、穆宗恒、敬宗湛、文宗昂、武宗炎、宣宗忱、懿宗漼、僖宗儇、昭宗曄、哀帝柷），皆作分析。其中，「虎」字凡三見，皆作「虎」；「世」字凡三見，皆作「世」；「民」字凡十五見，除三處「民」字缺筆（![巳]），兩處「民」寫作「人」（含音誤字1例）外，作「民」之添筆俗字（![氏]）九見，作「民」一見；「治」字凡六見，其中作「治」三見，作「冶」三見，分別是六十八行小字「玉人，能治玉者」，七十三行小字「攻，治也」及七十六行小字「詰，治也」中的「治」字，寫作「冶」；「誦」字凡二見，皆作「誦」；其他字未見。

其次，梳理了帝王名諱的衍生字。竇懷永〈唐代俗字避諱試論〉分析了唐朝帝王所諱之字的擴展性，認為太宗之「世」「民」二字、睿宗之「旦」字，皆有較好的擴展性能，即筆畫簡單，能夠成為其他漢字的構件。因此，「世」「民」「旦」的衍生字也在避諱之列。[46]《舊唐書‧高宗本紀上》記載：「十二月乙卯，還洛陽宮。庚午，改『昬』『葉』字。」[47]顯慶二年（西元657年）十二月十六日，高宗下令「昬」「葉」二字需避太宗名諱而進行改字。清周廣業《經史避名彙考》云：「唐經典碑帖於旦及但、坦、景、影、暨、亶、擅、宣等字，皆『日』字缺中一畫。」[48]此外，竇懷永指出，除衍生字外，唐代亦有俗字避諱，例如從「蕽」從「景」類漢字，作為「世」「旦」的關聯字，其相關漢字也在避諱之列。這些衍生字和俗字的避諱方法，是將構件「世」「民」改變形體作「云」「氏」，如「昬」作「昏」，「葉」作「葉」；愍、泯、棄、牒等相應改字；在「棄」的幾種避諱方法中，實際多用古字「弃」。[49]通過梳理，筆者發現，S.133寫卷中「世」「民」「旦」的衍生字及相關俗寫字形涉及的衍生字有「昬」「棄」「但」「景」「宣」「恒」等，除「昬」作「![昏]」外，其它字未見避諱。《經史避名彙考》云：「『昬』字舊無從氏者，永徽四年，褚遂良書大唐皇帝〈述三藏聖教序記〉中『重昬之夜』，『昬』字從民，惟鉤上出旁加點以避諱。」[50]故筆者認為，寫卷四十七行「謂之昬德」之「昬」字，亦可算作「民」之避諱。

---

46 竇懷永：〈唐代俗字避諱試論〉，《浙江大學學報（人文社會科學版）》第39卷第3期（2009年5月）。
47 後晉‧劉昫等撰：《舊唐書》卷四《本紀》第四《高宗上》，景印文淵閣《四庫全書》，總第268冊，頁85下。按：《舊唐書》卷四《本紀》第四《高宗上》「字」原作「宮」，誤，改之。
48 清‧周廣業撰，徐傳武、胡真校點：《經史避名彙考》卷十五《帝王》十三《唐》（上海：上海古籍出版社，2015年），頁431。
49 竇懷永：〈唐代俗字避諱試論〉，頁170-172。
50 清‧周廣業撰，徐傳武、胡真校點：《經史避名彙考》卷十五《帝王》十二《唐》，頁401。

再次，在 S.133 寫卷中，筆者未發現武周新字，亦未見避太子名諱者。

在上述梳理結果中，筆者認為有兩點值得討論。

第一，「治」作「冶」。三個「冶」字是否是避高宗李治的名諱？歷史上「治」多缺末筆以避諱。但據張涌泉《漢語俗字叢考》對 S.5478《文心雕龍》「仲冶流別」的分析，「治」字作「冶」當與避高宗諱有關。[51] 抄書人在抄寫經文時會出現將「氵」寫作「冫」的情況，S.133中即有一例，「范」字中的「氵」寫作「冫」，成為「范」的省筆訛字。但是筆者認為，「治」作「冶」的情況與「范」有所不同。誤書當是抄寫者偶然疏忽，倘若連續三次省筆，則不免使人懷疑這是抄書者有意為之。

第二，「昏」和「棄」。金澤本《群書治要》的相應段落中，「昏」作「昬」，「棄」皆作「弃」。「昬」和「弃」是避太宗名諱所致，則金澤本的祖本當是抄寫於高宗顯慶二年（西元657年）之後。而 S.133中「昏」「棄」皆為正字字形，沒有避諱。因此，推測其（或其祖本）抄寫於顯慶二年（西元657年）之前。但由於敦煌寫本具有避諱不嚴格的特點，故不能推定。

上述兩點推測，都將 S.133或其祖本的抄寫時間指向了高宗朝前期。蕭德言是《群書治要》四位作者中唯一活到高宗朝前期的。蕭德言貞觀二十三年（西元649年）告老致仕，晚年仍勤讀不輟，高宗永徽五年（西元654年）卒於家，年九十七。那麼，蕭德言在致仕期間將《群書治要‧左傳》的部分或全部抄錄下來，以《春秋左氏經傳集解》節本的形式，或作諷誦，或給學童作研習《左傳》之用，也不無可能。然而，如上文所言，史料中無如此之記載，故只能推測。

筆者認為，S.133寫卷的傳抄與西傳有兩種可能的形式，一種是抄寫於中原，隨後流入西域，另一種是其祖本抄寫於中原，流入西域後又經傳抄而有了 S.133寫卷。從避諱不嚴格的角度考慮，以第二種可能性為大。雖然 S.133的祖本如何流入西域已無從考證，但可以推出其傳入西域的大概時間。

一方面從時間上推測。天寶十四年（西元755年），唐朝發生「安史之亂」，唐王朝調河西、隴右軍隊入援，早已覬覦中原的吐蕃從青海北上，佔領隴右，切斷了河西與中原的聯繫。隨後，涼州、甘州、肅州、瓜州相繼淪陷，沙洲被圍。大曆十一年（西元776年）至貞元二年（西元786年），敦煌軍民奮戰十年，最後彈盡糧絕，在「勿徙他境」的前提下「尋盟而降」，敦煌進入吐蕃統治時期。[52] 因此，S.133祖本傳入敦煌當在吐蕃切斷河西與中原聯繫之前，而寫卷中保留的避諱文字，也當是敦煌陷蕃前唐朝帝王的名諱。S.133中避諱用字的情形與此一致。

另一方面從抄寫形式上判斷。據張涌泉《敦煌寫本文獻學》，敦煌寫本用紙大多來源

---

51 張涌泉：《漢語俗字叢考》（北京：中華書局，2020年），頁75。
52 榮新江：《敦煌學十八講》（北京：北京大學出版社，2001年），頁24-25。

於中原，吐蕃佔領敦煌後，由於紙張緊缺，人們常用業已廢棄的寫本的背面來抄寫。[53]
S.133寫卷正反兩面皆有經文，正面為《群書治要・左傳》節本，每行十六到十八字；背面為《秋胡變文》及一種失名類書，每行十九到二十八字，背面文字排列明顯緊密。由此推斷，正面的《左傳》節本在陷蕃之前已存在於西域，背面的變文及類書抄寫於敦煌陷蕃之後。

總結，根據避諱用字，推測 S.133或其祖本可能抄寫於高宗朝顯慶二年（西元657年）之前，而傳入敦煌則是在吐蕃切斷河西與中原聯繫之前。

## 二　佚名《春秋左氏經傳集解》節本

在敦煌遺書中，除 S.133號寫卷的內容確為《群書治要・左傳》節本外，尚有其它《左傳》節本。許建平《敦煌經籍敘錄》將 S.1443V，P.3634+3635，S.11563，P.2767+S.3354列入「佚名《春秋左氏經傳集解節本》」之下。[54]對於這些節本的性質，許建平云：「魏徵為《群書治要》，可以刪節杜預《春秋左氏經傳集解》，別人亦可刪節《春秋左氏經傳集解》而成節本，惟用途不同而已。《治要》所載，『專主治要，不事修辭。凡有關乎政術，存乎勸戒者，莫不彙而輯之』。此敦煌所見節本，『多取嘉言懿行，蓋用以諷誦或教童蒙者』，刪節成書作為教材教育學子，是敦煌地方教育的一大特色，有刪節敦煌本土文人所作碑文、邈真贊的，也有刪節傳統諸子如《列子》的，那麼刪節《春秋左氏經傳集解》作為教材也不是沒有可能的。雖然《左傳》是大經，但敦煌當地的童蒙學子也是需要學習的，北8155V《春秋左氏經傳集解（宣公二年）》即是學童若有白所抄。」[55]

根據許建平的分析，敦煌遺書中《春秋左氏經傳集解》的節本，包括定名為《群書治要・左傳》節本的 S.133，都可以認為是作童蒙教材之用。

為判斷「佚名《春秋左氏經傳集解節本》」之下的四個寫卷是否屬於《群書治要・左傳》節本，進而對《群書治要・左傳》的流佈作進一步探究，筆者對這四個寫卷逐一進行了分析。

### （一）S.1443V 寫卷和 P.3634+3635 寫卷

S.1443V 節錄僖公十六年、二十二年、二十三年傳文及集解。[56]陳鐵凡從纂述的旨趣，刪節的標準，行款形式三個方面分析，懷疑此《左傳》節本，亦當與《群書治要・

---

53 張涌泉：《敦煌寫本文獻學》，頁636。
54 許建平：《敦煌經籍敘錄》，頁265-275。
55 許建平：《敦煌經籍敘錄》，頁273-274。
56 圖版見：中國社會科學院歷史研究所等合編：《英藏敦煌文獻》，第三卷，頁60。

左傳》同屬一類，或許就是今本《群書治要》所遺失的。[57]

P.3634+3635節錄僖公十九到三十年傳文及集解。[58]陳鐵凡亦懷疑其為《群書治要》所收《左傳》節本，惜因《治要》已佚而無法比勘。[59]許建平云：「今存《群書治要》第四卷已佚，而僖公部分正在此卷中，因而沒有證據證明寫卷所抄內容即為《群書治要》的刪節本《左傳》而單行者，故以存疑為是。」[60]

筆者對 S.1443V 和 P.3634+3635兩個殘卷進行了分析，認為二者皆非《群書治要》所遺失《左傳》之節本，理由如下：

第一，從節錄內容上看，S.1443V 寫卷與 P.3634+3635寫卷皆保留了僖公二十二、二十三年的錄文，但對比發現二者文字詳略不等。而《群書治要》只有一種節本，如若寫卷之一為疑似《群書治要》所遺失《左傳》之節本，則另一寫卷必定不是。

第二，從節錄原則上看，P.3634寫卷中，A 片[61]第七十六行二十三年傳文「他日，公享之」事節錄不全，旋即連接二十四年傳文，這與《群書治要》「一事之中，羽毛咸盡」的節錄原則不符。

第三，從編排順序上看，A 片第一百零三行僖公二十五年傳文結束後，第一百零四到一百零八行重出二十三年「懷公執狐突」傳文（33-37行已有），第一百零九行起為二十六年傳文，但第一百二十到一百二十一行又插入僖公十六年「隕石於宋五」傳文。許建平《敦煌經籍敘錄》對如此的抄寫順序「不知何因」。[62]但可以明確的是，《群書治要‧左傳》傳文的編排皆按時間順序排列，寫卷與《群書治要‧左傳》的編排順序不符。

第四，從編排體例上看，今本《群書治要‧左傳》體例，凡節錄某年之事，必以年數起始。依此體例：

在 S.1443V 寫卷中，僖公十六年與二十二年連接處殘缺，但二十二年與二十三年連接完好（在第12行），惜未見「廿三年」字樣。P.3634+3635寫卷情況相同，亦不見紀年。

在 P.3634寫卷中，僖公二十一年與二十二年連接處（A 片第6、7行）完好，二十一年敘事完畢留白，二十二年另起一段，未見「廿二年」；僖公二十二年事至 A 片第三十二行，此行底部雖殘損，但殘損的距離不能容下「廿三年」三字，而 A 片第三十三行頂端則為二十三年事，亦無紀年；二十四年與二十五年連接處（A 片第101行）完好，未

---

[57] 陳鐵凡：〈《左傳》節本考〉，頁287下；陳鐵凡：〈敦煌本禮記、左、穀考略〉，頁140。
[58] 圖版見：上海古籍出版社、法國國家圖書館編：《法藏敦煌西域文獻》（上海：上海古籍出版社，2002年），第二十六卷，頁160-164，167-168。
[59] 陳鐵凡：〈敦煌本禮記、左、穀考略〉，頁141-143。
[60] 許建平：《敦煌經籍敘錄》，頁268。
[61] 據許建平《敦煌經籍敘錄》頁266，P.3634由兩卷組成，之間內容不直接連接，為易於區別，分別以 P.3634A（共121行）及P.3634B（共32行）編號。今從之，以A片、B片說明。
[62] 許建平：《敦煌經籍敘錄》，頁267。

見「廿五年」；二十六年（A 片第109行）起始未見「廿六年」；二十八年起於 B 片第二行，雖有「傳廿八年」字樣，但《群書治要‧左傳》皆不錄「傳」字。

在 P.3635寫卷中，僖公二十八年與二十九年連接（第35行）完好，不見「廿九年」字樣，第三十六行下端有「厶」字補白，第三十七行起為僖公三十年事，不見「卅年」或「三十年」字樣。

由此可見，S.1443V 和 P.3634+3635兩個殘卷的體例都與《群書治要‧左傳》不同，這一點可作為判定二者皆非《群書治要》所遺失《左傳》之節本的直接依據。兩個殘卷應是《春秋左氏經傳集解》另外的節本。

## （二）P.2767+S.3354 寫卷和 S.11563 寫卷

關於 P.2767+S.3354寫卷，[63]陳鐵凡據 P.2767和 S.3354的經傳文、字跡及折斷痕跡判斷，兩卷實為一卷之折。[64]陳鐵凡認為 P.2767+S.3354寫卷也是《群書治要》中《左傳》節本之屬，惟《治要》已佚，襄公傳僅存十五年、二十一年兩年，而無十八、十九年，故疑不能決。[65]許建平對此進行了反駁，認為是陳氏囿於節本源自《群書治要》之說而致，並認為李索「故疑此卷非《群書治要》之遺，當是此類節選本之抄本」之疑為佳。[66]P.2767+S.3354寫卷為襄公十八年和十九年的內容。而襄公部分在《群書治要》卷五《春秋左氏傳中》，《群書治要》卷五並未亡佚，其輯錄內容不含十八、十九兩年，因此 P.2767+S.3354寫卷並非《群書治要‧左傳》節本。許建平對陳鐵凡的反駁是正確的。

至於 S.11563寫卷，[67]許建平認為其與 P.2767+S.3354寫卷相同，二者雖體例頗似《群書治要》，但內容不符，故非《群書治要‧左傳》節本，而是另一種《左傳》的刪節本。[68]筆者考查，S.11563寫卷第一行為成公七年片段，第二至五行為成公九年片段。但《群書治要》卷五《春秋左氏傳中》輯錄的成公內容不含七年和九年，因此 S.11563寫卷非《群書治要‧左傳》節本。許建平結論正確可從。

根據上述分析，「佚名《春秋左氏經傳集解節本》」之下的 S.1443V、P.3634+3635、P.2767+S.3354和 S.11563，都不屬於《群書治要‧左傳》節本。

---

63 圖版見：(1)上海古籍出版社，法國國家圖書館編：《法藏敦煌西域文獻》，第十八卷，頁134。(2) 中國社會科學院歷史研究所等合編：《英藏敦煌文獻》，第五卷，頁53。
64 陳鐵凡：〈敦煌本禮記、左、穀考略〉，頁146。
65 陳鐵凡：〈敦煌本禮記、左、穀考略〉，頁147。
66 許建平：《敦煌經籍敘錄》，頁273。
67 圖版見：中國社會科學院歷史研究所等合編：《英藏敦煌文獻》，第十四卷，頁33。
68 許建平：《敦煌經籍敘錄》，頁269-274。

## 三　結語

　　綜上分析，在現存敦煌遺書中，只有 S.133寫卷可以確定為《群書治要·左傳》節本。根據避諱用字考訂推測，S.133或其祖本可能抄寫於高宗朝顯慶二年（西元657年）之前，而傳入敦煌則是在吐蕃切斷河西與中原聯繫之前。雖然在敦煌遺書中未能尋見《群書治要》所缺失的《左傳》上卷，亦未發現《群書治要》其他相關段落，但 S.133寫卷已然證明，《群書治要·左傳》在唐朝時已從皇宮走入民間，從都城長安流入河西走廊，作為當地學童的教材，有了一定的傳播。同時也說明，《群書治要》成書後，其部分篇章可能很快就在士大夫乃至庶民百姓中傳抄閱讀。因此，《群書治要》思想價值的歷史影響，不僅有作為「帝王學」參考書而助力成就盛世輝煌的方面，同樣有作為教科書在士庶民間傳播治道修身思想的方面。

# 徵引文獻

## 一 原典文獻

唐・魏　徵等輯：《群書治要》（永青文庫四種）第1冊，北京：國家圖書館出版社，2019年。

唐・劉　肅撰：《唐新語》，景印文淵閣《四庫全書》總第1035冊，臺北：臺灣商務印書館，2008年。

後晉・劉　昫等撰：《舊唐書》，景印文淵閣《四庫全書》總第271、268冊，臺北：臺灣商務印書館，2008年。

北宋・王欽若等撰：《冊府元龜》，景印文淵閣《四庫全書》總第911冊，臺北：臺灣商務印書館，2008年。

南宋・王應麟撰：《玉海》，景印文淵閣《四庫全書》總第944冊，臺北：臺灣商務印書館，2008年。

清・周廣業撰，徐傳武、胡真校點：《經史避名彙考》，上海：上海古籍出版社，2015年。

清・阮　元撰：〈群書治要五十卷提要〉，《宛委別藏》第73冊，南京：江蘇古籍出版社，1988年。

## 二 近人論著

陳鐵凡：〈敦煌本禮記、左、穀考略〉，《孔孟學報》第21期，1971年。

陳鐵凡：〈《左傳》節本考——從英法所藏敦煌兩殘卷之綴合論《左傳》節本與《群書治要》之淵源〉，《大陸雜誌語文叢書》第三輯第三冊，臺北：大陸雜誌社，1975年。

竇懷永：〈唐代俗字避諱試論〉，《浙江大學學報（人文社會科學版）》第39卷第3期，2009年5月。

郝春文：《英藏敦煌社會歷史文獻釋錄》第一卷，北京：科學出版社，2001年。

郝春文：《英藏敦煌社會歷史文獻釋錄》第一卷（修訂版）上冊，北京：社會科學文獻出版社，2018年。

姜亮夫：《莫高窟年表》，上海：上海古籍出版社，1985年。

李　索：《敦煌寫卷〈春秋經傳集解〉異文研究》，北京：中國社會科學出版社，2008年。

劉銘恕：〈斯坦因劫經錄〉，《敦煌遺書總目索引》，北京：中華書局，1983年。

劉余莉：〈《群書治要》與百年大黨〉，李文堂、董山峰主編：《文化經典與中國共產黨》，北京：中國方正出版社，2021年。

榮新江:《敦煌學十八講》,北京:北京大學出版社,2001年。
上海古籍出版社、法國國家圖書館編:《法藏敦煌西域文獻》第26卷,上海:上海古籍出版社,2002年。
王重民:《敦煌古籍敘錄》,北京:中華書局,1979年。
王雨非:〈敦煌寫卷 S.133補考〉,《文教資料》第36期,2019年。
向　達:〈倫敦所藏敦煌卷子經眼目錄〉,《唐代長安與西域文明》,北京:生活‧讀書‧新知三聯書店,1957年。
許建平:《敦煌經籍敘錄》,北京:中華書局,2006年。
張涌泉:《敦煌寫本文獻學》,蘭州:甘肅教育出版社,2013年。
張涌泉:《漢語俗字叢考》,北京:中華書局,2020年。
中國社會科學院歷史研究所等合編:《英藏敦煌文獻》第1卷,成都:四川人民出版社,1990年。
韓‧金光一:《《群書治要》研究》,上海:復旦大學中國古代文學專業博士論文,2010年。
英‧翟爾斯:〈英倫博物館漢文敦煌卷子收藏目錄〉,《敦煌叢刊初集》第一冊,臺北:新文豐出版公司,1985年。

# 尋繹義理：
## 論戈直《貞觀政要集論》的治道反省

楊朝閎

臺灣師範大學國文學系博士生

**摘要**

元代戈直《貞觀政要集論》係第一本針對吳兢《貞觀政要》進行全面性批評之著作，惜目前幾未見專論。研究發現，元代戈直視三代之治為最理想的政治典範，和宋代理學家思想大抵相同，他並常以理學的視角檢視唐太宗君臣。然而，戈直能從更廣闊的視角尋繹貞觀之治的義理基礎，連結與三代之治彼此呼應之處，故對唐太宗君臣時有褒揚，時有貶抑，能給予較全面且公允之評價。戈直《貞觀政要集論》之意義為其呈現了元代理學調和義理及事功之努力，使理學更能回應元代統治者的需求。

**關鍵詞**：戈直、唐太宗、貞觀之治、三代之治、宋元理學

---

\* 本文初稿曾發表於國立成功大學中國文學系主辦之「第五屆《群書治要》與《貞觀政要》國際學術研討會暨經典現代化論壇」，後經改寫而成，謹向講評人陳家煌教授與編委會致謝。

## 一　前言

　　唐太宗在位二十三年（西元626-649年），文治武功蔚為鼎盛，史稱貞觀之治，迄約開元九年（西元721年）吳兢（西元670-749年）編撰《貞觀政要》詳載唐太宗君臣故事，遂被後世引為典範。然此中亦不乏檢討貞觀之治的異音，如南宋推崇程朱理學者多半提倡三代而貶抑貞觀，不過對於統治者而言，三代遠不如唐太宗「一統華夷」的成就更有吸引力，乃反映中唐以來君臣關係逐漸疏離的事實，讓人重新省思宋神宗與王安石；孝宗、理宗與理學家的關係。[1]立基於此，本文希冀推擴論述的視域，闡發元代君主與理學家士人如何看待貞觀故事，明晰其中所形成的政治論述。

　　蓋《貞觀政要》著成於唐代，宋代迭有鈔寫刻印，然或由於是書性質本為短文結集，至元代傳寫謬誤嚴重，故戈直薈萃眾本，參互考訂，增添諸儒之論，並申論一己之見，後其編撰之《貞觀政要集論》乃成為現今通行最廣的本子，惜目前似無深入研究。細察《貞觀政要集論》顯非純粹編纂之作，戈直幾乎在每一則貞觀故事之後藉「愚按」的方式抒發議論，其擬傳達自身理念的意圖鮮明。

　　較諸宋代，元代儒士地位雖有所下降，然仍受到相當程度之優遇，[2]而且蒙古人受漢文化的影響不容低估。[3]觀諸戈直於書序中自述「雖於先儒窮理之學，不敢妄議，然於國家致治之方，未必無小補云」[4]，又吳澄（1249-1333）之題辭云「戈直考訂音釋，附以諸儒論說，又足開廣將來進講此書者之視聽，其所裨益豈少哉」（頁13），郭思貞曰「以進輔於聖朝，則二帝三王之治，特由此而推之耳。觀是編者尚勖之哉」（頁15），益徵戈直編撰《貞觀政要集論》在於提供治國之方，希望能進獻朝廷以行其道。循此，有別於南宋理學家對貞觀之治多持貶抑態度，戈直對《貞觀政要》之評述乃集中於如何有益於治道，故本文擬以戈直《貞觀政要集論》對唐太宗君臣形象的論述為基點，闡發貞觀故事於元代之意義。

## 二　在貞觀之治中探求三代

　　究應否師法三代或貞觀政治典範，向來為宋代士大夫爭論的議題。迄南宋理學興

---

[1] 方震華：〈唐宋政治論述中的貞觀之治──治國典範的論辯〉，《臺大歷史學報》第40期（2007年12月），頁19-55。

[2] 蕭啟慶：〈元代的儒戶：儒士地位演進史上的一章〉，收入氏著：《內北國而外中國：蒙元史研究》（北京：中華書局，2007年），上冊，頁371-414。

[3] 蕭啟慶：〈論元代蒙古人之漢化〉，收入氏著：《內北國而外中國：蒙元史研究》，下冊，頁670-705。

[4] 唐・吳兢著，元・戈直集論，許仁圖點校：《貞觀政要》（新北市：華夏出版有限公司，2021年），頁17。為使行文清晰，以下徵引本書皆於文後加註卷目及頁數表示。

盛，士大夫普遍推尊三代而貶抑貞觀，他們或指責貞觀之治過於偏重利欲，如朱熹云：「漢、唐之君雖或不能無暗合之時，而其全體卻只在利欲上，此其所以堯、舜、三代自堯、舜、三代，漢祖、唐宗自漢祖、唐宗，終不能合而為一也。」[5]然此情況發展到元代漸有轉變的態勢。

首先，相對於朱熹（1130-1200）、真德秀（1178-1235）等人，元代吳澄、戈直等理學家將《貞觀政要》用作經筵講論，本身即在一定程度上肯定唐太宗締造的貞觀之治。其次，戈直認為《貞觀政要集論》「不無補於治云」，亦見其至少初步肯定貞觀故事對於國家治理的效用，不若朱熹始終抱持較強烈的懷疑態度。然而，與其云戈直認同貞觀之治，毋寧說戈直之目的更在於將理學的觀念置入《貞觀政要》，即以理學的視角重新審視貞觀與三代之治得相互呼應之處，故究其實，戈直依然視三代為最理想的政治典範，而對貞觀之治時有褒揚，時有貶抑。

有關《貞觀政要》開篇太宗與魏徵討論為君之道的故事，戈直指出「身心與家國天下為一者，三代以上之治也；身心與家國天下為二者，三代以下之治也」，他更且肯定太宗「安天下必須先正其身」的主張符合三代之治。不過，戈直緊接著評述道：

> 使太宗斯時得聞二帝三王之學，必將終始如一，而無晚年之悔；內外如一，而無宮闈之愧矣。豈特貞觀之治而已邪。惜乎太宗能言之，而不能行之；魏徵能贊美之，而不能發明之也。吳氏編是書，置此於開卷之首，其有所取也夫？抑有所感也夫？（卷1，頁4-5）

戈直惋惜唐太宗無法知行合一，故難臻至三代之治，顯示戈直僅將貞觀之治視為三代之治的前狀態。因此，他期許後世君主應以三代之治為終極目標，並以此為《貞觀政要》全書定位。類似表述，同樣可見諸「崇儒學」條目，戈直首先稱讚太宗「內除群雄，外定四夷，身經百戰，未嘗負北，後世人君之功，未有高焉者也」，惟又隨即指出：「太宗外親瀛洲之賢，內立弘文之館，未嘗不學也，特非二帝、三王之學耳。使其能從事於二帝、三王之學，又豈特貞觀之治而已哉！」（卷1，頁43-44）。

戈直認為太宗所學不純，源於太宗尚且會取法戰國及漢朝等歷代賢君良相之思維，如太宗贊同王珪的說法，認為漢家宰相無不精通一經，若有疑事則引經決定，故能理致太平。然戈直對此提出質疑，認為如依王珪提出之漢家標準選拔人才，恐難以識見真儒（卷1，頁22-23）。戈直亦反對臣下對太宗進獻不符三代典範的言論，如魏徵講述楚國詹何的脩身之理，就被斥為偏離聖賢之學（卷1，頁5）。至於何謂三代之學，戈直如此闡發：

---

[5] 宋・朱熹著，劉永翔、朱幼文校點：〈答陳同甫〉，《晦庵先生朱文公文集》，收入朱杰人、嚴佐之、劉永翔主編：《朱子全書》（上海：上海古籍出版社，2002年），冊21，卷36，頁1588。

> 今觀高昌既平，土宇極盛，太宗有兢兢保治之言，魏徵有諄諄鑒戒之意，茲所以成貞觀太平之盛也。然古帝王傳心之學，其要在於欽而儆戒之際，尤謹於欽之一辭。蓋敬者，萬化之本原，一心之妙用，聖神之能事，學問之極功，帝王授受之懿在此；其發於言者，皆由於心也，故能無怠無荒，謹終如始。為人上者，佩太宗君臣鑒戒之言，體帝王新學之要，則豈惟貞觀，可以進於三代之上矣！（卷3，頁134-135）

「敬」為宋代理學家道德修養的方法，為收斂身心、不放縱之意，如朱熹云：「人之心性，敬則常存，不敬則不存。」[6] 而吳澄為戈直取字「伯敬」，乃勉勵其成德之事在於「脩己以敬，敬以直內」。[7] 執此而觀，戈直認為唐太宗君臣猶著眼於「保治」之事功上，不若古帝王側重於萬化之本原，從「主敬」之工夫做起，時時涵養心性，顯示戈直力圖為貞觀之治尋求更深邃的義理基礎。

緣此，戈直對於太宗的評價，時常聚焦於其只粗淺曉悟三代之治的表象，而無法領略箇中精神，故終究難以並肩。戈直對三代之治的定義根源於理學，嘗云：

> 太宗知老釋之虛無空寂，不適於用，知堯舜之道、周孔之教，不可暫無；斯言也，三代而下，君人者所罕聞也。中庸曰：「率性之謂道，脩道之謂教。」道者率性而已。聖人以此道垂訓於天下後世，則謂之教。堯、舜之道，此道也；周公、孔子之教，以堯舜之道為教也。又曰：「道也者，不可須臾離也，可離非道也。」不可暫無，其不可須臾離者乎？太宗未足以進此也，而言則然也。（卷6，頁303）

戈直藉《中庸》闡述堯舜之道及周孔之教，顯然承襲宋代理學家朱熹等人的說法，而戈直認為太宗言辭上嚮往聖人，甚且太宗之言乃三代而下君主所罕言者，然太宗終究知有餘而行不足。有別於宋代朱熹等理學家一味推尊三代，戈直特殊處在於較能識見貞觀之治與三代之治得相互呼應者，如在治道方面，戈直稱譽：

> 太宗因是而求言於臣，謂終不以「直言忤意，輒相責怒」，可謂尤賢也已。況斯時也，正年穀豐熟，百姓樂生，邇安內肅，上恬下熙，太宗方以行帝王道有既效之語，固宜望侍臣以匡救之益也。制治于未亂，保邦于未危，此古先哲王處治安之大猷也，太宗有焉。（卷2，頁83）

---

[6] 宋·黎靖德輯，鄭明等校點：〈持守〉，《朱子語類》，收入朱杰人、嚴佐之、劉永翔主編：《朱子全書》，冊14，卷12，頁371。

[7] 元·吳澄著，方旭東、光潔點校：〈戈直伯敬字說〉，《吳澄集》（北京：中國社會科學出版社，2021年），卷8，頁182。

唐太宗能做到「制治于未亂，保邦于未危」，乃應合古先哲王「治安之大猷」，顯示戈直試圖指明貞觀之治不足外，亦願意從貞觀故事提煉符合三代之治的理念，例如戈直稱讚「太宗之納諫，真三代以下之所無有也」（卷2，頁85）；「蓋自三代以下人君，講學之勤，未能或之先也」（卷7，頁334），又若「誠信待物」方面，戈直評論：

> 太宗即位之初，首欲以誠信待物，可謂能以湯武為法者矣；然徒知其為信，不知其所以信。故魏徵歷陳其目，謂：「原免逋債，而秦府不與，一不信也；給散租調，已散復徵，二不信也；簡點丁男，不任守令，三不信也。太宗欣然從徵之言，君臣魚水，實始于此，終致貞觀之盛，有以也哉！」（卷2，頁114）

戈直肯定唐太宗的部分治國理念，乃取法商湯、周武王等三代之賢，只是不得其法。整體而言，戈直對貞觀之治採取較溫和的態度，其撰作《貞觀政要集論》之目的乃希冀後世君王能以唐太宗為鑒，在貞觀之治中汲取三代精神，至少自身先做到「知其為信」，再明瞭「所以信」的因由及具體做法。戈直嘗謂：「夫太宗之寡欲，非能如湯武也，不過勉強行之耳。猶能身致盛治，歷年數百，況於真知實踐者乎！」（卷1，頁37）足證其意圖勉勵後世君王以太宗為鏡，上追三代。

值得注意者，戈直亦會衡量現實情境，對後世如何賡續三代之問題有所反省。蓋三代迄春秋戰國施行封建井田制度，秦朝更為郡縣制，後世多沿用之，縱改為州縣制，亦可視為郡縣制之延續。然戈直並不主張後世須師法封建井田制，他指出人們應有所權變，故云：

> 蓋曰：彼三代而上之事勢，此三代而下之事勢，去古既遠，權時施宜，郡縣不可易也。惟當精擇守令，拔其有治平之績者，加秩而久任之，登進而激勸之，體古先哲王之美意，而行後世之良法，可也。毋庸曰：「不井田、不封建，不足以為治。」（卷3，頁181-182）

揆諸上述，較諸外在制度之仿效，戈直更視「體古先哲王之美意」為第一要務。對於三代之事勢，戈直顯然有清晰體認，故強調後世君王亦要學習權宜之計，斟酌時移事殊，不須專注於封建井田之表象，更緊要者為延續三代精神。

綜言之，戈直《貞觀政要集論》對貞觀之治的諸多評論，係以三代之治為衡量基準，藉由相互參照的方式，一方面指陳貞觀之治未能幾近三代之治的緣由，另方面闡述貞觀之治能與三代之治呼應之處。循此，戈直希冀元代乃至後世君主資鑒唐太宗貞觀之治，效法其長處，檢討其短處，期能上追三代德政。

## 三　以仁德檢視國君施政

　　據史料記載，蒙古統治者入主中原以前，已對中國文化心生嚮往，開始延攬儒者講論，如元世祖（1215-1294，1271-1294在位）於潛藩時「盡收亡金諸儒學士，及一時豪傑知經術者，而顧問焉」，[8]更且「好訪問前代帝王事跡，聞唐文皇為秦王時，廣延四方文學之士，講論治道，終致太平，喜而慕焉」。[9]再觀元仁宗（1285-1320，1311-1320在位）閱覽《貞觀政要》認為「此書有益於國家，其譯以國語刊行，俾蒙古、色目人誦習之」。[10]元代經筵正式創立約始於泰定元年（1324），泰定帝（1293-1328，1323-1328在位）「命平章政事張珪、翰林學士承旨忽都魯都兒迷失、學士吳澄、集賢直學士鄧文原，以《帝範》、《資治通鑑》、《大學衍義》、《貞觀政要》等書進講，復敕右丞相也先鐵木兒領之」。[11]迄至正十六年（1356）李好文亦云：「殿下宜以所進諸書，參以《貞觀政要》、《大學衍義》等篇，果能一一推而行之，則萬幾之政、太平之治，不難致矣。」[12]顯示唐太宗的貞觀故事，向來是元代君臣十分重視的治國典範。

　　為實踐經世濟民之理想，戈直評論貞觀故事多強調君主正身之必要，如曰：「古者二帝三王之治，未有不先正其身，而能正天下者也。」（卷1，頁4）戈直的思想基本依循宋代理學脩身方能治國平天下之概念，嘗云：「中庸九經，脩身為先；大學八目，脩身為本。」（卷1，頁4）認為君王的一言一行關聯臣子思維，對國家有深遠影響，故倘欲讓國家政治維持清廉，應從修養自身開始，故云：「自古興王之君，未有不簡靜寡欲者也；自古亡國之君，未有不淫侈多欲者也。至哉！太宗之言乎，其可謂知本者矣。」（卷8，頁370）

　　《群書治要》及《貞觀政要》被認為擬傳達唐太宗貞觀之治的形象包括克己正身、謙懼知過、竭誠行禮。[13]然而，宋代諸多理學家並不如此認為，反倒常批評唐太宗君臣全以利欲為考量，如朱熹云：「太宗之心，則吾恐其無一念之不出於人欲也。直以其能假仁借義以行其私。」[14]然而，戈直卻有別於朱熹，而願意肯定唐太宗之德行，他指出：

---

8　元・蘇天爵輯：〈進講〉，《國朝文類》（上海：上海書局，1989年），卷41，頁5。

9　元・蘇天爵輯撰，姚景安點校：〈內翰王文康公〉，《元朝名臣事略》（北京：中華書局，1996年），卷12，頁238。

10　明・宋濂等：〈仁宗一〉，《元史》（北京：中華書局，1976年），卷24，頁544。

11　明・宋濂等：〈泰定帝一〉，《元史》，卷29，頁644。

12　明・宋濂等：〈李好文〉，《元史》，卷183，頁4218。

13　林朝成：〈《群書治要》與貞觀之治——從君臣互動談起〉，《成大中文學報》第67期（2019年12月），頁112-119。

14　宋・朱熹著，劉永翔、朱幼文校點：〈答陳同甫〉，《晦庵先生朱文公文集》，收入朱杰人、嚴佐之、劉永翔主編：《朱子全書》，冊21，卷36，頁1583。

> 大學曰:「治國家不以利為利,而以義為利也。」觀太宗却權萬紀銀坑之奏,真能不以利為利者。蓋當是時宮室服用,每能慎乃儉德,是宜諄諄訓下,無愧辭也。夫表正而景隨,源清則流清;表未正而求正於景,源未清而求清於流,無是理也。是故欲臣下屬廉名,當自人君之崇儉德始。(卷6,頁330-331)

權萬紀向太宗建言開採宣饒二州之銀坑「每歲可得錢數百萬貫」,太宗並未接納,反而認為應師法堯舜「抵璧於山林,投珠於淵谷」,戈直據此讚譽唐太宗符合《大學》「以義為利」者,並且稱揚太宗能崇儉抑奢,將儉約之風推擴臣下(卷6,頁293)。若對比元代朝廷政策偏重開源,[15] 及較諸南宋陳亮等事功派,戈直的見解與宋代理學家強調節流者近似,惟其擷取唐太宗崇儉德之段落,可見其所理解的唐太宗已有別於宋代理學家,意謂他能採取更寬廣的視角看待貞觀之治,即使他延續宋代理學家的思想基礎依然根深柢固。

申言之,戈直慣以理學思維檢討唐太宗之不足,嘗稱讚太宗「固欲不忘乎仁義者」,但隨即又批評太宗「不知仁義乃吾心固有之理,孟子所謂根於心者也,又何待思之在心哉」(卷5,頁235),頗有意引導閱讀《貞觀政要》之君主,明瞭修身乃根植於內有之心性,非思之在心者,應是覺察後擴充之。再者,心性舉止要符合仁義之外,亦須時時檢視自我,實踐「慎獨」的工夫,惟其如此方能長保己身旦夕皆不離仁義,戈直云:

> 《易大傳》曰:「言出乎身,加乎民;行發乎邇,見乎遠。言行,君子之樞機,樞機之發,榮辱之主也。可不慎乎?」蓋能知所以慎言,則知所以慎行矣;行之不慎,尚何望其慎言。太宗謂「言語者,君子之樞機,眾庶猶爾,況於萬乘」,可謂知所慎言矣。(卷6,頁307)

戈直引用《易大傳》呼應《貞觀政要》太宗「慎言語」之記錄,為太宗之言行尋覓儒學的根源,甚且有意充擴之,將個人修身方面之謹言慎行連結治國之道,故強調:「人君之言,尤不可不慎也。一言之善,行之當世,不惟天下蒙其利,後世亦以為訓。一言之不善,行之當世,不惟天下受其害,後世亦以為戒。人君之言,可不慎哉!太宗之言,雖意在史筆,其關於君道,則甚重也。」(卷6,頁306-307)

除修身以外,戈直對唐太宗如何治國方面亦多所肯定,並認為對比於此前此後之君主,唐太宗顯然更為明智,嘗評:

> 「古之君天下者,勞於求賢,逸於得人;未有身代群臣之事,而自以為勵精者也。隋文帝天資苛察,多疑自任,欲以一身之耳目,而周知天下之務;以一人之手足,而悉代百司之勞;不及再傳,天下大亂。後世道學不明,故隋文自以為勵

---

15 王明蓀:《元代的士人與政治》(臺北:臺灣學生書局,1992年),頁170。

精之事,蕭瑀亦稱之為「勵精之主」。……堯舜之勵精,勞於求賢而已,豈以其身代群臣之事哉!……太宗深悟隋文之非,非惟欲廣任賢良,高居深視,但令百司不得順旨,務盡臣下之意。故貞觀之治,較之開皇相去懸絕者,有以也夫。(卷1,頁26)

揆諸宋代理學家多強調君主德行之美,戈直對於治道無疑更為重視,他雖常惋惜太宗無能真正師法三代,卻亦不吝藉由比較的方式,突出太宗優於其他君主的特點。戈直不只觀察到太宗「廣任賢良,高居深視」的政治實踐,能呼應「勞於求賢,逸於得人」的古之君天下者,更進一步指出太宗尚且「令百司不得順旨」,這就強化了身為臣下應盡的責任及義務,從而使貞觀之治與隋文帝開皇之治有懸殊差距。再者,戈直亦梳理了君王修身的義界,如隋文帝以「一身之耳目,而周知天下之務」,到底並非良善的做法,實則為人君者應高居深視,適度將治理的權責交付臣下。

復觀平天下方面,戈直強調君主應如古之帝王「明刑惇德」,然也願意稱揚君主事功上的卓絕,如其認為太宗對待蠻族有英武之氣概,云:

太宗內定中國,外綏四夷,以漢武窮征遠討而不能服者,咸歸版圖。若突厥,為患久矣。唐有天下之初,已憑陵上國,至于斯時,率騎二十萬,直至渭水,亦云肆矣。太宗一時輕騎示威,其氣概直可以寒頡裘之膽而奪之氣,不以一矢相加遺而中國奠安,裔夷退抑,雖不可與帝者「明刑惇德」並論,其不戰屈人,亦足偉也。謂之英武,不亦宜乎。(卷9,頁406)

朱熹與陳亮嘗有著名的王霸之辯,朱熹認為漢、唐君主只著眼利欲,不具備道心;陳亮主張王霸一元論,極力讚揚漢高祖及唐太宗功業能與天地並立。[16]惟揆諸上文,戈直縱仍以「明刑惇德」檢討太宗,卻又同時賦予唐太宗功業正面之評價,則其立場已與宋代理學家有所不同,而融入部分陳亮等事功派的觀點,顯示元代理學家如吳澄、戈直者已開始反省宋代理學之缺失,或也意味其漸明瞭元代君主雅好事功之傾向,故對前人思想有所調整。在《貞觀政要集論》書末,戈直對唐太宗提出總評,頗能窺見其編著立場:

太宗削除禍亂,身致升平,屈己而納諫,任賢而使能,恭儉節用,寬仁而愛人,三代而下之君,絕無而僅有者也;然於君臣、父子、兄弟、夫婦之間,皆有慚德,豈非正身之道有所不足歟?太宗能納諫矣,而晚年有仆碑之失;能慎刑矣,而晚年有君羨之誅;能息兵矣,復有高麗、西域之師;能節用矣,復有飛山、翠微之作,豈非克終之道有所不足歟?合二者而論之,則太宗所以不能克終者,由

---

[16] 鄧廣銘:〈朱陳論辯中陳亮王霸義利觀的確解〉,收入《鄧廣銘全集》(石家莊:河北教育出版社,2005年),第8冊,頁736-746。

其不能正身也。然則吳氏之書,豈非始言其本而終言其效歟?(卷10,頁470)

戈直把唐太宗的事蹟劃分為前後期,認為太宗前期能善盡治國、平天下之條目,惟晚年卻偏離正軌,致最終難以維繫國政。戈直將太宗的失敗歸因於其修身不足,正符合其理學家之立場,惟如前述,他並不全盤否認貞觀之治,反而能宣揚其值得借鏡處,較公允地評價太宗得失,就此點而言,乃佐證元代理學家看待貞觀之治相較於宋代理學家已有所不同。

## 四 從根本處曉諭正君之道

《貞觀政要》作為唐太宗君臣討論治國之道的典籍,充分展示了君主相互溝通的過程,據學者毛漢光研究由唐太宗以「論」、「曰」、「問」的形式向大臣發動事件者,約有一百六十三件,佔百分之六十七點四;而由大臣「上書」、「奏」、「上疏」、「上言」的方式發動事件者,約有七十件,佔百分之三十二點六。[17]大抵而言,臣子在全書的比重不若君主,惟仍具備一定分量,戈直在集評嘗道:「雖然,為人臣者之分,君之待我者,或有未至,而我之所以事君者,其可不盡心乎?」(卷5,頁249)他並多次提及身為臣子者所應盡的職分,一方面為教導君主如何衡酌忠良,另方面也藉此闡釋臣子如何善盡忠良,以理學檢視貞觀故事中大臣的應對進退,乃至尋覓義理基礎。

戈直認為身為臣子者不應只關注表相,而須從根本處向君主勸諭治國之道,即使如名臣魏徵亦成為戈直批評的對象,如太宗嘗思考是否封禪,被魏徵以民生未厚勸阻,而戈直雖同樣反對封禪,卻對魏徵的理由不甚滿意:

> 為魏徵計者,惟當援古據經,正名定論于以復先王之常禮,于以掃秦漢之謬說,不亦偉歟!顧以罻羅猶密,倉廩尚虛,執為未可,夫以為未可行,則必有可行之時也。嗚呼!大道不明,禮學無據,為君者昧於上,為臣者惑於下,不有聖人出焉,孰能祛其謬而反諸正乎?(卷2,頁121)

戈直認為魏徵的諫言並非長遠之計,因為惟有讓君主「復先王之常禮」才能根本打消君主鋪張浪費的封禪念頭。再者,戈直大力讚揚魏徵「自兩漢以來,一人而已,史稱為『三代遺直』,豈不信哉」,卻接續指出其不足處,評述「今觀魏公之諫疏,大槩能裨益於政事,而不能匡正於本原;能規諫於臨時,而不能涵養於平昔」(卷2,頁59)。即使魏徵身為歷史上著名的諫臣,戈直仍不時以極高的標準評判之,如謂「魏徵不取廣德之直言,而取張猛之直諫,不過順太宗之意而言耳」,並直指魏徵以漢元帝之昏庸衡量唐太宗,誠非責難之道(卷10,頁446)。戈直亦為房玄齡未能替太宗明辨五常之道深感惋惜:

---

17 毛漢光:〈中國中古皇權之極限——以唐代詔書封駁為中心〉,《止善》第21期(2016年12月),頁25。

今觀太宗猶能以「去食存信」語群臣，而玄齡之對，謂五常廢一不可，誠是已。儻能一一而明辨之，使太宗知人之性情，心之體用，本然全具，而各有條理，必當反求默識，而擴充之，不亦善乎！愚於是，復為玄齡惜。（卷5，頁283）

上文中「性情」、「體用」為理學突出之核心概念，而「默識」、「擴充」則是理學強調之修養工夫，足證戈直擬為貞觀故事中大臣的言行尋覓理學淵源，他並據此評價為人臣者之得失。

又如北狄寇亂，房玄齡諫言太宗應考量尚處隋代大亂之後，戶口未復，兵凶戰危，故宜以和親為策，然戈直卻大肆批判房玄齡「不思之甚」，認為房玄齡應向太宗主張「修其德教，明其政刑，則中國安而邊圉固，來賓率服」（卷9，頁413），可見戈直並不贊同和親之類的緩兵之計能長治久安，而是認為惟有勤修內政，方能從關鍵處提升國力，達至修德來遠的理想。

鑒此，凡臣子符合戈直推闡根本之道的標準，方能獲致正面的評價，如太宗曾藉「謙恭畏懼」自勉，而魏徵答以「願陛下守此常謙常懼之道」，戈直評述：

> 太宗謂天子不當自尊崇，正合謙恭，此帝王之盛德也。魏徵於此時，不將順其美，而舉詩之「靡不有初，鮮克有終」，望其君謂「常謙常懼，日慎一日，唐虞所以太平，實用此法」，是固有以知太宗之心矣。蓋以堯舜之所以謙讓終始如一，非一時之言也。後之人君，志於帝王之道者勉之哉。（卷6，頁295）

君王應常懷謙讓如堯舜者，方是治理國家的法則，然時日既久，易流於一時之言，故須時刻點醒君王持之以恆，此乃臣子職責，斷不可唯諾君王放縱之意。貞觀八年，皇甫德參直言上書，卻被太宗指為訕謗，幸賴魏徵進言「自古上書，率多激切，若不激切，則不能起人主之心」，太宗方有所曉悟，而戈直稱美魏徵忠鯁之外，亦讚揚身為縣丞的皇甫德參「乃能奮不自顧如此」（卷2，頁102-103），藉以勉勵臣子進諫雅言。因此，戈直嚴厲批判只知盲目順從君主意志的臣子，嘗評：

> 貞觀末年，魏徵既死，在廷群臣，類多訑說之風。其間訑說之特甚者，長孫無忌是也。太宗欲群臣直言，無忌則曰：「陛下無失。」太宗欲知其過，無忌則曰：「陛下武功文德，臣等將順之不暇。」太宗欲聞破高麗之計，無忌則曰：「諸將奉成算而已。」嗚呼，孔子所謂「言而莫予違者」，其無忌之謂乎！向非劉洎輩面折廷爭，庶幾魏徵之風，則貞觀之政，難乎令終矣！（卷2，頁107）

在戈直看來，貞觀之治能以魏徵存否為分水嶺，前期諫臣眾多，對君主多能有所勸諭，堪為鼎盛階段，惟後期魏徵亡後，朝廷則遍布訑諛之風，終導致貞觀之治趨於衰敗。戈直亦認為臣子應發揮才能，從各方面啟發君主，將國家帶領至正確方向，故戈直評論貞

觀大臣云：

> 嘗觀宋末真氏論後世賢臣，悉以四事律之：一曰正己，二曰正君，三曰謀國，四曰用人。以唐初諸賢臣觀之，則論謀國用人，王魏不如房杜；論正己正君，房杜不如王魏。四賢如耳目股肱，相資為用，其致貞觀之治，不亦宜乎。（卷2，頁62）

上述後世賢臣的四項準則乃借鑑真德秀之說法，揭示戈直與宋代理學家相承之關係。他更進一步指出貞觀之治是因為群臣相資為用方能成就，期後世臣子為國盡忠應明瞭自身職分，發揮所長，並與他人合作互補。戈直嘗徵引蘇軾之言，指出房玄齡、杜如晦皆被譽為良相，世稱「玄齡善謀，如晦善斷」，惟仍有人貶低如晦不如玄齡，戈直乃批評「後之大臣，幸而與賢者同列，恥己之短，而求加於人者，真如晦之罪人也哉！」（卷2，頁53）

再者，大臣除應知曉自身才能外，亦須洞察君主性情，才能在最大程度上匡正之，戈直云：

> 先儒論學問，以變化氣質為先；論克己，以性偏難克為始。夫豈徒學者之事為然哉！大臣正君之道，亦如是而已矣。愚觀太宗天資英武明敏，不患其不能為，而患其過於為；不患其不能斷，但患其過於斷。當貞觀即位之初，或勸其獨運威權，或勸其懾服四夷，此皆太宗之所已能。所謂以水濟水，以火濟火者也。魏徵獨勸以偃武興文，布德施惠，損其有餘，益其不及，茲非變其氣質，而克其偏者歟？甚矣，徵之能正君也。不然貞觀之治，太宗何以獨歸功於徵哉。（卷5，頁282）

戈直將個人修身與正君之道聯結，把「變化氣質」和「性偏難克」的概念化用至臣下諫言，有意引導為人臣子者，精讀理學思想，並將其活用至國家治理之道，俾君主能推行德政，益徵其試圖由內在心性之學推擴至經世之學的跡證，故嘗謂：

> 天下之理一而已矣。德者，得此理者也；禮者，履此理者也；而誠信者，實此理者也。魏徵之諫疏，並舉德、禮、誠、信而言之，其要主於誠信。其間如文子、管仲、中行、穆伯之言，皆出於誠信而言之也。夫誠信者，實心也，有德有禮而以實心行之，則固善始而善終矣，何憂於危亡哉。徵之言於是乎知本矣。（卷5，頁281-282）

戈直將天下之道概括為「理一而已」，意圖曉諭眾人對待任何事物應探求本源，明瞭理一分殊之意。例如他認為德、禮的本源可歸結為誠信，人惟有把握住「誠信」的價值內核，方能善始善終，實踐其為貞觀之治建構義理根柢之目的。

綜言之，戈直理想中的臣子形象為能識見君主不足之處，非受制於表相，而能從根本處解決問題者。至於，戈直的評論則呼應其理學的思想，他常將理學的工夫修養，推擴至君臣相處之道，並以此檢驗臣子是否符合忠良的規準。

## 五　結語

過去有關《貞觀政要》之研究大抵聚焦於唐太宗君臣之互動上，或其所傳達的政治理念，[18]對後世如何詮解《貞觀政要》或「貞觀之治」較乏關注。經分析戈直編著之《貞觀政要集論》，其對唐太宗的諸多批評帶有理學色彩，惟其對比宋代理學家已漸能從更寬廣的角度給予唐太宗更多面向的評價，願意肯定唐太宗部分符合仁義道德的言行，亦能較公允檢視其不足處。與其說戈直居於評論者的角色在講述貞觀故事，毋寧言其主要是藉由貞觀故事闡發自身理學思想，希冀為人君者能取資貞觀之治以上追三代，亦即如何協助後世君臣接近三代之治，始終為戈直的核心關懷。循此，戈直議論主要價值並非政治上的見地，乃在於其反映了元代理學家如何尋繹貞觀之治中的理學精神。類此傾向，亦可在其他元儒著作中找到端倪，王惲（1227-1304）曰：「太宗孜孜為治，貞觀有三代之風，後之君人者可不鑒哉！」[19]陳櫟（1252-1334）云：「使皇元之治止如貞觀，而不進于唐虞三代之隆，果有真儒出焉，將其心愧恥矣！」[20]

申言之，宋代理學家嚴厲批判唐太宗的貞觀之治，然元儒學風偏重經世實務，較少在玄思上發揮，[21]如吳澄、戈直等人縱使依然視三代之治為最理想的治國典範，而對貞觀之治有所批評，惟其已漸能從「不無補於治」的角度肯定貞觀故事，並有意汲取貞觀故事中符合三代之治的元素，由理學的角度改創貞觀之治可能的流弊。如果說從朱熹的經筵講義至真德秀《大學衍義》，象徵的是理學自心性之學逐步強調經世致用之學，[22]那麼由真德秀《大學衍義》到戈直《貞觀政要集論》，意謂的是理學向外王之學的擴張，其企圖導入義理深度，收編過往的帝王之學，重新調合內聖與外王的偏重，以達致君臣契合，實踐治國平天下的終極目標。

---

[18] 任育才：〈唐太宗君臣治國之志略探賾──以《貞觀政要》為中心〉，《興大人文學報》第32期（2002年6月），頁643-682。

[19] 元‧王惲著，楊亮、鍾彥飛點校：〈勤政〉，《王惲全集彙校》（北京：中華書局，2013年），卷79，頁3299。

[20] 元‧陳櫟：〈經史時務策〉，《定宇集》，收入《文淵閣四庫全書》（臺北：臺灣商務印書館，1983-1986年），冊1205，卷13，頁370。

[21] 陳榮捷著，萬先法譯：〈元代之朱子學〉，收入氏著《朱學論集》（上海：華東師範大學出版社，2007年），頁204。

[22] 張菀苓：〈論真德秀的帝王教學及經史觀念對朱熹的繼承與轉化〉，《國文學報》第69期（2021年6月），頁117-148。

爾後，戈直編著之《貞觀政要集論》成為最通行的版本，而明代經筵嘗流行進講《貞觀政要》，應可視為元代經筵之延續。值得注意者，有關《貞觀政要》於明代經筵教育興廢過程及原因，可見到受廷杖之苦的儒臣試圖通過《貞觀政要》的進講，建構君王納諫及臣子進諫的典範，然神宗受到理學啟迪，對《貞觀政要》產生懷疑，最終將該書逐出經筵，反映倫理體系的複雜性及經史之間的差異性。就此而觀，明代對《貞觀政要》之接受，又與宋、元二代不盡相同。[23]此意味著《貞觀政要》一書於政治場域上多樣的詮釋空間，及歷代君主與士大夫對事功、義理之反省，猶有值得細緻研析之處。

---

23 解揚：〈訴諸祖制的時代共識：《貞觀政要》與明代經筵〉，收入氏著：《話語與制度：祖制與晚明政治思想》（北京：生活・讀書・新知三聯書店，2020年），頁226-280。趙毓嬡：〈《貞觀政要》在明代經筵教育中的興廢及原因初探〉，《長江大學學報（社會科學版）》第43卷第5期（2020年9月），頁120-124。

# 徵引文獻

## 一　原典文獻

唐・吳　兢著，元・戈直集論，許仁圖點校：《貞觀政要》，新北市：華夏出版有限公司，2021年。

宋・朱　熹著，劉永翔、朱幼文校點：《晦庵先生朱文公文集》，收入朱杰人、嚴佐之、劉永翔主編：《朱子全書》，冊21，上海：上海古籍出版社，2002年。

宋・黎靖德輯，鄭明等校點：《朱子語類》，收入朱傑人、嚴佐之、劉永翔主編：《朱子全書》，冊14，上海：上海古籍出版社，2002年。

元・王　惲著，楊亮、鍾彥飛點校：《王惲全集彙校》，北京：中華書局，2013年。

元・吳　澄著，方旭東、光潔點校：《吳澄集》，北京：中國社會科學出版社，2021年。

元・陳　櫟：《定宇集》，收入《文淵閣四庫全書》，冊1205，臺北：臺灣商務印書館，1983-1986年。

元・蘇天爵輯：《國朝文類》，上海：上海書局，1989年。

元・蘇天爵輯撰，姚景安點校：《元朝名臣事略》，北京：中華書局，1996年。

明・宋　濂等：《元史》，北京：中華書局，1976年。

## 二　近人論著

王明蓀：《元代的士人與政治》，臺北：臺灣學生書局，1992年。

毛漢光：〈中國中古皇權之極限——以唐代詔書封駁為中心〉，《止善》第21期，2016年12月，頁3-30。

方震華：〈唐宋政治論述中的貞觀之治——治國典範的論辯〉，《臺大歷史學報》第40期，2007年12月，頁19-55。

任育才：〈唐太宗君臣治國之志略探賾——以《貞觀政要》為中心〉，《興大人文學報》第32期，2002年6月，頁643-682。

林朝成：〈《群書治要》與貞觀之治——從君臣互動談起〉，《成大中文學報》第67期，2019年12月，頁101-142。

張莞苓：〈論真德秀的帝王教學及經史觀念對朱熹的繼承與轉化〉，《國文學報》第69期，2021年6月，頁117-148。

陳榮捷著，萬先法譯：〈元代之朱子學〉，收入氏著《朱學論集》，上海：華東師範大學出版社，2007年，頁194-214。

解　揚：〈訴諸祖制的時代共識：《貞觀政要》與明代經筵〉，收入氏著：《話語與制度：祖制與晚明政治思想》，北京：生活・讀書・新知三聯書店，2020年，頁226-280。

趙毓媛：〈《貞觀政要》在明代經筵教育中的興廢及原因初探〉，《長江大學學報（社會科學版）》第43卷第5期，2020年9月，頁120-124。

鄧廣銘：〈朱陳論辯中陳亮王霸義利觀的確解〉，收入《鄧廣銘全集》，第8冊，石家莊：河北教育出版社，2005年，頁736-746。

蕭啟慶：〈元代的儒戶：儒士地位演進史上的一章〉，收入氏著：《內北國而外中國：蒙元史研究》，上冊，北京：中華書局，2007年，頁371-414。

蕭啟慶：〈論元代蒙古人之漢化〉，收入氏著：《內北國而外中國：蒙元史研究》，下冊，北京：中華書局，2007年，頁670-705。

附錄

# 圖版

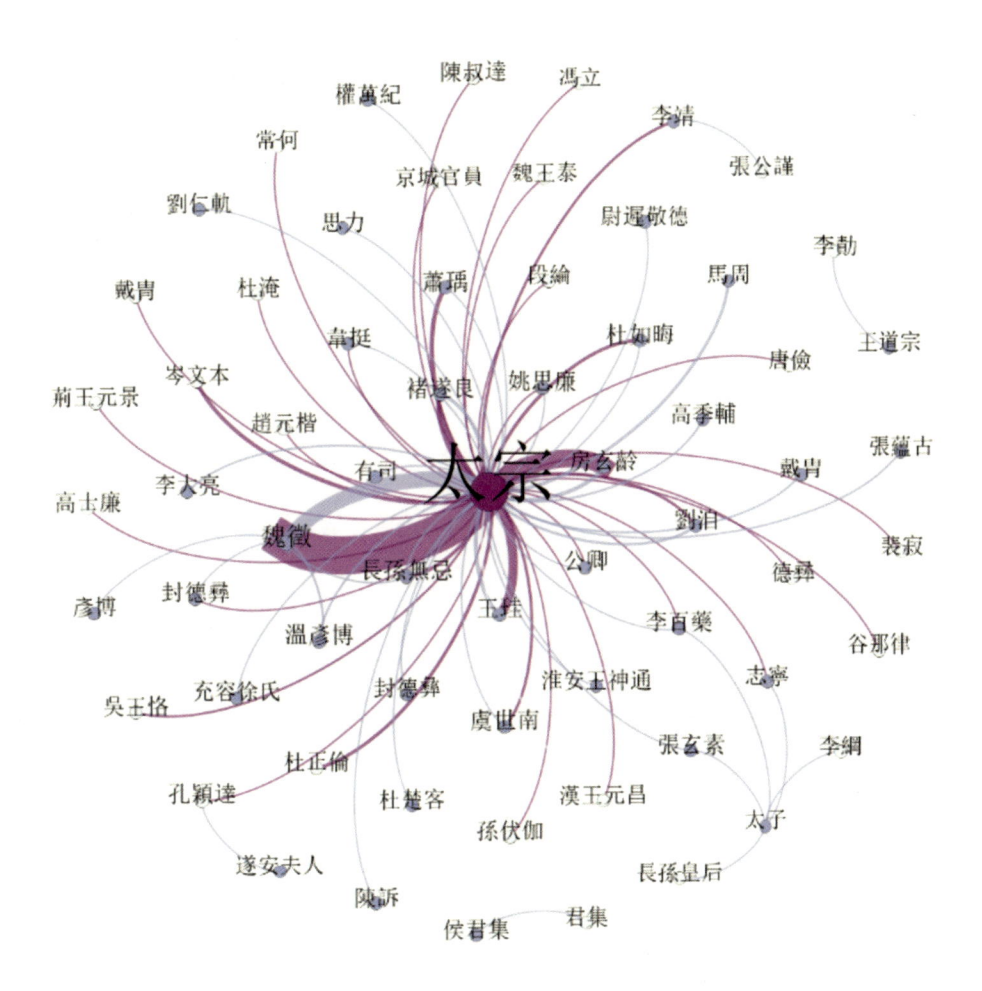

《貞觀政要》人物關係圖

（參見內文，頁142）

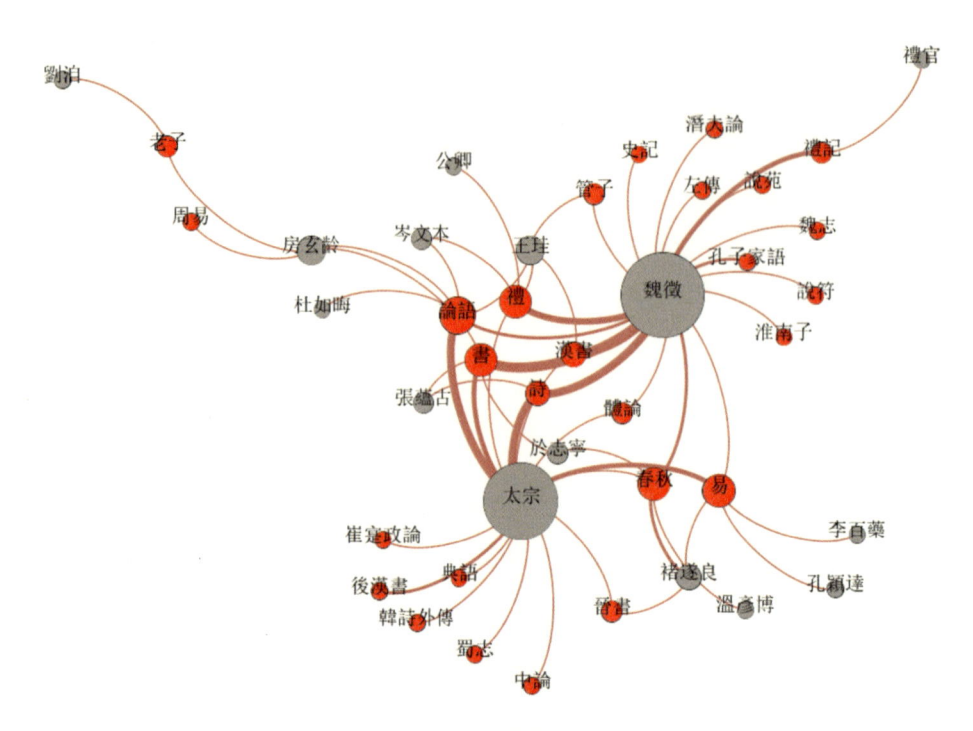

《貞觀政要》發言者明引《群書治要》收書段落圖

（參見內文，頁146）

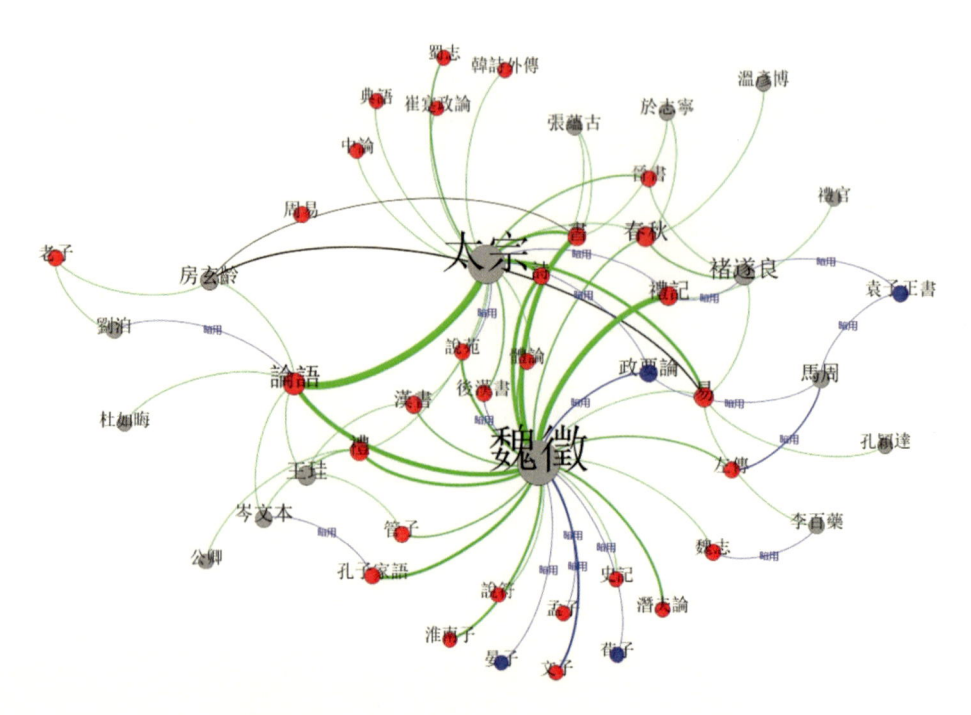

《貞觀政要》發言者明引暗用《群書治要》收書圖

（參見內文，頁149）

學術論文集叢書 1500043

# 第五屆《群書治要》與《貞觀政要》國際學術研討會暨經典現代化論壇論文集

| | |
|---|---|
| 主　　編 | 黃聖松 |
| 責任編輯 | 黃筠軒 |
| 特約校對 | 林秋芬 |
| 主辦單位 | 國立成功大學中國文學系 |
| 合辦單位 | 財團法人臺南市至善教育基金會、財團法人中華企業研究院學術教育基金會 |
| 發 行 人 | 林慶彰 |
| 總 經 理 | 梁錦興 |
| 總 編 輯 | 張晏瑞 |
| 編 輯 所 | 萬卷樓圖書股份有限公司 |
| 發　　行 | 萬卷樓圖書股份有限公司 |
| | 地址　臺北市羅斯福路二段 41 號 6 樓之 3 |
| | 電話　(02)23216565 |
| | 傳真　(02)23218698 |
| | 電郵　SERVICE@WANJUAN.COM.TW |
| 香港經銷 | 香港聯合書刊物流有限公司 |
| | 電話　(852)21502100 |
| | 傳真　(852)23560735 |

ISBN 978-626-386-158-9

2024 年 11 月初版

定價：新臺幣 500 元

---

如何購買本書：

1. 轉帳購書，請透過以下帳戶
   合作金庫銀行　古亭分行
   戶名：萬卷樓圖書股份有限公司
   帳號：0877717092596

2. 網路購書，請透過萬卷樓網站
   網址　WWW.WANJUAN.COM.TW

大量購書，請直接聯繫我們，將有專人為您服務。客服：(02)23216565　分機 610

如有缺頁、破損或裝訂錯誤，請寄回更換

版權所有・翻印必究

Copyright©2024 by WanJuanLou Books CO., Ltd.
All Rights Reserved　　Printed in Taiwan

---

國家圖書館出版品預行編目資料

<<群書治要>>與<<貞觀政要>>國際學術研討會暨經典現代化論壇論文集. 第五屆/黃聖松主編. -- 初版. -- 臺北市：萬卷樓圖書股份有限公司, 2024.11
　　面；　公分. -- (學術論文集叢書；1500043)
ISBN 978-626-386-158-9(平裝)
1.CST: 貞觀政要　2.CST: 經書　3.CST: 研究考訂　4.CST: 文集
075.407　　　　　　　　　　113014394